제 2 판

Teaching English as a Foreign Language

영어과 교과교육학

신길호 지음

북스힐

머 리 말

본 저서의 목적은 영어과 교과교육학에 관한 전반적인 사항들을 논의하여 영어교육의 발전과 영어교육학의 정립에 기여하는데 있다. 또한 영어교사나 대학생들 및 대학원생들이 외국어인 영어의 교육에 관한 전반적인 이론을 이해하고 실제 영어지도에 응용할 수 있는 기법을 터득하게 하는 것도 본 저서의 목적 중의 하나이다.

머리말을 '서론'과 '영어과 교과교육학의 개념과 연구범위' 및 '본 저서의 구성'의 세부분으로 나누어 보면 다음과 같다.

1) 서론

한 개인이 현대 국제사회의 일원으로 성공적인 삶을 영위하고 국가와 사회 및 소속된 집단을 위해 봉사하며 자신의 가치를 인정받기 위해서는 국제어인 영어의 의사소통능력을 갖추는 것이 필수적이다. 또한 영어구사능력은 개인이 속한 사회의 간접자본이며 국제경쟁력의 중요한 요소 중에 하나라고 할 수 있다. 이러한 입장에서 영어의 학습과 지도를 위해 다양한 연구가 이루어지고 학생들과 직장인들이 많은 시간을 영어 학습에 투자하고 있지만 그 연구의 결과와 학습의 효과는 아직 만족스러운 수준이 못된다.

외국어 교육의 역사는 실패의 역사라는 말이 있다. 이 말은 외국어 학습에서 극소수만이 성공적이었다는 의미이며 그만큼 외국어를 가르치고 배우는 것이 어렵다는 뜻이다. 또한 외국어 학습자(foreign language learner)라는 말은 자주 쓰이지만 외국어 화자(foreign language speaker)라는 말은 드물게 사용되는데 이는 외국어를 완벽하게 구사하여 모국어 화자의 수준에 도달하기는 쉽지 않으며 외국어는 계속해서 학습해야 함을 강조하는 의미라고 본다.

이중언어사용자(bilingual)가 되어 목표어를 모국어처럼 자유자재로 사용할 수 있으면 가장 이상적이며 바람직하다고 보지만 이러한 이상이 실현되기는 쉽지 않다. 모국어 이외의 새로운 언어를 습득한다는 것은 언어적인 면은 물론이고 새로운 문화, 새로운 사고방식, 새로운 감정의 이해를 포함하는 복잡한 과정이기 때문이다. 동시에 두개의 언어를 배우는 경우도 있을 수는 있지만 대부분은 모국어를 습득한 후에 제2언어나 외국어를 배우게 되는데 인간의 대부분의 행동들은 두 번째로 배우는 것이 더 쉽지만 언어의 경우는 그렇지 않다는데 외국어 학습의 어려움이 있다.

우리나라의 영어교육은 1883년에 설립된 최초의 관립영어교육기관인 동문학(同文學)을 효시라고 볼 때 130년 정도의 역사를 가지고 있다. 그 동안 관계 기관과 학자, 현장 교사들의 노력으로 상당한 발전을 가져 왔으나 아직 개선의 여지가 많으며 많은 사람들이 영어학습에 어려움을 느끼고 있다. 본 저서는 이러한 영어학습의 어려움을 극복하고 모든 학습자가 영어교육에 성공할 수 있는 방안의 모색에 토대를 마련하기 위하여 영어과 교과교육에 대한 전반적인 이론과 실제적인 지도와 학습기법을 다루고자 한다. 본 연구가 바람직한 영어교수방안을 모색하고자 하는 영어교육 관계자들과 영어교사, 영어교육을 전공하는 대학생들 및 대학원생들에게 보탬이 되기를 소망한다. 또한 한국에서의 영어교육학의 정립에 조그마한 디딤돌이 될 수 있기를 기대한다.

2) 영어과 교과교육학의 개념과 연구범위

교과(教科)는 교육내용과 교육활동의 기본단위이며 교육기관에서 교육의 목적에 맞게 학생이 학습할 내용을 계통적으로 짜 놓은 일정한 영역을 의미한다. 또한 교과교육학은 각 교과의 학습내용과 이론 및 현장적용능력을 다루는 학문분야이다.

영어과 교과교육은 교과로서의 영어(English as a subject matter, ESM)의 학습과 지도에 관한 내용과 방법을 의미한다. 여기서 교과로서의 영어는 각급학교 교육과정의 하나로 선정하여 가르치는 영어를 말한다. 또한 영어과 교과교육학에서는 외국어로서의 영어교육에 관한 이론과 학습/지도방법을 다루어 학습자의 영어의사소통능력을 신장시키는 것을 목적으로 한다.

외국어 교육의 연구는 단순히 응용언어학과 교육학에만 그 토대가 있는 것이 아니라 심리학, 심리언어학, 사회언어학, 학습심리학, 발달심리학, 두뇌생리학, 정보과학, 컴퓨터과학 등의 다양한 분야와 관련이 있는 종합적인 학문(interdisciplinary science)이다.

다른 분야의 교육과 마찬가지로 외국어의 지도와 학습도 인간적인 요소(교사와 학습자)와 비인간적인 요소(교재, 교수요목, 학습배당시간 등)가 조화를 이루어야 바람직한 효과

표 0.1 영어과 교과교육학 관련 주요 학문분야

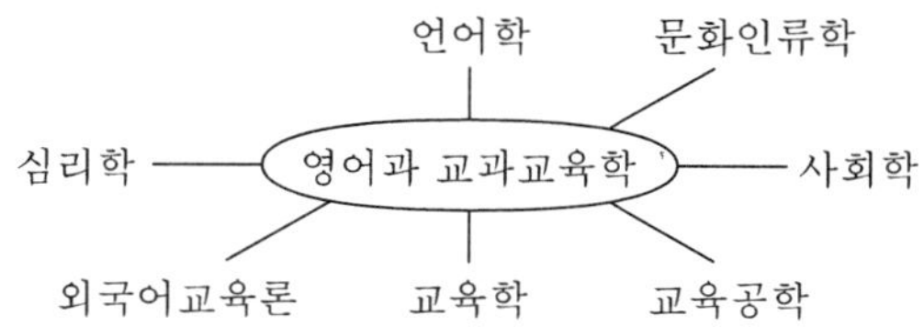

를 얻을 수 있다. 또한 학습목표와 학습자, 교사, 교육환경에 따라 다양한 방법이 모색되어야 한다. 따라서 모든 상황에 적합한 학습과 지도이론을 제시하기 어려우며 모든 학습자에게 적용될 수 있는 교수방법을 찾기도 쉽지 않다.

영어 학습과 지도에 관해서는 다양한 면에 대해서 논의가 필요하다. 첫째, 학습 목적에 따라서 학습과 지도방법이 다를 수 있으므로 이 부분에 관한 검토가 요구된다. 다시 말하면 학습자가 왜(why) 영어를 공부하려하는가 즉, 학습의 동기가 진학이나 진급 등의 도구적 동기(instrumental motivation)에 있는지 혹은 영어 상용 사회의 일원이 되든가 그 문화권에 관하여 이해하려는 통합적 동기(integrative motivation)에 있는지에 관한 논의가 필요하다. 둘째, 학습자와 교사에 대한 분석이 있어야 된다. 즉 학습자의 인지적, 정서적인 면과 학습연령, 가르치는 사람의 교육관과 지도 방법에 관심을 가져야 된다. 셋째, 무엇(what)이 지도와 학습 대상인가에 대한 논의가 필요하다. 즉 목표어(target language)인 영어의 특징 및 교과내용에 관한 분석이 요구된다. 넷째, 어떻게(how) 가르치고 어떻게 학습할 것인가 하는 학습전략과 지도방법에 관한 연구가 요구된다. 다섯째, 언제(when) 외국어 학습을 시작하며 어느 정도의 시간을 투자하고 시간배분을 어떻게 하는 것이 이상적인가에 관한 문제이며, 여섯째, 어디(where)에서 영어 학습과 지도가 이루어지는가라는 교육 환경의 문제이다. 또한 일곱째, 교수와 학습이론, 이론에 부합되는 학습/지도방법, 이론과 방법을 교육현장에서 실제로 적용하는 절차(procedure)와 기법(techniques)에 대한 논의가 필요하다. 아울러 이론과 방법 및 교육과정 등에 대한 평가(evaluation)와 학습자의 의사소통 능력의 측정(testing)에 관한 연구가 이루어 져야한다. 영어교과교육학은 위에 언급된 내용을 모두 포괄하는 학문분야로 교육방법중심 교과교육론과 교육내용중심 교과교육론으로 분류되기도 한다.

영어과 교과교육학에서 다루어지는 내용을 정리하면 표 0.2와 같다.

표 0.2 영어과 교과교육학의 연구 영역

- 영어과 교과교육학
  - 영어의 이해
    - 영어의 형성과 발달과정
    - 현대영어의 특징과 분포
  - 영어 교육론
    - 영어교육의 역사와 목적
    - 의사소통능력
    - 외국어학습론
  - 영어지도방법
    - 영어지도방법론
    - 발음, 어휘, 문법의 지도
    - 이해기능 및 표현기능의 지도
    - 문화지도
  - 영어교재
  - 영어교육공학
    - 교수도구, 시설, 멀티미디어 영어교육
  - 영어과 교육과정
  - 영어과 수업
  - 영어능력의 측정
  - 영어교육의 분석과 연구방법
  - 영어교육의 평가
  - 영어교육정책

요약하면 영어과 교과교육학은 영어를 무엇을(what), 왜(why), 어떻게(how) 학습/지도해야 하는 가를 다루는 실천적인 학문분야이다.

3) 본 저서의 구성

본 저서는 19개의 장(章)으로 구성되었고 영어과 교과교육학에서 다루어져야 한다고 판단되는 모든 분야를 망라(網羅)하여 영어교육에 관한 전반적인 이해를 추구한다. 제1장에서는 현대영어에 대한 이해를 하기 위하여 영어의 형성과 발달 및 특징과 유형을 다루고 있다. 또한 제2장에서 제4장까지는 영어교육에 대한 역사적 고찰과 목적 및 바람직한 방향을 알아보고 학습자의 의사소통능력에 대한 사항을 다룬다. 아울러 제5장과 제6장에서는 외국어학습이론과 영어교수방법론을 다루고 제7장에서 제14장까지는 언어의 제반 요소 및 네 기능의 지도에 관하여 논의한다. 언어의 각 기능을 별도의 장으로 분리하여 논의하였으나 이러한 기능들의 통합적인 지도방안 모색을 목표로 하고 있다. 학습자의 오류 교정은 영어지도에서 중요한 부분 중의 하나라고 판단되어 별도의 장으로 분리하여 제시하였다. 제15장에서는 영어교재와 교수도구, 제16장에서는 영어과 교육과정과 수업기법, 제17장 에서는 학습자의 영어능력의 측정을 논의하고 있다. 제18장에서는 영어교육의 계속적인 연구를 위하여 연구와 분석방법을 다루고 있다. 또한 제19장에서는 교수이론 및 교육과정, 교재 등의 영어교육 전반에 관한 평가를 다루고 이러한 평가를 바탕으로 영어교육정책에 관해 논의한다.

이 저서의 각 장에서는 이론적 설명에 뒤이어 가능한 범위 내에서 구체적인 예를 제시하도록 노력하였다.

목 차

6장 영어교수방법론

7장 영어발음의 지도

8장 영어어휘의 지도

9장 영어문법의 지도

10장 의사소통활동의 지도

11장 학습자의 오류교정

12장 이해기능의 지도

13장 표현기능의 지도

14장 문화와 문학의 지도

15장 영어교재와 교수도구

16장 영어교과의 수업

17장 영어능력의 평가

18장 영어교육학의 연구와 분석방법

19장 영어교육의 평가와 정책

1장 현대영어의 이해

영어과 교과교육에 관한 연구를 위해서는 목표어인 현대영어에 관한 이해가 우선적으로 필요하다고 본다. 따라서 제1장에서는 영어의 형성과 발달과정을 알아보고 현대영어의 특징과 유형 및 분포를 다루고자 한다.

1.1 영어의 형성과 발달

영어는 인구어족(Indo-European family)의 게르만어 중에서 서게르만어(West Germanic)인 Anglo-Frisian에 속하는 언어이며, Anglo-Saxon족이 유럽대륙에서 영국으로 이주하기 시작한 449년부터 현재까지 많은 변화와 발달을 거쳐 형성되었다.

영국 땅에는 BC 7세기부터 AD 3세기까지 Celt족의 한 분파인 Gael족이 Ireland와 Scotland에 또 다른 분파인 Briton족이 Wales와 Cornwall에 정착하여 살고 있었으며 그 영향으로 켈트어는 예 (a)와 같은 어휘들과 (b)와 같은 지명들이 현재까지 남아 있다.

예) (a) bratt 'cloak', brocc 'badgers', binn 'bin', cumb 'combe, valley'
(b) Avon, Chester, Cornwall, Dover, Kent, London, Thames, York

BC 55년과 54년에 영국(Britannia)은 로마의 Caesar황제에게 침범당한 바 있으며 BC 43년에 Claudius황제에게 정복당하여 Honorius황제가 자국 변방의 수비를 위해 영국에 주둔했던 로마군대를 철수시킨 410년까지 약 450여 년간 로마의 통치 하에 있게 되었다. 이 당시에 영국 땅의 원주민이던 Celt족의 저항이 컸지만 로마인들은 막강한 군사력을 바탕으로 로마식 평화(Pax Romana)를 유지하였다. 또한 로마통치시대에 상류층과 도시민 사이에 상당한 수의 Latin어와 켈트어 이중언어사용자가 있었다. 이러한 역사적 배경으로 라틴문화가 이 당시 영국사회에 큰 영향을 주었으며 Anglo-Saxon족이 대륙에 거주하던 시기부터 현대에 이르기 까지 다양한 분야에 수많은 라틴어 어휘들이 영어에 차용되어 사용되게 되었다. 라틴어에서 차용된 어휘들을 시기별로 예를 들어보면 다음과 같다.

예) (a) Anglo-Saxon족의 대륙 거주시기: OE camp 'field, battle', OE mynet 'coin, money', OE disc 'dish' OE pipor 'pepper', OE tigele 'tile'
(b) 로마통치시대: OE catt 'cat', OE mynster 'monastery, minister'
(c) 고대영어시대: OE alter 'alter', OE scōl 'school', OE accent 'accent'
(d) 중세영어시대: credo, gloria, magi, sabbath, client, conviction, abacus, discuss, extravagant, recipe, essence, comet, dial, equal, conclude, interest
(e) 현대영어시대: exit, relaxation, arbiter, vacuum, relapse, specimen, census, curriculum, locus, album, alibi, extra, item, opus, ego, omnibus, moratorium, millenium

로마의 철군 이후 빈번한 Pict족과 Scot족의 침입에 대비하려는 Briton족의 요청에 따라 449년 Jute족이 영국에 들어오게 되었다.[1] 그 이후 477년에 Saxon족, 547년에 Angle족이 영국 땅에 들어오기 시작하여 7～8세기에는 Jute족은 Kent지역에, Angle족은 Humber강 북쪽(Northumbria, Mercia, East Anglia)에, Saxon족은 Thames강의 남부(Sussex, Essex)에 정착하여 고대7왕국(Anglo-Saxon Heptarchy)을 형성하게 되었다.

Anglo-Saxon족이 영국을 지배하게 됨에 따라 Celt어는 완전히 세력을 상실하고 Anglo-Saxon족의 언어가 영어의 기원이 되었다. 'English(Englisc)'라는 언어명칭은 'Anglian(Angles의 언어)'라는 의미인데 여기서 'Angles'는 단일 종족을 지칭하는 말이 아니고 Jutes와 Saxon, Angles의 세 부족을 통칭하는 명칭으로 보아야 한다. 영국인은 바이킹시대(Viking Ages)까지는 Angelcynn(race of the Angles)라고 불리었다. 또한 Kent의 Aethelbert가 Gregory 교황으로부터 601년 Rex Anglorum(King of Angles)이라는 칭호를 받은 이후 영국, 영국인은 각각 'Anglia', 'Angli'로, 약 1000년경부터는 'England; Engla-land; Land of the Engles,' 'English'로 칭해지게 되었다.[2]

---

1) 이 당시의 역사기록은 영국역사의 시조로 일컬어지는 Bede의 영국교회사(Ecclesiastical History of the English Nation, 731)와 앨프레드 대왕(Alfred the Great)의 앵글로 색슨 연대기(Anglo-Saxon Chronicle, 891)에 근거하고 있으며 앵글로 색슨족의 영국침입으로 영국의 역사가 시작되었다고 할 수 있다.

Anglo-Saxon족들은 워오덴(Woden), 소로(Thor), 프릭(Frigg) 등의 게르만 민족 고유의 신들을 신봉하고 있었으나 597년 로마의 Gregory 1세가 파견한 St. Augustine이 50여명의 선교단과 함께 Canterbury에 본거지를 두고 선교를 시작하여 7세기에 영국이 기독교화 되었다. 그 이후 기독교는 영어의 발달과 전파 및 문학작품에 지대한 영향을 주어 왔는데 다음과 같은 단어와 숙어의 형성에서도 기독교의 영향을 볼 수 있다.

예) Goodbye(God be with you)
Sodomy(창세기 18~19장)
Benjamin's mess(the largest share) (창세기 43장 23절)
change one's skin(change completely) (예레미야서 13장 23절)

787년부터 수차례에 걸쳐 바이킹(Viking)들[3]이 영국을 침입하였으나 Wessex 왕국의 앨프레드 대왕(Alfred the Great)이 871년에 Ashdown에서, 878년에는 Edington에서 승리를 거두었다. 그는 878년에 덴마크의 Guthrum과 Wedmore 조약을 맺어 데인로(Danelaw) 지역을 설정하고 바이킹들이 거주할 수 있게 하여 영국인과 동화시켰다.

덴마크의 Sweyn왕은 영국의 Athelred왕의 군대를 이기고 1013년 영국의 왕이 되었고 그의 아들인 Knut는 노르웨이, 덴마크, 영국을 통치하게 되었다. 그러나 Knut 사후 7년 뒤에 Athelred왕의 아들이며 프랑스에서 성장한 Edward the Confessor가 1042년 영국의 왕으로 즉위함으로 영국에 대한 바이킹의 통치시대가 종결되었다. 바이킹들의 침입과 통치를 계기로 영국이 단합하게 되었으며 다음의 예와 같은 어휘가 스칸디나비아어(Scandinavian)에서 차용되게 되었다.

예) fellow, hit, take, law, rag, sister, sly, swain, they, their, them[4]

---

2) 또 다른 언어명칭인 '영어(British)'는 'Britons의 언어'라는 의미이며 '영국(Britain)'은 잉글랜드, 웨일즈, 스코틀랜드를 포함한 '대영국(Great Britain)'에 북아일랜드를 더한 4개의 영토를 일컫는다. 또한 영국의 공식명칭은 '대영국과 북아일랜드 연방(The United Kingdom of Great Britain and Northern Ireland)'이며 '영연방공화국(The British Commonwealth)'은 영연방국가를 말하고 현대에 와서 가맹국이 50개국에 이른다. 여기에는 영국, 캐나다, 호주, 뉴질랜드, 인도, 파키스탄, 스리랑카, 가나, 나이지리아, 자메이카, 도미니카 등이 가입되어 있다.

3) 'Viking'의 어원은 Vik(inlet, creek) + ing(belong to)으로 'creek dweller'의 뜻을 지녔으며 스칸디나비아 반도 지역의 장자상속제 때문에 차남부터는 상속권이 없어 생활을 위해 바다로 나오게 된데서 유래 되었다. 고대노스어(Old Norse)에서는 'vikingr'로 사용되어 'warrior, pirate'의 의미를 나타냈다.

4) 고대영어의 3인칭복수인칭대명사는 hī(they, 주격), hī(them, 대격), him 혹은 heom(them, 여

1066년에 Edward왕이 후계자가 없는 상태에서 사망한 후 영국은 Herold를 왕으로 추대하였으나 Normandy의 William the Conqueror가 이에 반발하여 왕위를 노리고 영국을 침입하였는데 이를 노르만 정복(Norman Conquest)이라 한다.[5] 주로 기병으로 조직되었던 William의 군대는 헤스팅(Hasting) 전투에서 Herold왕의 군대를 격파하고 영국을 정복하였다. 이후 약 200년 동안 로맨스어인 프랑스어가[6] 왕실을 비롯한 상류층의 언어이자 영국의 공용어로 되었으며 영어는 하층민의 언어로 전락하게 되었다. 또한 프랑스어의 영향으로 영어의 성격이 변화하게 되었으며 다음의 예와 같은 다양한 분야에서 프랑스어 어휘들이 영어에 차용되었다.

예) (a) (정치, 행정): court, empire, government, minister, royal, sir
(b) (종교): baptism, confession, pastor, prayer, religion
(c) (군대): arms, army, captain, castle, navy, soldier
(d) (식생활): appetite, beef, dinner, lemon, peach, taste, toast
(e) (학문, 문학): geometry, grammar, poet, prologue, prose, story

1204년에 영국의 John왕은 노르만디(Normandy)를 비롯한 프랑스의 영지를 잃게 되었으며 1337년부터 1453년까지 영국과 프랑스 사이에 백년전쟁(Hundred Year's War)이 일어났다. 이 전쟁의 결과로 전쟁터였던 프랑스는 피해를 입게 되고 영국의 프랑스에 대한 적대감은 절정에 이르게 되었다. 또한 영국은 봉건적인 색채에서 탈피하고 강한 국민의식이 조성되었다.

1348년 이후 여러 번 영국을 휩쓴 흑사병(Black Death)으로 영국 인구의 절반 정도가 사망함에 따라 노동력의 부족으로 임금이 인상되고 하층민이 경제력을 축적해서 중산층으로 발전하게 되었다. 이러한 변화는 주로 하층민 사이에서 사용되던 영어가 중산층의 언어

격), hira 혹은 heora(their, theirs, 속격)이었으나 현대영어에는 여격만 남아 있다. 예로 다음 문장에서는 여격 'heom'이 'h'가 상실된 비강세 목적격 형태로 현대영어의 구어에 남아 있다.

예) I told'*em* what to do.

현대영어의 강세형인 they, them, their는 스칸디나비아어에서 유래되었다

5) 'Norman'은 'Northman,' Normandy는 'Northman's land'에서 유래되었으며 노르만은 게르만족이 대륙에서 영국으로 이동 중에 프랑스 연안인 Normandy에 남아 있게 된 게르만족의 일부를 말한다.

6) 로맨스(Romance)어는 구어 라틴어(Vulgar Latin)에서 발달된 언어들을 말하며 French, Italian, Spanish, Portuguese 등이 여기에 속한다. Norman Conquest(1066)의 결과로 영어에 영향을 준 프랑스어는 'Central French'가 아니고 'Norman French'이다.

로 재등장하게 되는 계기 중의 하나가 되었다.

14세기에 이르러 영어는 영국의 국어로서의 위치를 되찾게 되고 영국민은 일상 언어로 영어를 사용하게 되었으며 1362년 변호법(Statute of Pleading)의 공포로 모든 법정의 재판에 사용되는 언어가 프랑스어에서 영어로 바뀌게 되었다. 1385년에 전국의 모든 학교에서 영어를 사용하게 되고 1413년 Henry 5세의 즉위 이후로는 왕실에서 프랑스어 대신에 영어가 사용되게 되었다. 또한 영어로 문학작품을 집필하는 작가들이 나타나기 시작했다.

Geoffrey Chaucer(1340~1400)는 Canterbury Tales, Troilus and Criseyde 등의 작품에서 동중부방언(East Midland Dialect)을 사용하여 이 방언이 중세영어의 표준어로 정착되는데 기여하였다.[7] London지역을 중심으로 하는 동중부 방언이 현대영어까지 계승되어 영어의 표준어가 되었다.

> Standard Modern English is a development of the speech of London. In other words, the London English of the fourteenth century was the immediate source of Standard English. (Fisiak, 2004, p. 83)

Chaucer시대부터 Shakespeare(1564~1616)시대까지 약 200년 동안 대모음 전이(Great Vowel Swift)가 일어났는데 이러한 전이현상은 중세영어의 7개의 긴장모음(tense vowel)들 중 'i'와 'u'가 각각 이중모음인 'ai'와 'au'로 변하고 나머지 다섯 모음들을 조음하는 혀 위치(tongue position)가 한 단계씩 상승하게 된 변화로 그 원인에 관해

표 1.1 대모음전이의 음 변화 과정

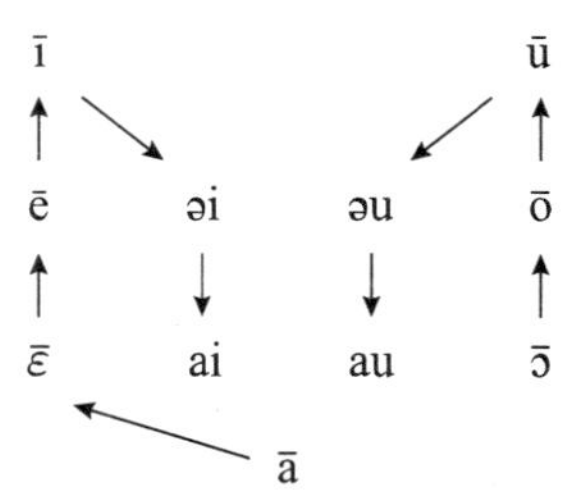

---

7) 동중부방언(East Midland dialect)이 중세영어의 표준어가 된 이유는 다음과 같다.
① 지리적 여건(London이 정치, 경제, 문화의 중심지)
② 경제적 연건(인구가 많고 토지가 비옥함)
③ Chaucer, Wycliffe, Gower등의 영향
④ Caxton에 의한 인쇄소의 설치
⑤ Oxford대학교와 Cambridge대학교의 영향

서는 일치된 주장은 없다.

이러한 모음변화과정의 예를 보기 위하여 Chaucer시대와 Shakespeare시대, 현재의 일부 어휘의 철자와 발음을 비교하면 표 1.2와 같다(Potter, 1951, pp. 65~66 참고).

표 1.2 대모음전이에 의한 영어음의 변화과정

14 세기		16~17 세기	20 세기	
Chaucer의 철 자	Chaucer의 발 음	Shakespeare의 발 음	현재의 철 자	현재의 발 음
lyf	/li:f/	/leif/	life	/laif/
deed	/de:d/	/di:d/	deed	/di:d/
deel	/dɛ:l/	/de:l/	deal	/di:l/
name	/na:m/	/nɛ:m/	name	/neim/
hoom	/hɔ:m/	/ho:m/	home	/houm/
mone	/mo:n/	/mu:n/	moon	/mu:n/
hous	/hu:s/	/hous/	house	/haus/

대모음전이로 중세영어와 현대영어의 모음체계가 크게 달라졌으며 철자는 변하지 않고 발음만 변함으로 현대영어의 발음과 철자가 불일치하게 된 원인 중의 하나가 되었다. 또한 이러한 전이 현상은 공시적으로도(synchronically) 회복이 가능한 음형의 변화로 대모음 전이가 일어나기 전에 모음은 두 번째 교체형의 모음으로 표시될 수 있다. 이들의 기저모음은 장모음이었으나 특정한 접미사 앞에서 단모음으로 변화되었다(김인숙·김석산, 1991, p. 149 참고).

예) (a) /ī/: divine/divinity, crime/criminal
(b) /ē/: serene/serenity, keep/kept
(c) /ǣ/: insane/insanity, nature/natural
(d) /ū/: abound/abundance, south/southern
(e) /ō/: goose/gosling, school/scholar
(f) /ɔ̄/: tone/tonic, cone/conical

1384년에 J. Wycliffe(1320?~1384)의 성경 영역과 1477년 W. Caxton(1422?~1491)의 인쇄소의 설치는 중동부 방언을 영어의 표준어로 정착시키는데 기여하였다.

프랑스와의 백년전쟁(Hundred Year's War, 1337~1453)은 흑사병의 전염과 더불어 사회적 혼란을 초래하고 이를 계기로 중산층이 형성되었다. 또한 르네상스(Renaissance; 문예부흥, 1500~1650)의 영향으로 라틴어와 그리스어 교육에 대한 관심이 높아지고 중류 계층의 읽고 쓰는 능력이 향상되었으며 모국어인 영어를 다듬어야 한다는 자각이 생겨 영어의 발전에 기여하게 되었다.

16세기의 영어는 자유분방한 당시의 시대정신을 반영하고 있는데 Shakespeare는 이러한 영어로 다양한 작품 활동을 함으로써 영어의 표현력을 배가(倍加)시켰다는 평을 받고 있다. 1611년에 James 1세가 국민의식의 단합을 위해 50여명의 학자에게 명하여 번역한 흠정역 성경(欽定譯 聖經, King James Bible, the Authorized Version)은 그 당시까지의 영역성경의 집대성[8]이라 할 수 있으며 기독교 전파는 물론 영어정착의 획기적인 계기 중의 하나가 되었다. 또한 흠정역 성경은 그 이후 다른 영역성경의 모태가 되고 Shakespeare의 작품과 더불어 후세의 많은 문호에게 문체상의 영향을 주었다.

> In fact, many present-day writers try to model their writings on the works of Shakespeare and the language of the King James Bible. (Pel, 1954, p. 89)

또한 Cawdrey의 *A table of alphabetical hard words*(1604), Johnson의 *The dictionary of English language*(1755), Murray의 *English grammar*(1794) 등의 사전과 문법서의 출판은 철자의 통일, 용법과 표준발음의 확립에 기여하게 되었다.

1776년에 미국이 독립하고 미국에서 영어가 공용어(common language)로 사용되기 시작함으로 영국영어(British English)와 미국영어(American English)가 분화되게 되었다. Noah Webster(1782~1843)는 *The American spelling book*(1783), *An American dictionary of the English language*(1828) 등을 편찬하여 미국영어의 정착에 기여하였다. 또한 영어는 캐나다영어, 호주영어, 뉴질랜드영어, 홍콩영어 등의 다양한 형태로 분화되어 발전하면서 오늘에 이르고 있다.

이러한 배경과 역사를 지닌 영어를 시대별로 나누어 그 특징을 정리하면 다음과 같다.

1) 고대영어시대

고대영어시대(The Old English Period)는 Jute족의 영국 침입(449년)부터 노르만 정복

---

8) 흠정역 성경의 출판 이전까지의 주요 영역성경들은 Wycliffe역 성경(1384), Tyndale New Testament(1536), Coverdale Bible(1937), the Great Bible(1539), the Geneva Bible (1560), the Bishop's Bible(1568), Douai Bible(Catholic Version, 1610) 등이다.

(Norman Conquest; 1066)까지를 말하며 고대영어는 외래어가 많지 않은 순수한 게르만어로 발음과 철자가 일치하였다. 또한 고대영어는 문법관계가 굴절에 의존하는 종합어(synthetic language)이므로 이 시대를 완전 굴절의 시대(period of full inflection)라고도 한다.

2) 중세영어시대

중세영어시대(The Middle English Period)는 노르만 정복부터 중세기(Middle Ages)의 종말(1500년경)까지를 말하며 영어가 프랑스어(Norman French)의 영향을 받게 되었고 발음과 철자가 일치하지 않는 현상이 나타나기 시작했다. 또한 중세영어는 굴절어미가 단순화(평준화, leveling)되어 문법기능이 어순과 전치사 등의 기능에 의존하는 분석어(analytic language)로 변화되는 과정에 있었으므로 이 시기를 굴절 평준화의 시기(period of levelled inflection)라고도 한다.

3) 현대영어시대

현대영어시대(The Modern English Period)는 중세기 이후 현재까지를 말하며 초기현대영어와 후기현대영어, 시사영어로 분류된다.

(1) 초기현대영어시대(The Early Modern English Period)는 1500년경부터 1700년경까지를 말하며 굴절어미가 극히 일부를 제외하고는 없어졌으므로 이 시대를 굴절상실의 시대(period of lost inflection)라고도 한다.

(2) 후기현대영어시대(The Late Modern English Period)는 1700년대 이후 현재까지를 말하는데 영어는 대체적으로 1700년대에 발음과 철자가 현재의 형태로 고정되게 되었다.

(3) 시사영어(Current English; Present English)는 2차 대전 이후 현재까지의 영어를 말한다.

1.2 현대영어의 특징

영어는 인류 역사상 가장 전파력이 강하고 광범위하게 사용되는 언어이며, 영어의 국제어로서의 위치와 어휘, 구조, 발음, 철자 등의 특징을 정리하면 다음과 같다.

(1) 영어는 국제공용어이다. 영어는 여러 지역을 거치면서 발달을 해왔고, 영국의 식민지 확장 정책으로 광범위한 지역에 분포되게 되었는데 이러한 역사적 원인과 2차 세계대전이후의 정치·사회적 원인으로 국제어, 세계 공용어가 되었다. 따라서 현재 영어는 영어원어민과 비원어민 사이의 의사소통뿐만 아니라 영어비원어민사이의 의사소통에도 사용되고 있다.

17세기 초엽 영국본토의 영어사용자는 500만 정도에 불과했으나 현재 영어는 세계인구의 약 1/10인 3억 5천명이 모국어로, 약 3억 5천명이 제2언어(English as a second language; ESL)로 사용하고 있으며 그 외에 1억명 정도가 외국어인 영어로 의사소통이 가능하다.[9] 영어 사용 면적은 지구의 약 1/5에 달하며 29개 국가가 국가어(national language)로, 15개 국가가 공용어(official language)로 사용하고 있다. 또한 영어사용 비중은 세계 방송의 60%, 우편물의 70%, 국제통화의 85%, 컴퓨터 자료의 80%를 차지하고 있다(1994년 UNESCO보고 참고). 아울러 세계 과학서적의 50% 이상, 전자상거래사이트의 96%정도가 영어로 되어 있다.

(2) 영어는 수용성과 개방성이 크다. 영어는 고대, 중세영어시대에 많은 외국어에서 어휘를 차용(借用, loan)하였으며 초기현대영어시대에도 다양한 원인으로 50개 이상의 언어에서 어휘를 받아들였다.

Early Modern English borrowed words from over fifty languages. This was a result of cultural contacts, travel, discoveries, colonization, trade, etc., affecting not only the close European scene, but also the far off lands of America and Asia. (Fisiak, 2004, p. 98)

어휘의 차용은 그 후에도 계속되어 영어는 방대한 어휘를 지니게 되고 표현력이

---

9) 중국어는 약 10억, 러시아어는 약 2억 8천, 스페인어는 약 2억 6천, 힌두어는 약 2억 3천, 아랍어는 약 2억, 벵갈어는 약 1억 8천, 포르투갈어는 약 1억 7천, 일본어는 약 1억 2천명의 사람들이 모국어로 사용하고 있다. 또한 유네스코의 보고서인 '세계사멸위기언어지도'(2002년 2월)에 의하면 세계의 언어는 6,000개에 이르며 이중 절반인 3,000개의 언어가 유럽언어의 영향과 억압적인 정부 정책 등으로 사멸위기에 놓여 있다고 한다. 다음의 언어들은 소멸되거나 소멸되어 가면서 영어로 대체되고 있다: American Indian, Celtic, Austronesian, Australian Aboriginal languages, Maori 등. 하나의 예로 New Zealand 인구의 12.5%에 해당되는 Maori족(New Zealand 원주민) 중에 12%만 Maori어를 할 수 있으며 그들은 대부분은 중년층 이상이고 영어와 Maori어의 이중언어사용자들이다(Burridge & Mulder, 1998, p. 275 참고).

강화되고 다양화되었다.

Of all world-languages English probably has the vocabulary which is the most copious, heterogeneous and varied. (Wrenn, 1949, p. 29)

(3) 영어는 분석어(analytic language)이므로 어미변화가 거의 없고 어순이 비교적 고정되어 있어 외국인이 배우기 쉬운 언어에 속한다. 영어는 고대영어시대(449년~1100년)에는 문법관계가 주로 어미변화에 의존하는 종합어이었으나 현대영어로 발전해 오면서 굴절을 상실하고 문법관계가 어순(word order)과 기능어(function word)에 의존하는 분석어로 변화하였다.[10] 다시 말하면 어순이 고정되어 SVO라는 영어의 기본문형이 성립되고 동사의 시제형이나 서법형을 만들 때 동사의 굴절형 대신에 조동사를, 명사의 격형 대신에 전치사 구문 등이 사용된다. 이렇게 문법관계가 조동사나 전치사에 의해 나타내게 되는 표현법을 우언표현법(periphrastic expression)이라고 한다.

(4) 영어의 표현방법은 비교적 논리적이고 간결하다. 또한 직선적(linear)이며 직접적인(straightforward) 기술 형식이 선호된다. 영어는 시제나 상(aspect)이 발달하여 논리적으로 표현할 수 있으며 글은 일반적으로 주제문단(topic paragraph)과 보충문단(supporting paragraph)으로 이루어지며, 하나의 문단은 주제문과 보충문으로 이루어진다. 아울러 to-부정사, 분사(participle), 동명사(gerund)나 기타의 수단을 통해 간결하게 의미를 나타낼 수 있다. 'One man one vote.', 'First come, first served.' 등의 문장을 예로 들 수 있다. 이러한 간결성은 Tyndale역 성경, 흠정역 성경(King James Bible), Shakespeare의 작품 등에서도 찾아 볼 수 있다. Kaplan(1966, p. 15)은 표 1.3과 같이 문화권에 따른 사고표현양태를 비교하여 제시하고 있다. 동양어권은 빙 둘러 표현하는 방식을 선호하지만 영어는 다른 언어의 표현방식에 비하여 직선적이다.

---

10) 종합어와 분석어의 차이는 다음과 같다(Pyles & Algeo, 1993, pp. 6~7).

(1) 종합어(synthetic language): a language that depends heavily on the use of inflection, either internal or suffixed.

(2) 분석어(analytic language): a language like English whose grammar depends heavily on the use of word order and function words.

표 1.3 각 문화권의 사고표현양태 비교

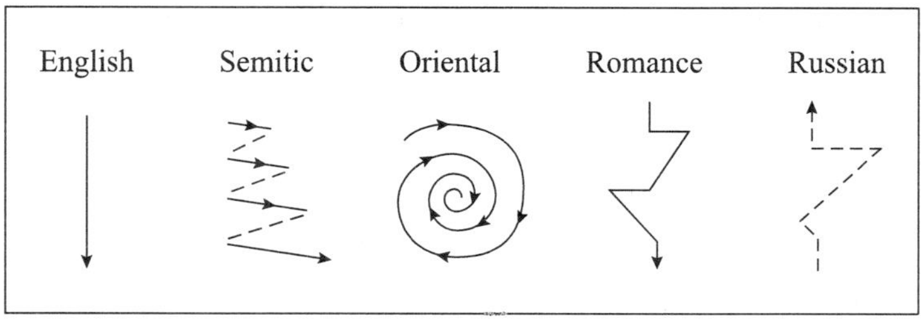

(5) 영어의 어휘는 대체적으로 관련성이 있는 여러 의미를 지닐 수 있다. 예를 들면 'board'는 다음 표와 같이 '판자'에서 '위원'까지 다양한 의미를 지니고 있다.

표 1.4 'board'의 다의성

board : A 판자(a long thin flat piece of cut wood)

A+B 판자로 만든 탁자 (a flat piece of hard material used for putting a food on)

B 탁자(table)

B+C 탁자에 둘러앉아서 하는 회의(a round-table conference)

C 회의(conference)

C+D 특수 목적의 회의, 위원회(a committee)

D 위원(a member of committee)

또한 접두사와 접미사의 첨가, 복합(compounding), 역파생(back formation), 혼성(blending), 기능전환(functional swift) 등이 비교적 자유로워 표현방법이 다양하다. 다음 예의 (a)는 불어와 영어가, (b)는 영어와 불어가 혼합된 어휘이다.

예) (a) *French* *English*

scholar	+	ship	→	scholarship
beauty	+	ful	→	beautiful
fool	+	ish	→	foolish

(b) *English* *French*

eat	+	able	→	eatable
short	+	age	→	shortage

(6) 고대영어에서 성에 따라 붙던 굴절어미가 상실되면서 문법성(grammatical gender)의 구별이 무의미해져서 없어지고 현대영어에 와서는 자연적인 성(natural gender)에 따르고 있다.

(7) 영어는 강세(stress)와 리듬, 억양(intonation) 등의 2차 음소(secondary phoneme)가 언어의 뜻에 영향을 주는 중요한 역할을 한다. 또한 한국어는 음절의 수에 의해 발화시간이 결정되는 음절시간어(syllable-timed language)이지만 영어는 강세의 수에 의해 발화시간이 결정되는 강세시간어(stress-timed language)이다. 예를 들면 다음 문장들의 발화시간은 동일하다.

예) (a) ⓐ The CAT is INTerested in proTECTing its KITTen.
ⓑ LARGE CARS WASTE GAS.
(b) ⓐ The DOCtor's a SURgeon.
ⓑ The DOCtor's a good SURgeon.
ⓒ The DOCtor's a very good SURgeon.
ⓓ The DOCtor's not a very good SURgeon.

영어의 2차 음소는 한국인이 영어학습에 어려움을 느끼는 원인 중의 하나이다.

(8) 영어는 품사전환이 용이하다. 다시 말하면 영어의 어휘는 하나의 품사로 고정되어 있지 않고 문맥과 상황에 따라 다른 품사로서의 기능을 할 수도 있어 기능상의 유연성이 있다. 예를 들면, 'paper'는 본래 명사이지만 'We can *paper* a room.'에서 동사로 사용된다. 이러한 품사의 자유로운 전환으로 영어의 표현력이 강화되었다. 또한 일반적으로 동사로 쓰이는 'go'도 다음의 예와 같이 기능전환을 통해 명사로도 사용되고 있다.

예) (a) I tried to get full marks for English, but it was no *go*.
(나는 영어에서 만점을 따려고 했으나 성공하지 못했다)
(b) He seems to be on the *go*. (그는 바쁜 것 같다)
(c) Many problems were solved in one *go*.
(문제점들이 단숨에 해결되었다)

(9) 현대영어는 철자와 발음이 일치하지 않는 경우가 적지 않다. 예로 'a'라는 철자

는 [a:](father), [ei](hate), [æ](hat) 등의 여러 형태로 발음되며 [ʃ]라는 음은 *sh*oe, *s*ugar, man*s*ion, i*ss*ue, na*t*ion, suspi*c*ious, *ch*aperon, *ps*haw 등으로 다양한 철자로 표기된다. 철자와 발음 불일치의 원인은 영어의 철자는 역사적으로 변화의 폭이 적었던 반면 발음은 다양한 원인으로 많은 변화를 했기 때문이다. 철자법은 W. Caxton(1422?~1491)에 의한 인쇄술의 도입(1477)과 S. Johnson(1709~1784)의 *The Dictionary of the English Language*(1755) 등의 영향으로 고정되어 갔으나 발음은 대모음 전이(Great Vowel Swift) 등으로 인해 크게 변하게 되었다. 또한 어휘를 차용해 온 나라와 차용시기가 다르고 외래어의 어원을 철자에 충실하게 반영하려는 학자들의 노력으로 발음되지 않는 철자들까지 어휘에 첨가하게 되어[11] 많은 묵음이 어휘에 나타나면서 발음과 철자의 괴리는 더욱 크게 되었다. 영어학습의 초기에 문자를 강조하게 되면 정확한 발음의 습득에 지장을 주게 되는 이유 중의 하나가 여기에 있다고 본다. 그러나 발음과 철자가 불일치한 점은 어원(etymology)을 밝히는데 유리한 면이 있고 외래어의 발음은 다르더라도 철자는 그대로 사용함으로 외국인에게 친밀감을 줄 수 있는 장점도 있다.

(10) 세계영어(world Englishes)의 개념이 확산되고 있다. 세계영어란 영어가 특정한 민족이나 국가의 언어가 아니라 영어를 말하는 모든 사람의 언어라는 의미이다. 다시 말하면 영어의 다양성을 인정하는 개념이며 영어 모국어 화자, 제2언어 화자, 외국어 화자들이 사용하는 모든 영어를 영어로 보아야 한다는 의미이다.

We need to recognize 'World Englishes' or 'Global English'. World English '... belongs to everyone who speaks it, but it is nobody's mother tongue' (Rajagopalan, 2004, p. 111) Nobody owns English any more or we could say that we all, 'native' and 'non-native' speakers alike, own it together in a kind of international shareholders' democracy since whatever English we speak we have equal rights as English user. The speaker of World English is, perhaps, capable of dealing with a wider range of English varieties than someone stuck with native-speaker attitudes and competence. (Harmer, 2007, p. 18)

---

11) 학자들이 어휘의 어원을 밝혀 철자를 쓰고자 한데서 생긴 철자를 어원적 철자(etymological respelling)라고 한다. 예를 들면 debt는 det(고대 프랑스어에서 차용된 중세영어), doubt는 dout(고대 프랑스어에서 차용된 중세영어 doute)로 사용되었으나 이러한 어휘들이 궁극적으로 라틴어 debitum과 dubitare에서 파생되었다고 보고 'b'를 삽입하게 되었다(Pyles & Algeo, 1993, p. 169 참고).

요약하면 현대영어는 세계에서 가장 전파력이 강한 언어이고 국제공용어이다. 따라서 영어는 대부분의 세계인들이 국제적 의사소통을 위하여 배워야 하고 배우기를 원하는 언어로 간주되고 있다. 또한 어순이 고정되고 굴절이 거의 없는 분석어이며 개방적이어서 많은 외래어를 받아들여 왔다. 아울러 품사의 전환이 자유로워 기능상의 유연성이 있다.[12] 이러한 언어 내재적인 특성으로 영어는 대체적으로 다른 언어보다 학습이 용이하다고 인정되고 있다.

1.3 현대영어의 유형

영어의 유형은 시대와 지역, 습득이나 학습 형태, 영어가 지니는 역할, 사용목적에 따라 다양하다. 또한 영어가 외국어인 국가에서는 정치·사회적 배경, 경제적인 요인과 역사적 배경에 따라 다른 유형의 영어를 가르치고 있는데 일반적으로 유럽에서는 영국영어, 멕시코와 필리핀 등에서는 미국영어, New Guinea 등에서는 호주영어를 지도하고 있다. 한국에서는 영국영어와 미국영어를 모두 가르치지만 미국영어에 더 많은 비중을 두고 있다. 외국어로서의 영어(EFL)를 지도하는데 있어서는 영어의 다양한 유형을 이해하고 표준어에 가깝고 광범위한 지역에서 사용되는 영어를 사용할 수 있게 지도하는 것이 바람직하다.

영어의 유형을 사용 지역, 습득과 역할, 사회적 기준, 사용목적에 따라 분류하면 다음과 같다.

1) 지역적 분류

영어는 지역에 따라 영국영어, 미국영어, 캐나다영어, 호주영어, 홍콩영어, 인도영어 등으로 나눌 수 있는데 영국영어와 미국영어로 나누는 것이 가장 큰 분류이다. 영국영어

---

12) Britanica 백과사전에도 영어의 특징을 다음과 같이 분석어, 기능상의 유연성, 어휘의 개방성으로 제시되어 있다.

> English is an analytic (i.e., relatively uninflected) language, whereas Proto-Indo-European, the ancestral tongue of most European, Iranian, and North Indian languages, is synthetlanguage in which adjectives have no distinctive endings, aside from determiners and endings denoting degree of comparison. Another characteristic is flexibility of function. This means that one word can function as various parts of speech in different contexts.... A third feature, openness of vocabulary, allows English to admit words freely from other languages and to create compounds and derivatives. (p. 500)

(British English)의 표준어인 용인발음(received pronunciation; RP)은 사용자의 수는 많지 않으나 지역적인 특색이 없고 넓은 범위에 걸쳐 이해되는 발음이므로 외국인이 습득해야 할 이상적인 발음으로 간주된다. 호주, 뉴질랜드, 홍콩, 서인도제도, 남아프리카공화국 등에서 사용되고 있는 영어가 영국영어의 범주에 속한다. 미국영어(American English)는 1620년대부터 영국 청교도들이 미국대륙으로 이주하면서 이들이 미국으로 가지고 온 17세기의 영국영어 즉 Elizabeth여왕시기(1558~1603)의 영어로 지역적 차이가 영국영어에 비해 적은 편이다. 미국영어는 19세기에 와서 미국 특유의 표현이 나타나고 독자성을 띠게 되었는데 N. Webster(1758~1843)는 *The American spelling book*(1783)과 *The American dictionary of English language*(1828)를 출간하여 미국영어의 철자법을 표준화하고 발음과 어법의 규범을 확립하여 독자적인 미국영어의 전통을 수립하려고 노력하였다. 또한 미국영어는 발음의 통일성과 보수성 등이 특색이며 대체적으로 17세기 영국발음을 그대로 유지하여 왔으며 일부 발음과 철자, 어휘, 의미, 어법이 영국영어와 차이가 난다. 캐나다영어는 영국영어가 바탕을 이루고 있지만 미국영어의 특징을 가지고 있고 호주, 홍콩, 인도의 영어는 대체적으로 영국영어와 유사한 특징을 지니고 있다. 현대에 이르러 방송과 통신매체의 발달 및 빈번한 국제적 교류 때문에 언어의 지역적 특색은 약화되어 가는 추세이다.

2) 습득과 역할에 의한 분류

영어는 습득과 사회적 역할에 의해 모국어로서의 영어(English as a native language; ENL), 제2언어로서의 영어(English as a second language; ESL), 외국어로서의 영어(English as a foreign language; EFL), 피진영어(pidgin English), 혼성영어(creole English)로 분류된다. 'ESL'과 'EFL'이라는 개념은 1950년대 이후에 구분되어 사용되기 시작하여 1970년대에 정착되었다.

> It was not until the fifties that the modern distinction between English as a 'foreign' and a 'second' language (EFL and ESL) became widespread. (Howatt, 1984, p. 212)

(1) 모국어로서의 영어

모국어로 습득하여 사용되는 영어를 말한다. 영국, 아일랜드, 호주, 뉴질랜드, 미국, 캐나다에서의 영어가 여기에 속한다. 그러나 다민족으로 구성된 국가에서는 여러 언어가 사용되고 있으므로 모국어(모어, native language)와 국가어(national language)는 다를 수 있다.

(2) 제2언어로서의 영어

학습자가 모국어를 습득한 후에 영어를 배우게 되는 경우는 습득 순서에 따라 두 번째로 영어를 배우게 되므로 영어를 제2의 언어(second language)라고 하며 사용의 비중에 따라 영어가 제1의 언어(primary language), 제2의 언어(secondary language) 혹은 보조언어(auxiliary language)로 될 수도 있다. 제2언어를 모국어 환경에서 배우는 경우와 제2언어 환경에서 배우는 경우가 있는데 일반적으로 전자는 외국어로서의 영어(EFL)라 하고 교육을 통해서 학습(learning)이 되며 후자는 제2언어로서의 영어(ESL)라고 하며 자연스럽게 습득(acquisition)되거나 교육을 통해 학습된다.

영어가 제2언어로 사용된다는 것은 행정, 교육, 산업, 대중매체 등에서 제1언어와 함께 통용되는 상황을 말한다. 인도, 나이지리아, 동남아와 아프리카의 일부 국가에서는 한 국가 내에서 다양한 언어가 사용되므로 의사소통에 어려움이 있어 영어를 제2의 언어로 삼아 사용되는 경우도 있다.

(3) 외국어로서의 영어

외국어로서의 영어(EFL)는 학교에서 교과과정의 일환으로 지도는 되지만 영어가 그 사회의 행정, 교육, 사업 등에서 통용되지 않는 상황에서의 영어 혹은 비 원어민이 배워서 사용하는 영어(ESOL: English for speakers of other languages)를 의미한다. EFL상황에서는 영어구사 능력이 다양하고 영어를 언어나 문화의 정체성(identity)의 일부로 간주하지 않는다. 또한 이 용어는 대체로 영어교육과 관련되어 사용되어진다.

또한 다음 표와 같이 영어를 동심원(concentric circles)의 내부 원(inner circle), 외부 원(outer circle) 및 확대 원(expanding circle)으로 구분할 수도 있다(Kachru ,1992, p. 233 참고). 내부 원에는 모국어로 영어(ENL)를 사용하는 국가가 해당되고 인구는 약 3억 5천명이다. 외부 원에는 주로 영어사용국가의 식민통치를 받는 역사가 있는 국가가 해당되며 사용인구는 3억 명 정도이고 일반적으로 영어를 제2의 언어(ESL)로 사용한다. 또한 일부 국가에서는 영어의 토착화(nativization)가 이루어지고 영어가 초·중등교육의 수업언어로 사용되고 있다. 확대 원은 영어가 그 사회의 공용어가 아니고 영어사용권 국가의 식민 통치를 받은 역사는 없지만 영어의 필요성이 급격히 증가하는 경우이며 약 10억의 인구가 해당된다고 추정할 수 있다. 또한 확대원 내의 국가들에서는 개인에 따라 영어구사의 수준이 다양하다.

표 1.5 영어의 전파(The spread of English worldwide)

내부원 (The 'inner circle')	외부원 (The 'outer circle')	확대원 (The 'expanding circle')
Australia	Bangladesh	China
Canada	Ghana	Egypt
Ireland	Hong Kong	Indonesia
New Zealand	India	Israel
United Kingdom	Jamaica	Japan
USA	Kenya	Korea
	Malaysia	Nepal
	Pakistan	Saudi Arabia
	Philippines	Taiwan
	Singapore	Thailand
	South Africa	Russia
	Sri Lanka	Zimbabwe
	Tanzania	…
	Zambia	…

…

모국어로서의 영어와 제 2 언어로서의 영어의 분포를 지도로 나타내 보면 다음과 같다(Fisiak, 2004, p. 140 참고)

표 1.6 영어의 분포지도

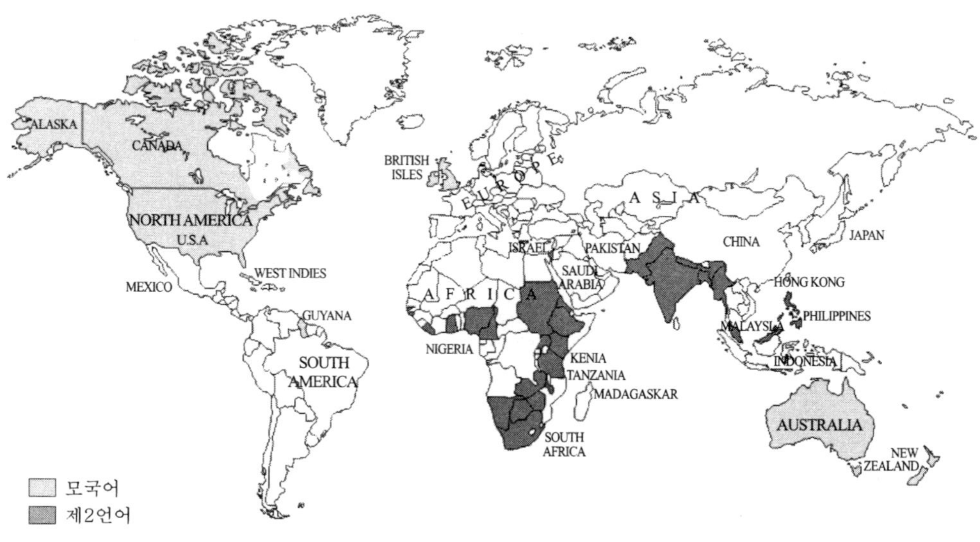

Nayar(1997)는 영어를 ENL, ESL, EAL, EFL로 분류하고 있다. 여기서 EAL

(English as an associate language)은 영어가 다소의 의사소통 수단이지만 영어가 공공 영역에 사용되는 유일한 언어는 아니며 그 사용자가 목표문화에 동화되는 것은 선택적인 경우를 말한다.

> English has some social function or some domains for its purposive communicative use (unlike in an EFL situation), but English will not, at the same time, normally be the sole language encompassing all public domains (unlike in ESL). (Nayar, 1997, p. 30)

한국과 일본은 대표적인 EFL상황이지만 다소의 EAL의 성격을 지녔다고 볼 수 있다. 또한 ESL과 EFL의 구분이 불명확하거나 상황이 변해 가는 국가들도 있다. 인도, 스리랑카, 말레이시아에서는 영어 역할이 감소함에 따라 ESL에서 EFL로, 스웨덴과 네덜란드, 에티오피아에서는 모국어와 영어의 이중언어가 정착되어 감에 따라 EFL에서 ESL로 변해가는 경향이 있다. 또한 싱가포르에서는 영어가 ESL에서 ENL로 변해 가는 과정에 있다고 보는 학자도 있는데(Nayar, 1997, p. 14 참고) 1966년부터 영어를 중심으로 이중언어교육정책이 실시되어 오고 있다.

(4) 피진영어와 혼성영어

영어가 제2언어인 사회에서는 다양한 지역적 특성의 영향으로 표준영어와는 다소간에 상이한 영어가 형성될 수도 있는데 그 대표적인 예로 피진영어와 혼성영어가 있다.

피진(혼합어: 혼합 파격어: pidgin)은 한 언어와 다른 언어가 혼합되어 만들어진 언어로 어휘가 제한되고 음운 조직과 문법구조가 단순화되었으며 최소한의 의사소통을 목적으로 한다. 영어와 다른 언어가 혼합되어 형성된 언어를 피진영어(pidgin English)라고 하며 이것은 일종의 접촉어(contact language)인데 감정까지를 교감하는 것은 쉽지 않으며 한 집단의 정상적인 언어는 아니다. 'pidgin'이라는 용어는 'business'의 중국식 발음으로 중국 연안에서 상거래의 필요에 의해 영어와 중국어가 혼합되어 만들어진 언어에서 유래하였다. 뉴기니, 비스마르크군도, 솔로몬군도, 동남아시아 일부 국가, 서아프리카 등에서 그 예를 찾아 볼 수 있다.

피진언어를 모국어로 하는 후손이 태어나 그 언어를 모국어로 습득하여 사용하는 경우 그 언어를 혼성언어(creole)라로 한다.[13] 그 예로 프랑스어와 서아프리카 말이 섞인 아이

---

13) 'creole'은 미국 Louisiana의 Creole에 이주한 프랑스인들이 사용한 Louisiana식 프랑스어를 나타내는 말로 그 지역의 지명에서 유래되어 현재는 혼성언어를 의미하게 되었다.

티 혼성언어(Haitian creole)를 들 수 있다. 피진언어가 혼성언어가 되면 어휘가 다양해지고 음운, 형태, 동사규칙 등이 보다 더 복잡해진다. 제2언어로 영어가 사용되는 중미지역과 중앙아프리카 일부 국가나 사회에서 모국어와 혼합된 혼성영어(creole English)가 사용되고 있다. 하와이 혼성언어(Hawaiian creole), 자메이카 혼성언어(Jamaican creole) 등이 대표적인 예이다. New Guinea에서는 피진영어가 혼성어화 되어 가고 있는 과정이다. 또한 아프리카의 시에라리온에서는 피진어가 크리오(Krio)라는 별개의 언어로 발전되었는데 이 언어는 영어, 요루바어(Yoruba), 포루투칼어, 프랑스어가 혼합된 언어이다.

3) 사회적 기준에 의한 분류

사회적 기준에 의해 표준영어(standard English)와 비 표준영어(non-standard English)로 분류할 수 있다. 표준영어는 영어사용사회에서 다양한 공무 집행과 교육 등에 사용되는 영어를 말하며 표준 영국영어와 표준 미국영어로 나눌 수 있다. 영국영어가 미국영어에 비해 지역 방언이 많다. 민족에 따라 형성되는 사회적 방언으로는 흑인영어(Black English), 동양영어(Oriental English), 스페인영어(Hispanic English), 미국인디언영어(American Indian English) 등이 있다.

표준언어와 비표준어의 구분은 화역(언어사용역; register)과는 다른데 화역은 특별한 목적을 위해 사용하는 언어의 변이형 즉 사회적 상황과 연계된 일련의 문법적 변형(a set of grammatical modifications associated with the social contexts, Arthur, et al, 1980)을 말한다. 화역은 사용자의 지역, 교육, 사회적 계층 등과 같은 특성 때문에 생기는 변이형인 방언(dialect)과는 다르며 화용상의 장면에 의해 변하는 일시적인 언어의 가감과 변형이라고 할 수 있다.

(1) 표준 영국영어

영국에서 발음상 표준어로 인정되는 발음은 인용발음(認容發音; received pronunciation, RP)인데 지역 방언이 아니고 상류 계층의 계급방언(class dialect)에 해당된다. 영국인구의 3~5%가 태어나서부터 인용발음을 사용하며 이 발음은 중・상류층과 영국 지도자들의 규범이 된다. 표준영국영어는 'Queen's English', 'Oxford English' 혹은 'BBC English'로 부르기도 한다.

(2) 표준 미국영어

미국의 지역 방언은 뉴잉글랜드방언(New England Dialect), 남부방언(Southern

Dialect), 전미영어(General American Dialect)로 나눌 수 있다. 뉴잉글랜드 방언은 Boston을 중심으로 사용되며 영국영어와 가장 흡사하고 남부방언은 말투가 다소 느리고 단모음을 이중모음으로 발음하는 경향이 있다. 전미영어는 Chicago 지역을 중심으로 미국 중서부의 가장 넓은 지역에 분포되어 있고 미국인구의 5분의 4가 사용하며 일반적으로 표준 미국영어로 간주된다. 그러나 미국의 표준어는 '지역적 차이보다 교양 있는 많은 사람들이 사용하는 공통형'(이계순, 1986)이라 할 수 있다.

우리나라에서는 1950년대 중반부터 미국영어와 영국영어를 모두 가르치지만 미국영어에 더 많은 비중을 두어오고 있다.

4) 사용목적에 의한 분류

영어는 사용목적에 따라 일반영어와 특수목적을 위한 영어로 나눌 수 있다.

(1) 일반영어

일반영어(General Purpose English: English for General Purposes: EGP)는 특수한 목적보다는 일상생활에 일반적으로 사용되는 영어를 말한다. 일반학교에서 공통적으로 가르치는 영어가 여기에 해당된다.

(2) 특수목적을 위한 영어

특수목적을 위한 영어(English for Special Purposes: ESP)는 특정한 목적을 달성하기 위하여 필요한 영어를 말하며 학습자의 전문영역이나 관심과 필요에 따라 다양하다. 과학과 기술을 위한 영어(English for Science and Technology: EST), 학구적 목적을 위한 영어(English for Academic Purposes: EAP), 교육 목적을 위한 영어(English for Educational Purposes: EEP), 직업적 목적을 위한 영어(English for Occupational Purposes: EOP) 등이 여기에 속한다.

2장 영어교육의 역사

제2장에서는 우리나라 영어교육의 태동(胎動)과 발달에 관해 역사적 조명(照明)을 해 보고자 한다. 이러한 역사적 조명은 현재 영어교육의 장점과 문제점 분석 및 앞으로의 발전방향의 모색에 참고가 된다고 본다.

우리나라에서는 조선조 후기에 외교사절, 영미상인, 영미 선교사를 통해 영어라는 언어를 접하게 되었으며 영어교육은 1883년에 설립된 관립영어교육기관인 동문학(同文學)에서 시작되었으며 대한민국의 건립과 더불어 발전하기 시작하였다. 여기서는 해방이전 시기는 교육기관을 중심으로, 대한민국건국이후는 교육과정의 제정과 개정에 따라 논의해 보고자 한다.

2.1 해방 이전의 영어교육

우리나라 해방 이전의 영어교육은 국가적 필요에서 설립된 관립 영어학교와 기독교 선교사업의 일환으로 설립된 사립학교의 두 가지 유형의 교육 기관에서 실시되기 시작했다. 1883년에 관립영어교육기관인 동문학에서 최초로 시작된 영어교육은 1906년에 고등학교령, 1907년에 고등여학교령의 공포로 중지되었다가 1909년 개정령에 의해 영어를 선택과목으로 3시간 정도 가르칠 수 있게 되었다. 그러나 1910년 한일합방으로 일본어 교육은 강화되고 국어와 영어 교육은 위축되게 되었다. 1924년에 이르러 경성제국대학 법문학부(法文學部)에 국내 최초의 영어영문학부가 설립되었고 이화학당 대학부 문과와 더불어 영어교사 양성기관으로서의 역할을 하게 되어 초기의 영어교육에 기여하였다.

초창기에는 관립이나 사립학교의 영어수업은 영어원어민 강사들이 한국어를 구사하지 못하여 영어로 진행되는 일종의 직접교수법(direct method)의 형태로 실시되었다. 한일협약(1904) 이후부터는 한국어를 교수어로 해서 주로 문법·번역 중심교수법으로 지도하게 되었는데 이러한 현상은 해방 이후까지도 계속되었다.

관립영어학교와 사립학교에서의 영어교육을 교육기관별로 정리해 보면 다음과 같다.

1) 관립 영어교육기관

(1) 동문학

동문학(同文學)[14]은 1883년에 고종황제의 명(命)에 의해 설립되어 약 3년간 운영된 우리나라 최초의 관립영어교육기관으로 가정적 배경과 관계없이 15세 이상의 학문적 소질이 있는 학생들을 입학시켰으며 학생 수는 약 29～40명으로 추산된다. 여기서의 영어교육의 목적은 역관(譯官, 통역관)의 배출이었으며[15] 언어의 네 가지 기능인 읽기, 쓰기, 듣기, 말하기를 모두 지도하였다.

(2) 육영공원

육영공원(育英公院)은 1886년에 고종(高宗)이 서구문물 도입과 국제적인 인재 양성을 위해 설립하여 1894년까지 영어교육을 담당하게 한 왕립학교이다. 수업언어는 영어였으며 교사는 미국인인 G. W. Gilmore, D. A. Bunker, H. Hurburt이었다(문용, 1976, p. 6). 학생 수는 20～57명이었고 국왕이 양반 출신 학생들 중에서 직접 선발하였다. 교육과정은 3년의 예과와 4년의 본과로 이루어졌고 초기에는 영어학습에 전념하도록 하고 영어능력이 향상되면 역사, 자연과학, 경제학, 정치학 등을 영어로 교수하였다. 영어수업에서는 문장, 구, 단어 등을 암기시켜 지도하는 방법이 주로 사용되었다.

이 학교는 1894년에 영어학교로 개명되었는데 학생들이 출세를 위한 도구적(instrumental) 동기를 가지고 학업에 임했으므로 점차 학습열의가 감소하게 되었다.

(3) 영어학교

영어학교(英語學校)는 1894년 육영공원을 영국인 W. Hutchinson이 인계맡아 1911년까지 운영된 3년제 학교로 입학에 신분상 제한은 없었으나[16] 1906년 이후는 12세 이상의

---

14) 동문학은 통변(通辯)학교, 통역학교, 영어학교 또는 영어숙(英語塾)으로도 불리었다(문용, 1976, p. 1 참고).

15) 1882년(고종 19년)에 우리나라는 미국, 영국, 독일 등과 통상수호조약을 체결하여 외교관 교환 및 통상의 필요 때문에 영어통역관의 양성이 필요하게 되었다.

16) 1894년(고종 31년)에 갑오경장(甲午更張)으로 신분제도가 철폐되었다. 갑오경장은 개화당이

남학생으로 제한하였다. 1895년에 영어학교는 칙령(勅令) 제 88호로 공포된 외국어학교 관제에 의해 외국어학교의 일부가 되었다(문용, 1976, p. 7). 영어는 독방(讀方)과 역해(譯解), 회화, 서취(書取: 받아쓰기), 작문과 문전(文典), 습자(習字)로 구분하여 지도하였고 학년에 따라 수준을 달리 하였다.

2) 사립 영어교육기관

1885년부터 1910년 사이에 배재, 이화, 경신 등의 많은 사립학교들이 설립되어 다양한 형태로 영어교육이 실시되었다. 배재학당은 H. G. Appenzeller가 1885년에 설립한 한국 최초의 근대식 사립학교로 처음에는 선교사들이 영어만 지도하다가 1890년경부터 한문, 천문(天文), 지리, 수학, 수공(手工), 성경(聖經) 등도 다루게 되었다. 교수언어는 1903년까지는 주로 영어가 사용되었고 수업연한은 5~6년 정도였다. 이화학당은 1886년 5월 선교사인 M. F. Scranton이 설립한 최초의 여자사립교육기관으로 교수언어는 영어였으며 초기 교육과정은 영어와 성경이었고 1889년에 언문, 초급한문, 생리학, 1892년에 한문, 영어, 한학, 지리, 역사, 과학이 추가되었다. 그러나 1901년부터 1907년까지는 영어과목이 일시 폐지되었다가 1908년에 다시 개설되게 되었다. 이화학당은 1910년에 대학과를 설치하여 한국 최초의 여성고등교육기관이 되었다. H. G. Underwood가 1886년에 설립한 경신학교는 초기에 영어, 성경, 찬송가를 지도했다. 또한 종교와는 무관했던 사립교육기관인 보성(1905), 양정(1905), 미문(1906), 숙명(1906), 동덕(1908) 등에서도 영어지도가 이루어졌다.

이 당시의 교육기관은 관립이나 사립 모두 특별목적을 위한 영어교육을 실시했다고 할 수 있는데 관립학교는 통역관이나 외국파견요원의 양성이, 일부 사립학교는 개신교의 선교가 그 목적이었다. 이 시기에는 영어 교과는 물론 다른 교과의 수업언어가 영어라는 점에서 일종의 몰입학습 프로그램(immersion program)이라 할 수 있다.[17] 그러나 학습자는 도구적 동기(instrumental motivation)에서 영어를 학습했으므로[18] 홍미 유발에 한

정권을 잡고 재래의 문물제도를 근대식으로 고친 정치개혁이다.

17) 몰입학습프로그램(immersion program)은 캐나다에서 60년대 말 개발되어 프랑스어의 교수·학습에 사용되었던 프로그램으로 일종의 이중언어프로그램(bilingual education)이라고 할 수 있다. 이 프로그램에서는 목표어가 지도의 대상 언어이며 동시에 교수언어이기도 하다. 또한 다양한 수준의 프로그램이 있을 수 있으며 완전 몰입학습프로그램(total immersion program)의 경우는 모든 교과가 목표어로 교수되며 목표어가 학교생활의 전반에 사용되어진다. 'Sheltered English Programs'는 몰입프로그램의 한 유형으로 외국에서 온 학생들이 내용교과는 특수교사들에 의해 수업을 받고, 목표어는 별도의 수업에서 배우는 프로그램이다.

계가 있었으며 이러한 면은 관립과 사립학교 모두 마찬가지였다. 또한 선교사들이 사용한 교수법은 일종의 직접 교수법이었다.

한일합방조약 체결(1910년 8월)이후에는 일본어교육이 강화되고 국어교육과 영어교육은 크게 위축되게 되었다. 특기할 사항으로는 1924년에 설립된 경성제국대학의 법문학부(法文學部)에 국내 고등교육기관으로는 처음으로 영문학부가 설치되어 영문학자와 영어교사를 양성하게 되었다. 또한 1928년 2월부터 이화여자전문대학교 문과 졸업생에게 국내 처음으로 사립보통고등학교 영어교사자격을 주었으며 1930년부터 교과 과정에 영어교수법과 교생실습과목이 개설되었다. 이 당시에는 일부 선교사들을 제외하고는 대체적으로 문법·번역 중심의 교수법을 사용하여 영어를 지도하였다.

2.2 대한민국의 영어교육

1945년 10월 미 군정청(美軍政廳)에서 교수요목을 제정 공포한 후 제7차 교육과정에 이르는 동안 우리나라의 영어교육은 교과과정, 수업시간, 교수법, 교사, 시설 등의 여러 면에서 많은 변화와 발전을 해왔다. 1960년대부터 영어교수법전공학자들의 연구를 통해 영어교육이 보다 체계적으로 이루어지기 시작했으며 청화중심교수법(audiolingual method)이 소개됐다. 또한 제4차 교육과정기(1982~1988)부터는 영어교육의 목표가 실생활에 필요한 의사소통능력의 신장으로 설정되었다.

해방 후 우리나라 교육의 시대적 구분은 교육전반의 변천과정에 따라 정초기(1945~1949), 재건기(1950~1959), 개혁기(1960~1969), 발전기(1970~현재)로 (김호권 등, 1981), 혹은 교육과정의 개정 공포를 중심으로 교수요목기, 제1기(1946~1954), 제2기(1954~1963), 제3기(1963~1973), 제4기(1973~1981), 제5기(1981~1988), 제6기 (1988~1992), 제7기(1992~2001), 제8기(2001~현재)로 구분하기도 한다. 영어과 교육의 변천에 대해 배두본(1987)은 교육목표, 교육내용, 지도방법, 평가, 교재의 편찬과 선정 등에 따라 생성기(1945. 10~1955. 7), 전개기(1955. 8~1963. 2), 정립기(1963. 2~1973. 8),

---

18) 다음에 인용된 H.G.Appenzeller(1858~1902)의 말을 통하여 이 당시는 대부분의 학생들이 승진이나 출세를 위한 도구적 동기에서 영어를 학습했음을 알 수 있다.

> The enthusiasm for this study of English has always been great among the Koreans. A little knowledge of the new tongue was and is still a stepping stone to something higher. Ask a Korean, why do you wish to study English? and his almost invariable answer will be 'to get rank...'. (Paik, 1929, p. 66, 문 용, 1976, p. 4에서 재인용)

정체기(1973. 9~1992. 6), 개혁기(1992~현재)로 나누고 있다.

우리나라 초·중등학교의 영어교육은 자연발생적이거나 학자들의 연구와 노력 혹은 특정 집단의 필요에 의해서 시작되어 발전·정립되었기보다는 정부교육당국에 의한 교육과정의 제정과 개정에 따라 변천되어 왔다고 보는 것이 더 타당성이 있다고 판단된다. 따라서 여기서는 교육과정의 개정을 기준으로 나누어 논의하고자 한다. '교육과정'은 교육목표, 내용, 지도방법, 평가 등을 국가수준에서 정하여 법제화된 문서를 말한다. 따라서 교육과정의 제정과 개정이 전반적인 교육의 변화나 발전을 의미한다고 보기는 어렵고 변화의 일부를 나타낸다고 이해하는 것이 올바르다고 본다.

① 교수요목기(1946~1954)
② 제1차 교육과정기(1954~1963)
③ 제2차 교육과정기(1963~1973)
④ 제3차 교육과정기(1973~1981)
⑤ 제4차 교육과정기(1981~1987)
⑥ 제5차 교육과정기(1987~1992)
⑦ 제6차 교육과정기(1992~1997)
⑧ 제7차 교육과정기(1997~2007)
⑨ 2007 개정 교육과정기(2007~)

1) 교수요목기(1946~1954)

교수요목기는 1945년 10월에 미군정에 의해 중학교 영어과 교수요목(教授要目)이 발표된 이후부터 제1차 교육과정이 실시되기 이전까지를 말하며 우리나라 영어교육의 생성기라고 할 수 있다. 이 시기의 교수요목은 교수요지(教授要旨), 교수방침(教授方針), 교수사항(教授事項), 교수상 주의(教授上 主意)의 네 가지 장으로 구성되었는데 여기서 제시된 중학교 영어과의 교수요지는 다음과 같다.

> 英語로 理解하고 活用할 基礎 實力을 醸成하여, 外國에 關한 識見을 넓히고, 우리 文化의 發展을 期함.

이 시기에는 종합적인 교육과정이 미처 마련되지 못한 상태에서 각 교과목별 분과주의에 입각한 교과활동이 이루어졌다(교육부, 1994, p. 29). 교육과정이 체계적인 모습을 갖추지 못했기 때문에 교수요목기라고 한다.

이 시기에 영어 수업시간은 주당 3~8시간이었는데 초급중학은 매주 5시간, 고급중학의 경우 매주 독해에 3시간, 작문과 문법에 각 1시간씩, 혹은 독해에 5시간, 작문, 문법, 회화에 각 1시간씩을 배정하였다.[19] 또한 듣기는 별도로 없었고 발음은 D. Jones의 *The English pronouncing dictionary*(1917)를 기준으로 하고 미국영어에 유의하도록 하였다.

교수요목에 나타난 영어교수와 학습의 이론적 배경을 요약하면 다음과 같다.

① 교사의 인격, 학력, 활동, 열의 등이 학습 성패의 결정적 요인이다.
② 어학 공부는 일종의 습관이다.
③ 쓰기는 철자, 발음, 단어의 기억을 돕는다.

이 교수요목기의 영어과 학습활동의 영향으로 축어적 번역에 의한 문법수업의 전통이 생겨난 것으로 이해된다(교육과학기술부, 2009, p. 95).

2) 제1차 교육과정기(1954~1963)

1955. 8. 1에 문교부령 제 45호로 제정·공포된 제1차 교육과정은 경험중심의 교육과정으로 작문, 문법, 회화, 독본 등의 각 분과로 분리하여 교수하는 분과주의(分科主義)를 지양하고 종합적인 교과지도가 권장되었다. 또한 중학교와 고등학교 교육과정을 구분하고 있으며 교육목표는 다음과 같다.

(1) 중학교 영어과의 교육 목표

① 영어의 성음, 어휘, 문법, 어태(語態), 서식을 이해 · 체득시킴으로써 국어와의 상이점을 이해하는 능력을 기른다.
② 피아(彼我)간의 사고, 감정, 예의, 풍속, 습관, 역사, 자연 환경과 기타 문물제도의 상이점(相異点)을 이해 · 체득시킨다.
③ 상기 모든 상이가 있음에도 불구하고 호상존중(互相尊重)은 공통된 의무이며, 정의는 인류 생활 공통의 기본 원칙임을 이해 · 체득시킨다.
④ 현대 영어의 평이(平易)하고 비근한 어휘로 구성된 간이한 문형(文型)을 체득시키어 기초 영어의 이해력과 발표력을 가지게 한다.

---

19) 이 당시는 현재의 중학교를 초급중학, 고등학교를 고급중학이라고 하였으며 초급중학과 고급중학은 통합되어 있다가 1951년에 분리되었다.

(2) 고등학교 영어과의 교육 목표

①, ②, ③은 중학교의 교육목표와 동일함

④ 현대 영어의 상용 어휘로 구성된 구문(構文)을 체득시켜 보통 사용하는 영어의 이해력과 발표력을 가지게 한다.

또한 1차 영어과 교육과정은 청화중심교수법(audiolingual method)과 구조적 기술문법에 기저를 두고 있었으며 주요 특징을 요약하면 다음과 같다.

① 영어교육에 구조주의 언어이론과 응용언어학 이론을 적용하였다.
② 대조분석 접근이론 중심으로 영어교육의 내용을 구성하였다.
③ 언어기능을 이해력과 발표력으로 양분하고 네 기능(듣기, 말하기, 읽기, 쓰기) 훈련의 균형을 유지하였다.
④ 미국영어(American English; 미국중서부영어)의 우선 사용을 권장하였다.
⑤ 영어교육의 목표를 언어의 사용(use)보다는 정확한 언어지식 습득에 두었다.
⑥ 영 · 미인의 생활과 문화를 소개하였다.
⑦ 소량의 교재에 대하여 철저하게 지도하였다.
⑧ 언어적 가치와 실용적 가치를 우선하는 교재를 선정하였다.
⑨ 어학실습실의 활용을 권장하였다.[20]
⑩ 학습할 어휘와 문형의 수를 학년에 따라 정하였다.

표준 영어로 미국 영어를 택한다고 최초로 언급한 것이 특기할 점이며, 어휘 통제를 시도하여 중학교 1학년 400 낱말 내외, 2학년 500 낱말 내외, 3학년 600 낱말 내외를 학습목표로 제시하였다(교육과학기술부, 2009, p. 95).

3) 제2차 교육과정기(1963~1973)

1963년 2월 15일에 제2차 개정 교육과정(문교부령 제120호)이 공포되었으며 이 시기를 우리나라 영어교육의 정립기라고 할 수 있다. 제2차 교육과정에서 최초로 기준시간배당이 단위제로 변하여 1단위는 1학기동안에 1시간의 수업을 의미하게 되었다. 영어교육의 목표

20) 어학실습실은 1954년에 육군사관학교에, 중등학교에서는 최초로 1955년에 대구 대륜학교에 설치되었으며 1957년까지 어학실습실이 마련된 중등학교는 15개였다. 대학에는 1958년에 최초로 연세대에 설치되었다(최은경, 1978 참고).

중 문화에 관련된 부분은 외국문화의 이해와 우리 문화의 대외 소개도 포함되었고 영・미어 사이에 음(音)의 차이가 있는 경우는 실제로 문제가 되는 경우에 한하여 미국영어의 음을 지도하도록 하고 있다.

제2차 영어과 교육과정은 행동주의 학습이론에 토대를 두고 있으며 그 특징을 정리하면 다음과 같다.

① 대조분석적 접근을 했다. 영어와 국어의 언어적 차이와 유사성에 관심을 두었다. 또한 외국과 한국의 문화적 차이를 강조하였다.
② 영어의 정확한 습득을 지도 목표로 했다. 다시 말하면 발음, 구문, 어휘의 올바른 이해와 사용이 지도의 목표였다.
③ 학습경험의 생활화를 추구하는 영어교육을 제창했다. 따라서 듣기, 말하기, 읽기, 쓰기 등의 학습활동에 학생이 직접 참가하는 기회를 최대한 주도록 했다.
④ 영어교육을 통한 사회적 역할의 지도를 유도했다. 학생 개인의 능력과 태도의 다양 성을 인정하고 사회 구성원으로서의 역할을 영어교수를 통해 지도하도록 하였다.
⑤ 청각 교구의 사용을 권장하고 1960년대부터 어학실습실(language laboratory : LAB)이 고등학교와 대학에 필수적으로 설치되도록 하였다.
⑥ 평가의 중요성을 강조하고 평가의 내용을 제시하였다.

1966년부터 1979년 사이에는 미 평화봉사 사절단(Peace Corps)이 중등학교에 배치되어 영어 말하기와 듣기교육에 공헌하였다. 또한 1965년 한국대학어학실험연구협의회가 조직되었다가 1973년 한국영어교육학회로 개명되어 영어교육의 이론과 실제에 관한 체계적인 연구가 시작되었다.

4) 제3차 교육과정기(1973~1981)

1973년 8월 31일에 3차로 개정된 중학교 교육과정(문교부령 제 325호), 1974년 12월 31일에 고등학교 교육과정(문교부령 제 350호)이 공포되었다. 이 교육과정은 학문중심의 교육과정으로 언어자료에 최초로 기본문형과 문법사항을 명시하였고 문형의 표시, 성분의 구조, 문장의 종류, 어형변화 등의 상세한 문법적 구조를 기술하였고 필수 어휘로 765개가 제시되었다. 또한 고교평준화 시책과 같은 교육 행정적, 사회적 여건에 따라 중학교 영어 교재는 단일화되어 획일적인 영어교육이 추구되었고 수업은 주로 문법 설명 위주로 일관되었으므로 이 시기는 정체기라고 할 수 있다.

5) 제4차 교육과정기(1981~1987)

제4차 교육과정기는 복합적인 교육과정을 표방하고 국제화, 개방화 시대에 걸맞은 살아있는 생활 영어 구사력을 강조하였다. 따라서 듣기, 말하기, 읽기, 쓰기의 기초 능력의 신장에 초점을 맞추고 대화능력을 기반으로 하여 심화・발전시키는 방안을 강구하였다. 이 시기는 개혁기라고 할 수 있으며 다양한 교수 방법의 도입과 적용, 학습자 중심의 지도 등 인지적, 정의적, 사회 문화적 영역을 고려한 발전적인 방법이 제시되었다. 또한 1982학년도부터 일부 국민학교(초등학교) 상급학년에 영어를 특별활동교과로 지도하게 되었는데(문교부 고시 제442호, 1981. 12. 31), 듣기와 말하기의 훈련을 우선하고 읽기와 쓰기의 지도를 점진적으로 전개하도록 하였다.

제4차 교육과정의 주요내용을 요약하면 다음과 같다.

① 국정으로 단일화되었던 중학교 교과서가 검인정으로 변경되었다.

② 문자와 소리의 관계를 익혀 발음하게 하는 음철법(phonics)의 지도를 권장하였다.

③ 네 기능의 지도순서가 말하기(듣기) → 읽기 → 쓰기에서 듣기와 말하기 → 읽기와 쓰기의 순서로 변경되었다. 이러한 변화는 듣기교육의 필요성을 강조하는 방향이고 네 기능의 분리(discrete)지도에서 통합적(integrated)지도방법으로 전환하려는 시도라고 볼 수 있다.

④ 언어구조중심의 기계적 훈련을 주장한 행동주의적 교수방법에서 탈피하여 의미-기능적 접근을 시도하고 기능문법(functional grammar)을 도입하였다.

⑤ 정확성(accuracy)뿐만 아니라 유창성(fluency)의 신장과 살아있는 생활 영어 구사력의 연마를 목표로 하였다.

⑥ 따라서 학습자의 의사소통능력의 신장을 위해 중학교 저학년부터 교실영어사용을 활성화하고 고등학교과정에서는 읽기와 더불어 듣기와 말하기에도 비중을 두었다.

⑦ 작문의 지도과정을 상세히 제시하여 저학년은 통제작문(guided or controlled writing)을, 고학년은 자유작문(free composition)의 비중을 높이게 하였다.

⑧ 학습목표와 학습자, 교사, 교재 등의 변인에 따라 다양한 교수 방법 즉 절충식 교수법의 사용을 권장하였다.

⑨ 부분적 평가(분리평가)와 통합평가를 적절히 혼용하고 기능별 평가 내용을 제시했다. 또한 언어에 관한 지식보다는 언어사용능력을 강조하고, 듣기평가는 의미의 파악에 주안점을 두었다.

⑩ 소재의 선택은 학생들이 주변생활에서 자주 접할 수 있는 친숙한 내용에서 나선

형(螺旋形)으로 확대·심화시켜 나갔다.

6) 제5차 교육과정기(1987~1992)

제5차 교육과정의 개정은 전면적인 개정이라기보다는 부분적인 보완으로 제4차 교육과정의 기본방향을 유지하였으며 언어의 4기능의 기초능력신장을 목표로 하였다. 또한 평가방법은 부분평가와 통합평가로 나누고 목표에 따라 적절하게 실시하도록 하였다.

고등학교 영어Ⅰ은 8단위, 영어Ⅱ는 일반계 고등학교는 12단위, 실업계 고등학교는 8단위로 하향 조정하여 기준만 제시하고 학교장의 재량으로 조정이 가능하도록 하였다.

7) 제6차 교육과정기(1992~1997)

제6차 개정 교육과정은 중학교는 교육부 고시 제 1992-11호(1992. 6. 30)에 의해 1995학년도 신입생부터, 고등학교는 교육부 고시 제 1992-19호(1992. 10. 30)에 의해 1996학년도 신입생부터 적용되도록 하였다. 여기서는 기능-의미 중심의 지도를 강조하였으며 의사소통교수요목을 도입하였다. 또한 1997학년도부터 초등학교 3학년이상 학생들에게 영어를 정규과목으로 지도하게 되었다. 따라서 이 시기를 영어교육의 개혁기라고 할 수 있다. 고등학교에서는 공통영어 과목을 필수로 부과하고 학생들의 필요에 따라 영어Ⅰ, 영어Ⅱ, 영어독해, 영어회화, 실무영어과목을 선택하여 학습하게 하였다.

제6차 교육과정개정의 중점을 정리하면 다음과 같다.

① 학생중심의 영어교육
② 과정지향적 영어교육
③ 의사소통중심의 영어교육
④ 실용적 가치를 중시하는 영어교육
⑤ 국가발전과 국제사회에 기여하는 영어교육

또한 제6차 교육과정에서는 의사소통중심의 영어교육이 이루어지게 하기 위해서 다음과 같은 세부사항을 제시하고 있다.

① 기능-의미중심의 교수요목을 중심으로 하고 구조주의적 접근을 부수적으로 한다.
② 문법용어를 의도적으로는 사용하지 않는다.
③ 문법에 관한 항목을 '의사소통기능과 예시문'으로 대치하고 문형과 문장구조, 문

법 등에 관한 사항을 참고할 수 있게 한다.

④ 문법적 정확성보다는 적합성과 실행가능성을 강조한다.

⑤ 사회적 적합성을 고려하여 학습자의 자아인식과 미래상의 정립에 도움을 준다.

8) 제7차 교육과정기(1997~2007)

1997년 12월에 고시된 제7차 교육과정은 초등학교 1학년(1단계)부터 고등학교 1학년(10단계)까지 10년 동안을 국민공통기본교육과정으로 하고 있다. 영어수업은 초등학교 3학년부터 시작되므로 3단계부터 실시되게 되었다. 이 교육과정은 중학교는 2001학년도 입학생부터, 고등학교는 2002학년도 입학생부터 적용되고 있다. 단계별 구성과 특징은 다음과 같다.

① 3단계(초등 3학년)에서 6단계(초등 6학년)까지는 심화·보충형 수준별 교육과정을 적용한다.[21]

② 7(중1)단계에서 10(고1)단계까지는 단계형 수준별 교육과정을 적용한다. 단계형 교육 과정은 1개 학년을 1단계로 하되, 학기를 단위로 하는 2개의 하위단계 a, b를 두어 8개의 단계(7-a, 7-b, 8-a, 8-b, 9-a, 9-b, 10-a, 10-b)로 운영된다. 동일 하위단계 내에서도 심화·보충형 수준별 수업을 운영할 것을 권장한다.

③ 성취 기준(achievement standards)은 목표와 학습 내용을 포괄하는 개념으로, 기본 과정과 심화 과정으로 나누어 제시한다.

④ 학년/단계별 성취 기준은 이전 학년/단계의 성취 기준을 누적하여 적용한다.

제7차 영어과 교육과정의 근간을 이루는 교수법은 의사소통중심 교수법(communicative language teaching; CLT)과 전체언어 교수법(whole language approach; WLA)이다. 또한 학년별로 획일적인 교육과정에서 탈피하여 학생중심의 개별화 수업을 지향하며 학습내용에 대한 학생의 자유 선택을 강조하는 학생 중심의 교육을 지향하고 있다. 아울러 7차 영어과 교육과정 개정의 기본방향은 다음과 같다.

① 개인차를 고려한 학생 중심과 과제 중심의 영어교육

---

21) 보충과정은 기본 과정의 성취 기준에 이르지 못한 학생들이 추가적인 과제 중심의 학습을 통해 기본 과정을 충분히 이해할 수 있게 하는 과정이다. 또한 심화과정은 기본 과정의 성취 기준을 달성한 학생들이 추가적인 과제 중심의 학습을 통하여 기본 과정을 심화할 수 있게 하는 과정이다(교육부, 1997, p. 6 참고).

② 의사소통능력을 중시하는 영어교육과 유창성을 강조하는 영어교육
③ 활동과 과업 중심의 자기 주도적 영어교육
④ 논리적 사고와 창의력을 기를 수 있는 영어교육
⑤ 수준별 영어교육
⑥ 평가도구의 다양성과 과정중심의 평가
⑦ 국가발전과 세계화에 기여하는 영어교육

제7차 교육과정의 내용구성모형은 표 2.1과 같다.

표 2.1 제7차 영어과 교육과정의 내용구성 모형

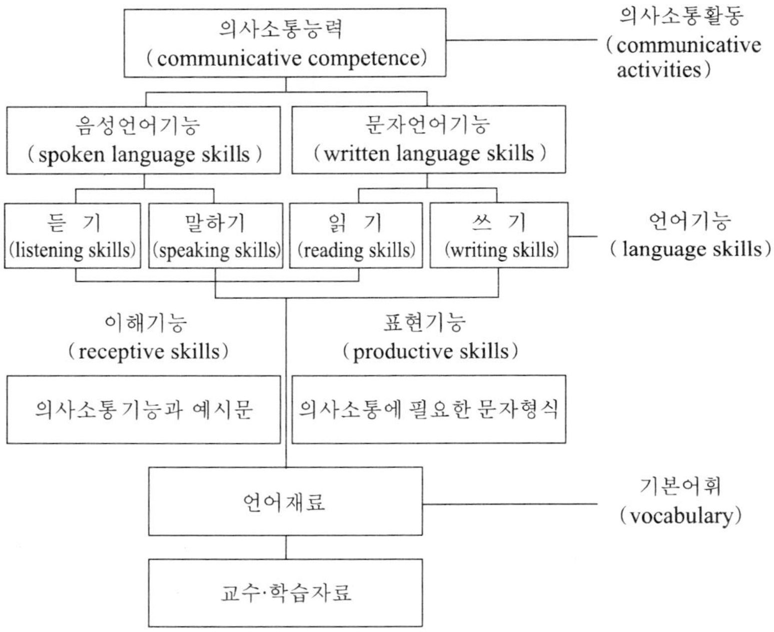

7차 교육과정에서는 영어수업시간을 감축하여 초등학교 3~4학년 주당 1시간, 5~6학년 주당 2시간(6차 교육과정 3~6학년 주당 2시간), 중학교 주당 3시간(6차 교육과정 주당 4시간)으로 하고 있다. 아울러 고등학교에서는 특별목적에 근거한 교과지도를 위하여 공통영어, 영어 1과 영어 2이외에 영어독해, 영어회화, 영어작문 등을 선택과목으로 두고 있다.

9) 2007년 개정 교육과정기(2007~)

영어과 수준별 교육과정은 '교육과정 수시 개정 체재'에 따라 2006년 개정 고시(교육인적자원부 고시 제 2006호-75호, 2006.8.29) 되었고, 초등학교 영어 수업 시수의 확대에 따라 영어과 교육과정이 2008년 개정 고시(교육인적자원부 고시 제 2008호-160호, 2008.12.26) 되었다.[22] 개정 배경은 제7차 영어과 교육과정 시행의 문제점을 개선하기 위함이었으며 개정의 방향 및 주요 개정 내용은 다음과 같다(교육과학기술부, 2009, pp. 100-101 참고).

① 수준별 수업 지원 방안을 제시하고, 학습자의 요구를 반영한 교과목 및 교육 내용 설계를 강조하였다.
② 학교 및 학년 간 교육 내용의 연계성을 강화하고 선택 과목 간에 진로별 특성을 반영한 계열성을 강화하였다.
③ '의사소통 기능' 및 '문화' 관련 교육 내용을 구체화하고 강화하였으며 '교수・학습 방법' 및 '평가' 관련 내용을 개선하여 학습자의 의사소통능력을 향상하도록 하였다.
④ 문자 언어 도입 시기를 초등학교 4학년에서 3학년 2학기로 앞당겼다.
⑤ 성취 기준을 전반적으로 하향 조정하고 심화・기본 과정으로 구분된 내용을 통합하였다.
⑥ 수준별 수업과 관련된 내용을 명료화하고 활동 내용을 구체화하였으며 교수・학습 방법에 있어 정보 통신 기술(ICT)의 활동을 강조하였다.
⑦ 초등학교 영어 수업 시수를 3・4학년의 경우에 주당 1시간에서 2시간으로, 5・6학년의 경우에 2시간에서 3시간으로 확대하였다.

지금까지 교육과정의 개편에 따른 영어교육의 변천을 논의하였는데 우리나라 영어교육의 역사를 크게 세 개의 시기로 분류해 볼 수 있다.

1) 제1기

제1기는 교수요목기에서 1960년대 초반까지를 말하며 영어교육이 전문분야로 인정받지 못하고 영어를 한국어로 번역할 수 있는 정도의 실력만 있으면 누구나 영어를 지도할 수

---

22) '2007년 개정 교육과정'(교육인적자원부 고시 제 2007호-79호)은 2007년 2월에 확정되어 고시되었다.

있다고 본 시기이다.

2) 제2기

제2기는 1960년대 중반부터 5차 교육과정기가 끝나는 1980년대 후반까지를 말한다. 이 시기에 국가의 경제가 부흥함에 따라 국제어인 영어가 중요하다는 인식이 확산되고 효과적인 영어교육에 대한 논의가 활성화되기 시작했다. 또한 영어교육전문가가 나타나고 영어수업은 주로 청화중심교수법(audio-lingual method)에 의해 이루어 졌다. 1971년부터 초등학교에서의 영어교육에 관한 논의가 시작되었으며 〈국민학교영어특별활동운영방향〉(문교부 지침, 1981년 10월)에 의해 국민학교(초등학교) 4학년부터 희망하는 학생들에게 특별활동시간에 주당 1시간의 영어수업을 실시하였다. 교육방송에서 라디오는 1984년, TV는 1985년부터 초등학교 특활영어를 제작하여 방송하게 되었다. 아울러 한국교육개발원에서도 1986년에 초등학교 특활영어를 제작하여 배포하였다.

3) 제3기

제3기는 6차 교육과정이 시행되기 시작한 90년대 초반부터 현재까지를 말하며 이 시기에는 영어교육전문가들에 의한 연구가 활발히 이루어지고 학습자의 영어의사소통능력의 신장에 초점을 두기 시작하였다. 또한 '국제화'라는 사회적 요구에 따라 듣기와 말하기 교육에 치중하게 되고 교육현장의 한계성 때문에 사교육이 과도하게 활성화되는 문제점이 나타나기 시작했다.

1994학년도부터 실시된 대학수학능력시험에서는 이전의 학력고사와는 다르게 의사소통능력을 중시하고 읽기에서도 대의파악을 강조하게 되었다. 제6차 국민학교 교육과정(1992. 9. 30 고시)에 의해 초등학교 3학년이상 주당 1시간의 학교장재량시간에 영어, 한문, 컴퓨터 중에 한 과목을 선택하여 실시할 수 있게 되었다가 1995년 초등학교 영어과 교육과정(교육부 고시 제 1995-7호)이 제정되어 1997학년도부터는 초등학교에 영어교과가 정규 교과목으로 들어가게 되어 공교육기관에 의한 영어교육이 시작되었다. 또한 1995학년도부터 EPIK(English Program in Korea)제도에 의해 원어민 보조교사가 학교현장에 배치되어 한국인 영어교사와 협력수업(team teaching)을 하게 되었으며 2000학년도부터 '영어로 진행하는 영어수업(TEE; teaching English through English)'이 강조되게 되었다. 아울러 교과교실제 및 표현능력의 평가 등에 관한 다양한 방안이 시행되거나 연구되고 있다.

3장 영어교육의 목적과 방향

제3장에서는 우리나라 영어교육의 목적을 알아본 후 영어교육의 다양한 문제점을 분석하고 바람직한 방향을 논의해 보고자 한다. 이러한 논의와 분석을 통하여 영어교육의 방향 설정과 영어과 교과교육학의 정립에 기여할 수 있다고 본다.

3.1 영어교육의 목적

외국어로서의 영어(EFL)를 학습하는 목적은 개인, 사회, 시대, 상황에 따라 다르다.[23] 개인의 일반적인 영어 학습의 목적을 정리하면 다음 중의 하나이거나 두 가지 이상이 복합되어 있다.

① 영어사용권 사회에 살거나 그 일원이 되기 위한 목적에서 영어를 학습한다. 이러한 목적은 동화적 동기(assimilative motivation)에 해당되며 이민을 가기 위해 영어를 공부하는 경우를 예로 들 수 있다.
② 영어사용권사회의 생활이나 문화 등을 알기 위하여 영어를 학습한다. 이 경우는 통합적 동기(integrative motivation)에 해당되며 예로 펜팔 교환, 인터넷을 통한 정보 교환, 문화 탐방, 여행 등을 위해 영어를 공부하는 경우를 들 수 있다.
③ 진학, 취업, 진급 등을 위한 학문적 혹은 직업적 목적에서 영어를 학습한다. 이러

23) 일반적으로 교육목적(goals)은 프로그램 전체를 통하여 궁극적으로 성취되어야 할 내용을 개괄적으로 기술한 것이며 목표(objectives)는 특정한 목적을 달성하기 위한 구체적인 사항을 말한다.

한 목적은 도구적 동기(instrumental motivation)에 해당된다.

또한 영어교육에는 사회적 목적도 있는데 이러한 목적이란 국가나 사회, 혹은 특정 집단의 필요나 공동 이익을 위해 영어를 교육하는 것을 말하며 각 국가의 언어정책과 직접적인 관련이 있다. 영어교육의 사회적 목적은 다음과 같다.

① 필요한 외국정보를 파악한다.
② 외국을 대상으로 자기 나라의 홍보를 한다.
③ 외국과 필요한 상거래를 한다.
④ 외국과 필요한 외교적 교섭을 한다.
⑤ 외국 문화를 이해하고 우리의 문화를 알리는 문화교류를 한다. 또한 학술 활동이나 스포츠 등의 분야에서 국제적 교류를 한다.

Rivers(1981)는 외국어 교육의 목적을 학습자의 지력(智力)개발, 교양(敎養)증진, 언어기능의 이해, 독해력의 신장, 외국어사용경험제공, 외국문화와 사고방식의 이해, 의사소통능력 신장의 7항목으로 제시하고 있다.[24] 그러나 학습자의 지력개발과 교양증진은 다른 교과들의 학습목적일 수도 있으며 외국어를 통한 교양증진이나 독해력 향상, 외국인의 사고방식의 이해 등은 중급단계이후부터 고려될 수 있는 학습목적이라고 본다. 따라서 우리나라 영어교육의 목적은 Rivers의 제안과는 다르게 정립되어야 할 필요가 있다.

우리나라 초·중등학교 영어교육의 목적은 대체적으로 학습자의 영어사용능력의 배양, 외국문물의 이해, 우리문화의 발전과 해외소개에 기여로 요약할 수 있다. 교육과정이 7차

---

24) Rivers(1981, p. 8)는 다음과 같이 외국어교육의 목적을 제시하고 있다.

① to develop the students' intellectual powers
② to increase the students' personal culture
③ to increase the students' understanding of how language functions and to bring them to a greater awareness of the functioning of their own language
④ to teach students to read another language with comprehension
⑤ to give students the experience of expressing themselves within another framework, linguistically, kinesically, and culturally
⑥ to bring students to a greater understanding of people across national barriers, by giving them a sympathetic insight into the ways of life and ways of thinking of the people who speak the language they are learning
⑦ to provide students with the skills that will enable them to communicate orally, and to some degree in writing, in personal or career contexts

에 걸쳐 변화되어 왔으나 영어교육의 기본적인 목적과 목표에는 변화가 없었고 제7차 교육과정 이후에는 문화의 이해를 보다 더 강조하고 있다.

대학은 자율적으로 교육과정을 편성하므로 영어교육실시에 관한 일정한 기준은 없으나 일반적으로 교양영어 교과목을 편성 운영하고 있다. 교양영어는 다음과 같은 목적이 있다.

① 교양의 증진
② 의사소통능력의 신장
③ 전문영역의 학습과 연구를 위한 토대

1970년대부터 교양영어에 실용적 가치를 첨가되기 시작했으며 학습자들은 실용적인 면을, 교육자들은 교양적인 면을 강조하는 경향이 있어 왔다(최용재, 1978). 1990년부터 국제화, 세계화의 추세에 따라 정보의 교환과 문화의 이해를 강조하게 되었으며 컴퓨터 활용 영어교육에도 관심을 갖게 되었다. 또한 대학에서 전문영역의 학습을 위해 특수목적을 위한 영어교육(ESP)에 대한 논의도 활발해지는 추세이다.

요약하면 영어교육의 목적은 교양적인 면과 실용적인 면이 있다. 교양적인 면으로는 외국의 문물을 이해하고 우리 문화를 해외에 소개하며 국가발전에 기여하게 하는 정의적 목적이 있다. 실용적인 면으로는 영어의 이해기능과 표현기능의 사용능력을 신장하여 외국인과 원활한 의사소통을 하며 필요한 정보를 교환할 수 있게 하는 인지적 목적이 있다. 또한 이에 따른 성취목표를 교육과정에 명시하고 있다.

3.2 영어교육의 문제점

한국에서의 영어는 외국어(EFL)이며 사회에서 통용되지 않으므로 학습자가 수업시간에 영어를 배운 후에 학교 밖의 사회에서 영어를 사용하여 의사소통을 해볼 수 있는 기회는 지극히 제한적이다. 또한 외국어인 영어의 학습과 지도에는 다양한 문제가 있는데 이러한 문제점을 분석하여 극복할 수 있는 방안을 강구하는 것은 바람직한 영어교육의 정착을 위해 필요하다.

영어지도와 학습의 제약과 문제점을 논의해 보면 다음과 같다.

1) 불충분한 목표어의 입력과 필요성

영어학습의 세 요인은 학습능력, 목표어인 영어의 입력(input), 학습자의 욕구(need)

라고 할 수 있다. EFL상황에서는 ESL상황과 비교하여 영어의 입력이 불충분하고 필요성도 생존의 문제라기보다는 시험이나 선발에 대비하는 것이므로 비교적 약하고 한시적이다. 물론 진학, 취업, 진급, 상거래, 국제간의 의사소통 등의 도구적 동기가 높은 것은 사실이지만 이러한 영어학습 동기는 생존이나 생활을 위한 필요성보다는 약하다고 할 수 있다. 또한 우수한 학습자는 학습동기가 높지만 보통이나 그 이하의 능력을 가진 학습자는 영어과목의 학습을 포기하거나 그 필요성을 인식하지 못하는 경우도 상당수에 이른다고 본다.

표 3.1에서 학습능력이 일정하다고 가정하고 언어입력과 필요성의 인식정도가 가장 높은 상태를 A라고 보면 실제로 언어입력과 필요성의 인식정도는 비교적 낮아 A′나 A″, A‴ 등의 위치에 머물게 되므로 영어학습에 큰 장애가 있다고 본다.

영어학습에 대한 필요성은 계속하여 커지고 있으므로 큰 장애요인은 아니지만 실제 영어에 노출되는 기회가 제한적이므로 언어입력이 부족하여 영어학습에 장애가 된다. 그러므로 학습자가 영어를 각종 시험이나 취업 등에 대비하기 위한 도구적 동기보다는 국제화시대에 적응하거나 영미문화내지는 세계 문화를 이해하기 위한 통합적 동기에서 학습할 수 있도록 지속적으로 지도하는 것이 바람직하다.

표 3.1 EFL상황에서의 영어학습의 요인

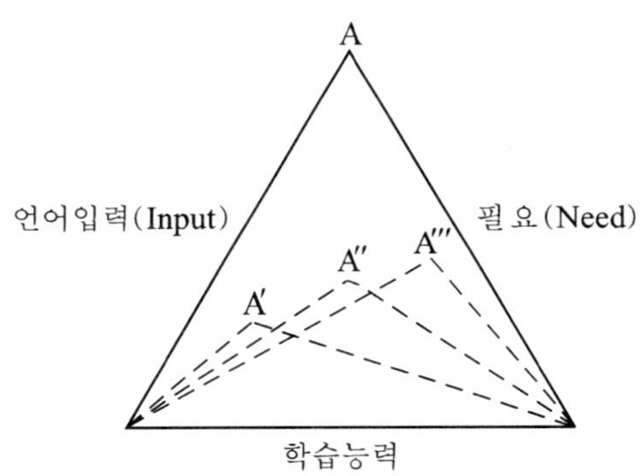

2) 수업시간의 분산과 불충분한 배당시간

초・중등학교 영어과목의 주당 배당시간은 2~3시간이며 대학에서는 다양한 교과 과정이 운영되고 있지만 대체적으로 1~2학년에 8학점 정도를 이수하고 있어 대학 졸업자는 약 1,000시간의 영어수업을 받는 셈이 된다. 이 1,000시간이 일정한 기간 내에 집중되어 있으면 상당한 교육효과가 기대되지만 이 시간들이 분산되어 있으므로 하나의 외국어를 충분히 학습하기에는 크게 부족하다고 본다.

이러한 문제점에 대하여 Lightbown & Spada (1990)은 다음과 같이 언급하고 있다.

> One or two hours a week - even for seven or eight years - will not produce very advanced second language speakers. This 'dripfeed' approach often leads to frustration as learners feel that they have been studying 'for years' without making much progress. Sadly, they are sometimes right about this. (p. 165)

3) 영어교사의 양성과 연수의 한계와 원어민 교사의 부족

현실적으로 유능한 영어교사의 양성과 연수에 한계가 있으며 영어 원어민 교사를 충분히 확보하기가 어렵다. 비원어민 교사에 의한 영어지도의 문제는 우리나라에만 해당되는 것은 아니고 세계적으로 영어교육의 보편적인 문제 중의 하나이다. Nayar(1997)는 대부분의 교재와 교육 자료는 원어민 교사의 지도를 예상하고 만들어 졌으나 영어를 가르치는 국가들에서 실제로는 교사들이 비원어민이라고 다음과 같이 제시하고 있다.

> It is one of the paradoxes of ELT in the world that the majority of the teachers of English to NNSs [non-native speakers] today are themselves NNSs, whereas most of current ESL literature and material seems to presume that they are NSs[native speakers]. (p. 30)

4) 도구적 동기에 의한 영어학습

학습자들이 상급학교 진학이나 취업, 진급 등의 도구적 동기(instrumental motivation)를 가지고 학습에 임하므로 학습효과에 한계가 있고 그 동기가 소멸되면 영어학습을 중단하거나 등한시하는 경향이 있다.

5) 다양한 학습자 수준

일부 농산어촌 지역의 학교를 제외하고는 대부분의 초·중등학교가 다인수 학급으로 구성되어 있고 학습자의 수준이 다양하여 지도에 어려움이 있다. 최근 수준별 수업으로 이러한 문제점을 보완하려는 노력이 있어 왔지만 그 효과는 아직 불확실하다. 일반적으로 교사가 중위권 학생들을 대상으로 수업을 계획하여 실시하지만 상위권 학생들의 학습목표에 부응하기 쉽지 않고 하위권 학생들은 학습결손이 누적되어 상위권이나 하위권 학생들이 사교육에 의존하는 경향이 있다고 본다.

6) 다매체 자료와 그 활용능력의 부족

영어교사가 수업의 보조 자료로 활용할 수 있는 적절한 다매체(multi-media)자료의 개발이 아직은 불충분하며 교사가 기자재를 충분히 활용할 능력을 가지고 있다고 하더라고 시간적인 제약 등으로 기자재 이용에 한계가 있는 실정이다.

7) 영어교육이론과 현장교육의 괴리

한국적 상황에 적합한 영어교수법의 개발이 미흡하고 교사들이 과중한 업무와 시간적 제약 등으로 새로운 교수법을 연구하고 시도해 볼 여유가 없다. 또한 영어교육이론이 교육현장의 다양한 여건을 감안할 수 없으므로 이론과 실제 교육 사이에 상당한 괴리(乖離)가 있다. 따라서 교사들이 종래의 교수기법을 답습할 소지가 많다고 본다. 이러한 현상에 대하여 Rivers(1981)는 다음과 같이 언급하고 있다.

> Frequently such teachers teach as they were taught by teachers who taught as they were taught, and techniques appropriate to another era, which had a different objectivees, are perpetuated. (p. 7)

3.3 영어교육의 바람직한 방향

우리나라에서의 영어교수 방법은 초기 일부 선교사나 원어민 교사들의 직접교수법(direct method)을 제외하고는 대체적으로 문법·번역 교수법과 청화중심 교수법(audiolingual method)이 사용되어 왔다. 그러나 최근에는 학습자의 의사소통능력의 신장을 강조하는 의사소통중심 교수법(communicative language teaching, CLT)을 지향하고 있는데 이러한 방향은 현재 초·중등학교 교육과정에 반영되어 있다. 또한 영어교육에서 대부분의 이론과 교수방법이 ESL상황이나 영어사용권 사회 내에서의 비원어민화자에 대한 영어교육을 염두에 둔 것들이었고 이러한 이론과 방법을 EFL상황인 한국에 무비판적으로 적용해 온 면이 있어 왔다. 따라서 한국적 상황에 적합한 한국형 영어교육에 대한 논의를 시작하고 적합한 교수법을 모색하여야 한다.

영어학습자의 의사소통능력신장을 위한 영어교육의 바람직한 방향을 제시하면 다음과 같다.

1) 담화 중심의 지도

문맥에서 분리된 단일 문장(sentence in isolation)의 지도보다는 배합되어 있는 문장(sentences in combination)의 지도에 초점을 두어야 한다(from sentence to discourse). 다시 말하면 실제 사회의 언어현상은 고립된 개별 문장으로만 존재하지 않으며 결합성(cohesion)과 일관성(coherence)을 갖고 배합되어 있는 문장들 즉 담화(discourse)의 형태로 사용되고 있으므로 외국어는 담화 단위로 지도되어야 한다. 또한 음소(phoneme), 단어, 문장, 문단의 순서로 이해해 가는 상향과정(bottom-up processing)의 지도도 필요하지만, 세상지식, 상황이나 문맥의 이해로부터 세부 사항을 인지해 가는 하향과정(top-down processing)의 지도가 보다 더 강조되어야 한다.

이러한 방향의 변화는 '의사소통하기 위한 학습(learning to communicate)에서 의사소통을 통한 학습(learning through communication)으로,' '장 독립(field-independence)에서 장 의존(field-dependence)으로' 등과 같은 맥락이라 할 수 있다. 또한 어휘나 문장 학습자(word or sentence learner)보다는 담화학습자(discourse learner)가 바람직하다고 보는 경향이다.

2) 의미 중심의 유창성 강조

문법·번역 교수법과 청화중심 교수법에서는 언어의 형태에 초점을 두고 정확성(accuracy)이 강조되어 왔다. 또한 최근까지 우리나라에서는 정확성을 중시하는 영어교육(accuracy based approach)에 치중하여 왔다. 그 이유는 정확성 위주의 지도가 보다 더 쉽고, 복잡한 언어 과정을 단순화할 수 있으며 객관적인 평가가 가능하고 교사들이 의사소통을 통한 영어의사소통의 지도 즉 유창성을 중시하는 영어교육을 실시해본 경험이 부족한데 있다고 본다. 그러나 의사소통중심교수법에서는 의미전달에 중점을 두고 목표언어의 유창한 사용능력의 신장을 목표로 하고 있다.

정확성이란 해당 언어를 사용하고 있는 언어사회의 판단에 근거를 둔 상대적 개념이다. 외국어 지도에서 정확성만을 강조하면 문어적 표현에 치우칠 수 있고 일정한 기준에 맞지 않으면 의사소통이 불가능하거나 실패한 것으로 간주하는 문제점이 있다. 또한 학습자가 오류나 실수를 두려워하게 되고 확실하다고 판단되지 않으면 발화를 하지 않으려는 억제심리(inhibition)가 생기기 쉽다.

영어교육에서 유창성을 강조하는 방향은 다음 표와 같이 언어적 범주(linguistic category)와 의사소통범주(communicative category)로 나눌 경우 의사소통범주를 강조하는 방향

표 3.2 언어적 범주와 의사소통범주

언어적 범주(linguistic categories)	의사소통범주(communicative categories)
correctness	appropriacy (appropriateness)
usage	use
signification	value[25]
proposition	illocutionary act
cohesion	coherence
linguistic skill	communicative skill

과 같다(Widdowson, 1978 참고).

그러나 영어사용이 유창하지만 정확성이 결여되었다면 초보 수준에서는 문제가 없으나 다양한 국제사회생활, 학술활동, 외국과의 무역 등에서 효과적인 의사소통은 불가능하다. 그러므로 정확성에 바탕을 두고 유창성(fluency)을 강조하는 영어교육 즉 정확성과 유창성이 조화된 영어교육이 바람직하다.

3) 심리학적 접근

심리학적 접근(psychological approach)은 학습자가 자율적으로 해당언어의 입력을 이해하고 습득할 수 있는 시간적, 정서적 여유를 주기 위해 학습자 중심의 교육을 시도하자는 방향이다. 다시 말하면 학습자의 정서적 여과기능(affective filter)을 낮추어 높은 동기(high motivation), 자신감(self-esteem)을 조성해 주고 불안감은 최대한 제거하여 스스로 발견학습을 할 수 있게 하려는 방향이다.

4) 통합적 접근

언어의 듣기, 말하기, 읽기와 쓰기의 네 기능은 상호의존적이고 서로 전이(transfer)되는 기능이므로 분리하지 말고 통합(integration)하여 지도하고 다양하게 평가하는 통합적 접근(integrative approach)이 효과적이다. 예로, 듣고 말하기, 듣고 쓰기, 읽고 쓰기, 읽고 말하기, 원고를 써서 말하기 등을 들 수 있다.

25) 'signification'은 문맥에서 독립된 의미, 'value'는 문맥 속에서의 의미를 말한다.

The meaning a linguistic item has as an example of usage is called its 'signification', and the meaning it has as an example of use is called its 'value'. (Richards, Platt & Weber, 1985, p. 302)

실제 사회생활에서 한 가지 언어기능만으로 의사소통을 할 수 없다. 다시 말하면 일상생활에서는 언어의 여러 기능을 동시에 사용하여야 원활한 의사소통이 가능하다. 예를 들면 취업을 하기 위해서는 취업 광고를 보고(읽기), 전화를 걸어 회사의 위치를 확인하고(말하고 듣기), 신청원서를 작성하여(쓰기) 제출하고 면접(듣고 말하기) 등의 일정한 선발절차를 거쳐야 한다.

5) 자연스러운 언어자료의 사용

전통적 교수법에서는 실제 언어사용보다는 언어용법의 이해에 관심을 보여 문법 지도를 위한 인위적인 언어자료를 다루는 경향이 있어 왔다. 그러나 이러한 자료는 바람직하지 못하고 실제 사회에서 사용되는 그대로의, 진정성(眞正性)있고 자연스러운(authentic) 자료를 이용하여 지도하는 방향이 효과적이다. 다음 예문에서 대화 (a)보다는 대화 (b)가 실제 사회에서 이루어질 가능성이 크므로 지도 자료로 더 타당하다.

예) (a) A: What's your name?
B: James Brown. What's your name?
A: I'm Frank Smith.
(b) A: Hi. (or How do you do?) My name is Frank Smith.
B: I'm James. James Brown.
A: Nice to meet you.
B: Nice to meet you, too.

6) 다매체의 활용

최근의 과학 기술과 교육 기자재의 발달, 학습자의 성향을 감안할 때 다매체(multi-media) 혹은 ICT(information & communication technology)를 활용하여 영어를 지도하는 것이 학습자의 흥미 유발과 원어민의 언어에 노출되는 기회를 주기 위해 효과적이다. 다매체 활용의 장점은 다음과 같다.

① 비원어민 교사의 발음상의 부족함을 보완해 줄 수 있다.
② 유연하고 다양한 학습 활동을 제공할 수 있다.
③ 자율적인 학습의 능력 및 창의력, 문제해결능력을 신장시킬 수 있다.
④ 동기유발을 통한 능동적인 학습참여를 유도할 수 있다.

⑤ 교육의 장(場)을 확대시킬 수 있다.

7) 영어를 통한 영어교육

외국어 학습은 용법(usage)에 관한 학습이 아니라 목표어(target language)를 실제로 사용(use)할 수 있는 능력의 신장이 목적이다. 따라서 수업언어는 영어사용분위기를 조성하고 영어사용과 영어에 노출되는 기회를 많이 주기 위해 영어를 사용하는 것이 바람직하다. 다시 말하면 영어를 통한 영어교육(teaching English through English language)이 효과적이다. 영어수업시간에 모국어를 과다하게 사용하면 언어사용 지도가 아니라 용법(usage)에 관한 불필요한 설명과 번역으로만 수업이 진행될 우려가 있으므로 학습자의 영어 의사소통능력의 신장에 효과적이지 못하다. 이러한 이유로 초·중등학교에서 2000학년도부터 영어를 통한 영어 수업이 권장되고 있고 대학에서는 원어(영어) 강의가 관심을 받고 있다.

그러나 영어로만 수업을 하면 학습자들이 긴장감과 불안감을 갖게 될 수도 있으며 영어의 기본적인 지식이 부족한 학생들은 수업내용의 이해에 한계가 있다. 또한 학습자에게 극히 난해한 개념이나 추상적인 사항을 지도할 경우에는 학습자의 언어능력과 수업시간을 고려하여 모국어를 사용하는 것이 더 효과적일 수도 있다.

영어수업시간에 교사가 가능한 쉽고 유용한 표현들을 많이 준비하여 영어로 수업을 진행하되 우리말로 확인시킬 필요가 있고 난해한 개념은 영어와 우리말을 같이 사용하는 것도 하나의 방법이다.

8) 과업중심과 학생중심의 협력학습

영어지도에서 특정한 과업(task)을 주고 실행하거나 해결하게 하는 방안(task-based teaching)이 효과적이다. 또한 학습자 중심의 협력학습은 의사소통의 기회를 많이 제공할 수 있고 학습자의 참여를 유도할 수 있으므로 의사소통능력의 신장에 바람직하다. 이러한 학습에서는 교사는 학습자의 오류(error)를 과도하게 수정하지 않고 학습자의 영어 사용을 격려해 주어야 한다. 아울러 학습자 중심의 학습은 수준별 수업의 개념이 포함되어 있다고 볼 수도 있다.

9) 다양하고 통합적인 평가

언어능력의 평가에는 다양성이 있어야 한다. 종래의 평가는 학습결과의 측정에 평가의 목표가 있어 평가방법이 제한되어 있었다. 그러나 의사소통을 중시하는 교수법에서는 평가가 교수와 학습 방법의 일환이고 학습자 자신이 학습 성과를 측정하는 도구이기도 하며 평가결과가 추후 학습과 지도를 위한 자료이기도 하므로 평가의 방법이 다양하여야 한다. 또한 평가는 언어의 각 기능을 분리하여 평가하는 분리평가(discrete-point testing)보다는 언어의 각 기능을 연결하여 테스트하는 통합평가(integrative testing)가 바람직하다.

10) 절충식 교수법의 적용

다양한 영어교수이론과 실제 지도기법이 연구되어 영어지도, 교재제작, 교육과정개발, 정책 결정 등에 많은 공헌을 해오고 있으나 하나의 우수한 이론이나 방법이 모든 교육 상황에 적합한 것은 아니다. 그 이유는 수업목표, 학습자의 연령과 수준, 언어적 경험, 사회적 배경, 영어교사의 경험, 학급의 크기, 교재의 구성, 교구와 설비 등이 다양하기 때문이다. 또한 학습자, 교사, 교사-학습자의 관계가 일정하지 않고 각각 다른 특성을 지니고 있기 때문이다. 지도를 담당한 사람이 각 교수이론과 방법 중에 적합한 것을 선택하여 적용하는 절충식(eclectic) 교수법이 바람직하다.

4장 의사소통능력

외국어교육의 목적은 학습자가 목표어의 의사소통능력(communicative competence)을 갖추고 목표어권의 문화를 이해하여 국제사회의 일원으로 성공적인 삶을 살도록 하는 데 있다. 따라서 영어과 교과교육학의 연구에서는 '의사소통능력'에 관한 연구가 우선적으로 필요하다.

제4장에서는 '의사소통능력'에 관하여 논의하고 원활한 의사소통을 위해 필요한 화용론적 지식, 문체와 격식의 이해, 성에 따른 언어의 차이, 비언어적 의사소통행위, 이중언어사용능력에 관해서 알아본다. 또한 언어능력이 부족할 경우에 원활한 의사소통을 하기 위한 전략에 관한 사항도 다루고자한다.

4.1 언어능력과 언어수행

일반적으로 능력(competence)이란 무언가를 행할 수 있는 보이지 않는 잠재된 힘을 말하며 수행(performance)은 잠재되어 있는 능력이 겉으로 나타나는 구체적인 실현을 의미한다. 언어에 관해서도 능력과 수행으로 나눌 수 있다. Saussure(1916)는 언어능력을 'langue'와 'parole'로 나누어 설명하고 있는데 랑그(langue)는 'language'의 뜻을 가진 프랑스어로 특정한 언어를 사용하는 사회 구성원이 가지고 있는 언어능력의 집합을 의미한다. 또한 빠롤(parole)은 랑그의 구체적인 발화 즉 개별 언어사용자의 언어사용행위이다. 또한 Saussure는 한 언어사회의 구성원들이 알고 있는 언어항목 즉 랑그는 동일하지만 이 랑그의 구체적인 실제 발화는 개인에 따라 다르므로 언어연구는 개인에 따라 각기 다른 빠롤보다는 랑그를 대상으로 해야 한다고 주장하고 있다.

Chomsky(1965)는 언어능력(competence)과 언어수행(performance)을 구분하고 있다.[26] 언어능력은 사회문화적 상황과 관계없이 인간에게 내재된 언어지식을 말한다. 다시 말하면 언어능력이란 주의산만, 오류, 망설임 등의 언어수행상의 변수가 없는 이상적인 화자와 청자에게 내재된 능력이다. 또한 언어수행(performance)은 특정한 상황 속에서 언어의 실제사용을 의미한다.

Chomsky의 언어능력과 Saussure의 랑그는 둘 다 인간의 언어지식을 의미하지만 Saussure의 랑그는 인간언어의 사회성, 개별언어사용자들의 집합체의 역할을 중시하고 Chomsky의 언어능력은 개별언어사용자의 인지적 능력에 내재되어 있는 심리학적, 정신적 능력을 의미한다. 또한 Saussure의 빠롤은 구두언어, Chomsky의 언어수행은 구두언어와 문자언어에 모두 관계되는 것으로 다소 다르지만 실제 상황 속에서 개별언어사용자들의 실제 언어사용이라는 점은 공통적이다.

언어수행은 연구의 대상이 되지 못해 왔고 Chomsky도 언어이론은 언어능력의 이론(the theory of competence)이 되어야 한다고 주장하고 있다. 그러나 1980년대 중반 이후 언어수행을 중심으로 인간의 언어능력은 보고자 하는 언어수행중심접근법(performance-based approaches)이 제기되고 실제의 언어구현에 더 관심을 두어 수행평가(performance test)가 바람직하다고 보게 되었다.

4.2 의사소통능력의 개념

의사소통능력은 말과 글을 통하여 의사를 전달하고 상대방의 언어를 이해할 수 있는 능력을 말하며 이러한 능력에 관해서는 Saussure(1916)의 랑그나 Chomsky의 언어능력의 개념으로는 충분히 설명될 수 없다. 의사소통능력은 특정한 상황에 적절하게 언어를 구사하고 이해하는데 관계되는 모든 능력이 포함되기 때문이다. 의사소통능력에 관한 학자들의 견해를 정리해보면 다음과 같다.

1) Hymes의 견해

Hymes(1970)는 Chomsky의 'competence'의 개념이 언어의 사회적 규칙과 기능적 규

---

26) Chomsky(1965, p. 4)는 다음과 같이 언어능력과 언어수행을 구분하고 있다.

competence: the language user's underlying knowledge of the system of a language

performance: the actual use of language in concrete situations

칙을 충분히 설명하지 못한다고 비판하고 '의사소통능력(communicative competence)' 이라는 용어와 그 개념을 제시하였다. 그는 어학 상의 규칙에 관한 능력에 첨가해서 효과적인 의사소통을 위해 필요한 것으로 'competence for use'를 제시하고 의사소통능력을 언어의 문법성(grammaticality), 용인성(feasiblity), 적합성(appropriateness), 실행가능성(practicality)을 고려한 언어사용능력이 포함된 개념으로 본다(Hymes, 1970, pp. 279~281 참고). 다시 말하면 다음과 같은 네 개의 질문에 대답할 수 있어야 특정 문화권 내에서 의사소통 능력이 있다고 볼 수 있다

(1) whether(and to what degree) something is formally possible

이 항목은 문법성에 관한 것으로 Chomsky가 주장하는 언어능력(linguistic competence)과 유사하며 문법뿐만 아니라 비언어적, 문화적인 면도 포함된다.

(2) whether(and to what degree) something is formally feasible in virtue of implementation available

이 항목은 용인성에 관한 것으로 인간 기억의 한계 같은 심리언어학적 요소에 해당된다. 다음의 예(Canale and Swain, 1980)를 보면 삽입의 규칙에 벗어나지 않으므로 문법적이지만 이해에 한계가 있거나 어려워서 용인되지는(feasible) 못한다.

the cheese the rat the cat the dog saw chased ate was green[27)]

(3) whether(and to what degree) something is formally appropriate(adequate, happy, successful) in relation to a context in which it is used and evaluated

이 항목은 적합성에 관한 것으로 언어행위가 특정한 문맥과 상황에서 적합한 것인지 여부를 말하며 여기에는 문화적 적합성(cultural appropriateness)도 포함된다. 이 부분이 외국어의 교육과 의사소통능력의 논의에서 가장 많은 관심을 받고 있는데 과거의 문법성에 대한 지나친 강조에 대한 반발로 최근에는 적합성을 다른 부분에 비해 더 강조하는 경향이 있다.

---

27) the cheese was green이 주절이고 다음과 같이 삽입되어 있는 문장이다.

the cheese is 'the cheese the rat ate'
the rat is 'the rat the cat chased'
the cat is 'the cat the dog saw'

(4) whether(and to what degree) something is done, actually performed, and what its doing entails

이 항목은 실행가능성에 관한 것으로 언어행위가 실제적으로 사용되고 행해질 수 있는지 여부를 의미한다. 문장이 문법적이고 용인가능하고 적절해도 실제로 사용되지 않을 수도 있다.

Hymes(1970)는 실제 언어사용상황에서 필요한 언어능력을 강조하고 있으며 그의 의사소통능력이라는 개념에는 인간의 언어적 지식 뿐 만아니라 언어수행도 포함되어 있다.

3) Canale & Swain의 견해

Canale & Swain(1980), Canale(1983)은 의사소통능력이라는 개념 속에 언어와 언어사용에 관한 내재된 지식 또는 실제 의사소통과정에서 이러한 지식의 활용능력이 포함되어 있다고 보고 있다. 다시 말하면 의사소통능력을 Hymes(1970)와 유사하게 지식 중심(knowledge-based)보다는 수행중심(performance-based)으로 보고 있다.

> knowledge and skill in using this knowledge when interacting in actual communication (Canale & Swain, 1980, p. 34)

> how well one can perform with this knowledge in actual communication (Canale, 1983, p. 5)

또한 Canale & Swain(1980)과 Canale(1983)은 의사소통능력의 구성요소를 다음과 같이 문법능력, 담화능력, 사회 언어적 능력, 전략능력의 네 가지로 나누고 있다. 문법과 담화능력은 언어체계에, 사회언어능력과 전략능력은 언어의 기능적인 면에 해당된다.

(1) 문법능력

문법능력(grammatical competence)은 어휘지식, 형태, 구조, 의미, 음운규칙에 관한 지식을 말한다.

> knowledge of lexical items and of rules of morphology, syntax, sentence-grammar semantics, and phonology (Canale and Swain, 1980, p. 29)

(2) 담화능력

담화능력(discourse competence)은 문장을 연결하여 유의미한 담화를 형성하고 이해할 수 있는 능력으로 문법능력이 문장단위의 문법을 다룬다면 담화능력은 문장 간의 관계(intersentential relationships)에 해당된다.

> [Discourse competence] concerns mastery of how to combine grammatical forms and meanings to achieve a unified spoken or written text in different genres. (Canale, 1983, p. 6)

(3) 사회언어적 능력

사회언어적 능력(sociolinguistic competence)은 언어사용의 사회언어학적 규칙을 아는 것을 말한다. 다시 말해서 특정한 발화가 대화상황에서 적절한가를 판단할 수 있는 능력을 의미한다.

> [The type of competence] requires an understanding of the social context in which language is used: the roles of the participants, the information they share, and the function of the interaction. Only in a full context of this kind can judgments be made on the appropriateness of a particular utterance. (Savignon, 1983, p. 37)

한국의 영어학습자들은 영어 사용권에 대한 배경지식이 부족하므로 상황에 적절한 영어를 구사하지 못하여 의사소통과정에서 오해가 생길 수도 있다.

(4) 전략능력

전략능력(책략능력, strategic competence)은 부족한 언어능력이나 피로, 주의력 산만, 부주의 등의 언어수행상의 변수로 인해 의사소통이 실패한 경우 반복, 회피(avoidance), 바꾸어 말하기(paraphrase), 둘러말하기(완곡어법, circumlocution), 비언어적 의사소통 행위 등을 통해 이를 보상하여 의사소통을 이룰 수 있게 해주는 언어적, 비언어적 능력을 말하며 보다 더 효과적인 의사소통을 하기 위한 전략도 여기에 포함된다.

> [Strategic competence is] the verbal and nonverbal communication strategies that may be called into action to compensate for breakdowns in communication due to performance variables or due to insufficient competence (Canale and Swain, 1980, p. 30)

> [Strategic competence is] an ability to select an effective means of performing

a communicative act that enables the listener/reader to identify the intended referent. (Yule & Tarone, 1990, p. 181)

3) Bachman의 견해

Bachman(1990, pp. 85~87)은 의사소통능력을 'language competence'라고 칭하고 언어조직에 관한 능력(organizational competence)과 화용능력(pragmatic competence)으로 분류하고 있는데 전자에는 문법능력과 담화능력(텍스트적 능력; textual competence), 후자에는 비 표현적 능력(illocutionary competence)과 사회 언어적 능력이 해당되고 전략능력은 의사소통능력과는 분리된 별개의 개념으로 보고 있다. 또한 Bachman(1990, p. 87)은 의사소통적 언어능력(communicative language ability; CLA)을 언어지식과 실제 언어사용에 이를 적용할 수 있는 능력을 합친 것으로 보고 그 구성요소를 다음과 같이 제시하고 있다.

표 4.1에서 전략능력은 세상에 관한 지식과 언어에 관한 지식을 심리·생리적 기제와 연관시켜 상황문맥에 대처하게 만드는 능력이다. 다시 말하면 이 능력은 낱말과 구의 사용, 의미의 타협을 위해 사용하는 여러 가지의 이해·표현 방법을 최종적으로 결정하는 집행기능이며 상황대처능력이다.

표 4.1 Bachman의 의사소통적 능력 구성요소

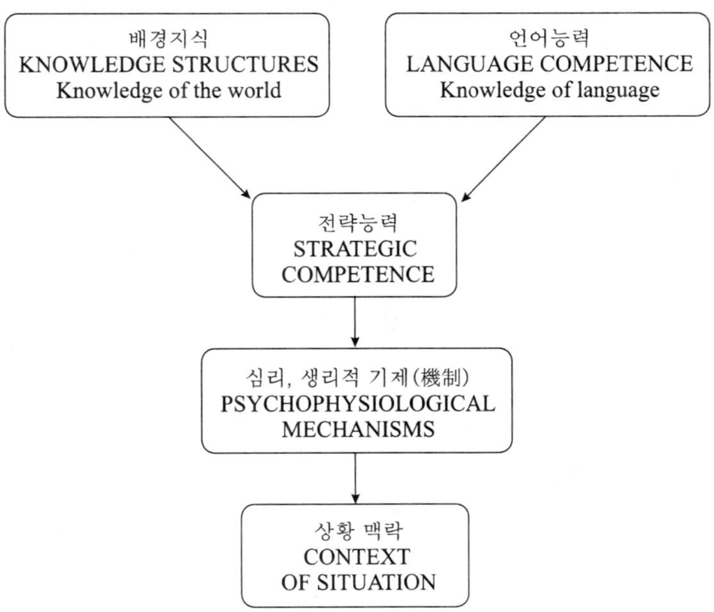

요약하면 Bachman(1990)은 언어능력이 실제 상황 속에서 어떻게 사용되고 있는지에 우선적인 관심이 있다.

4) Savignon의 견해

Savignon(1983, pp. 8~9)은 의사소통능력은 문어와 구어, 언어적, 비언어적 행위 모두에 해당되며 상대방과의 의미타협과 협동에 따라 좌우되므로 고정적이 아니고 문맥에 따라 변화되는 역동적이고 상대적인 개념으로 보고 있다.

① Communicative competence is a dynamic rather than a static concept.
② Communicative competence applies to both written and spoken language, as well as to many other symbolic systems.
③ Communicative competence is context specific.
④ There is a theoretical difference between competence and performance.
⑤ Communicative competence is relative, not absolute, and depends on the cooperation of all the participants involved.

Savignon(1983)은 의사소통능력의 구성요소를 Canale & Swain(1980)의 견해와 같이 문법능력, 담화능력, 사회언어적 능력, 담화능력의 네 가지로 제시하고 있다. 그러나 다음의 표(Savignon, p. 46)에서 보는 바와 같이 외국어 구사능력의 향상에 따라 각 구성요소의 습득 정도와 역할 및 비중이 변화하며 특히 전략능력은 다른 능력의 신장에 따라 감소된다고 주장하고 있다.

표 4.2 Savignon의 의사소통구성능력과 외국어 습득과의 관계모형

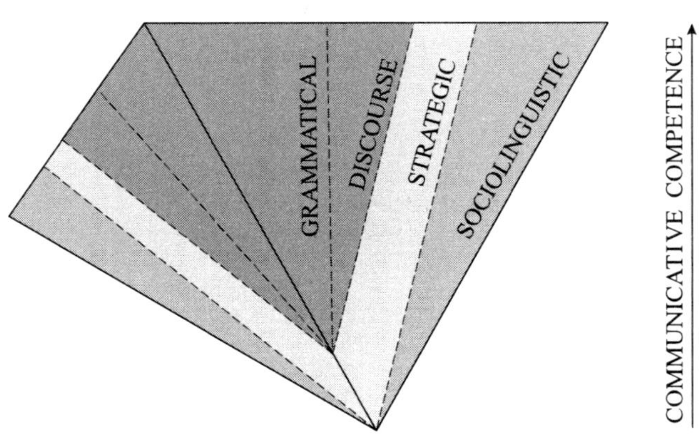

6) Bachman & Palmer의 견해

Bachman & Palmer(1996)은 Bachman(1990)의 모형을 확대 수정하여 상호작용적 틀(interactional framework)속에서 언어능력의 설명을 시도하였다. 이 모형에서는 전략 능력이 의사소통적 언어능력의 중심이 된다. 다시 말하면 다음 표(Bachman & Palmer, 1996, p. 63)와 같이 실제 언어사용상황에서 세상 지식(topical knowledge), 언어지식(language knowledge), 개인적 특성(personal characteristics)이 정의적 인지구조를 투과 한 후에 전략 능력을 통하여 실제 언어가 구현된다고 주장하고 있다.

표 4.3 Bachman & Palmer의 의사소통적 언어능력구성

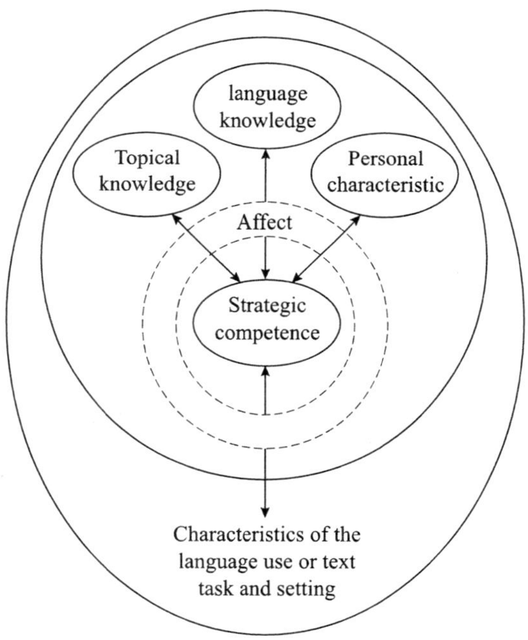

위의 몇 가지 견해를 종합하면 의사소통능력이란 인간이 메시지를 전달하고 해석할 수 있으며 특정한 상황 안에서 인간 상호간에 의사를 교환하고 의미를 협상(negotiation)[28] 할 수 있는 언어능력을 말한다. 또한 의사소통능력을 언어의 형식에 관한 지식과 언어사용

28) 인간의 의사소통에서 의미는 전달되어진다기보다는 협상되어진다고 할 수 있다. 여기서 협상(negotiation)은 성공적인 의사소통을 위해서 상호 협조하는 행위를 의미하며 이 행위에는 상대방에게 이해여부를 알려주고 표현을 도와주며 필요한 경우 상대방의 말을 정정해주는 행위, 반복하여 말하기 등이 포함된다.

에 관한 능력으로 대별할 수 있는데 EFL 상황에서는 학습자가 억제심리(inhibition)를 극복하고 오류(error)에 대한 두려움 없이(risk-taking) 목표어로 행해지는 의사소통에 참여하고 자기의 의사를 표현할 수 있는 심리적 기제(psychological mechanism; 心理的 機制)도 외국어 의사소통능력에 포함시켜야한다고 본다(신길호, 1999, p. 165 참고).[29]

외국어 의사소통능력은 기본적인 문법능력으로부터 심리적 기제까지 표 4.4로 나타낼 수 있다. 이 능력들은 상호 영향을 주며 바깥 원의 능력이 그보다 안쪽 원에 해당되는 능력을 보완할 수 있다. 또한 한 가지 능력이 크면 클수록 다른 능력의 역할은 줄어든다고 볼 수 있다.

표 4.4 의사소통능력

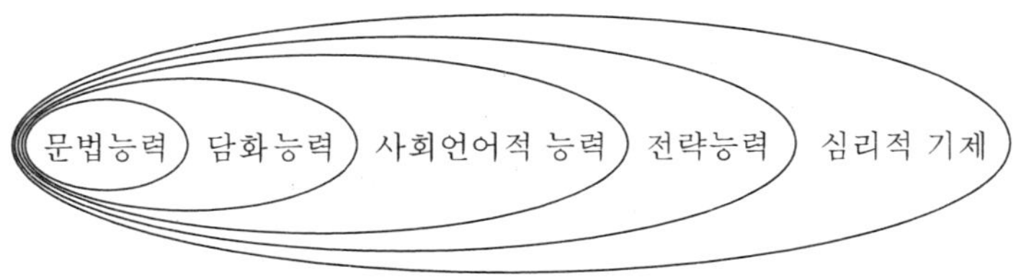

요약하면 의사소통능력이란 문법과 담화의 이해와 사용에 관한 능력, 사회언어적 능력, 부족한 언어능력을 보완할 수 있는 전략능력, 억제심리 없이 목표언어를 사용할 수 있는 마음가짐이 모두 포함된 전반적인 능력을 의미한다. 외국어학습 초기부터 이러한 능력을 균형적으로 습득하게 하여 학습자가 추후 사회에서 외국어로 의사소통을 할 수 있는 능력을 더욱 발전시키고 활용할 수 있도록 준비시켜 주는 것이 외국어 교육의 목표라고 할 수 있다.

4.3 화용론적 능력

화용론적 능력은 주변 상황을 고려하여 언어를 사용할 수 있는 능력을 말한다. 화용론(Pragmatics, 話用論)은 언어의 실제 사용에 관한 연구를 말하며 언어쓰임새에 관한 지식이 원활한 의사소통을 위해서 필요하다. 왜냐하면 언어는 실제로 사용되는 상황을 벗어

29) Shiozawa & Simmons(1997)도 의사소통능력에 관하여 정의적 측면의 중의성을 주장하고 있다. 그들은 Canale & Swain(1980)에서 제시된 4가지 의사소통능력의 구성요소에 정의적 능력(affective competence)이 추가되어야 한다고 보고 있다.

나서는 무의미하다고 볼 수 있기 때문이다. 예를 들면 'I am thirsty.'라는 문장의 명제적 의미(propositional meaning; locutionary meaning)는 '목이 마르다'로 신체적 상태를 나타내지만 비 표현적 의미(언표내적 효과; illocutionary force) 즉 의도된 의미(intended meaning)는 마실 것을 요청하는 것일 수 있다. 다시 말하면 한 문장의 실제 의미는 사용되어진 상황에 의해 결정되므로 상황을 이해하지 못하면 문장의 정확한 의미를 파악할 수 없다. 또한 다음 문장들의 명제적 의미는 같으나 공손함의 정도는 다른데 상황에 적절하게 사용할 수 있는 능력도 화용론적 능력에 해당된다.

예) (a) Open the window.
(b) Will you open the window?
(c) Don't you think you could open the window?

학습자가 외국어의 화용(話用)을 이해하고 사용하기가 쉽지 않다. 따라서 EFL교육에서 학습자가 실제 언어사용을 통하여 언어의 쓰임새를 익히도록 지도해야 한다.

4.4 문체와 격식, 성에 따른 언어사용

목표언어의 문체와 격식, 성에 따른 언어의 차이에 대하여 아는 것도 의사소통을 효과적으로 할 수 있는 능력에 속한다.

1) 문체

문체(style)는 의사소통의 목적과 주제, 대상, 장소, 공유한 경험 등의 상황에 따라 다르게 사용되는 언어의 표현방식을 말하며 비언어적(nonverbal) 의사소통행위도 상황에 따라 표현 형태가 다를 수 있다. 또한 문체는 계급방언이나 지역 방언과는 다르며 개인이 동일한 말을 하더라도 상황과 목적에 따라 다른 문체를 사용하며 성인은 어린이보다 상황과 상대방에 따라 표현방식을 더 다양하게 할 수 있다. 문체는 형식성을 기준으로 다섯 가지 단계로 분류된다(Joos, 1967 참고).

(1) 연설 문체 (oratorical or 'frozen' style)

연설에서 사용되는 문체로 어휘의 사용이 미리 신중히 계획되고 음조는 다소 과장되며 다양한 수사적 장치가 사용된다.

(2) 신중한 문체(deliberative or formal style)

대학의 강의 등에서 사용되는 문체로 대체적으로 사전에 계획되며 실수가 적은 편이다.

(3) 상담 문체(consultative style)

사업거래나 의사의 환자상담 등에 사용되는 문체를 말한다.

(4) 일상적인 문체(casual style)

친구 사이에 사용되는 문체로 어휘의 선택이 비교적 자유롭다.

(5) 친밀한 문체(intimate style)

가족, 연인 등의 아주 친밀한 사이에 사용되는 문체로 사회적 제약이 거의 없으며 서로 공유한 지식(shared knowledge)이 많으므로 단축이나 생략이 많이 사용된다.

2) 격식

격식(언어사용역: register)은 언어사용 장면이나 집단에 따라 변하는 언어변이를 총칭하는 용어이며 언어격식에 대한 이해도 의사소통능력에 포함된다. 예를 들면 다음과 같이 광고문장과 일상적인 문장과는 차이가 있다.

예) (a) The product is ideal for cleansing artificial dentures. (광고문)
(b) The product is just right for cleansing false teeth. (일상적인 문장)

과학 논문의 경우는 30~50%가 수동구문으로 되어 있으며 객관성을 보이기 위해 I, he, she 등의 인칭대명사의 사용이 적다. 또한 음운, 어휘, 관용어구 등의 차이가 상이한 직업집단 혹은 사회경제적 집단 등의 사회적 신분을 구별 짓는 기준이 되기도 한다. 방언(dialect)은 언어 전달 장면으로부터 독립되고 항구적인 언어체계를 말하며 격식과는 다르다.

3) 언어와 성

남성과 여성은 사용하는 언어유형이 다소 다른 경우가 있는데 이러한 성(性)에 따른 언어 사용의 차이를 이해하는 것도 의사소통능력 중의 하나로 볼 수 있다. 예를 들면, 여자 아동이 남자 아동보다 표준어를 더 많이 쓰며 이러한 경향은 성인이 되어도 마찬가지이다. 또한 성인 여자는 성인 남자보다 불확실한 표현(우회적 표현, 부가의문문, 평서문의 상승음조)이나 공손한 표현을 더 사용하는 경향이 있다(Tannen, 1996 참고).

영어에 있어서 성차별 용어나 남성과 여성을 구별하는 언어는 차츰 사라지고 다음의 예와 같이 성 중립적인 어휘로 대치되어 가고 있다.

예) 총칭적(generic) he → he or she
stewardesses → flight attendants
chairmen → chairpersons, chairs
policemen → police officers

4.5 비언어적 의사소통행위

비언어적 의사소통(non-verbal communication)은 음성언어를 사용하지 않고 신체언어(body language)나 얼굴표정 등의 수단을 통해 의사를 교환하는 것을 의미한다. 비언어적 행위는 언어를 통한 의사소통(verbal communication)보다 더 문화 특정적(culture-specific)이어서 외국인과의 의사소통에서 오해가 생길 소지가 언어적 행위에서보다 더 많으며 사용역(register)에 따라 상이할 수 있으므로 외국어 지도에서 유의하여야 한다. 비언어적 의사소통행위에는 몸짓(gesture)같이 독립적으로 의사를 전달할 수도 있으며 다른 수단에 부수적으로 사용되는 경우도 있다. 예를 들면 말을 하면서 몸짓이나 얼굴표정 등을 사용할 수도 있다. 또한 인간의 음성언어에는 청각이라는 감각 하나만 필요하지만 비언어적 행위에는 인간의 다섯 감각 즉 시각, 촉각, 미각, 후각, 청각이 모두 사용되므로 구두언어보다 더 섬세하고 정직하게 인간의 의사를 표현한다고 할 수 있다.

1) 신체언어

신체 언어는 신체의 일부를 움직여 의사소통을 하는 것을 말하며 역사적으로도 인류는 중요한 메시지를 이러한 신체 언어를 통해 전달해 왔다. 모든 문화권이 나름의 신체언어(body language)를 가지고 있어 문화 간, 언어권 간에 몸짓의 의미는 매우 다를 수 있다.[30] 동일한 동작도 문화권에 따라 다를 수 있는데 그 예로 머리를 아래위로 끄덕이는 동작(nodding the head)은 대부분의 문화권에서는 'yes'이지만 에스키모들에게는 'no'의

30) 이야기하는 동안에 일어나는 신체의 동작과 자세에 관한 연구를 동작학(kinesics)이라고 한다.

의미이고 머리를 옆으로 흔드는 동작(shaking the head)이 'yes'를 의미한다. 또한 한 문화권에서 적절한 동작이 다른 문화권에서는 음란하거나 모욕적일 수도 있다.

2) 시선접촉

상대방과의 시선의 접촉(eye contact)은 하나의 의사전달 방법이며 대화할 때 상대방과의 눈 접촉의 적절한 정도나 시선의 방향, 눈짓을 통한 의사소통은 문화권마다 다르다. 미국 문화에서는 신분의 차이가 있는 두 사람이 오래 동안 시선이 접촉되어도 괜찮으며 오히려 시선 접촉이 별로 없으면 관심이 부족하거나 무례하다고 여긴다. 반면에 오랜 시선의 접촉 혹은 대화 상대방의 눈을 똑바로 쳐다보는 행위는 한국이나 일본에서는 건방지거나 무례하다고 받아들여진다. 이러한 시선 접촉의 문화 간 차이는 외국어 의사소통과정에서 오해를 야기할 수 있다. 또한 눈짓으로 흥미, 관심도, 애정, 적의, 이해여부 등을 나타낼 수 있다.

3) 근접학

근접학(근접공간학, proxemics)이란 대화 중에 두 화자가 유지하는 거리에 관한 연구로 인간도 다른 동물들처럼 자신의 영역을 침범당하지 않고 자기의 공간을 가지려고 한다. 또한 일반적으로 인간은 친밀할수록 거리를 가까이 하려는 경향이 있으며 문화권, 성, 연령, 사회적 배경에 따라 용인되는 대화자간의 거리는 다소 다르다. 예를 들면 일반적으로 영·미인보다 스페인사람들이 대화 당사자 간의 거리가 더 가깝다.

4) 가공품

의복, 장식품 등의 가공품들(artifacts)이 모두 자기를 표현하는 수단의 일종이라고 할 수 있다. 이러한 가공품들은 사회·경제적 수준이나 전반적인 개성 등을 나타내며 말이나 몸짓 같은 주된 의사소통 수단에 부수적으로 자기의 의사나 감정을 표현하는 방법 중의 하나이다.

5) 신체접촉

신체접촉(감각학: kinesthetic dimensions, touching)의 정도도 하나의 의사소통행위이며 그 양태는 문화권에 따라 다르다.

6) 후각

후각양상(olfactory dimensions)은 문화권마다 다르다. 예를 들면 땀 냄새가 어떤 사회에서는 좋지 않거나 역겨운 것이지만 다른 사회에서는 매력적일 수도 있으며 향수의 사용도 자기표현수단의 하나이다.

4.6 의사소통전략

의사소통전략(communication strategies)은 효과적인 의사소통을 위한 전략으로 언어지식이 부족한 경우에 혹은 보다 효율적으로 의사를 전달하기 위해 사용되는 언어 및 비언어적 수단을 말한다.[31]

> techniques of coping with difficulties in communicating in an imperfectly known second language (Stern, 1983, p. 411)

이 전략은 일반적으로는 제2언어나 외국어 사용과 관련하여 논의되지만 모국어로 의사소통을 할 경우도 특정 어휘나 일부 내용 등이 생각이 나지 않는 경우에는 이 전략을 사용할 수 있다.

의사소통전략은 학습자의 개성, 언어 숙달 정도, 과업의 형태, 문화적 배경, 연령 등에 따라 다르며 이 전략의 특징은 'problem-based', 'conscious', 'intentional'의 세 가지로 요약할 수 있다(Bialystok, 1990, pp. 3~5 참고).

① 의사소통전략은 의사소통에 장애가 있다고 화자가 인지할 때만 사용된다.
② 의사소통전략을 사용한 화자는 자기가 의사소통 전략을 사용했다는 것을 안다.
③ 학습자가 의사소통전략을 통제하고 의도적으로 사용한다.

그러나 의사소통의 어려움을 인지 못한 경우에도, 혹은 무의식적으로, 구체적인 의도 없이 사용될 수도 있다고 본다.

의사소통전략의 유형은 회피전략, 보상전략, 시간 끌기 전략으로 나누어 논의하면 다음

31) 의사소통전략은 표현적 영역에 해당되며 학습전략(learning strategies)은 효과적인 학습을 하기 위한 흡입(intake), 기억, 저장, 회상 등에 관한 수용적인 영역에 속하는 전략이다. 자연적인 상황 속에서 외국어를 배우는 경우에는 의사소통전략과 학습전략의 구별이 모호할 수도 있다. 의사소통을 통하여 학습하기 때문이다.

과 같다.[32]

1) 회피전략

회피전략(avoidance strategy)은 목표언어를 구사할 때 특정한 언어형태나 화제에 자신이 없으면 그 형태나 화제를 피하는 전략으로 여기에는 어휘항목의 회피(lexical avoidance), 통사적 회피(syntactic avoidance), 음의 회피(phonological avoidance), 화제 회피(topic avoidance), 메시지 포기(message abandonment) 등이 있다. 어휘항목의 회피는 특정한 어휘가 생각나지 않을 경우에 그 어휘의 사용을 회피하는 전략이다. 다음의 예(Brown, 2000, p. 128)에서는 비원어민 화자가 'way'가 생각 안 나서 'road'라는 특정한 어휘 사용을 회피해 버렸다.

예) 비원어민 화자: I lost my road.
원어민 화자: You lost your *road*?
비원어민 화자: Uh, ... I lost. I got lost.

음의 회피는 어려운 음을 가진 어휘 대신에 발음이 용이한 것을 선택하여 사용하는 방법으로 예를 들면 /r/의 발음에 자신이 없는 영어학습자의 경우 'rally' 대신에 'hit the ball'을 사용하는 전략을 말한다. 또한 한국인 학습자가 'queen'의 발음이 자신이 없어 'wife of a king'이라고 돌려 말한다면 이것도 음의 회피 전략이라 할 수 있다. 또한 화제 회피는 화제에 관해 자신이 없는 경우에 이해를 못하는 척하거나 관심이 없다는 표현을 함으로써 화제를 변경하거나 그 화제에 관한 대화를 포기하는 전략을 말한다.

2) 보상전략

보상전략(compensatory strategy)은 부족한 언어능력을 다양한 방법으로 보완하여 의사소통을 하는 전략이다.

---

32) Tarone(1981)은 의사소통전략을 다음과 같이 분류하고 있다.
(1) paraphrase(approximation, word coinage, circumlocution)
(2) borrowing(literal translation, language switch)
(3) appeal for assistance
(4) mime
(5) avoidance(topic avoidance, message avoidance)

(1) 축소전략

축소전략에는 형태의 축소(formal reduction)와 기능적 축소(functional reduction) 전략이 있는데 전자는 잘못을 피하기 위해 축소된 형태를 사용하는 전략이다.

> Learner communicates by means of "reduced" system, in order to avoid producing nonfluent or incorrect utterances by realizing insufficiently automatized or hypothetical rules/items. (Faerch and Kasper, 1983, p. 52)

기능적 축소는 의사소통의 불확실성을 줄이기 위해 의사소통의 목표를 축소하는 전략이다.

(2) 미리 만든 문형 사용하기

미리 만든 문형을 사용하는 전략(조립형 언어, prefabricated patterns, formulaic expression)은 특정한 표현을 제대로 이해하지는 못한 채로 기억해 두었다가 사용하는 전략을 말한다. 다시 말하면 몇 개의 단어, 형태소로 이루어진 구 또는 문장을 단일 항목으로 기억해 두었다가 필요한 경우에 사용하는 전략이다. 이 전략은 초보단계의 학습자가 사용할 수 있으며 초보자가 의사소통의 성취감과 경험을 갖게 하기 위해 지도기법으로 사용할 수도 있다.

이 전략의 예로 관광하기 위해 다음과 같은 기본적인 문장 혹은 단어를 암기했다가 필요한 경우에 사용하는 것을 들 수 있다. 이러한 말들을 관광객 생존언어(tourist survival language)라고도 한다.

예) How do I get to (　　　　　)?
Where is the (　　　　　)?
How much (does it cost)?
Where (How) can I change money?
(Where is the) toilet?

이 전략은 특정한 상황에 맞게 기계적으로 암기하기 때문에 오류가 발생할 수도 있으며 두 개의 조립형 언어를 붙여 말을 하다보니 다음의 예와 같은 오류를 범할 수도 있다.

예) *I don't know how do you do that.

그러나 외국어 학습 초기에는 특정한 문장을 외워서 사용하게 함으로 의사소통을 성취

했다는 자긍심과 상호작용의 경험을 줄 수 있는 긍정적인 면도 있다.

(3) 권위에 의존

권위에 의존하는 전략(appeal to authority, appeal for assistance, appeal for help)은 사전(bilingual dictionary)을 찾아보든가 원어민 혹은 영어를 잘 한다고 판단되는 사람의 말을 모방하거나 다음의 예와 같이 설명을 요청(request for clarification)하는 전략을 말한다.

예) What do you call....?
How do you say.... in English?
I can't understand you. Will you please explain it?

(4) 비언어적 전략

비언어적 전략(non-verbal communication)은 목표어의 어휘나 표현법을 모를 경우에 몸짓, 얼굴표정 등의 비언어적 언어를 사용하는 것을 말한다. 예를 들면 칭찬의 말 대신에 박수를 치거나 생일케이크용 초(candle)의 어휘가 떠오르지 않을 경우에 'Happy Birthday'노래를 부르면서 초를 끄기 위해 부는 시늉을 할 수 있다.

(5) 바꾸어 말하기

바꾸어 말하기(paraphrase)는 모르는 표현을 유사하거나 나름대로 만든 표현으로 바꾸어 말하는 전략으로 듣는 이가 문맥이나 상황을 통하여 그 의미를 이해할 수 있다. 몸짓언어와 함께 사용하면 더 효과적이다. 바꾸어 말하기에는 다음과 같은 유형이 있다.

① **유사한 표현 사용하기**(approximation)

적합한 어휘를 모르거나 생각이 미처 안 날 경우에 다음 예와 같이 유사한 표현이나 상위개념의 어휘(상위어)를 사용하는 전략을 사용할 수 있다.

예) (a) 'water pipe' 대신에 'pipe'을 사용
(b) 'silkworm' 대신에 'worm'을 사용
(c) 'grocery' 대신에 'vegetable store'를 사용

② **새로운 어휘 만들어 사용하기**(word coinage)

알고 있는 어휘 지식을 활용하여 어휘를 자기 나름대로 만들어 사용할 수 있다.

예) (a) 'balloon' 대신에 'airball'을 만들어 사용
(b) 'a picture of an animated caterpillar'를 나타내기 위해 'person worm'을 만들어 사용

③ 둘러말하기(완곡어법, circumlocution)

어휘나 기타 언어항목을 모를 경우에 둘러말하거나 설명하는 전략을 말한다.[33)]

예) (a) silk - It's made by little animals, for their house, and then turned into material.
(b) vegetable - green things
(c) ironing board - 'table for doing the ironing on'
(d) cigarette - She is, uh, smoking something. I don't know what's its name.
(e) parrot - bird that talks

④ 포괄적인 어휘사용하기(use of all-purpose words)

의미영역이 포괄적인 단어를 사용하는 전략을 말하며 포괄적인 단어에는 'thing'이나 'stuff', 'a device for -ing', 'do' 등이 있다.

예) some stuff for killing insects

(6) 언어전환

언어전환(language switch, code-switching)은 적절한 목표언어를 모르고 의사소통전략이 모두 실패한 경우에 듣는 이의 이해여부와 관계없이 한 · 두 단어 혹은 상당한 부분을 모국어로 하는 전략으로 초급수준의 학습자가 사용한다. 그러나 상당한 수준에 이른 학습자도 경우에 따라서는 사용할 수 있는 전략이다.

예) A: What fruit do you like?
B: I like 감.

---

33) 어린이가 어휘의 부족을 메우기 위해 사용하는 과일반화(overgeneralization), 포괄적 어휘(all-purpose terms)사용하기, 어휘창조(word-creation)도 일종의 둘러말하기 전략이라 할 수 있다 (Clark, 1983 참고). 여기서 과일반화는 하나의 어휘를 유사한 사항에 일반화하는 것으로 예로 다리가 네 개인 모든 동물을 'dog'이라고 하는 것을 들 수 있다.

의사소통 상황이나 비언어적 표현들 중 상당 부분이 세계 공통이고 인간 경험의 보편성 때문에 이 전략의 성공 가능성이 높다.

> It is surprising that the context of communication coupled with some of the universals of nonverbal expression sometimes enables learners to communicate an idea in their own language to someone unfamiliar with that language. (Brown, 2000, p. 130)

(7) 예를 들기

적합한 어휘가 미처 생각 안날 경우에 예를 들어 말해서 해당 어휘의 의미를 상대방이 이해하게 함으로 의사소통을 할 수 있다. 대화 중에 'transportation'이라는 어휘가 떠오르지 않으면 다음과 같은 예를 들어 대화상대방에게 의사를 전달 할 수 있다.

예) transportation - airplane, bus, car, ship, train, truck, etc.

3) 시간 끌기 전략

시간 끌기 전략(stalling or time-gaining strategy)은 적절한 표현이 미처 생각이 안 날 경우에 시간을 끌기 위해 사용하는 전략으로 'Uh, well, Let's see, as a matter of fact' 등의 말로 상대방이 잠시 기다리게 하거나 상대방이 말하게 하는 전략이다.

의사소통전략의 지도 문제에 대해서는 다양한 견해가 있다. 강한 주장에서는 특정한 전략을 직접 지도하는 것이 바람직하다고 보고 있다. 다시 말하면 의사소통전략은 외국어를 말하는 사람이 의식적으로 사용하는 것이므로 이 전략에 대한 연습과 훈련이 효과가 있다고 보는 것이다. 그러나 일반적으로는 의사소통 전략의 직접 지도에 대해서는 회의적이다.

> Training studies have frequently been unsuccessful where training was based on specific techniques rather than on general operating solutions. (Bialystok, 1990, p. 142)

그러나 학습자가 실수의 두려움이나 기타의 정서적 장벽을 넘어 틀릴 위험을 감수하며(risk-taking) 적절하게 의사소통전략을 사용할 수 있게 지도할 필요는 있다.

4.7 이중언어사용능력

이중언어사용자(bilingual)는 두 개의 언어를 사용하는 개인이나 사회를 말한다. 다음 예와 같이 말하는 경우는 일반적으로 두 언어를 거의 동일한 수준으로 말할 수 있는 사람을 의미한다.

예) Mr. Brown is a bilingual in English and French.

이중언어가 사용되는 지역은 영어와 프랑스어를 사용하는 캐나다의 퀘백주, 영어와 웨일즈어를 사용하는 영국의 웨일즈 지방, 프랑스어와 네덜란드어가 사용되는 벨기에 등을 예로 들 수 있다. 이렇게 사회에서 두 언어가 사용되는 상황은 역사적이고 정치적인 다양한 원인이 있다. 한국과 일본에서도 모국어와 함께 영어도 공용으로 사용하자는 영어공용화론이 제기된 바 있다.[34)]

개인이 이중언어를 사용하게 되는 것은 교육이나 종교 등의 다양한 원인이 있으며 어린이의 이중언어의 사용은 지능발달에 유리하다는 주장이 있다.

> Growing up with two languages is, indeed, an asset to children's intellectual development (Diaz, 1985, p. 17)

Cummins(1984)는 이중언어사용이 입문단계(threshold level)[35)] 이전에는 불리하지만 그 이후는 유리하다고 주장하고 있다.

이중언어사용능력(bilingualism)이란 두 언어를 각 언어의 원어민 화자와 같은 정도로 유창하게 구사할 수 있는 능력을 의미하며 최근에는 'multi-competence'라는 용어가 사용되기도 한다. 그러나 두 언어를 똑같이 구사할 수 있는 능력(equilingualism, balanced bilingualism)을 갖춘 사람은 드물고 특히 사용역(register)과 격식(style)까지 동일하게

---

34) 우리나라에서도 '국제어 시대의 민족어'(복거일, 1998: 문학과 지성사)에서 영어공용화론이 제기되고 '영어공용화, 과연 가능한가'(한학성, 2000: 책 세상), '나는 고발한다'(김영명, 2000: 한겨레 신문사), '한국의 주체성'(탁석산, 2000: 책세상) 등에서 논의된 바 있다. 또한 제주도 영어 공용화 지역(안) (2001년 5월)이 제주도 국제 자유도시 프로젝트(죤스 랭 라살 컨설팅사)의 일환으로 제시되어진 바 있고 영정도와 송도, 김포의 3개 지역을 '외국인을 위한 경제특구'로 지정하고 영어공용화지역으로 한다는 계획이 논의된 바 있다(2000년 4월).

35) 입문단계는 유럽위원회(the Council of Europe)에서 사용된 용어로 최소한의 외국어구사능력수준을 말한다. 이는 외국어 교육의 목표가 된다고 할 수 있다.

구사하기는 쉽지 않다. 일반적으로 한 언어가 우세하며 우세한 언어로 반응하는 것이 빠르고 문법적 판단이 정확하다. 이중언어사용능력을 넓은 의미로 정의할 경우는 두 언어를 원어민과 동일한 수준으로 구사할 수 있는 능력을 말하며 좁은 의미로 정의할 경우는 외국어를 말하는 순간부터를 이중언어사용능력이 있다고 말할 수 있다. 이중언어에는 다음과 같이 다양한 유형이 있다.

1) 습득 방법에 의한 분류

(1) 복합적 이중언어

복합적 이중언어(compound bilinguialism)는 두 개의 언어를 동시에 혹은 병행하여 습득하는 경우를 말하며 두 언어의 단어가 동일한 의미체계(one meaning system)를 나타낸다.

(2) 등위적 이중언어

등위적 이중언어(coordinate bilingualism)는 모국어를 습득한 후 다른 언어를 배우는 경우로 두 언어의 단어가 마음속에 별개(two meaning system)로 존재한다. 예를 들면 한국에서 한국어를 모국어로 습득한 후에 미국에 이민 가서 영어를 배우는 경우가 여기에 해당된다.

(3) 종속적 이중언어

종속적 이중언어(subordinate bilingualism)는 모국어를 습득한 성인이 다른 언어사용 사회에 가서 그 지역의 언어를 배우는 경우로 한 언어의 단어의 의미가 다른 언어의 단어에 종속되어 있다고 본다. 이러한 경우는 일반적으로 한 언어의 유창도가 다른 언어의 유창도에 부정적인 영향을 주게 된다.

2) 습득순서에 의한 분류

(1) 동시적 이중언어

동시적 이중언어(simultaneous bilingualism)는 두 개의 언어를 동시에 습득한 경우를 말한다.

(2) 연속적 이중언어(sequential, successive bilingual)

연속적 이중언어(sequential, successive bilingualism)는 모국어를 습득한 후에 첨가

하여 하나의 언어를 더 배우는 경우로 첨가적인 경우와 공제적인 경우가 있다.

① **첨가적 이중언어**(additive bilingualism)

모국어에 전혀 영향을 안주고 별도로 첨가해서 하나의 언어를 더 습득하는 것으로 학습자의 모국어는 그대로 유지 존속시키면서 제2언어를 학습하는 경우가 여기에 해당된다. 예로 영어를 사용하는 캐나다 사람이 프랑스어를 배우는 경우를 들 수 있다.

② **공제적(감산적) 이중언어**(subtractive bilingualism)

제2언어를 배워감에 따라 모국어가 부분적으로 혹은 완전히 잊히는 경우로 이는 제2언어의 학습이 모국어를 완전하게 습득하기 전에 학습되기 때문일 수 있다. 어린이가 사회나 학교에서 제2언어를 배우고 오랜 동안 모국어 상황과 떨어져 생활하게 되면 모국어를 잊을 수도 있고 모국어의 유창도가 상당한 수준으로 떨어질 수도 있다.

5장

외국어 학습론

우리나라에서 영어는 사회에서 통용되지 않는 외국어이므로 영어과 교과교육학의 연구는 외국어학습이론에 대한 다양한 논의를 토대로 이루어져야 한다. 따라서 제5장에서는 외국어학습을 모국어 및 제2언어습득과 비교하여 논의하고 외국어학습에 영향을 주는 제반 요인과 학습과정을 알아본 후에 외국어학습이론을 정리해보고자 한다.

5.1 외국어 학습과 모국어 습득

모든 어린 아이들은 특수한 경우를 제외하고 그들의 모국어를 쉽고 완벽하게 습득한다. 따라서 모국어 습득의 비결을 찾아 외국어 학습과 지도에 적용하면 큰 성과가 기대된다고 볼 수 있다. 또한 많은 사람들이 모국어처럼 쉽게 외국어를 배우기를 소망하는데 Stern (1970)도 다음과 같이 모국어의 습득 방법이 외국어 교사의 꿈이라고 언급하고 있다.

> The first language learner was looked upon as the foreign language teacher's dream: a pupil who mysteriously laps up his vocabulary, whose pronunciation, in spite of occasional lapses, is impeccable, while morphology and syntax, instead of being a constant headache, come to him like a dream. (p. 58)

이러한 주장에는 일부 참고할 사항도 있지만 연령이나 학습 환경을 고려하지 않고 모국어 습득과 외국어 학습을 직접 비교하는 것은 문제가 있다. 모국어 습득과 외국어 학습의 비교에는 학습자의 연령, 학습상황 등의 다양한 면을 고려하여야 한다. 일반적으로는 어린이의 모국어 습득과 성인의 외국어학습을 비교하지만 어린이와 성인 사이에는 인지적, 정서적 차이가 많으므로 이러한 비교는 바람직하지 못하다. 어린이의 외국어학습과 성인의 외국어학습을 비교하는데서 더 많은 시사점을 얻을 수 있다.

모국어 습득과 외국어 학습을 비교해서 논의하기 위해서는 '습득(acquisition)'과 '학습(learning)'이라는 용어를 구별할 필요가 있다. 이 두 용어를 동일한 의미로 보고 혼용할 수도 있으나 대체적으로는 다른 의미로 보아 두 용어를 구별해 쓰고 있다. 습득은 Rousseau의 자연론에 근거를 둔 용어로 자연스럽고 무의식적으로 언어를 터득(picking-up)해 가는 과정을 말하며 일반적으로 습득은 명시적인 교육에 의존하지 않는다. 또한 학습은 Locke의 환경론에 근거한 용어로 언어를 교육을 통해 배워서 알아가는 것을 말한다. Ellis(1985)와 Richard & Rodgers(1986)는 다음과 같이 습득과 학습을 구별하고 있다.

> The term 'acquisition' is used to refer to picking up a second language through exposure, whereas the term 'learning' is used to the conscious study of a second language. (Ellis, 1985, p. 6)

> *Acquisition* is the "natural" way, paralleling first language development in children. Acquisition refers to an unconscious process that involves the naturalistic development of language proficiency through understanding language and through using language for meaningful communication. *Learning*, by contrast, refers to a process in which conscious rules about a language are developed. (Richard & Rodgers, 1986, p. 131)

Krashen & Terrell (1983)은 습득과 학습을 별개의 과정으로 보고 다음과 같이 구분하고 있다.

표 5.1 습득과 학습의 구분(The acquisition-learning distinction)

습득(acquisition)	학습(learning)
similar to child first language acquisition	formal knowledge of language
"picking up" a language	"knowing about"a language
subconscious	conscious
implicit knowledge	explicit knowledge
formal teaching does not help	formal teaching helps

그러나 언어의 습득과 학습을 구별하지 않고 학습을 습득에 접근해 가는 계속적인 과정(a target-oriented successive process toward acquisition)으로 볼 수도 있다. 이러한 관점에서는 언어는 학습을 통해 습득된다고 보며 어린이가 성장하면서 사고와 인식의 폭이 넓어지고 습득과 학습의 구별이 불분명해진다. 또한 외국어 습득과정에서는 학습을 통해 목표어를 습득하게 되므로 결국 언어의 습득이란 학습과 동일 선상에 있다고 보는 것이다. Felix(1981)도 자연스러운 상황에서의 제2언어의 학습과 교육을 통한 제2언어 학습이 유사해서 교육이 진행되는 상황에서도 학습자는 자연적인 언어습득원칙에 따르므로 언어의 습득과 학습을 구별할 수 없다고 논하고 있다.

McLaughlin(1983)은 학습을 통제된 과정(controlled processing)으로, 습득은 자동적 과정(automatic processing)으로 구분하고 있으며 자동과정은 자동적으로 더 고급의 수준으로 발전하며 외국어의 학습과정은 습득의 '디딤돌'(stepping stone; McLaughlin, Rossman & McLead, 1983) 역할을 한다고 주장한다.

모국어 습득에 관해서는 행동주의입장, 생득주의입장, 기능주의입장에서 설명할 수 있다. 행동주의(behaviorism)의 입장은 인간은 백지 상태(tabula rasa)로 태어나서 환경과 강화, 반복 등을 통해 모국어를 습득해간다는 주장이고, 생득주의입장에서는 인간은 언어에 관한 선천적인 지식(innate knowledge), 소질, 생물학적 계획표를 가지고 태어나서 자신의 의지(volition)를 가지고 이 지식을 확대시키면서 언어를 습득한다고 보고 있다. 또한 기능주의나 구성주의의 입장에서는 사회적 상호작용을 통해 모국어를 습득한다고 주장한다.

행동주의[36] 심리학에서는 행동을 외부 자극(stimulus)에 대한 반응(response)으로 보며 학습도 자극에 대한 반응으로 간주한다. 또한 인간의 두뇌는 태어날 때 백지 상태(*tabula rasa*)에 있다가 외부로부터 경험과 지식을 얻어서 공백 상태를 채운다고 보고 있다.

생득주의 입장(innateness position)은 인간의 언어습득은 선천적으로 결정되며 인간은 백지 상태가 아니라 언어습득에 관한 고유의 장치를 가지고 태어난다는 주장이다. 다시 말하면 어린이들이 배우지 않아도 거의 같은 시기에 걸을 수 있는 것처럼 언어의 습득도 타고난다는 주장이다. 또한 언어를 배울 수 있는 고유의 틀을 보편문법(universal grammar)[37] 혹은 지식의 틀(knowledge)이라고 한다. Lenneberg(1967)는 언어는 종

---

36) 행동주의(behaviorism)라는 용어는 Watson(1913)에 의해 처음으로 제시되었다.

37) 보편문법은 인간이 선천적으로 갖고 태어나는 언어능력을 말한다. 일반적으로 모국어 습득에서 보편문법의 작용에 관해서는 인정되고 있으나 제2언어나 외국어의 학습에서 보편문법의 필요

특정적(species-specific)으로 인간에게만 있는 능력이며 인간의 인지(perception)형태와 언어에 관련된 기재(mechanism)는 생물학적으로 결정된다고 주장하고 있다. 유사하게 Chomsky(1965)도 언어규칙의 추상성에도 불구하고 비교적 짧은 시간 내에 어린이가 모국어를 완전하게 습득하는 것은 스스로 언어체계의 규칙을 찾아 낼 수 있는 타고난 능력이 있기 때문이라고 주장하고 이 장치를 언어습득장치(language acquisition device, LAD)라고 한다. 또한 어린이는 LAD에 의해 자연언어의 심층구조를 쉽고 빠르게 내재화한다고 주장하며 LAD에 관해 다음과 같이 설명하고 있다.

① LAD is species-specific, i. e. distinguishes man from other primates.
② LAD is specific for language learning as opposed to the acquisition of other forms of behavior or knowledge.
③ LAD prestructures the properties of grammar to a large extent(consequently, many structural properties of grammar are innate and need not be learned).

LAD는 'black box'[38]라고 할 수 있으며 이 장치가 작동하기 위해서는 자연언어에 노출되어야 한다. 작동하기 시작만 하면 어린이는 타고난 지식을 특정언어의 구조와 연결시킴으로 언어의 구조를 알아낼 수 있다(Lenneberg, 1967). 또한 LAD는 적절한 시기에 자극되어야만 성공적으로 작동되는데 이 시기를 임계연령(critical period)이라고 한다. 또한 언어습득에 적절한 시기가 있다는 개념을 임계연령가설(critical period hypothesis)이라 한다.

LAD는 추후 Chomsky의 언어습득이론에 근거한 연구에서 보편문법(Universal Grammar, UG)으로 대체되어 사용되고 있다. 이 보편문법은 모든 언어에 공통적인 일련의 원리로 이루어진 인간의 타고난 언어능력을 의미한다. Chomsky는 어린이가 듣는 언어가 제1차 언어자료(primary linguistic data)이지만 이 언어적 입력 자체가 언어능력의 근원이 되지는 않으며 입력된 자료를 처리하도록 미리 준비된 과업을 어린이에게 제공하여야 언어의 종류, 수량, 환경과 상관없이 언어를 습득할 수 있다는 언어생득설(nativist theory)을 주창하고 있다. 다시 말하면 어린이는 특정한 언어 단위(linguistic units)를 경험하는 상

성에 대해서는 의문이 제기되고 있다. 근본적 차이가설(Fundamental Difference Hypothesis, FDH)에서는 모국어습득과 외국어 학습은 근본적인 차이가 있어 외국어 학습에서는 보편문법이 작용하지 않는다고 보는 입장이다.

38) 'black box'란 그 기능을 알고 있으나 그 내부의 구조는 알 수 없는 기계장치를 말한다.

황을 분석하고 그와 유사한 상황에서 그 언어구조를 동일시하거나 유추하여 확장시키는 창조 능력을 가지고 있다는 것이다.[39]

이러한 생득주의 입장은 의미, 추상성, 창조성(creativity) 등의 설명을 행동주의 보다 더 설득력 있게 하고 있다. 또한 직접 관찰할 수 없는 심층의 추상적 구조를 연구하는데 있어서 구조주의가 지향하는 과학적 방법의 한계를 넘어서게 해주었다. 그러나 LAD에 관한 제안은 언어습득에 관한 인간의 능력에 대한 본질적인 면을 다루지 못하고 그 핵심을 파악하지는 못했다고 본다.

> The LAD proposition simply postpones facing the central issue of the nature of the human being's capacity for language acquisition. (Brown, 2000, p. 34)

상호작용주의(interactionist position)에서는 인간은 자기 자신의 지식을 스스로 구성(construct)한다는 구성주의 입장을 취하며 사회적 상호작용에 의해 언어를 습득한다고 본다. 따라서 어린이와 환경의 상호작용을 중시하며 어린이에게 하는 말(child-directed speech)의 중요성을 강조한다. 성인이 어린이에게 하는 말의 특징을 정리하면 다음과 같다.

① 속도가 느리다(a slower rate of delivery).
② 억양의 변화가 있다(more varied intonation).
③ 짧고 간단한 구문이 사용된다(shorter and simpler patterns).
④ 반복이 많다(frequent repetition).
⑤ 화제가 제한되어 있다(limited topic).

모국어 습득이론 중에 행동주의와 기능주의를 외국어학습에 적용하여 보면 다음 표와 같이 나타낼 수 있다.

---

39) 어린이들의 초기문법에는 자기 자신의 일련의 규칙이 있는데 이를 중추문법(pivot grammar)이라고 한다. 중추문법은 하나의 문장이 중추어(pivot word)와 개방어(open word)로 이루어지고 어린이는 이러한 문법규칙에 의해 수많은 문장을 생성한다고 본다. 다음 예에서 볼 때 'my'는 'my cap', 'my milk', 'my horsie'처럼 공통적으로 사용될 수 있으므로 중추어라고 하고 중추어에 의존한 나머지를 개방어라고 한다.

예) My cap
Allgone milk
That horsie

표 5.2 모국어습득이론의 외국어학습 적용

	모국어습득이론	외국어 학습방법에 적용
행동주의	백지상태로 태어남 자극-반응, 조건화, 강화	반복을 통한 습관형성
기능주의	구성주의 사회적 상호작용 언어기능의 강조	상호작용을 통한 외국어 학습 발견학습 과업중심의 외국어 학습

다시 말하면 행동주의입장을 외국어교육에 적용하면 반복을 통한 학습을, 기능주의 입장에 의하면 외국어교실에서 상호작용을 강조하게 된다.

5.2 외국어 학습과 제2언어 학습

제2언어는 모국어 이외의 언어를 말하며 모국어를 습득한 후에 혹은 모국어와 동시에 배울 수 도 있다. 제2언어의 학습에는 자연적(natural)이고 자발적인 배움과 체계적 교육을 통한 배움의 두 가지 형태가 있다. 전자는 체계적인 지도나 교육을 받지 않고 일상생활에서 목표어를 사용하는 사람들과 접촉하여 대화하면서 배우는 것으로 '습득'과 유사하다. 이 경우에는 의사소통을 위해 가능한 모든 수단을 동원하며 정확한 언어사용보다는 효율적인 의사소통에 더 많은 관심을 갖게 된다. 영어사용사회로 이민을 가서 그 사회 속에서 영어를 배우는 경우가 여기에 해당되며 의사소통과업과 학습 과업을 동시에 수행한다고 할 수 있다. 다시 말하면 말을 하면서 말을 배우게 되며 회피 전략(avoidance), 쉬운 말로 바꾸어 말하기(paraphrase) 등의 의사소통 전략을 사용한다. 원어민이 수정해 주거나 설명해주는 경우도 있으므로 다소의 '학습'이 행해진다고 할 수 있다. 제2언어를 체계적으로 배우는 경우는 문법과 어휘, 발음 등을 교육을 통해 체계적으로 배워 이를 사용하게 되는 것을 말한다. 이 경우는 외국어로 학습하는 것과 유사한 면도 있지만 사회에서 목표언어가 통용된다는 점에서 외국어학습 상황과는 다르다고 할 수 있다.

모국어를 습득한 후에 영어 사용사회 속에서 제2언어로 영어를 배워 유창하게 되기 위해서는 환경 조건과 학습자 자신의 인지적, 정의적 조건이 충족되어야 한다. 환경 조건은 영어 사용사회에서의 체류기간, 영어로 의사소통할 충분한 기회 제공의 여부, 의사소통에서의 학습자의 역할 등이며 학습자 자신과 관계되는 사항으로는 연령, 지력, 성격, 다양한 정의적 요인, 동기 등이다.

목표어가 전혀 사용되지 않는 상황에서 목표어를 배우는 것은 외국어학습이며 이 경우는 제2언어학습과는 여러 면에서 다르므로 체계적인 지도가 이루어져야 한다. 또한 제2언어학습이론을 외국어교육상황에 그대로 적용하면 교육효과가 높지 못하다고 본다. 모국어 환경에서의 외국어학습과 목표어사용 환경에서의 제2언어학습은 다음 표와 같이 비교할 수 있다(Van Els. at. al, 1984 참고).

표 5.3 외국어 학습과 제2언어 학습의 비교

외국어 학습	제2언어 학습
L1 environment	L2 environment
guided learning	unguided learning (partly)
tutored learning	untutored learning (partly)
formal learning	informal learning spontaneous and natural learning
learning	acquisition (partly)

5.3 외국어 학습의 요인

외국어 학습의 성과는 학습자와 학습 환경에 따라 차이가 있으므로 제반 관련 요인에 관한 논의가 필요하다. 외국어 학습에 영향을 주는 요인은 학습자의 지능과 적성, 연령, 정의적인 면이다. 또한 사회문화적 요인도 영향을 주는데 이 요인에 관해서는 제14장에서 다루어진다.

5.3.1 지능과 언어적성

지능(intelligence)은 지식과 사실을 기억하고 회상(recall)하는 인간의 지적 능력을 말하며 지능지수(intelligence quotient; IQ)로 수치화하여 나타낼 수 있다. 지능은 전통적으로 언어적 능력과 논리·수학적 능력을 의미하였으나 최근에는 공간적, 음악적 능력과 대인관계 등을 모두 포함하는 전반적인 능력을 의미한다. 또한 일부에서는 지능을 분석적 요소(analytical factors), 언어이해(verbal comprehension), 관심-집중(attention-concentration)의 세 요소에 대한 능력이라고 주장하기도 한다. Gardner(1993)는 지능의 요소를 다음과 같이 나누어 제시하고 있다.

① 언어적 지능(linguistic intelligence)
② 논리·수리적 지능(logical-mathematic intelligence)
③ 공간적 지능(spatial intelligence)
④ 음악적 지능(musical intelligence)
⑤ 신체동작 지능(bodily-kinesthetic intelligence)
⑥ 대인관계 지능(interpersonal intelligence)
⑦ 자아발견 지능(intrapersonal intelligence)

여기서 음악적 지능은 언어의 억양 지각에, 신체동작 지능은 발성에 관계되며 자아발견 지능은 자신을 알고 자신에 대한 정체감을 개발할 수 있는 능력을 말한다.

그러나 지능테스트가 인간의 다양한 언어능력을 정확하게 측정할 수 있는지는 의문이다. 일반적으로는 독해력, 문법, 어휘는 지능과 관계가 있고 구술능력은 별 관계없다고 하지만 이는 지능을 어떻게 규정하느냐에 따라 다르다고 할 수 있다. 외국어/제2언어 학습의 성공은 언어학습을 지식의 습득으로 보면 학습자의 지능과 관계가 있다고 할 수 있지만[40] 상호작용에 의한 언어학습에서는 지능과는 무관하다고 볼 수도 있다. 이 점에 대하여 Lightbown and Spada(1999)는 다음과 같이 주장하고 있다.

> In natural language learning settings and in classrooms where language acquisition through interactive language use is emphasized, research has shown that learners with a wide variety of intellectual abilities can be successful language learners. This is especially true if the skills which are assessed are oral communication skills rather than metalinguistic knowledge. (p. 163)

또한 감성지능도 언어학습에 영향을 준다고 본다. 감성지능은 자기 자신의 감정상태를 인식하고 다스릴 수 있는 통제능력과 자신의 감정을 타인에게 적절하게 전달할 수 있는 능력을 말하며 감성지수(emotional quotient; EQ, Goleman, 1995)로 수치화하여 나타낼 수 있다.

언어적성(language aptitude)은 언어를 배울 수 있는 타고난 능력을 말하며 청각능력,

---

40) 지능이 외국어 학습에 미치는 영향을 Jakovits(1971, p. 237)는 약 20%정도로, 배두본(2004, p. 238)은 16%정도로 주장하고 있다.

문법적 감각, 기억 및 회상능력 등이 포함되는 개념으로 학교 교육상황에서 외국어 학습의 초기에 상당히 많은 영향을 미친다(Spolsky, 1989 참고). 그러나 언어적성테스트를 통하여 학습의 결과를 예단하는 것은 바람직하지 않고 대부분의 경우에 타고난 능력보다는 학습 동기나 의지 등이 외국어 학습의 성과와 더 많은 관계가 있다고 본다(Lett & Mara, 1990 참고).

5.3.2 연령

외국어 학습에서 학습을 시작하는 연령은 가장 중요한 요인 중의 하나이며 개인적, 사회적, 정치적 요인에 의하여 결정된다. 대체적으로 연령상으로 빠르면 빠를수록 성공의 가능성이 높다고 보는데 어린이들이 외국어를 배우는 경우에는 감정의 억제를 받지 않고(uninhibited), 반복적인 언어활동에서 지루함을 덜 느끼기 때문이다. 또한 어린이는 상황 속에서 언어를 학습하기 때문이다. 초기단계에서는 청소년과 성인이 어린이들보다 외국어학습이 빠르다는 연구 결과도 있으나 궁극적으로는 어린이가 개인차는 있지만 더 빠르다고 보는 것이 일반적이다. 이러한 견해는 뇌의 반구편중화가 이루어지기 이전, 근육이 유연할 때, 구체적 조작기에서 형식적 조작기로 넘어오는 일정한 나이 이전에 외국어를 학습해야 되며 그 시기를 지나면 어려워진다는 임계연령(결정적 시기; critical period)가설과 같은 주장이다.

임계연령가설은 일정한 연령 전에는 모국어뿐만 아니라 외국어도 비교적 쉽게 배우지만 이 기간이 지나면 점점 더 언어습득이 어려워지는 생물학적으로 결정된 시기가 있다는 주장이다.41)

외국어 학습에서 어린이와 성인간의 연령 변인에 의한 차이는 생물학적 요인, 인지발달 단계, 정의적 요인, 환경 요인 등이 복합된 것으로 설명할 수 있다(Dulay et al., 1982 참고).

임계연령을 대체적으로 사춘기 무렵으로 보고 있으며 모국어 습득에서 임계연령의 존재를 보여 주는 사례를 보면 Victor는 1977년 프랑스 Aveyron 숲에서 발견되었는데 당시 약 12세로 5년 동안 언어지도를 받았으나 언어습득에 성공하지 못했다. 또 Genie는 캘리

41) 임계연령 가설(한계연령가설, critical age hypothesis)은 Lenneberg(1967)가 제안한 비교적 오래된 가설이지만 아직도 가설로 불리는 이유는 그 시기의 존재를 과학적으로 증명하는 것이 거의 불가능하기 때문이다. 또한 이 임계연령에 관하여 Brown(2000)은 다음과 같이 설명하고 있다.

> a biologically determined period of life when language can be acquired more easily and beyond which time language is increasingly difficult to acquire. (p. 53)

포니아에서 1970년 13세 정도에 발견되었는데 정신장애자인 아버지에 의해 인간세계와 격리되었었다가 발견 후 5년 동안 언어지도를 받았으나 완전하게 되지는 못했다.

외국어 학습에서 임계연령의 존재에 대하여는 몇 개의 실험연구가 있는데 그 중에 Patkowski(1980)는 발음 뿐 아니라 다른 부분에서도 임계연령의 존재에 대한 실험을 하였다. 이 실험에 참여한 미국에 이민 온 고학력자 67명의 대상자 중에 33명은 일반적으로 임계연령으로 인정되는 15세 이전에 영어학습을 시작하였고 34명은 15세 이후에 영어학습을 시작하였다. 이들의 언어숙달도 평가는 인터뷰를 통해 이루어졌으며 '5'를 교육수준이 높은 영어 원어민수준으로 보고 2+, 3, 3+, 4, 4+, 5의 6개 등급으로 평가하였다. 표 5.4에서 첫 번째 표는 15세 이전에 영어를 학습하기 시작한 학습자들의 영어숙달도인데 33명 거의 다 4+이상의 등급을 받았다. 반면에 두 번째 표는 15세 이후 영어학습을 시작한 학습자들의 등급인데 3+등급을 정점으로 다양한 결과가 나왔음을 알 수 있다. 이 실험을 통하여 외국어 학습에서는 발음뿐 아니라 전반적인 외국어 구사력에서도 임계연령이 존재함을 알 수 있다.

표 5.4 Patkowski(1980)의 실험연구 결과

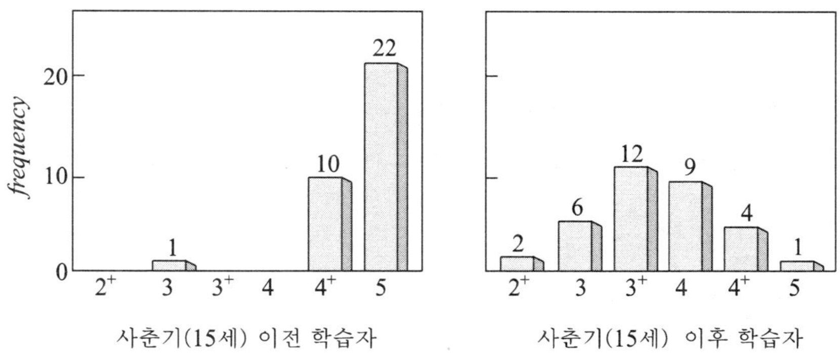

외국어학습에서 연령 변인에 관하여 신경학적, 신경운동학적, 인지적, 언어학적인 관점에서 나누어 논의하면 다음과 같다.

1) 뇌신경학적 고려

뇌신경학적 고려(neurological consideration)는 외국어/제2언어 학습에서 두뇌의 역할에 관한 것이다. 인간의 성장과정에서 두뇌의 반구편중화현상(lateralization)이 일어나는데 이것은 인간의 뇌가 성숙해감에 따라 뇌의 기능이 좌·우반구로 분화되어 편중되는

현상을 말하며 좌반구는 지적, 논리적, 분석적, 언어적 기능과 객관적 판단 등을, 우반구는 감정, 사회적 욕구, 종합적인 인식 및 주관적 판단 등을 담당하게 된다.

이와 관련하여 반구편중화현상이 일어나는 시기와 외국어 학습에 주는 영향에 관한 논의가 필요하다. Lenneberg(1967)는 반구편중화가 2세부터 사춘기까지 서서히 진행된다고 주장하고 Krashen(1973)은 출생한 후부터 5세경까지 일어난다고 주장하고 있으며 일반적으로는 사춘기에 종료된다고 보고 있다. 또한 뇌의 유연성(plasticity)은 사춘기 이후에는 줄어들게 되는데 이 시기가 임계연령과 일치하므로 뇌의 유연성이 외국어 학습과 관계가 있다고 볼 수 있다. Walsh & Diller(1981)에 의하면 발음은 이른 시기에, 의미관계 같은 고단위의 언어기능은 늦게 성숙한다고 다음과 같이 논하고 있다.

> Lower-order processes such as pronunciation are dependent on early maturing and less adaptive macroneural circuits, which makes foreign accents difficult to overcome after childhood. Higher-order language functions, such as semantic relations, are more dependent on late maturing neural circuits, which may explain why college students can learn many times the amount of grammar and vocabulary that elementary school students can learn in a given period of time. (p. 18)

악센트의 습득이 목적인 경우는 임계연령가설이 일리가 있으나 전반적인 의사소통능력이나 의미 이해 같은 다른 고단위 과정도 어린 시절에 배우는 것이 유리한지는 확실한 증거가 없다.

2) 신경운동학적 고려

신경운동학적 고려(psychomotor considerations)는 조음 근육(speech muscle)과 악센트의 관계에 대한 것으로 조음에는 목구멍, 후두, 입, 입술, 혀 등의 수백 개의 근육이 관련된다. 언어를 유창하게 구사하기 위해서는 발화근육의 신경운동적 조작이 비교적 용이한 어릴 때에 언어학습을 시작하는 것이 유리하다. Brown(2000)은 임계연령이 뇌의 반구편중화 현상보다는 어린이의 신경근육의 유연성과 더 관계가 많다고 주장하고 있다.

외국어/제2언어 음운의 완벽한 습득은 임계연령가설과 일치한다. 그러나 발음이 외국어 습득의 유일한 기준은 아니고 발음보다는 의사소통 기능이 더 중요하며 발음은 완전하지는 못하지만 모국어화자보다 외국어를 더 유창하게 구사하는 사람들[42]도 있다. 그러나 Patkowski(1980)는 악센트 이외의 언어요소도 연령 변인이 매우 크다고 임계연령 가설을 지지하고 있다. Johnson & Newport(1989)가 미국에 3년 이상 거주한 한국인과 중국인 대학생 46명을 대상으로 한 연구에 의하면 문법성 판단에서도 조기 학습자가 유리하다. 그러나 초기에는 성인 학습자가 유리하다는 연구결과도 있다.

3) 인지적 고려

인지적 고려(cognitive consideration)는 인간의 인지발달과 언어발달의 관계에 관한 것으로 인간의 인지(cognition)는 16세까지는 빠르게 성장하다가 성인이 된 후에는 보다 느리게 성장한다고 본다. Piaget(1972)는 다음과 같이 어린이의 인지발달단계를 제시하고 있는데 각 단계는 이전 단계와 통합되면서 발달해 간다.

(1) 감각운동기(sensorimotor stage)

0~2세가 해당되며 이 시기의 유아는 주로 빨기, 쥐기, 차기, 때리기 같은 신체적 행동을 통하여 외부에 반응을 보인다.

(2) 전조작기(pre-operational stage)

2~7세가 해당되며 언어가 발달되고 개념의 급속한 발달이 이루어진다. 또한 이 시기에는 매우 자아 중심적이며 어떤 상황에서 한 가지 특질에만 초점을 맞춘다. 아울러 이미지와 단어 같은 상징을 사용하여 의사소통을 하게 된다.

(3) 조작기(operational stage)

7~16세가 해당되며 구체적 조작기와 형식적 조작기로 나누어진다.

① 구체적 조작기(concrete operational stage)

7~11세가 해당되며 구체적인 문제에 논리적이고 체계적인 사고를 적용하는 능력이 발달된다. 차츰 사회화되고 자아 중심적 사고에서 벗어남으로 언어사용이 더 중요해진다. 또한 언어습득이 귀납적으로 이루어진다.

② 형식적 조작기(formal operational stage)

11~16세가 해당되며 추상적인 문제를 포함한 모든 문제에 논리적 추론과 체계적인 사고를 할 수 있다. 따라서 언어습득은 연역적으로 이루어진다.

---

42) Brown(2000, p. 60)은 이러한 현상을 'Henry Kissinger effect'라고 했는데 전 미 국무장관인 Henry Kissinger가 구사하는 영어에는 현저한 독일어 악센트가 있으나, 내용 면에서는 대부분의 미국인들보다 더 고급스럽고 유창한 영어를 구사했다는데 근거하고 있다.

인간이 구체적인 경험과 직접적 감지(perception)를 넘는 추상성을 인지하고 형식적 사고(formal thinking)를 시작하는 시기는 대체적으로 사춘기(puberty)에 해당된다. 이 시기가 임계연령이며 구체적 조작기에서 형식적 조작기로 넘어 오는 시기이다. 구체적 조작기에서는 귀납적으로 언어를 습득하지만 형식적 조작기에는 연역적으로 규칙을 학습하려는 경향이 있다. 따라서 형식적 조작기에 이르면 자연스러운 언어습득이 어려워지므로 임계연령이 존재한다고 볼 수 있다. 또한 Piaget는 균형화(equilibration)이론을 제시하고 있는데 여기서는 15세 전후까지의 인간의 인지발달과정은 불확실과 의심의 상태 즉 불균형 상태에서 해결과 확신의 상태 즉 균형상태로 나아가는 과정이고 15세가 지나면서 평형상태가 유지되게 된다고 보고 있다. 불균형 상태에서 평형을 유지하려는 동기에서 언어를 습득하게 되는데 평형이 유지되면 언어습득이 일어나지 않는다는 것이다. 이러한 점은 임계연령가설의 간접적인 증거가 된다고 볼 수 있다. 그러나 이러한 점은 구체적이고 과학적인 증거의 부족으로 검증이 쉽지 않으며 성인의 경우는 연역적 사고와 문법 설명이 학습에 유리할 수도 있기는 하다.

4) 정의적 고려

정의적 고려(affective consideration)는 정의적 요인과 언어발달의 관계에 관한 논의이다. 어린이는 자기를 특별히 보호할 필요를 느끼지 못하지만 청소년기에는 감정적, 인지적 변화로 자아보호심리와 불안감에서 억제심리가 생기게 되므로 외국어학습의 효과가 감소된다. 외국어/제2언어 학습에 있어 어린이의 자아는 유동적이기 때문에 새로운 언어가 자아에 위험요소가 되지는 않는다. 그러나 사춘기이후는 부족한 외국어사용능력으로 언어자아(language ego)가 손상을 받기 쉽다고 느껴 새로운 언어로부터 자아를 보호하기 위해 새로운 언어를 사용하기 보다는 모국어에 의존하게 된다. 즉 청소년기에 이르면 자기방어심리와 언어자아보호필요성이 높아지므로 외국어습득이 어렵게 되는데 이 점이 임계연령가설의 간접적 증거가 된다고 할 수 있다.

5) 언어학적 고려

어린이가 2개의 언어를 학습하는 경우에 모국어 간섭현상이 다소 있지만 대부분은 모국어와 외국어/제2언어에 대해 유사한 언어·인지적 과정을 사용한다. 어른은 어린이보다 더 안정된 모국어의 기반 위에 있으므로 모국어의 간섭(interference)을 더 받는다.

일반적으로 보아 외국어 학습의 목표가 원어민 수준의 목표어 구사라면 학습을 시작하는 시기가 어릴수록 유리하다. 그러나 목표가 기본적인 최소한의 의사소통인 경우라면 너무 이른 시기에 외국어/제2언어에 노출되는 것이 모국어 습득에 부정적인 영향을 줄 수도 있으므로 모국어를 유지 발전시키면서 목표어의 학습을 다소 늦게 시작하는 것이 바람직하다. 다시 말하면 'The younger, the better.'라는 슬로건은 하나의 신화에 불과할 수도 있으며(Scovel, 1999, p. 1) 성인이 모든 면에서 불리하다는 구체적인 증거는 없다. 어휘, 화용 및 언어구조의 이해 등에서는 성인이 더 유리할 수도 있다. 원어민과 같은 악센트의 습득은 어릴수록 유리하고 악센트가 효과적인 의사소통에 중요한 요소이지만 절대적이지는 않다. 또한 국가경제 수준, 세계화시대에 대처할 필요성, 국제관계의 개선 등의 국가적, 개인적 요구에 따라 외국어 교육의 시작연령이 달라질 수도 있다.

5.3.3 정의적 요인

외국어 학습에서 정의적(affective) 요인이란 학습자의 인성(personality), 감정(emotion) 및 느낌(feeling)과 외국어학습과의 관계를 말하며 학습자의 동기, 태도, 자신감, 억제심리, 모험심, 불안감, 경쟁심, 외향성과 내향성, 감정이입 등이 여기에 해당된다. 외국어 교육을 순수한 인지적인 논의만으로는 설명의 한계가 있고 정의적인 면이 고려되어야 한다.

> Purely cognitive theories of learning will be rejected unless a role is assigned to affectivity. (Hilgard, 1963, p. 267)

1) 동기

동기(動機; motivation)란 특정한 행동을 하게 하는 내적 충동, 감정 또는 욕구와 필요를 말하며 목표어 문화권에 대한 태도(attitude)와 밀접한 관계가 있다. 동기는 외국어 학습 뿐 아니라 모든 학습의 성공요인이며 학습 성과의 개인차를 생기게 하는 중요한 요소 중의 하나이다. Jakobovits(1971, p. 98)은 외국어 학습의 성공 여부는 동기에 33%, 지능에 20%, 소질에 33%, 기타에 14%가 달려 있다고 주장함으로 외국어 학습에서 동기의 중요성을 강조하고 있다.

동기의 발생에 관해서는 행동주의, 인지주의, 구성주의의 학파에 따라 다르게 설명될 수 있으나 이 세 학파의 관점을 종합하여 보는 것이 타당하다고 본다.

(1) 행동주의적 설명

행동주의(behaviorism)에서는 동기란 보상에 대한 기대나 긍정적인 강화를 받으려는 욕망에서 생긴다고 보고 있다.

(2) 인지주의적 설명

인지주의(cognitivism)의 관점에서는 동기는 인간의 기본적인 욕구에서 발생한다고 본다. Ausubel(1968, pp. 368~379)에 의하면 이러한 욕구는 탐험욕, 조작욕, 행위욕, 자극욕, 지식욕, 자아달성욕이다.

(3) 구성주의적 설명

구성주의(constructivism)에서는 인간들은 현실에 관한 자기 나름의 시각을 스스로 구성한다고 본다. 따라서 동기의 발생은 개인의 선택이기도 하지만 사회적 맥락에 보다 더 중점이 있다(Williams & Burden, 1997, p. 120). 또한 개인은 서로 다른 동기를 갖고 있고 독특한 방식으로 주위 환경에 반응한다고 보고 있다.

동기는 도구적 동기와 통합적 동기(Gardner & Lambert, 1972 참고), 내재적 동기와 외재적 동기, 전반적인 동기와 상황적 및 과업상의 동기로 분류된다.

(1) 도구적 동기와 통합적 동기

도구적 동기(instrumental motivation)는 상급학교 진학, 진급, 취직 등의 실용적이고 도구적 목적을 달성하고자 하는 동기를 말한다. 반면에 통합적 동기(integrative motivation)는 목표어권 집단의 문화 속에 그들 자신을 통합시켜 그 사회의 일원이 되고 그들과 동일시되기 위한 동기를 말한다. 영어사용국이나 영어사용국민이 좋아서 영어를 학습한다면 통합적 동기에 해당된다. 또한 통합적 동기와 동화적 동기(assimilative motivation)를 구별할 수 있는데(Graham, 1984), 통합적 동기는 외국어 학습자가 목표어권의 사람들과 의사소통을 하고 싶은 욕구를 말하며 목표어권 집단과 직접적인 접촉을 필요로 하는 것은 아니다. 그러나 동화적 동기는 완전히 그 언어집단의 일원이 되기 위해 외국어를 학습하는 경우에 나타난다.

어떠한 동기가 학업 성취도가 더 높으냐 하는 문제에 대해서는 일치된 의견은 없으나 일반적으로 도구적 동기보다는 통합적 동기에 의한 학습이 성공률이나 성취도가 더 높다(Spolsky, 1969; Lambert, 1972). 또한 통합적 동기는 장기적이고 지속적으로 학습에 영향을 준다. 그러나 경우에 따라서는 도구적 동기에 의한 학습이 더 성공적이라는 연구 결과도 있다(Lukmani, 1972). 또한 단시일에 필요한 테스트에 통과하기 위해서는 도구적 동기가 더 효과적이라고 할 수 있다. 대부분의 경우에는 두 유형의 동기는 상호 배타적이 아니며 완전히 분리되지는 않아서 경우에 따라서는 동기가 통합적이기도 도구적이기도 하다. 예를 들면 영어사용권 국가로 유학을 간 경우에 학위 취득이라는 목표는 도구적 동기이지만 그 나라의 문화를 이해할 필요를 느낀다면 그것은 통합적 동기에 해당된다.

(2) 내재적 동기와 외재적 동기

내재적 동기(intrinsic motivation)는 자신의 필요와 목표를 위해 배우며 활동 자체에 만족하는 것이다.

> Intrinsically motivated activities are ones for which there is no apparent reward except the activity itself. People seem to engage in the activities for their own sake and not because they lead to an extrinsic reward.... Intrinsically motivated behavior are aimed at bringing about certain internally rewarding consequences, namely, feelings of competence and self-determination. (Deci, 1975, p. 23)

외국어에 대한 내재적 동기는 언어학습과제에 따라 생기므로 과제 중심적이라 할 수 있다. 외재적 동기(extrinsic motivation)는 외부로부터 물질적, 심리적 보상을 받기 위한 동기를 말한다. 예를 들면 상이나 칭찬, 높은 점수를 받거나, 벌(punishment)을 피하기 위해 영어를 공부한다면 이는 외재적 동기에 해당된다.

내재적 동기가 외재적 동기보다 더 우세하고 장기적인 기억에도 유리하며 안정적이고 지속적이다. 외재적 동기는 일시적인 효과는 있으나 중독성이 있어 외부의 압력이 계속해서 커져야 효과가 나타난다. 일반적으로 말해서 내재적, 통합적인 동기가 외재적, 도구적 동기보다 더 학습에 효과가 있다고 할 수 있으나 상황에 따라 다를 수도 있다. 이러한 동기는 상호 배타적이 아니며 두 동기가 동시에 작용할 수도 있다.

(3) 전반적인 동기와 상황적 동기 및 과업상의 동기

전반적인 동기(global motivation)는 학습전반에 대한 동기를, 상황적 동기(situational motivation)는 상황에 따른 동기를, 과업상의 동기(task-oriented motivation)는 특정한 과업에 대한 동기를 말한다.

2) 태도

태도(마음가짐, attitude)는 특정한 사안에 대한 개인의 의견, 믿음 등을 말하며 학습자의 태도에 따라 행동이 달라지므로 직·간접적으로 학습과 관계된다. 외국어학습자가 해당 문화권에 대하여 긍정적인 태도를 가지고 있으면 높은 통합적 동기를 가지는 경향이 있으므로(Gardner & Lambert, 1972) 학습 성과가 클 수 있다.

3) 자신감

자신감(자아존중심, self-confidence, self-esteem)이란 자신에 대한 스스로의 평가이며 사람들과의 관계 속에서 자신을 알리고 나타냄으로써 타인으로부터 자신의 가치를 인정받고 싶은 마음을 말한다. 인간은 자기 자신과 타인의 경험, 외부세계의 평가로부터 자신감을 획득하며 이것은 표현력과 긍정적 상관관계가 있다. 또한 자신감은 포괄적 자신감(general or global self-esteem), 상황적 자신감(situational or specific self-esteem), 과업자신감(task self-esteem)의 세 유형으로 분류할 수 있다. 포괄적 자신감은 전반적인 사항에 대한 자신감을 말하며 비교적 영속적이다. 또한 특정한 분야를 잘하는 경우는 상황적 자신감이라 할 수 있고 그 중에 특정 기능을 잘 한다면 과업자신감에 속한다. 예를 들면 영어능력 중에서 영작문을 잘한다든가 운동 중에서 특히 탁구를 잘 친다면 영작문이나 탁구에 과업자신감이 있다고 할 수 있다. 자신감이 높으면 높을수록 외국어학습의 효과는 높고 특히 구어를 통한 의사소통능력과 상관관계가 높다.

4) 억제심리

청소년기에는 신체적, 감정적, 인지적 변화로 인해 약한 자아를 보호하기 위해 방어적인 억제심리(자아방어심, inhibition)가 생기게 된다. 자아존중심이 높은 사람은 주위의 위협에 대하여 방어심이 약하지만 자아존중심이 약한 사람은 자아를 보호하기 위해 방어심리가 생기고 억제심리(inhibition)가 강하게 나타난다. 또한 Guiora 등(1980)이 제시한 언어자아(language ego)는 언어사용자가 자신의 언어와 관계하여 자신의 존재에 대해 갖게 되는 정체감(identity)을 말한다. 인간은 성장하면서 자아가 위협을 받을 수 있는 새로운 환경이나 언어 등에 접하게 되면 보다 더 강한 자아 방어심이 생기게 되어 보다 안전한 모국어에 의존하게 된다는 것이다. 다시 말하면 아동기까지는 자아가 유연하여 새로운 언어나 환경에 대하여 거부감이나 위협을 느끼지 않지만 사춘기에 접어들면서 새로운 언어에 접하고 언어자아에 위협을 느껴 자아를 보호하기 위하여 강한 자아방어심이 형성된다. 따라서 영어학습자가 자신감이 없어 틀릴 것을 근심하여 한 문장이라도 말하려 시도하지 않는다면 간단한 의사소통도 할 수 없게 된다. 그러므로 외국어 교실에서 유의미한 의사소통의 상황을 만들기 위해 개인간의 자아경계(ego barriers)를 낮추어 자유롭고 거침없이 의사소통을 시도할 수 있는 분위기를 조성하는 것이 필요하다.

5) 모험시도

모험시도(risk-taking)는 오류를 범할 수 있는 위험을 감수하는 것을 말하며 외향성과도 관계된다. 모니터 과다 사용자는 모험을 하지 않고 모니터 과소 사용자는 모험을 시도하는 경향이 있다. 의사소통을 중시하는 영어학습을 위해서는 학습자가 모험을 하게 유도하는 것이 바람직하다. 다시 말하면 외국어에 성공하기 위해서는 교실 상황이나 자연 상황에서 억제심리를 극복하고 오류를 감수하며 지적 추측(intelligent guesses)을 잘 해야 한다.

화석화 현상(fossilization)은 다소의 오류가 있더라도 의도된 기능을 성취한 경험이 있는 언어 패턴에 머무는 것이 더 안정적이라고 생각하여 그 이상의 위험을 감수 하지 않아서 생기는 현상이다.[43] 의사소통능력을 신장시키기 위해서는 학습자가 학습 중에 오류를 두려워하지 않고 모험을 감수하도록 격려하는 것이 필요하다.

6) 불안감

학습자의 불안감(anxiety)은 학습을 촉진하기도 하고 방해하기도 한다. 이러한 불안감은 촉진적 불안감(facilitating anxiety)과 무력감(無力感, debilitating anxiety)으로 나눌 수 있는데 전자는 다른 학습자와 경쟁심을 불러일으키고 성공적인 자아상(self-image)을 형성하는데 도움이 되지만 후자는 새로운 학습과업이나 대화, 발표를 기피하게 되어 학습효과를 반감시킬 수 있다. 또한 불안감은 기질상의 불안감(성향적 불안감; trait anxiety)과 상태불안감(상황적 불안감; state anxiety)으로 구분되기도 하는데 전자는 보다 영속적이고 전반적인 불안감이며 교사의 역할에 한계가 있다. 후자는 특정한 사건이나 행위에 대한 불안감을 말하며 교사가 학습상황을 좀 더 편안하고 부드럽게 이끌면 불안감을 제거하고 학습효과를 높일 수 있다. 불안감은 학습 성과나 동기와 밀접한 관계가 있고 이에 관한 연구에는 일기 분석법(diary studies), 질문지법(questionnaire), 인터뷰 방법 등이 사용된다. 일기분석법을 이용하여 연구한 Bailey(1983)는 교실에서 다른 학습자와의 경쟁심에서 불안감이 생긴다고 보고 다음과 같은 불안감의 원인을 제시하고 있다(pp. 13~14).

---

43) Brown(2000, p. 231)은 다음과 같이 화석화 현상을 설명하고 '냉각화'라는 대체용어를 제안하고 있다.

> The relatively permanent incorporation of incorrect linguistic forms into a person's second language competence has been referred to as fossilization.... A better metaphor might be something like "cryogenation" - the process of freezing matter at very low temperatures.

① overt self-comparison of the language learner
② emotional responses to the comparison
③ a desire to out-do other language learners
④ emphasis on or concern with tests and grades
⑤ a desire to gain the teacher's approval
⑥ anxiety experienced during the language lesson
⑦ withdraw from the language learning experience

불안감이 감소하면 외국어 학습자는 보다 바람직한 효과를 거둘 수 있는데 외국어 교수법 중에 공동체 언어학습법, 전신반응기법, 암시적 교수법 등은 학습자의 불안감을 해소시키는데 중점을 두고 있는 교수법이다.

7) 감정이입

감정이입(感情移入: empathy)이란 상대방의 입장에서 생각하는 과정으로 효과적인 의사소통에 필요하다.[44] 언어가 주된 감정이입의 수단이며 비언어적 의사소통행위(nonverbal communication)는 보조적인 역할을 하지만 독립적인 감정이입의 수단이 될 수도 있다. 외국어를 통한 의사소통에서 감정이입이 어려운 것은 외국어능력이 부족하여 상대방을 이해하고 자신을 표현하는데 한계가 있고 문화권이 다르기 때문이다. 고도의 감정이입을 토대로 외국어를 지도하는 교수법으로는 Curran(1972)이 제시한 공동체 언어학습(community language learning)이 있다.

8) 외향성과 내향성

외향성(外向性: extroversion)이 강한 사람은 자신의 가치를 주로 타인과의 관계 속에서 찾게 되며 자아를 밖으로 드러내는데 주저함이 없다. 반면에 내향성(內向性: introversion)이 강한 사람은 자신의 가치나 자아실현을 내부에서 찾게 된다. 외향성과 내향성이 외국어 학습에 주는 영향에 관해서 아직 정설은 없다. 외향적인 학습자는 기꺼이 모험을 시도하므로 전반적인 구두 의사소통능력 신장에 유리할 수도 있다. 내향적인 학습자는 집중력이 비교적 높아 읽기와 쓰기에는 다소 유리하지만 언어적 모험을 회피하므로 얼굴을 맞대고 하는 상호작용에 불리할 수도 있다.

---

44) 'empathy' is the process of "putting yourself into someone else's shoes," of reading beyond the self to understand what another person is feeling(Brown, 2000, p. 153).

5.4 외국어 학습의 과정

여기서는 인간의 학습과정, 학습방식, 학습전략에 관해 논의하여 외국어교육과 학습에 참고하고자 한다. 학습과정(인지과정, learning process)은 모든 인간이 공통적으로 학습에 사용하는 과정으로 전이(transfer)나 일반화(generalization)를 예로 들 수 있다. 학습방식(인지방식, learning style)은 개인의 지속적인 성향이나 선호도이며 타인과 자신을 구별 짓는 일반적 특성으로 개인차가 있다. 예를 들면 글을 보고 배우기를 선호하는 사람(visual style)이 있는 반면에 듣고 배우기를 선호하는 사람(auditory style)도 있다. 학습전략(인지전략, learning strategies)은 특정한 목표를 달성하기 위해 개인이 사용하는 전략으로 때와 장소, 해결할 과제에 따라 동일한 개인이라도 다른 전략을 사용한다.

5.4.1 학습과정

학습과정은 모든 인간의 학습에 일어나는 과정으로 하나의 과정에만 머물지 않고 이전의 학습내용과 현재의 학습내용 사이에 계속적인 상호작용을 통하여 발전해 나간다. 또한 외국어학습은 전이와 간섭, 일반화와 단순화의 순서로 이어지면서 다음 단계로 계속된다.

(1) 전이

전이(transfer)는 이전에 학습된 지식이 후속 학습에 영향을 끼치는 현상으로 이전의 지식이 학습에 도움을 주면 긍정적 전이(positive transfer)이며, 방해가 될 때는 부정적 전이(negative transfer) 혹은 간섭(interference)이라 한다. 전이는 정도의 차이는 있지만 모든 인간이 새로운 사실을 받아들일 때 공통적으로 사용하는 과정 중의 하나이다.

(2) 일반화

일반화(generalization)현상은 특정한 사례들을 관찰하여 보편적인 법칙이나 규칙을 찾아내는 과정으로 특정한 항목이 높은 수준의 범주에 포섭되는 과정이라고 할 수도 있다. 예를 들면 book-books, desk-desks, chair-chairs를 관찰하고 단어 끝에 's'를 첨가하여 복수로 만든다는 규칙을 알아내고 이 규칙을 일반화하는 것을 말한다. 일반화 과정에는 연역적 추론(deductive reasoning)과 귀납적 추론(inductive reasoning)의 두 형태가 있다. 연역적 추론은 교실수업(classroom learning)에서 이루어지며 문법·번역중심교수법에서 주로 이용된다. 귀납적 추론은 모국어를 습득할 경우나 인위적이지 않은 자연 상황(natural, untutored)에서 주로 이루어진다.

과일반화(규칙확대 ; overgeneralization)는 학습자가 학습을 통하여 알고 있는 외국어 문법지식을 기초로 일정한 한계를 넘어서까지 일반화하여 규칙에 벗어난 비정상적인 구조를 만들어 내는 현상을 말한다. 다시 말하면 이미 학습한 언어규칙이 현재 학습하는 내용에 부정확하게 확대되어 적용되는 경우를 말하며 오류의 원인이 된다.

예) goed, gived
Can do Tom's brother speak?
He can sings.

또한 과일반화는 부정적 전이에 해당되며 같은 언어 내에서 일어나며 간섭현상은 다른 언어 사이에 즉 모국어가 목표어에 서로 영향을 주어 나타난다.

표 5.5 언어 전이의 유형

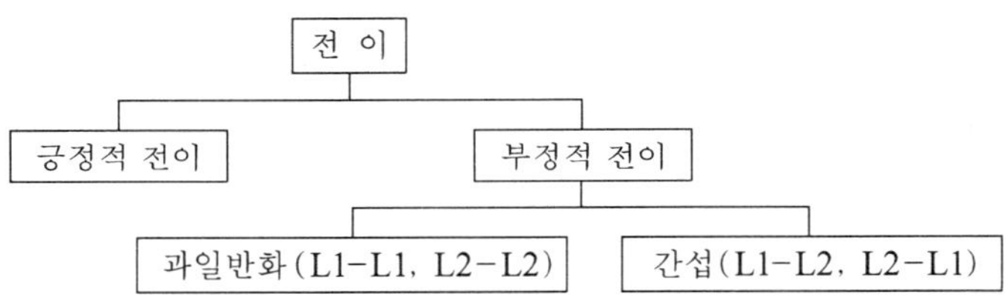

또한 학습과정은 학습자와 학습 환경의 관계에 따라 다음과 같이 나눌 수 있다.

(1) 수용적 학습

수용적 학습(receptive learning)은 교사와 교재 중심의 주입식 지도를 통한 수동적인 과정을 말한다.

(2) 통제적 발견학습

통제적 발견학습(guided discovery learning)은 교사의 지도를 받거나 교재의 도움을 얻어 새로운 사실을 발견해 가는 학습과정이다.

(3) 자발적 발견학습

자발적 발견학습(autonomous discovery learning)은 학습자 스스로 하는 발견 학습을 말하며 교사의 역할은 선택적이며 최소화된다.

또한 외국어학습과정은 학습환경과 학습방식에 따라 기계적 학습, 유의미 학습, 상호작용적 학습으로 분류될 수 있다.

(1) 기계적 학습

기계적 학습(rote learning)은 새로운 기호와 언어, 지식 등을 축자적(逐字的)으로 기억하는 학습으로 행동주의 심리학에 근거를 둔 학습과정이다. 기계적 연습은 학습자의 반응이 완전히 통제되어 정해진 틀에 의해서만 응답하게 하므로 반응을 예측할 수 있고 이해를 못해도 연습활동을 통하여 반응을 보일 수 있다. 단순 대치 연습이나 반복 연습이 여기에 속한다. 이러한 학습과정은 단기적으로는 효과가 있을 수 있으나 간섭현상으로 장기기억에는 효과가 거의 없다. 청화중심교수법(audiolingual method)의 학습과정이 여기에 해당된다.

(2) 유의미 학습

유의미 학습(meaningful learning)은 인지학습 이론에서 제창하는 학습유형으로 학습자가 새로운 경험과 지식을 이미 알고 있는 개념 및 명제와 적합하게 연결하는 학습과정을 말한다.

> Meaningful learning may be described as a process of relating and anchoring new material to relevant established entities in cognitive structure. (Brown, 2000, pp. 83~4)

다시 말하면 이 학습과정에서는 인지체계 안으로 들어온 새로운 지식은 보다 큰 체계와의 상호작용을 통하여 그 체계 속으로 포섭(subsumption)되며 포섭된 사항들 중에 불필요한 것들은 체계적으로 망각(systematic forgetting)되고 중요한 사항만 장기적으로 기억된다.

유의미 학습에서는 교사가 학생들의 응답을 어느 정도 통제는 하지만 답은 하나 이상이며 문장의 구조나 의미를 이해해야 답할 수 있다. 연습활동에 관해서는 Dakin(1973)이 최초로 무의미 연습(meaningless drill)과 유의미 연습(meaningful drill)을 구분하였는데 유의미 연습은 학습자의 생활, 관심, 처해진 상황과 연결하고 학습자가 직접 문제의 해결에 관계되는 연습 활동을 말한다. 응답에 대한 다소의 통제는 있으며 학습자가 올바른 반응을 하기 위해서는 이해가 전제되어야 한다.

예) *TEACHER* *STUDENT*

	(*chooses a response*)
I'm hot.	I'll get you something to eat.
I'm hungry.	I'll turn on the air conditioning.
I'm thirsty.	I'll get you something to drink.
I'm cold.	I'll turn on the heater.

(3) 상호작용적 학습

상호작용적 학습(interactional learning)은 구성주의에 근거하며 상호작용 즉 의사소통을 통한 학습과정을 말한다. 언어는 의사소통을 위한 사회적 도구이므로 사회적 상호작용과 밀접한 관계를 갖게 되고 언어의 학습도 상호작용을 통해서 이루어지는 것이 가장 바람직하다고 본다.

학습자가 자신의 응답을 자신이 선택하여 응답하며 교사가 언어구조의 사용을 어느 정도는 통제할 수 있다. 또한 상호작용적 연습은 정보 차(information gap) 연습활동을 제시하고 학습자가 전하고자 하는 말을 자기가 선택해서 하게 하는 연습 활동이다.

예) (a) What did you have for lunch?
I had ______________.
(b) What time did you get up on Sunday?
I got up ______________.

외국어 학습에서 자발적 발견학습과 상호작용적 학습방향이 가장 이상적이다. 학습내용을 곧 바로 의사소통현장에 적용할 수 있기 때문이다.

5.4.2 학습 방식

학습방식(learning style)은 한 개인의 다소 영구적인 성향이나 경향으로 새로운 정보를 받아들이고 이해하여 기억하는 방식을 말한다.

learning style - a general predisposition, voluntary or not, toward processing information in a particular way (Skehan, 1991, p. 288)

다시 말하면 인지 방식(cognitive style)이 교육상황, 정서적 요인, 생리적 요인과 연관

될 때 이를 학습방식이라 하며 개인에 따라 다르다. 특히 외국어 학습자들은 다양한 학습 방식을 가지고 있으므로 교사는 수업에서 이 점을 유의하여야 한다.

학습방식은 인간의 감정과 인지에 동시에 관계되며 다음과 같이 분류할 수 있다.

(1) 장독립형과 장의존형

장독립형(field independence style, analytic thinking style)은 산만한 장(field, 場) 속에서 특정 항목이나 요소를 찾아낼 수 있는 능력이 비교적 더 많은 경우를 말한다. 예를 들면 숨은 그림 찾기를 잘 하면 장독립형이라고 할 수 있다. 또한 장의존형(field dependence style, global thinking style)은 전체의 장에 포함되어 있는 부분들을 잘 감지하지는 못하지만 통합된 전체를 분명하게 인식할 수 있는 능력이 더 많은 경우를 의미한다.

장독립형과 장의존형은 각각 긍정적인 면과 부정적인 면이 있으며 대부분의 인지적, 감정적 문제의 해결에 장 독립적 요소와 장 의존적 요소가 모두 필요하다. 장독립형은 전체 속에서 부분을 제대로 인식하며 시끄러운 기차 속에서 독서를 하는 등의 집중을 할 수 있다. 그러나 너무 장 독립적이면 전체 속에서 부분들의 관계를 인식하지 못할 수도 있다.[45] 장의존형은 전체 그림을 인지할 수 있고 문제나 사건의 전반적인 사항을 잘 인지할 수 있다.

장독립형은 분석, 세부사항, 연습문제 풀이, 연습활동에 중점을 두는 교실학습과 성인의 외국어 학습에 유리하며 장의존형은 자연 상황에서의 언어습득에 유리하다.

> It is most likely that "natural" language learning in the "field", beyond the constraints of the classroom, requires a FD(field-dependent) style and the classroom type of learning requires, conversely, a FI(field-independent) style. (Brown, 2000, p. 116)

정의적 측면에서 장독립형은 대체적으로 독립적이고 경쟁심이 많고 자신감이 있는 반면 장의존형은 사회화가 잘 되고 타인의 감정과 생각에 보다 더 잘 공감하고 민감하다. 그러므로 장의존형은 감정이입(empathy), 사회적인 외향성, 타인에 대한 감수성 때문에 자연 상태에서의 외국어 학습에서 성공할 가능성이 더 높다.

장독립과 장의존은 상보적 분포(complementary distribution)는 아니며 개인이 영구적으로 가지는 학습방식일 수도 있으나 상황에 따라 선택적으로 사용할 수도 있다. 예를

---

45) 이러한 현상을 터널시야(tunnel vision)라 하며 부분들에 집착하여 전체를 보지 못하는 현상을 말한다. '나무들을 보되 숲을 보지 못한다(You can't see the forest for the trees.)'라는 말이 여기에 해당된다.

들면 암기나 반복학습에는 장독립적 방법을 사용하고, 의사소통활동에서는 장의존적 방법을 사용할 수도 있다.

(2) 좌측 뇌 우세형와 우측 뇌 우세형

좌측 뇌가 우세한 외국어/제2언어 학습자는 연역적 지도와 논리적 문제 해결을 선호하고 분석적 독자이다. 그러나 우측 뇌가 우세한 제2언어 학습자는 귀납적 학습활동에서 더 성공적이고(Krashen, Seliger and Hartnett, 1974), 직관적(intuitive) 문제해결을 선호하며 글의 전반적인 의미를 찾는 독자이다.

(3) 애매성 인내

애매성의 인내(애매성의 관용, 불명확성의 용인, ambiguity tolerance)는 자신의 믿음이나 지식에 반하는 것을 인내할 수 있는 정도 즉 자신의 믿음이나 지식체계와 다른 것을 수용할 수 있는 정도를 말한다. 외국어를 학습할 때는 의미가 불확실한 경우가 많은데 이러한 애매성 즉 불확실성을 용인하는 정도가 외국어 학습의 성과에 영향을 준다. 애매성 인내가 과도하면, 즉 불확실성을 너무 용인하면, 교사의 설명이나 상대방의 말이 이해가 안 되어도 그대로 지나칠 수 있으므로 학습에 부정적이다. 또한 포섭(subsumption)[46]이 잘 안될 수도 있다. 반대로 애매성의 인내가 약하면, 즉 불확실성을 너무 용인하지 못하면, 분석적인 면에 치우치고 미세한 언어항목에 치중할 수도 있다. 예를 들면 외국어로 된 책을 읽을 때 모르는 단어마다 사전을 찾아보면 독서 속도가 느리게 되고 전반적인 이해에 부정적이다. 또한 대화 중 상대의 말을 확실하게 이해 못했다고 매번 반복을 요구하면 대화가 자주 중단되고 의사소통에 지장을 주게 된다. 성공적인 외국어 학습을 위해서는 양면이 조화를 이룰 필요가 있다.

(4) 성찰성과 충동성

성찰성(숙고성, reflectivity)은 깊이 숙고하고 결단을 내리며 모든 가능한 변수를 체계적으로 고려하여 대처하는 성향을 말하며 충동성(impulsivity)은 직관적(intuitive)으로 빠르게 추측하는 성향을 말한다. 성찰성을 지닌 학습자는 속도는 느리나 좀더 신중하고 체계적인 결정을 할 수 있으며 독서에서 오류가 비교적 적고 귀납적 교육상황에 유리하다.

---

46) 인지체계 안에 들어온 새로운 지식이 그 지식을 포괄하는 체계와 상호작용을 하여 그 체계 속으로 들어오는 것을 포섭이라고 한다.

As new material enters the cognitive field, it interacts with, and is appropriately subsumed under, a more inclusive conceptual system. (Brown, 2000, p. 84)

직관적으로 판단하는 사람은 독서 속도가 빠르고 심리언어학적 추측게임(psycholinguistic guessing game, Goodman, 1970)에 능하다. 또한 충동적인 학습자는 중간언어의 준 문법적 단계를 빠르게 거쳐 가지만 성찰성을 지닌 학습자는 특정단계에 상당한 기간 동안 머무는 경향이 있으나 다음 단계로 더 큰 도약을 할 수도 있다. 이상적인 외국어 읽기는 빠르고 정확해야 하므로 양면이 모두 필요하다.

(5) 시각형과 청각형

시각형(visual style)은 시각을 통한 학습을 선호하는 성향을 말하며 이러한 학습자들은 읽기, 차트, 그림, 도표정보 등을 통해서 정보를 받아들이기를 좋아한다. 일반적으로 한국인과 일본인들이 보다 더 시각 지향적이지만 세대가 바뀌면서 변화가 되고 있다고 본다. 청각형(auditory style)은 청각을 통해 학습하기를 선호하는 성향을 말하며 이러한 학습자들은 강의와 녹음테이프 듣기를 통해서 학습하기를 좋아한다.

5.4.3 학습전략

학습전략(학습책략; learning strategies)은 학습을 효과적으로 하기 위한 개인 나름의 전략으로 외부의 입력을 이해하고 분석하여 필요한 정보를 저장하고 회상하는 방법을 말한다. 학습전략은 개인의 영구적인 속성이 아니고 학습자는 상황에 따라 알맞은 전략을 선택적으로 사용한다. 다시 말하면 어떤 문제나 과업에 접근해가는 방식은 동일한 개인도 매 순간, 매일, 매년 달라질 수 있다. 이 전략은 학습의 활성화를 목표로 하며 학습자의 입장에서 의도적으로 사용되어진다. 또한 학습전략과 학업성취도는 상관관계가 크다.

외국어 혹은 제2언어 어휘 학습과 관련되는 학습전략의 예로 핵심 단어 접근기법(keyword approach)을 들 수 있다. 이 기법은 학습할 어휘를 특별한 정신적 이미지와 연관시키는 전략을 말한다. 그 예로 독일어 단어 Ei('eye')를 그 안에 'eye'가 있다고 상상해서 그 단어를 기억하는 방법이다. 듣기에서는 추론(inference)이나 연관 맺기(elaboration; relating new information to other concepts in memory) 등을 통해 효과적인 듣기 기술을 발전시킬 수 있다.

학습전략은 다음의 3가지 유형으로 분류되고 있다(O'Malley & Chamot, 1990 참고).

(1) 상위인지 전략

상위인지전략(metacognitive strategy)은 학습을 계획, 관리하고 발화와 이해과정을 모니터하며, 학습의 결과를 평가하는 집행전략을 말한다. 예로 학습활동의 예측과 계획수립(advanced organizer), 학습에 대비하여 주의와 관심 돌리기(directed attention), 특정한 과업에 주의집중하기(selected attention), 효과적인 학습방법의 판단과 조건조성(self-management), 학습활동 중에 발음, 문법, 어휘, 발화의 적절성 점검 및 수정(self-monitoring), 듣기를 우선하고 말하기를 후에 하는 전략(delayed production), 학습활동 후에 학습과정을 평가하기(self-evaluation) 등이 있다.

(2) 인지전략

인지전략(cognitive strategy)은 학습자들이 받아들이는 입력을 기존의 지식과 연결하고 구체적인 학습과제를 수행, 처리하는 전략을 말한다. 여기에는 반복하기(repetition), 외국어 어휘사전이나 문법규칙을 참고하기(resourcing), 묶기(grouping), 노트하기, 연역(deduction), 기존의 학습을 바탕으로 새로운 문장이나 구 만들기(recombination), 이미 알고 있는 소리와 연관짓기(auditory representation), 알고 있는 어휘와 연관짓기, 문맥속에서 연습하기, 새로운 정보를 기존의 정보와 연관짓기(elaboration), 전이, 추론 등이 있다.

(3) 사회 정의적 전략

사회정의적 전략(social/affective strategy)은 학습을 돕기 위해 타인과 교류하고 협력하는 전략(cooperation)으로 교사나 원어민 화자에게 반복, 돌려 말하기, 설명을 부탁하거나 질문하는 전략(questions for clarification) 등이 여기에 해당된다. 이 전략은 사실상 의사소통전략에 해당된다고 할 수 있다.

학습전략에 대한 논의는 이상적인 언어학습자(good language learners)를 관찰하고 그 특성을 파악하고자 하는데서 출발하는데 Rubin(1975)은 이상적인 학습자의 특성을 다음과 같이 제시하고 있다.

① preparedness to guess about the L2
② attention to the formal properties of the L2
③ a willingness to appear foolish in using the L2
④ an active desire to initiate conversations in the L2

이러한 주장을 토대로 이상적인 외국어학습자의 특성을 정리하면 다음과 같다.

① 정확한 추측을 해보려고 시도한다(willing and accurate guesser).
② 의사소통에 대한 강한 욕구를 가지고 있다(strong drive to communicate).
③ 억제심리가 없다(uninhibited).
④ 언어형식에도 유의한다(attends to form).
⑤ 상대방과 대화를 하려고 시도한다(an active desire to initiate convertsations).
⑥ 자신과 대화상대자의 발화를 꾸준히 점검한다(monitors own speech and the speech of others).
⑦ 의미에 주목한다(attends to meaning).

또한 학습자는 수준, 연령, 학습내용 등에 따라 다른 학습전략을 사용한다. 다시 말하면 학습자의 수준이 높아짐에 따라 사용하는 전략이 달라지고 성공적인 학습자가 더 많은 전략을 사용하며 의미와 언어형식 두 면에 관심을 가진다. 또한 학습전략은 학습내용에 따라 다르며 어린이는 사회적 전략을, 성인은 인지적 전략을 더 많이 사용하는 경향이 있다. 이 점에 대하여 Ellis(1994, pp. 555~6)는 다음과 같이 주장하고 있다.

① Strategies appear to change as learners become more advanced.
② Successful language learners appear to use more strategies than less successful ones.
③ Successful language learners pay attention both to meaning and form.
④ Different strategies may contribute to different aspects of L2 proficiency.
⑤ Learning strategies used by adults and children appear to differ: children use more socially oriented strategies; adults use more cognitive strategies.

학습전략의 훈련이 외국어 학습에 도움을 줄 수 있는지 여부에 대해서는 학자들 사이에 상반된 의견이 있으나 외국어 상황에서 영어를 지도할 경우에는 학습전략의 지도에도 관심을 가지는 것이 바람직하다. 학습전략의 지도는 학습전략에만 초점을 맞춘 지도와 외국어 교과에서 학습전략을 자연스럽게 통합하여 지도하는 방법으로 나눌 수 있는데 외국어 교과와 통합하여 지도하는 것이 더 효과적이라고 본다. 그 이유는 유사한 형태의 새로운 과제를 수행할 때 학습전략을 쉽게 전이하여 활용할 수 있기 때문이다. 또한 학습전략의 제시는 명시적인 방법과 암시적 방법이 있는데 명시적 방법은 학생들에게 학습전략을 다루는 목적과 취지를 충분히 인식시키고 지도하는 것이고 암시적 방법은 학생들에게 학습전략에 대한 지도의 목적과 취지를 알리지 않고 지도하는 것이다. 일반적으로 학생들에게 학습전략에 대한 인식을 높여 줄 수 있기 때문에 명시적 방법이 더 효과적이다 (Wenden, 1987 참고).

그러나 보다 중요한 것은 학습자의 언어능력 수준을 고려하여 학습전략의 지도가 이루어져야 한다는 것이다(Oxford, 1990 참고). 학습전략을 중심으로 지도하는 방법을 전략중심지도법(strategies-based instruction, SBI)라고 하며 인지심리학에 토대를 두고 있다. 주요 내용을 정리하면 다음과 같다.

① 적절한 자기 나름의 학습 방식을 찾게 지도한다.
② 학습전략은 정규교육 과정과 통합하여 지도하는 방법이 바람직하다.
③ 학습 자료의 난이도가 학습자의 수준에 적절하고 적당히 도전적이어야 한다. 너무 쉬우면 전략을 사용하는 것이 무의미하다.
④ 학습과제에 적합한 전략을 사용하도록 지도해야 한다. 예를 들면 추론전략은 듣기나 읽기 같은 수용적 기능에 적합하고 계획전략은 말하기나 쓰기 같은 표현기능에 적합하다.
⑤ 전략이 자동적인 수행기능으로 발전하기 위해서는 상당한 연습이 지속적으로 뒤따라야 한다. 또한 학습이 성공적으로 이루어지려면 여러 학습전략이 필요하지만 한 번에 여러 전략을 지도하면 혼란스러울 수 있으므로 한 번에 한두 가지의 전략만 연습시키는 것이 바람직하다.

5.5 외국어 학습이론

외국어학습에 관한 연구는 1960년대까지는 심리언어학과 구조언어학에 기저를 두어 왔고 1970년대부터는 인지주의적 접근으로 변화되었다. 또한 1980년대 이후는 화용론과 사회언어학, 구성주의 학습이론, 의사소통 이론, 구성주의이론에 토대를 두고 다양하게 연구되어 왔다.

외국어 학습론의 정립을 위해서는 학습자의 연령, 인지능력, 모국어 배경, 언어입력, 정의적 영역, 교육배경 등의 다양한 변인들을 고려하여야 한다. 그러므로 하나의 이론을 이분법적으로 판단하던가, 과일반화 혹은 단순화하는 것은 바람직하지 못하다.

외국어/제2언어 학습론은 시대에 따라 행동주의, 인지주의, 사회구성주의 이론으로 변하여 왔는데 표로 정리하면 다음과 같다.

표 5.6 외국어/제2언어 학습에 관한 학파와 사상의 시대적 구분

연대: 1900년대 초기부터 1950년대 까지	
언어학적, 심리학적 배경:	구조주의(structuralism) 및 행동주의(behaviorism)
연구주제 및 지도방법:	기술(description), 관찰 가능한 언어수행, 과학적방법, 경험주의(empiricism), 표층구조(surface structure), 조건화(conditioning), 강화(reinforcement)
연대: 1960년대부터 1970년대까지	
언어학적, 심리학적 배경:	이성주의(rationalism) 및 인지심리학(cognitive psychology)
연구주제 및 지도방법:	생성언어학(generative linguistics), 습득, 생득성(innateness), 중간언어체계성(interlanguage systematicity), 언어능력(competence), 심층구조(deep structure)
연대: 1980년대부터 현재	
언어학적, 심리학적 배경:	구성주의(consructivism)
연구주제 및 지도방법:	상호작용담화(interactive discourse), 사회문화적 변인들(sociocultural variables), 협동적 단체학습(cooperative group learning), 중간언어변이(interactive variability), 상호작용주의 가설(interactionist hypotheses)

행동주의적 접근은 언어의 입력의 방법에, 선천주의 가설과 인지적 학습이론은 학습자와 학습자의 인지 및 사고의 변화에, 언어적 보편론이나 중간언어이론은 언어적 변화에 중점을 두고 있다. 또한 상호작용이론은 상호작용을 통한 외국어 의사소통 기능의 학습에, 구성주의는 지식구성방법에 초점을 두어 왔다.

5.5.1 행동주의 학습이론

행동주의(behaviorism)학습이론에 의하면 외국어학습자는 어린이가 모국어를 습득할 때 부모나 성인의 언어입력을 받는 것처럼 교사로부터 새로운 언어 입력을 받아 이를 모방하고 반복연습을 통하여 습관을 형성하고 교사로부터 강화를 받으면서 목표어를 학습한다고 본다. 교사나 주위에서 긍정적 강화(positive reinforcement)를 받게 되면 그 언어행위는 다시 반복되게 되며 부정적 강화(negative reinforcement)를 받게 되면 그 언어를 사용하지 않게 된다. 언어발달은 습관의 형성이므로 제2언어나 외국어를 배우는 사람은 모국어에서 형성된 습관에서 출발하고 이러한 습관은 새로운 습관 형성을 방해하기도, 촉진하기도 한다.

행동주의는 인간의 학습과정을 이해하는데 큰 영향을 미쳤으며 고전적 행동주의에 의해

서는 수동적 학습과정을 설명하기에 적당하다고 볼 수 있다. 또한 모방과 반복을 통한 학습방법은 그 효과에 의문이 있지만 발음과 억양 훈련에 유용할 수도 있다. 그러나 청화중심교수법과 같이 행동주의에 근거한 외국어학습방법론은 다음과 같은 비판을 받아 왔다.

① 인간의 언어사용의 창조적인 면을 설명하지 못한다. 모국어습득이나 외국어 학습은 강화와 모방, 반복의 단순한 과정이 아니며 창조적이고 복잡한 과정이다.

② 언어습득과 학습에서 모방의 역할은 절대적인 것이 아니다.

5.5.2 선천주의 학습이론

선천주의 학습이론에서는 인간의 언어습득을 규칙의 내재화로 보고 인간은 언어습득장치(language acquisition device: LAD)를 지니고 태어난다고 주장하고 있다. 이러한 테두리에 속하는 Krashen(1981)의 자연적 접근법(natural approach)에서는 습득과 학습의 구분가설, 자연적 순서가설, 감시자가설, 입력가설, 정의적 여과장치가설을 통하여 외국어/제2언어학습을 설명한다.

1) 습득과 학습 구분가설

습득과 학습 구분가설(acquisition-learning hypothesis)에 의하면 목표언어를 내재화하는 데는 습득(acquisition)과 학습(learning)의 두 가지 방법이 있다. 습득은 어린이가 그들의 모국어를 받아들이는 과정 같은 무의식적이고 직관적인 언어체계의 구성과정이다. 학습은 의식적이고 체계적인 과정으로 모니터의 영향을 받는다. Krashen(1981)은 학습은 습득으로 전이되지 않는다고 주장하는데 습득에 의해 얻은 언어는 유창하게 발화할 수 있으나 학습된 언어는 유창하게 되는데 한계가 있다. 왜냐하면 한마디 한마디를 언어규칙을 생각하고 말해야 되기 때문이다.

이러한 습득과 학습의 구분가설은 학습을 통해 얻어진 지식은 결코 습득으로 되지 않는다는 주장이다. Bialystok(1990), McLaughlin(1987) 등도 습득과 학습을 구별하고 있으며 습득된 지식을 암시적 지식(implicit knowledge), 학습된 지식을 명시적 지식(explicit knowledge)이라 하고 있다.

2) 자연적 순서 가설

자연적 순서 가설(natural order hypothesis)에 의하면 언어의 문법구조는 예견할 수 있는 순서에 따라 습득된다(Krashen & Terrell, 1983). 다시 말하면 인칭, 수, 시제 등에 관한 형태소는 언어와 학습자와 관계없이 일정한 순서로 습득된다. 예를 들면 영어의 경우 어린이는 진행형의 'ing'와 복수어미 's'를 먼저 배우고 3인칭 단수어미 's'나 소유격 's'는 늦게 배운다.

이 가설은 형태소 습득에 관한 연구(Dulay & Burt, 1974, 1975)에 근거하고 있는데 모국어 습득에 자연적인 순서가 있듯이 외국어학습에서도 학습자의 연령, 수준, 모국어의 배경과 관계없이 일정한 순서로 형태소들을 배운다는 것이다. 또한 자연적 순서 가설의 중요한 주장 중의 하나는 문법구조의 자연적 순서는 학습에 의해서 순서가 변경되지 않는다는 것이다.

그러나 이 연구는 14개 정도의 형태소의 상대적 습득순서를 근거로 하며 이 정도 숫자의 형태소가 언어 습득에 차지하는 비중은 크지 않으므로 이 주장은 매우 제한적이라 할 수 있다.

3) 감시자 가설

감시자 가설(조정 가설, 감독자 가설: monitor hypothesis)에 의하면 감시자(monitor)의 사용은 모국어의 습득과정에 나타나는 것이 아니라 외국어나 제2언어의 학습과 언어의 수행에만 관계된다. Krashen(1982)은 의식적 학습은 외국어 학습에서 제한된 기능 즉 감시자 혹은 교정자(editor)로서의 기능만을 가진다고 주장하고 있다.

감시자의 역할은 완전 습득이 이루어지지 못한 경우에 발생하는 오류를 수정해 주는 정도이다.

> Our 'formal' knowledge of the second language, our conscious learning, may be used to alter the output of the acquired system, sometimes after the utterance is produced. We make these changes to improve accuracy, and the use of the Monitor often has this effect. (Krashen, 1981, p.2)

또한 감시자의 사용에는 개인차가 있다. 과잉 모니터 사용자(over-user)는 자신의 발화를 항상 언어규칙에 비추어 점검하고 실수를 용납하지 않는다. 따라서 발화의 중단이 많고 속도가 느리며 억제심리가 생기기 쉽다. 과소 모니터 사용자(underuser)는 감시자를 전혀 사용하지 않고 실수나 오류에 관심을 갖지 않는다. 따라서 유창성과 속도에는 유리하지만 정확성이 결여되기 쉽고 화석화 현상(fossilization)이 일어날 수도 있다. 적정 모니터 사용자(optimal user)는 감시자를 의사소통에 지장을 주지 않을 정도로 적절하게 사용하는 자로 가장 이상적인 학습자이다.

정리하면 습득된 체계를 통해서 유창성과 정확성에 대한 직관적인 판단력을 얻을 수 있으나 학습된 체계는 습득된 체계가 생산한 것을 다듬고 조금 변화시키는 편집자(editor)나 감시자(monitor)로서의 역할만을 담당한다.

4) 입력 가설

입력 가설(input hypothesis)에 의하면 학습자는 자기의 언어수준보다 약간 더 높은 언어입력을 상황과 언어외적 정보나 세상에 관한 지식으로부터 단서를 얻어 이해할 수 있다[47]. 다시 말하면 언어 학습자의 현재 능력상태를 'i' 라고 한다면 '$i + 1$' 단계의 입력을 이해할 수 있고 이러한 과정을 통하여 언어능력이 발전한다. 그러므로 교사는 이해 가능한 입력(comprehensible input)을 학습자에게 제공하도록 노력해야 한다. 이해 가능한 입력이 제공되지만 성공을 못하는 경우는 정의적 면에 문제가 있다고 본다. Krashen(1985)은 모국어 습득뿐만 아니라 외국어/제2언어 학습에서도 이해 가능한 입력을 충분히 제공하면 목표어를 자연스럽게 습득할 수 있다고 본다. 그러나 EFL 상황에서 학습자에게 충분한 입력을 제공하기도 쉽지 않고 충분한 입력이 주어진다고 하더라도 모국어처럼 자연스럽게 목표어의 구사능력을 얻기는 용이하지 않다고 본다. EFL상황에서 영어의 학습은 자연스러운 언어입력에 한계가 있기 때문이다.

5) 정의적 여과장치가설

정의적 여과장치가설(affective filter hypothesis)은 언어학습에서 정의적인 영역에 관한 것이다. 외국어 학습 과정에서 정의적 여과 장치[48]가 낮아야 많은 입력(input)을 받아

---

47) 입력(input)이란 학습자에게 노출된 모든 언어를 말하며 학습자에게 이해 가능할 수도 있고 이해 안 되는 경우도 있다. Krashen(1985)은 이해 가능한 입력이 언어습득의 조건이라고 보고 있는데 최상의 입력 조건은 다음과 같다.

① 이해할 수 있는 입력
② 흥미가 있고 연관성이 있는 입력
③ 문법적으로 순서나 등급이 정해지지 않은 입력
④ 양적으로 충분한 입력
⑤ 감정적 여과 정도에서 자신의 방어에 치중하지 않도록 하는 입력
⑥ 대화사용의 도구로 제공되는 입력

48) '정의적 여과장치(affective filter)'는 Dulay & Burt(1977)에서 처음 사용된 용어이다.

들여 흡입[49](intake)으로 전환할 수 있다. 만일 외국어나 제2언어 습득이 모국어와 동일하게 이루어진다면 모든 학습자는 시간만 있으면 이중언어 사용자가 될 수 있다. 그러나 일부를 제외하고 그렇게 되지 않는 이유는 근심, 동기, 욕구(needs), 태도(attitude), 감정상태 등으로 정의적 여과장치가 높아지기 때문이다. 다시 말하면 학습자의 정서적 상태, 자신감, 학습동기에 문제가 있으면 언어학습은 비효율적이 된다. 그러므로 교사의 중요한 임무 중의 하나는 학습자의 정서적 여과 장치를 낮추어 주는 것이다.

지금까지 논의된 다섯 가지 가설들의 문제점을 정리하면 다음과 같다.

① 반의식(subconsciousness)과 의식(consciousness)의 명확한 구별이 어렵다.

② 습득과 학습의 구별도 명확히 하기는 어려우며 실제로 학습이 습득으로 전이될 수도 있다. 습득만을 강조하면 습득의 여건이 갖추어 있지 못한 EFL 상황에서의 영어의 유창성 교육은 불가능하다는 것이 된다.

③ 외국어 지도에서 학습자가 입력을 받아들이게 하기 위해 침묵기(silent period)에 엄격히 침묵만을 강요하는 것은 문제가 있다.

④ '이해 가능한(comprehensible)'이라는 개념은 새로운 것이 아니며 Asubel(1968)의 유의미적 학습, 포섭이론에서 논의 된 것이고 '$i+1$'을 제공해주는 것은 모든 학습과 관련되는 기본적인 사항이다.

⑤ 언어학습은 상호작용인데 입력(input)의 역할만 강조하고 표현(output)의 역할을 등한시하는 것은 문제가 있다.

5.5.3 중간언어 학습이론

중간언어 학습이론에 의하면 외국어학습자는 자신이 옳다고 판단하는 언어체계 즉 중간언어(interlanguage)[50]를 구축하게 되며, 이 중간언어를 보다 더 목표어에 근접하게 교정해가면서 외국어를 학습하게 된다. 중간언어는 목표언어의 학습 과정에서 나타나는 목표어나 모국어 사이의 중간적인 언어체계로 독립적이며 일시적 문법체계를 지녔다.

49) 흡입(intake)이란 입력된 후 이해되어서 언어 습득자의 기억에 남아 있는 것을 말한다.

50) 중간언어(interlanguage)라는 용어는 Selinker(1972)에서 유래되었는데 근접문법체계(approximative system, Nemser, 1971), 개인적 특수방언(idiosyncratic dialect, Corder, 1971), 과도적 언어 능력(transitional competence, Corder, 1967), 학습자 언어(learner language, Lightbown & Spada, 1991)라고도 한다.

> Interlanguage refers to the separateness of a second language learner's system, a system that has a structurally intermediate status between the native and target languages. (Brown, 2000, p. 215)

중간언어에도 확실한 체계성(systematicity)이 있으며 중간언어 학습전략은 모국어 습득 전략과 같으며 어린이와 성인은 전략의 정교함과 세분화에서만 다르다. 그러므로 중간언어는 자연언어의 속성을 공유한다고 할 수 있다. 또한 중간언어 이론에 의하면 중간언어를 규칙 지배적 행동(rule-governed behavior)으로 보고 이 행동을 언어학적으로 분석할 수 있다고 한다.

중간언어를 학습자 언어(learner language, Lightbown & Spada, 1999)라고도 하며 학습자 언어는 다음과 같은 특성이 있다.

① 다양한 오류가 내포되어 있지만 그 자체로 체계성이 있다.
② 특정한 상태에 머물지 않고 항상 역동적으로 변하는 체계이다.
③ 수정이 가능하다. 적절하게 수정이 안 되면 그 단계에서 화석화(fossilization)되거나 초기 중간언어 상태로 퇴보(backsliding)된다.

중간언어이론은 외국어학습과정의 전체의 설명을 시도하고자하는 이론으로 외국어수업은 학습자들이 중간언어의 발달단계를 거치는 속도(rate)에 영향을 준다고 본다. 다시 말하면 외국어학습자는 중간언어를 거쳐 점차 목표언어에 도달하게 되는데 수업을 통하여 이러한 과정이 좀 더 빠르고 완전하게 이루어지도록 할 수 있다는 것이다.

중간언어의 개념은 1960년대 이후 외국어학습의 연구에 많은 영향을 주었으며 중간언어의 발달은 다음과 같이 네 단계로 나누어 볼 수 있다(Corder, 1973; Brown, 2000 참고). 각 단계는 중첩되는 부분이 있다.

표 5.7 중간언어의 발달 단계

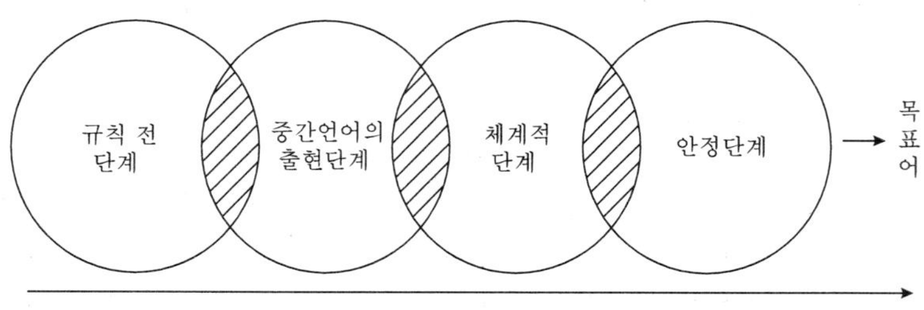

중간언어는 학습과 오류교정을 거쳐 보다 더 바람직한 다음 단계의 중간어로 발전해 나가면서 목표어에 근접해 간다.

1) 제 1 단계

제 1 단계는 규칙 전 단계(pre-systematic stage, a stage of random errors)로 학습자의 오류에 체계가 없다. 동일한 학습자가 짧은 시간 내에 다음 예와 같은 비문법적인 문장들을 무작위(無作爲)로 발화한다면 이 단계에 해당된다.

예) (a) Brown cans swim.
(b) Brown can to swim.
(c) Brown can singing.

2) 제 2 단계

제 2 단계는 중간언어의 출현단계(emergent stage of interlanguage)로 학습자는 어떤 체계를 식별하고 자기 나름의 규칙을 내재화하기도 하지만 오류를 지적해도 수정하지 못하며 전 단계로 후퇴하기도 한다.

3) 제 3 단계

제 3 단계는 체계적 단계(systematic stage)로 규칙이 어느 정도 일관성 있게 내재화되어 있으므로 오류가 지적되면 다음 예(Brown, 2000, p. 212)와 같이 스스로 수정할 수 있다.

예) L : Many fish are in the lake. These fish are serving in the restaurants near the lake.
NS : [laughing] The fish are serving?
L : [laughing] Oh, no, the fish are served in the restaurant!

4) 제 4 단계

제 4 단계는 안정단계(stabilization stage)를 말하며 Coder(1973)는 후체계적 단계(postsystematic stage)로 부르고 있다. 이 단계에서는 오류가 적으며 학습자는 언어체계를 숙달하여 스스로 오류를 수정할 수 있다. 그러나 이 단계에서는 화석화현상이 발생할 수 있다. 이러한 현상은 목표어의 체계에 대하여 확신하여 사소한 오류를 수정하지 않고 습관화된 결과이다. 이 단계는 학습자가 문장의 문법성에 주의를 기울이게 되는 '주의 단계(careful style, Tarone, 1983, p. 152)'에 해당된다.

중간언어가설과 유사한 피진화 가설(pidginization hypothesis)은 피진어가 일종의 제2언어라는 관점에서 출발한다. 피진화는 입력(input)이나 흡입(intake)이 사회 정서적 요인, 시간 제약, 언어의 복잡성 등으로 제한될 때 나타나는 것이다. 이 점에 대하여 Anderson (1983)은 다음과 같이 논의하고 있다.

> [Pidginization is] language acquisition under conditions of restricted input, or, where input is adequate, under conditions where intake is severely restricted due to socio-affective factors, time constraints, or linguistic complexity.

따라서 피진어는 접촉되는 언어들의 단순화되고 축소된 형태로 의사소통으로만 그 기능이 한정된 언어이다. 즉 감정의 교류 등의 사회적 목적으로는 사용하지 않고 이러한 기능이 필요할 경우는 모국어에 의존한다. 또한 피진화란 언어만의 혼합뿐만 아니라 학습자의 문화적 배경에 다른 요소가 결합되는 문화변형(acculturation)도 포함된다. 언어의 화석화나 피진화 현상은 둘 다 불완전한 학습 환경에서 일어나지만 화석화는 학습자의 의도와 관계없이 진행되고 피진어는 상당한 부분이 사용자의 의도가 작용한다.

많은 학습자의 초기단계 중간언어(interlanguage)는 언어의 피진화 현상과 유사하다. 한 언어의 수백 년에 걸친 피진화과정이 한 학습자의 제2언어 습득의 짧은 과정에 다시 나타난다고 볼 수 있다. 즉 학습자는 두 언어의 특성을 모두 지닌 중간어를 사용하다가 문제점을 극복하고 교정을 통하여 목표언어를 습득한다는 것이다.

영어학습의 초기 단계에서는 본래의 영어와 다른 체계의 피진영어를 형성하지만 점차 언어 입력이 증가하고 학습자가 언어입력에 가깝게 적응하려는 심리적 작용으로 후기 단계에서는 피진어의 문제점을 극복하게 된다. 그러나 피진화가 계속되면 화석화되어 중간언어체계를 더 이상 수정하지 못한다.

5.5.4 인지주의 학습이론

인지주의 학습이론은 인지심리학과 심리언어학에 토대를 두고 외국어나 제2언어의 학습을 복잡한 인지적 기능(complex cognitive skills)의 습득으로 보고 있다. 따라서 인간의 배움을 외적 강화나 반복을 통한 습관형성으로 보는 행동주의학습이론과 대조를 이룬다. 이 학습 이론에 의하면 학습자의 제한된 정보처리 능력(information-processing capacity)을 극복하기 위해 다양한 기술의 사용이 강조되며 연습활동을 통한 언어의 자동화과정이 필요하다.

여기서는 인지주의적 관점을 주의집중·정보처리학습모형, 분석·자동학습모형, 관심·지식형태학습모형으로 나누어 논의한다.

1) 주의집중·정보처리학습모형

주의집중 · 정보처리모형에서는 외국어 학습을 궁극적으로 말하기와 이해에 적용되는 자동적인 지식 체계를 얻어 가는 과정으로 보고 있다. 이 모형은 처음에는 정보의 특정 부분에 주의를 집중하다가 경험과 연습을 통해서 지식의 일정 부분을 자기가 무엇을 하는지도 모르게 빠르고 자동적으로 처리할 수 있게 된다고 본다.

McLaughlin 등(1983)과 McLaughlin(1990)은 외국어 학습에서 정보처리 과정을 통제처리와 자동처리의 개념으로 설명하고 있으며 이 두 개념을 다시 언어형식에 주의를 집중하는 것과 주변적으로 주의를 집중하는 것으로 나누어 4개의 모형을 제시하고 있다. 통제적 과정(controlled process)은 언어형식에 관심을 두며 제한되고 일시적인 과정이다. 예를 들면 통제적 초점학습은 특정한 기술 등을 공식적으로 배우는 것이고 통제적 주변학습은 어린이의 모국어 배우기 같은 자연적 수행을 통한 학습이다. 자동과정(automatic process)은 신속하고 언어형식에 관심을 두지 않는다. 예를 들면 자동적 초점학습은 시험보기 등이 해당되고 자동적 주변학습은 의사소통 환경에서의 언어 수행이 해당된다. 통제과정은 많은 연습을 통해 자동과정으로 될 수 있다. 예를 들면 운전연습 초기는 통제과정이지만 연습과 경험을 통해서 일일이 생각하지 않고 자동적으로 운전할 수 있는(smooth unthinking driving) 자동과정으로 변하게 된다. 정보처리 형태와 언어형식에 대한 주의집중에 따라 표 5.8와 같이 네 가지의 다른 언어사용 행위를 구별할 수 있다.

표 5.8에서 어린이의 언어습득과정은 C형에서 D형으로 이동하면서 이루어진다. 또한 성인의 언어학습은 A형에서 C형을 거쳐 B형으로, 궁극적으로는 D형으로 이어지면서 이루어진다. 따라서 이 모형을 통하여 어린이와 성인의 차이점을 알 수 있다. D형은 언어형태에 대한 부수적인 관심을 갖고 의사소통과정에서 정보를 자동적으로 처리하는 과정으로 외국어교육의 궁극적인 목표이다.

표 5.8 McLaughlin 등(1983)의 정보처리 과정

정보처리형태 / 언어형식에 대한 관심의 정도	통제적 (controlled) 정보처리	자동적 (automatic) 정보처리
언어형식에 주의 집중	(A형) 언어규칙의 학습을 통한 언어사용, 문법 설명, 대화암기	(B형) 언어형식에 주의를 집중하지만 정보는 자동적으로 처리함, 시험 칠 때의 언어사용
언어형식에 부수적(peripheral) 주의집중	(C형) 암시적, 유추적 학습에 토대를 둔 언어사용, 간단한 인사	(D형) 자동적으로 정보를 처리하되 언어형식에 주변적인 관심을 둠, 의사소통상황에서의 언어사용, 훑어읽기, 일상적인 대화

Krashen의 습득과 학습구분가설에서는 학습된 지식은 습득된 지식으로 변하지 않는다고 주장하고 있다. 이러한 주장은 학습과 습득의 비 연계 입장으로 의식적 학습을 통해 얻은 지식은 표현할 말을 계획하고 수정하며 오류를 교정하는 역할만 한다는 것이다. 그러나 주의집중·정보처리 모형에서는 의식적으로 배운 지식이 연습을 통해 자동적인, 언어형식을 분석하지 않는, 지식으로 변한다고 본다. 다시 말하면 모든 학습은 통제처리과정에서 많은 양의 시간과 훈련을 통하여 자동처리과정으로 전환한다는 것이다. 이러한 학습과 습득의 연계 입장(interface position)에 의하면 학습된 지식이 습득된 지식이 될 수 있다는 것이며 의식적 문법교육이 습득의 순서에 영향을 미칠 수 있고 교실 수업이 중간언어의 특정한 변이형에 초점을 두어 실시될 수도 있다는 주장이다. Krashen(1981)의 습득과 학습구분이론은 문법과 번역의 방식으로만 교육을 받은 학습자들이 듣기나 말하기는 물론 독해력과 쓰기 능력이 부족함을 보면 설득력이 있다고 할 수 있다. 그러나 의식적으로 언어 규칙을 학습한 학습자들도 영어를 유창하게 사용할 수 있게 되기도 하며 이들이 추후에 영어사용 환경에 접하게 되면 그러한 교육을 받지 않은 사람들보다 더 빠른 시간 내에 정확성과 유창성을 발전시킬 수도 있다. 다시 말하면 의식적이고 기계적인 언어학습이 부정적인 면만 있는 것이 아니고 언어사용능력에 도움을 줄 수도 있다.

2) 분석·자동 학습모형

분석 · 자동 학습모형은 분석(analysis)요인과 자동(automaticity)요인의 상호 작용을 통한 외국어/제2언어 학습모형으로 Bialystok(1982)가 제시하고 있다. 여기서 분석요인은 학습자가 언어구조를 의식하는 정도와 관련되는데 비분석적 지식은 외국어학습 초기의

특징으로 그 구조를 깨닫지 못하고 아는 지식을 말한다.

> Unanalyzed knowledge is the general form in which we know most things without being aware of the structure of that knowledge. (Bialystok, 1982, p. 183)

분석적 지식은 언어규칙을 알고 말로 표현할 수 있는 상태를 말한다. 또한 빠르고 쉽게 복구(retrieve)할 수 있는 지식은 자동적 지식이고 사용하기 위하여 시간과 노력이 드는 지식은 비자동적 지식에 해당된다.

표 5.9 Bialystok(1983)의 분석·자동 학습모형

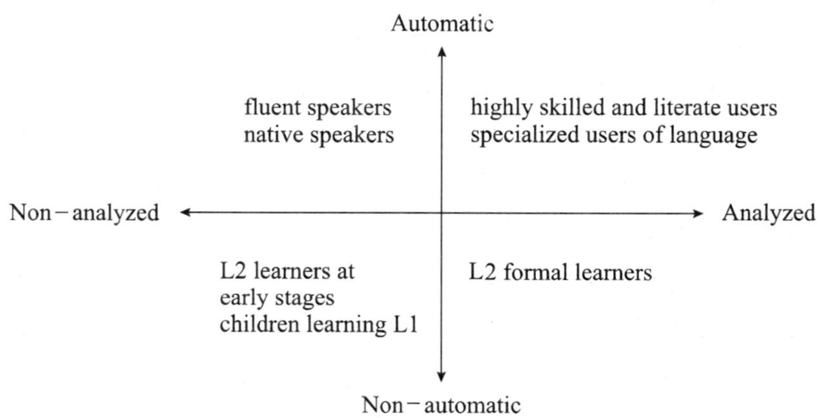

이 모형은 학습자의 언어발달은 미분석과 비자동의 상태에서 언어학습을 시작하여 자동화되고 분석된 지식상태로 나아간다는 것을 나타낸다. 또한 외국어교육에서 명시적 문법지도의 필요성을 인정해야 한다고 본다. 아울러 분석요인과 자동요인은 서로 독립적으로 이루어진다. Bialystok(1983)의 관점에서 보면 Krashen(1981)의 습득은 분석되지 않은, 자동적 특징을 가진 지식에, 학습은 분석된 비자동적 언어지식에 해당된다.

3) 관심·지식형태 학습모형

Ellis(1985)에 의해 제시된 관심·지식형태 학습모형에서는 외국어/제2언어의 지식 유형을 언어학적 관점에서 명시적 관심과 암시적 관심, 인지심리학의 관점에서 선언적 자질과 절차적 자질의 4가지로 분류한다.

표 5.10 Ellis의 외국어/제2언어 지식의 유형

	선언적 자질	절차적 자질
언어구조에 대한 명시적 관심	(A형) 외국어/제2언어의 규칙에 대한 의식적 지식	(B형) 발화 및 의사소통 전략에 관한 의식적 지식
언어구조에 대한 주변적 관심	(C형) 외국어/제2언의 규칙에 대한 묵시적 지식	(D형) 발화 및 의사소통 전략을 자동적으로 활용할 수 있는 지식

위의 표에서 A형의 지식을 지닌 사람은 문장 단위의 말을 할 수는 있으나 맥락에 적합하게 정상적인 속도로 연결할 수 없으며 정상적인 듣기 활동도 불가능하다. 또한 읽고 정확하게 이해할 수는 있으나 속도가 느리며 쓰기에도 문제가 있다. 이러한 지식은 일반적으로 문법·번역중심교수법의 결과로 생긴 지식이다. B형의 지식을 지닌 사람은 문장단위 이상의 언어를 처리할 경우에 언어적 지식을 의식은 하지만 그 처리 속도가 비교적 빠르다. 이러한 지식은 의사소통 중심의 교실 수업을 받은 학습자에게서 볼 수 있으며 이 지식은 점차적으로 D형으로 전환된다. C형의 지식은 언어사용의 결과로 귀납적으로 생긴 지식이므로 원어민이 가지고 있는 지식과 유사하며 A형과는 달리 언어활동에 사용될 수 있으나 D형과 같이 유창한 언어활동으로 이어지는 것은 아니다. C형의 지식은 영어 사용사회에서 교실 수업 없이 습득한 지식이며 외국어 상황에서는 습득하기가 어렵다. D형의 지식은 자동화되어 언어에 대한 직관을 갖고 언어활동을 능숙하게 할 수 있는 지식으로 외국어나 제2언어학습의 궁극적인 목표가 되는 지식이다.

이 모형도 외국어 학습에서 명시적인 문법지도가 필요하다고 보는 관점으로 명시적인 언어지식은 연습을 통해 자동적으로 사용할 수 있는 지식으로 변할 수 있다고 보는 것이다.

5.5.5 구성주의 학습이론

구성주의(constructivism)는 인간은 자기 자신의 지식을 스스로 구성(construct)해 간다고 본다.[51] 다시 말하면 구성주의는 지식이론(theory of knowledge)이라고 하기 보다

48) 구성주의는 인지적 구성주의와 사회적 구성주의로 나누어진다. 인지적 구성주의는 1960년대 이후 인지주의 심리학에 근거하고 있으며 지식이란 학습자가 주위환경과 상호작용을 통해 학습자의 내부에서 스스로 형성해 나가는 것으로 보며, 인지적인 면을 강조하는 구성주의라고 할 수 있다. 이러한 관점에서 Piaget(1972)는 개별적 행위로서의 인지발달의 중요성을 강조하고

는 '앎(알아감)'의 이론(theory of knowing)으로 사회적 맥락 속에서 학습자 자신에게 의미 있고 필요한 언어지식을 스스로 구성해 간다는 것으로 상호작용을 중시한다. 따라서 구성주의에 입각한 외국어학습론은 상호작용적 학습(interactive learning), 협력 학습(cooperative learning), 발견학습(discovery learning)을 중시하고 학습자가 스스로 정보를 선택하고 변형하며 가설을 설정하고 행동에 대한 결정을 한다고 본다. 또한 내용 중심적(content-based)이고 과제 중심적인(task-based) 학습활동 및 과정 중심적(process-oriented)인 학습을 강조한다. 또한 수행평가를 선호하며 교사는 안내자나 조력자로서의 역할을 한다.

구성주의의 주장을 정리하면 다음과 같다.

① 학습자들이 스스로 원하는 것을 배운다.
② 학습자들이 원하는 속도로 배운다.
③ 학습자들에게 적합한 방식으로 배운다.
④ 실제적이고 유의미한 상황을 제공한다.
⑤ 학습자의 활동을 중시하고 지식과 경험을 다른 학습자와 공유하며 상호작용적 학습을 강조한다.

구성주의 학습이론은 Long(1983), Hatch(1983, 1992), Pica(1994) 등에 의해 연구되어졌다. Long(1983)은 이해될 만한 입력(comprehensible input)이 필요하다는 Krashen(1981)의 주장에 동의는 하지만 입력을 이해 가능하게 만드는 방법에 관심을 두고 있다. 그는 대화를 통하여 자신의 의미를 전달하고 상대방의 메시지를 이해하려고 노력하는 중에 의사소통능력이 향상된다고 본다. 이 과정에 수정된 상호작용(modified interaction)이 필요하다고 주장한다. 수정된 상호작용이란 의사소통을 상대방이 이해할 수 있게 노력하는 것으로 다음과 같이 부모가 어린이가 이해할 수 있게 어린이 수준에 맞게 수정하여 말하는 것을 예로 들 수 있다.

예) Mommy go, bye bye now.

Long(1983)은 수정된 상호작용이 입력을 이해가능하게 하고 언어습득에 도움을 준다

있다. 사회적 구성주의는 학습의 사회적인 면을 강조하며 사회적 상호작용(social interaction)과 협동학습을 강조한다. Vygotsky(1978)는 사회적 상호작용이 인지발달의 기초가 됨을 강조하는 사회적 구성주의를 주장하고 있다.

고 다음과 같이 제시하고 있다.

① Interactional modification makes input comprehensible.
② Comprehensible input promotes acquisition.
③ Interactional modification promotes acquisition.

수정된 상호작용(modified interaction)은 단순화 언어(linguistic simplification)를 사용할 수도 있으며 다음과 같은 의미협상 방법을 통하여 이해에 도움을 주게 된다.

① 느린 말(slower speech)의 사용
② 상황맥락의 제공(provision of additional contextual cues)
③ 이해의 점검(comprehension checks)

예) The bus leaves at 7: 20. Do you understand?
Go down to the subway - do you know the word 'subway'?

④ 명료한 말의 요청(clarification requests)

예) Could you repeat please?
Did you say 'to the left'?

예) A: When can you go to visit me?
B: Visit?

⑤ 반복 혹은 변경하여 말하기(self-repetition or paraphrase)

예) She got lost on her way home from school.
She was walking home from school. She got lost.

Hatch(1983)에 의하면 Krashen(1982)이 주장한 이해 가능한 언어입력만으로는 외국어의 의사소통 기능을 습득할 수 없으며 모국어의 경우처럼 상호작용이 언어의 습득과 발달에 필요하다. 또한 Rivers(1987)는 상호작용을 통해 기억을 장기간 유지할 수 있다고 주장하고 있다. 따라서 구성주의 관점의 영어교육은 유창성 중심 교육프로그램이라고 할 수 있다.

요약하면 외국어/제2언어의 학습에서 언어형태에 대한 의식적인 관심이 필요한지 여부에 따라 중개입장(interface position)과 비 중개입장(non-interface position)으로 나눌 수 있다. Krashen(1985, pp. 39~42)은 강한 비 중개 입장으로 이해될만한 입력과 무의식적으로 배운 지식만이 습득에 이르게 한다고 주장한다. 그러나 강한 중개 입장은 이전의 의식적인 학습과 문형의 연습을 통해서만 습득에 이른다고 본다. 약한 중개 입장에서는 습득에 이르기 위해서는 의식적 학습과 이해될 만한 입력이 모두 필요하다고 본다. 보다 더 약한 중개 입장에서는 의식적인 학습이 입력의 이해에 도움을 준다고 보고 있다. 또한 구성주의에서는 상호작용을 통한 개인의 지식 구성을 강조한다.

6장 영어교수방법론

제6장에서는 외국어 학습/교수방법론에 관한 연구를 토대로 다양한 영어교수방법을 논의하고자 한다.

영어교육은 학습자, 담당교사, 교재, 교수법, 교육환경, 학급당 학생 수, 시설 및 보조자료 등의 다양한 변인과 여건에 따라 그 성패가 좌우된다. 이 중에서 교수법은 다른 모든 여건 보다 더 직접적으로 교육의 성과에 영향을 미치며 경우에 따라서는 다른 여건의 부족함을 교수법의 개선을 통해 극복할 수도 있다. 또한 교재나 시설 등은 단 기간 내에 집중적인 투자로 개선이 가능하지만 교수법의 개선에는 많은 연구와 현장 적용 실험, 교사의 양성과 연수, 경험 등이 필요하므로 상당한 시간과 노력이 요구된다.

영어지도방법에 관한 논의에서 이론, 접근법, 방법, 기획, 기법, 절차 등의 용어가 사용되는데 혼란을 피하기 위해 용어에 대한 논의가 필요하다. 이와 관련하여 Anthony(1963, pp. 63~7)는 이론(approach), 방법(method), 기법(technique)을 구별하여 설명하고 있다. 일반적으로 '이론(approach)'이란 '일련의 논리적 사고,' '관찰과 실험에 의해 증명된 일련의 가설'을 의미하며 외국어교수에 관한 이론은 언어와 언어의 교수・학습에 대한 일련의 가설을 말한다. '방법(method)'은 이론에 근거한 교수방법과 절차를 의미한다. 하나의 이론에 근거한 여러 교수방법이 있을 수 있고 하나의 교수방법이 여러 이론적 근거를 가질 수도 있다. 예를 들면 청화중심교수법(audiolingual method)은 행동주의이론과 구조주의이론에 토대를 두고 있다. 또한 '기법'(technique)은 실제 수업에 사용하는 구체적인 지도기술을 말한다.

그러나 Richards & Rodgers(1982, p. 156)는 Anthony(1963)의 모델이 교사와 학습자의 관계, 이론의 구체적인 실현방법 등에 대한 고려가 부족하다고 비판하고 교수법을 이론(approach), 기획(design), 절차(procedure)라는 용어를 사용하여 구분하고 있다. 또한 방법(method)은 이론과 구체적인 방법을 포괄하는 용어(umbrella term)로 사용하고 있다.

① 방법(method) : an umbrella term for the specification and interrelation of theory and practice
② 이론(approach) : assumptions, beliefs, and theories about the nature of language and language learning
③ 기획(design) : specifications of the relationship of those theories to classroom materials and activities
④ 절차(procedures) : the techniques and practices that are derived from one's approach and design

이를 표로 나타내면 다음과 같으며 이론, 기획, 절차는 비 계층적이다.

표 6.1 영어교수의 교수법, 이론, 기획 및 절차

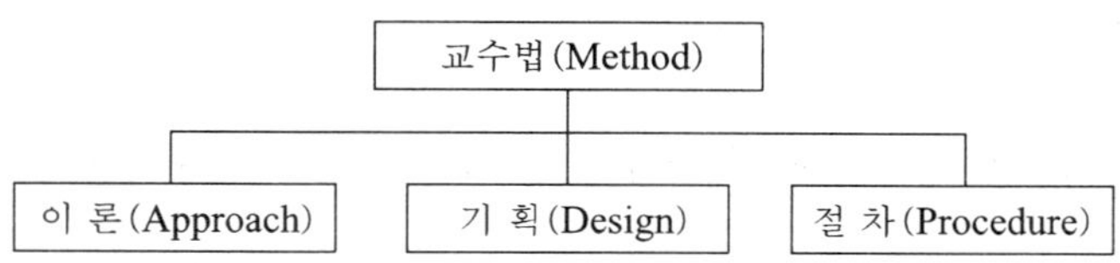

또한 Richards & Rodgers(1982)는 기획(design)의 개념을 구체화하여 목적(objectives), 교수요목(syllabus), 활동(activities), 학습자의 역할(learner roles), 교사의 역할(teacher roles), 교재의 역할(the role of instructional materials)의 6개의 하위영역으로 구분하고 있다.

교수법을 이론, 기획, 절차로 나누어 보는 것이 이론, 방법, 기법으로 분류하는 Anthony (1963)의 모형보다 더 합리적이라고 판단된다. 그 이유는 기획(design) 부분이 구체적으로 제시될 수 있고 기법(technique)이라는 용어 속에는 교사의 입장만 나타나지만 절차(procedure)라고 할 경우는 교사와 학습자의 입장이 모두 포함되기 때문이다.

대부분의 영어교수에 관한 이론과 방법은 언어학과 심리학 및 영어학습이론에 근거를 두고 있으며 역사적으로 볼 때 순환적으로 발전해 왔다고 본다. 즉 한 이론과 방법에 대한 비판에서 새로운 교수법이 제안되지만 이에 대한 문제점이 다시 제기되고 그 이전의 교수법의 장점이 다시 부각되는 정반합(正反合)의 과정을 통해 발전해왔다. 예를 들면 1940년대와 1950년대의 청화중심교수법(audio-lingual method, ALM)은 반세기 전의 직접교수

법(direct method)의 원리를 가져와서 문법 · 번역중심교수법의 문제점을 비판하면서 제기되었으나 얼마 안 있어 ALM 반대자들은 ALM의 기계적인 문형연습과 습관형성을 통한 외국어 지도에 의문을 제기하고 언어규칙과 인지규칙(cognitive code)에 관심을 갖게 되었는데 이러한 변화는 문법 · 번역중심교수법으로의 약간의 회귀(回歸)라고도 할 수도 있다.

현재까지 영어교수법은 문법·번역중심에서 언어구조 중심으로, 다시 상호작용 중심으로 발전하여 의사소통중심교수법(communicative language teaching; CLT)에 이르고 있다. 의사소통중심교수법은 언어에 관한 지식보다는 학습자가 즉각적이고 유의미하게 외국어나 제2언어로 의사소통할 수 있는 능력의 신장에 초점이 있다.

> Today the term "communicative language teaching" is a byword for language teachers. Indeed, the single greatest challenge in the profession is to move significantly beyond the teaching of rules, patterns, definitions, and other knowledge "about" language to the point that we are teaching our students to communicate genuinely, spontaneously, and meaningfully in the second language. (Brown, 2000, p. 14)

영어교수법은 다음과 같은 기준에 의하여 그 유형을 분류할 수 있다.

(1) 언어학과 심리학의 이론적 토대에 따른 영어교수법의 유형

① 구조주의에 근거한 교수법

구화 교수법, 상황 교수법, 청화중심 교수법, 전신반응법

② 행동주의에 근거한 교수법

청화중심 교수법

③ 인지주의에 근거한 교수법

인지적 교수법, 총체적 언어학습, 과제수행 교수법

④ 인본주의에 근거한 교수법

공동체 언어학습, 침묵 교수법, 암시 교수법, 전신반응기법, 자연 교수법

(2) 학습의 주도적 역할에 따른 영어교수법의 유형

① 교사 중심교수법

ⓐ 언어의 분석을 강조하는 교수법: 문법 · 번역 중심 교수법, 독서중심교수법

ⓑ 언어의 사용을 강조하는 교수법: 직접 교수법, 청화중심 교수법, 전신반응법

② **학생중심교수법**

인지적 교수법, 무언 교수법, 집단 언어 학습법, 연상교수법, 의사소통중심교수법

(3) 모국어에 대한 관점에 따른 영어교수법의 유형

① **외국어학습과 모국어 습득을 같이 보는 교수법**

이해중심교수법(comprehension-based approach), 전신반응법, 자연교수법

② **외국어학습과 모국어 습득을 다르게 보는 교수법**

문법·번역 중심교수법, 상황교수법, 인지적 교수법, 무언교수법, 직접교수법, 청화중심교수법, 의사소통교수법, 공동체 언어학습

여기서는 영어교수법을 대체적인 발전순서와 교수의 중점사항에 따라 다음과 표와 같이 분류하고 각 교수법의 배경과 특징을 논의하고 장점과 문제점 분석을 통하여 보다 바람직한 교수법의 모색에 도움을 얻고자 한다. 이러한 분류는 보는 관점에 따라 다소 중첩될 수도 있다.

표 6.2 교수법의 중점과 대체적인 발전순서에 따른 영어교수법의 유형분류

① 전통적인 교수법(conventional approach) 문법·번역중심교수법, 연속행동기법, 직접교수법, 독서중심교수법 ② 언어구조중심의 교수법(language structure-oriented methods) 구술교수법, 상황교수법, 청화중심교수법, 미시파상 교수법, 전신반응기법 ③ 인지중심의 교수법(cognition-based methods) 인지적 교수법, 침묵 교수법, 다중지능 교수법 ④ 상호작용중심의 교수법(interaction-based methods) 의사소통중심교수법, 자연교수법, 과업중심교수법 ⑤ 구성주의적 교수법(constructive methods) 공동체언어학습법, 협동언어교수법, 암시교수법, 총체적 언어접근법 ⑥ 절충식 교수법

6.1 전통적인 교수법

전통적인 교수법(conventional approach)은 20세기 초반까지 실시되어온 외국어 지도

방법들을 통칭하는 것으로 언어학 혹은 심리학, 교육학적 이론의 기초가 비교적 약하며 경험에 토대를 둔 교사중심(teacher-oriented)의 교수법을 말한다.

6.1.1 문법 · 번역중심 교수법

1) 배경

문법 · 번역중심 교수법(grammar-translation method)은 16세기 이후 유럽에서 Latin어와 Greek어의 교육에 사용된 고전적 교수방법(classical method)이 19세기 후반에 보다 체계화된 교수법으로 미국에서는 처음에 프러시안 교수법(Prussian method)으로 불리었다. 1940년대 초반까지 외국어 교육의 대부분은 이 교수법에 의한 문법규칙의 분석과 암기 및 번역 중심의 교육에 의존해 왔다. 또한 이 교수법은 전통문법의 이론적 기저인 정신주의(mentalism)의 영향을 받아 형성되었는데 정신주의 철학은 정신(spirit), 의지(will), 마음(mind)을 언어의 근본요소로 보고 중시하였다.

우리나라 영어교육의 초창기 기독교 계열 사립학교의 영어교육에서 영미 선교사들은 주로 직접교수법(direct method)을 사용하였으나 한국인 영어교사들은 대체적으로 문법과 번역중심의 교육을 실시하였다. 그 이유는 교사들의 영어구사능력의 한계와 학습자의 도구적 동기 때문이었다고 본다. Underwood(1926)는 이 당시의 상황에 관해 다음과 같이 언급하고 있다.

> Under this sort of plan, it is not surprising that 'the best teacher of English grammar in the city of Seoul' should be an individual who cannot speak English intelligibly but who has throughly mastered the puzzles and trick questions of the examinations for the advanced schools in this subject.

문법 · 번역중심교수법은 최근에도 우리나라에서 영어를 비롯한 외국어 교육에 일부 사용되고 있다.

2) 특징

문법 · 번역중심 교수법은 구두의사소통보다는 목표어문법의 이해와 번역능력 및 읽기 숙달을 목표로 하고 있다. 또한 이 교수법은 문법규칙 학습과 암기, 번역 등의 지적 활동에 주로 의존하는 방법으로 모국어가 외국어 학습의 중요한 수단이 된다.

> Language learning is simply viewed as an intellectual activity involving rule learning, the memorization of rules and facts related to first language meanings by means of massive translation practice. The first language is maintained as the reverence system in the acquisition of the second language. (Stern, 1984, p. 455)

그러므로 이 교수법에서는 유창성보다는 정확성에 초점을 맞추어 지도하였다. 또한 수업이 모국어로 진행되며 교재는 주로 문학작품이었다. 읽기와 쓰기가 중시되고 듣기와 말하기, 실용적 표현은 경시되었다. 또한 각 단원의 처음에 새로운 어휘가 소개되고 어휘는 암기하는 방법으로 학습되었으며 전반적인 학습과정은 연역적이었다. 그러나 이 교수법의 언어학적, 심리학적 이론의 토대는 없으며 경험에 의해서 정립된 지도 방법이다.

Celce-Murcia(1991, p. 6)는 다음과 같이 문법·번역중심 교수법의 특징을 정리하고 있다.

① Instruction is given in the native language of the students.
② There is little use of the target language.
③ Focus is on grammatical parsing, i. e., the form and inflection of words.
④ There is early reading of difficult classical texts.
⑤ A typical exercise is to translate sentences from the target language into the mother tongue.
⑥ The result of this approach is usually an inability on the part of the student to use the language for communication.
⑦ The teacher does not have to be able to speak the target language.

3) 장점과 문제점

문법·번역중심 교수법은 상당한 기간 동안 국내외 영어교육현장에서 많이 사용되었고 현재까지도 일부 사용되고 있으며 그 나름의 장점을 지니고 있다. 이 교수법이 많이 사용되어온 이유를 정리하면 다음과 같다.

① 교사의 입장에서 특별한 수업기술이 필요 없고 목표어의 유창한 구사력이 요구되지 않으며 교육환경과 대상에 관계없이 동일한 방법으로 지도하면 된다.
② 다 인수 학급의 수업에 활용될 수 있다.

③ 듣기와 말하기를 강조하지 않으므로 비원어민 교사에게는 유리한 점도 있다. 또한 듣고 말하는 능력을 요하지 않는 상황에서는 효율적일 수 있다고 본다.
④ 문법규칙과 번역 시험이 출제가 쉽고 객관적인 평가가 가능하다.
⑤ 독해지문의 의미포착이 불확실한 경우에 구문의 분석적 설명으로 독해 능력 신장에는 도움이 될 수도 있으므로 문학작품의 이해와 독해력 위주의 시험대비에 효과적이다.
⑥ 수업을 단계화하고 일목요연하게 전개할 수 있다.

그러나 19세기 중엽 유럽제국들에게 시장의 확대를 위한 실용적 외국어 학습의 필요성이 대두되어 20세기 초에 외국어 교육의 개혁운동(Reform Movement)이 일어났다. 이에 따라 이 교수법은 구어를 무시하고 분리된 개별 문장을 제시하므로 학습자의 의사소통능력의 신장에는 기여하지 못한다고 비판을 받게 되었다. 이 교수법의 단점을 정리하면 다음과 같다.

① 언어학적 이론과 학습이론의 기초가 없으므로 이 교수법을 정당화할 이론적 토대가 약하다.
② 발음, 억양, 의사소통기능의 지도를 거의 무시하므로 학습자의 의사소통능력의 신장에 기여하는 바가 지극히 제한적이다. 특히 학습자의 듣기와 말하기 기능을 신장시키기 어렵다.
③ 실제로 활용되는 언어규칙의 습득보다는 예외적인 언어규칙이 강조된다.
④ 일상의 언어보다 인위적이고 비실용적인 언어자료가 사용된다.
⑤ 문법규칙과 어휘의 단순한 암기, 번역활동에 치중하므로 동기유발이 어렵고 학습자가 지루함을 느끼게 된다. 이 점에 대하여 Richards & Rodgers(1986)는 다음과 같이 언급하고 있다.

> 〔Grammar-Translation Method courses were〕 remembered with distaste by thousands of school learners, for whom foreign language learning meant a tedious experience of memorizing endless lists of unusable grammar rules and vocabulary and attempting to produce perfect translations of stilted or literary prose. (p. 4)

요약하면 문법 · 번역 중심교수법은 영어를 문법의 설명과 지문의 번역을 통하여 교수·

학습하는 방법으로 이론적인 토대와 특정한 주창자가 없다. 또한 다양한 문제점이 있음에도 불구하고 1940년대까지 외국어교수법의 주류를 이루어 왔고 현재 우리나라 영어교육에서도 일부 사용되고 있다. 그러나 이 교수법은 학습자의 읽기와 쓰기능력의 향상에는 다소 효과가 있을 수 있으나 듣기와 말하기능력의 신장에는 기여하지 못해 왔다는 평가를 받고 있다.

6.1.2 연속행동기법

1) 배경

연속행동기법(series method)은 프랑스인 F. Gouin(1831~1896)이 *The art of learning and studying foreign languages*(1880)에서 본인이 중년에 이르러 독일어를 학습한 경험을 토대로 제창한 외국어 교수기법이다. Gouin은 독일어 어간과 문법의 암기, 248개의 불규칙변화 동사표의 암기, 책의 내용과 3만개 어휘의 암기 등을 통해 독일어를 배우려 했으나 실패하였다. 그러나 3살 난 조카의 성공적인 모국어 습득과정을 관찰하여 이 교수법을 제창하게 되었다.

2) 특징

연속행동기법은 목표언어를 번역하지 않고(without translation, directly), 문법규칙에 대한 설명 없이(without grammatical explanations), 개념적으로(conceptually) 한 주제에 관한 일련의 연결된 문장을 제시하는 방법으로 일종의 직접교수법이라 할 수 있다. 연속행동기법을 사용한 교재 첫 과의 연속된 15개의 문장을 예로 제시하면 다음과 같다.

예) (a) I walk toward the door. I draw near to the door. I draw nearer to the door. I get to the door. I stop at the door.

(b) I stretch out my arm. I take hold of the handle. I turn the handle. I open the door. I pull the door.

(c) The door moves. The door turns on its hinges. The door turns and turns. I open the door wide. I let go of the handle.

지각의 개념화 과정은 사건의 연속적인 순서로 이루어지므로 다음 예와 같이 자연적으로 연속되는 사건이나 행동을 묘사한 자료를 학습자에게 제공해서 동일한 언어구조, 어휘나 음이 자연스럽게 반복되게 하면 기억에 도움이 된다는 것이다.

예) I am walking to the door; I am standing by the door; I am turning the handle; I am opening the door.

3) 장점과 문제점

이 기법은 단순한 기억과 모방에 의한 문형연습(pattern drill)과는 달리 기계적인 훈련에서 벗어나 보다 유의미적인 학습을 할 수 있다는 장점이 있다. 단순한 반복과는 달리 연속해서 새로운 사실이 제시되면 기억에 유리하며 동일한 음의 반복은 발음 학습에 효과적이다. 또한 이 기법을 활용한 교재의 구성과 연습활동은 향후 직접교수법에도 적용되었다.

그러나 연속행동기법은 단조롭고 언어지도내용도 제한되어 있으므로 초급단계의 EFL 지도에 제한적으로 적용할 수 있다고 본다.

6.1.3 직접교수법

1) 배경

직접교수법(direct method)은 문법・번역중심 교수법의 비판에서 시작되어 1930년대에 성행한 교수법으로 프랑스인 C. Marcel(1793~1896)과 F. Gouin(1831~1896), 영국인 T. Prendergast(1806~1886) 등의 영향을 받았다. 이 교수법은 외국어 학습은 어린이들의 모국어 습득과정을 모방하는 것이 이상적이라고 보고, 듣기와 말하기 위주의 의사소통능력을 강조하며 모국어의 사용이나 번역 없이 목표언어만을 사용하는 지도방법이다. 또한 직접교수법은 자연적 교수법(natural method)[52], Berlitz교수법[53], 연속행동기법,

---

52) 자연적 교수법(natural method)은 목표언어 사용자와의 상호작용(interaction)이나 대화를 통한 외국어 교수 방법을 말한다. 이 교수법의 교육철학적 배경은 자연주의(naturalism)이며 외국어 학습을 어린이가 모국어를 익히는 것과 같은 자연스러운 과정을 따르는 것이 바람직하다고 보고 있다.

> Like the child in his home, the student was to be immersed in language and allowed to formulate his own generalization. (Bowen, Madsen & Hilferty, 1985, p. 20)

이 교수법을 주창한 대표적인 학자는 L. Sauveur(1826~1907)이다.

53) Berlitz교수법은 독일 태생 미국인인 M. Berlitz(1852~1921)에 의해 창안된 교수법으로 일종의 직접 교수법이라고 할 수 있다. 그는 유아가 모국어를 습득하는 방법이 가장 자연스럽고 이상적인 방법이라 보고 이 원리를 실행에 옮기고자 1878년 Rhode Island를 시작으로 세계 여러 나라에 Berlitz School of Languages를 설립하였다. 교사는 원어민이며 10명 이하의 소

음성교수법(phonetic method)[54], multiple 교수법[55] 등을 통칭하는 용어로 사용되며 청화중심교수법(audio-lingual method)으로 발전하였다고 볼 수 있다.

이 교수법은 19세기 후반과 20세기에 주로 사립 교육기관에서 많이 사용되었는데 이는 학생들의 학습동기가 높고 원어민 교사 채용이 비교적 용이하며, 소규모 학급이고 집중 교육이 가능했기 때문이다. 우리나라의 영어교육 초창기에 선교사들이 직접교수법을 많이 사용하였는데 그 이유는 이 교수법의 장점 때문이 아니고 그들이 한국어의 구사에 한계가 있었기 때문이었다고 본다.

2) 특징

직접교수법은 외국어 학습을 모국어의 습득과 유사하게 접근하는 방법으로 간단한 문장으로 이루어진 구어체 언어를 지도하지만 그 목표가 의사소통능력의 개발이 아니라 어휘나 문법규칙의 습득에 두었고 정확성을 중시했으므로 문법·번역 교수법과 유사한 면도 있다.

직접교수법에서는 일정한 교재가 없으며 교사는 목표어를 사용하여 설명하거나 실물과 행동으로 그 의미를 보여 주며 상호작용을 활성화한다. 또한 일상적이고 자연스런 언어를 사용하여 문답식 대화를 충분히 하게 한다. 아울러 단어보다는 문장의 사용을 강조하고 문법은 분석하지 않고 학습자가 자연스럽게 터득할 수 있게 귀납적으로 지도한다.

Mackey(1965, p. 151f)는 다음과 같이 이 교수법의 특징을 제시하고 있다.

① The use of everyday vocabulary and structure

② Grammar taught by situation

인수 학급으로 편성하고 목표언어로 사고하는 습관을 기르고 목표언어만 사용하며 읽기와 쓰기보다는 구어능력을 강조한다. 또한 문법을 귀납적으로 지도한다.

54) 음성교수법은 독일의 W. Viëtor(1850~1918), 영국의 H. Sweet(1845~1912), 덴마크의 O. Jespersen(1860~1943) 등에 의하여 주창된 교수법으로 발음기호에 의해 영어발음을 바르게 과학적으로 지도하는 것이 그 목적이다. 이 교수법의 특징을 요약하면 다음과 같다: 가능한 목표언어만 사용한다; 구술연습을 하고 그 내용을 발음기호로 쓴 것을 다시 읽으며 발음기호를 완전히 학습한 후에 철자를 도입한다; 문법은 귀납적으로 제시한다. 그러나 이 교수법은 학습 초기부터 발음기호를 강조하므로 학습자가 흥미를 상실할 우려가 있다.

55) multiple 교수법은 de Sauze가 미국 Cleveland에서 프랑스어, 독일어, 스페인어를 지도하기 위한 Cleveland Plan에서 사용한 방법으로 기본원칙은 다음과 같다: 언어의 네 기능을 통합하여 지도한다; 학습자의 흥미를 중요시한다; 귀납적인 문법지도를 한다; 어휘는 다른 표현(paraphrase)을 통해 지도한다; 학습자의 실생활과 관련시킨다; 오류는 직접 교정하지 않는다.

③ Use of many new items in the same lesson to make the language sound natural and to encourage normal conversation
④ Oral teaching of grammar and vocabulary
⑤ Concrete meanings through object lessons; abstract ones through the association of ideas
⑥ Grammar illustrated through visual presentation
⑦ Extensive listening and imitation until forms become automatic
⑧ Most of the work done in class; more class hours needed for the method
⑨ The first few weeks devoted to pronunciation
⑩ All reading matter first presented orally

3) 장점과 문제점

직접교수법에서는 목표어를 수업언어로 사용하므로 학습자의 듣기 말하기 능력을 신장시킬 수 있다. 또한 소집단의 학습자에게는 효과적인 장점이 있다. 그러나 다음과 같은 문제점이 있어 1920년대 이후는 쇠퇴하거나 문법·번역중심 교수법의 보완책으로 사용하는 경우가 많게 되었다.

① 학습내용을 체계적으로 제시하기가 어렵다.
② 수업언어로 모국어를 사용하지 않으므로 학습자가 개념을 잘못 이해할 가능성도 있다. 또한 학습자가 추상적인 내용을 명확하게 이해하기 어려워 지도의 효율성이 떨어질 수도 있다.
③ 교사의 목표언어에 대한 유창성이 요구되므로 영어교사가 원어민이거나 원어민과 거의 같은 수준의 발음을 구사할 수 있어야 한다.
④ 공교육기관에서는 사용에 한계가 있다. 즉 학급의 적절한 규모나 배당시간, 적합한 교사의 확보 등에 어려움이 있을 수 있다.

6.1.4 독서중심 교수법

1) 배경

독서중심 교수법(reading approach)은 Coleman 보고서(1929)의 영향으로 1940년대

와 1950년대에 미국에서 널리 사용되어진 교수법으로 지도목표를 독해력의 훈련에 두고 있다. Coleman 보고서에서는 구어지도는 비실제적이므로 읽기가 언어교육의 중심이 되어야 한다고 주장하고 있다.

2) 특징

독서중심의 교수법은 읽기 자료를 모국어로 번역하지 않고 읽도록 지도하며 독서의 분량이 독해력과 직접적인 관련이 있다고 본다. 또한 초급단계부터 읽기를 지도하며 정독과 더불어 묵독, 다독, 속독을 강조하며 독서의 내용과 학습자의 지적 흥미유발에 중점을 둔다. 학습자의 독해력 개발을 위해서는 교재의 어휘를 등급화하고 빈도(frequency)에 의해 통제하며 기본어휘를 정하여 제시한다. 아울러 음성에 먼저 친숙하게 하고 새로운 어휘와 구문은 상황이나 문맥 등을 통해 유추하게 한다. 다독은 개인별로 하며 학습자의 수준에 따라 읽기 교재의 분량에 차이를 둔다.

이 교수법에 관하여 Celce-Murcia(1991, p. 6)는 다음과 같이 정리하고 있다.

① Only the grammar useful for reading comprehension is taught.
② Vocabulary is controlled at first (based on frequency and usefulness) and then expanded.
③ Translation is once more a respectable classroom procedure.
④ Reading comprehension is the only language skill emphasized.
⑤ The teacher does not need to have good oral proficiency in the target language.

3) 장점과 문제점

독서 교수법은 어휘 통제, 교재의 등급화, 속독기술의 도입 등에 긍정적인 기여를 하였으며 특별 목적의 영어교수(English for specific purposes, ESP)의 가능성을 제시해 주고 있다. 또한 교사가 목표어의 구어에 능숙하지 않아도 지도가 가능한 장점이 있다. 그러나 이 교수법은 독서의 질보다는 양을 중시하고 언어의 네 기능 중 읽기 기능을 우선적으로 강조하므로 의사소통능력, 특히 구어 능력의 신장에 대한 공헌에는 의문이 있다. 또한 독해 능력의 증진 여부는 상당한 부분이 학습자 개인의 인내와 노력, 집중력에 달려 있으므로 지도에 한계가 있다.

6.2 언어구조중심의 교수법

언어구조 중심의 교수법(language structure-oriented methods)은 언어를 '의미를 나타내는 구조적으로 연관된 요소들의 조직체'로 인식하고 언어학습을 언어의 구조를 익히는 것으로 보는 교수법들을 통칭하는 것이다. 여기에는 구술교수법, 상황교수법, 청화중심 교수법, 전신반응기법, 미시파상 교수법 등이 있다.

6.2.1 구술교수법

1) 배경

Palmer(1921)가 *Oral method of teaching languages*를 발표한 후 구술교수법(oral method)이라는 용어가 사용되기 시작하였으며 'Palmer's method'라고도 불리어 왔다. Palmer는 런던대학에서 외국 유학생들에게 영어를 지도하였는데 유학생들이 자기 나라에서 영어를 상당히 배웠으나 듣기와 말하기 능력이 너무 부족함을 파악하고 구술교수법을 사용하게 되었다. 이 교수법의 목적은 모국어를 사용하지 않고 목표어를 의미와 직접 연결시켜 습관을 형성해 주는데 있으므로 직접교수법과 거의 같거나 직접 교수법의 일부라고 할 수 있다. 이 교수법은 1950년대에 상황교수법으로 발전하게 되었다.

2) 특징

구술교수법(구화교수법; oral method)은 구술 학습을 통해 목표어의 기본적인 문법체계를 지도하는 방법으로 습관형성(habit-formation)을 중요시한다. 이 교수법은 음성의 이해와 표현으로부터 시작하여 암기, 변형의 순서로 진행된다. 또한 교재준비와 학습과정은 인지(perception) → 확인이해(recognition) → 모방(imitation) → 재생(reproduction)의 네 단계로 한다. 다시 말하면 소리의 인지하고 의미이해를 확인한 후에 발음을 모방하고 표현을 시도한다.

Palmer(1921/1964)는 Gouin의 연속동작기법의 원리에 따라 기본적인 동사의 어법을 지도하는 방법으로 동작연쇄(action chain)기법을 제시하고 있다. 여기서 기본 8 동작은 다음과 같으며 다소 변형이 가능하다.

> 기본 8 동작: Getting up, Going to the door, Opening the door, Going out of the room, Coming into the room, Shutting the door, Going (or coming) back to

one's place, Sitting down

3) 장점과 문제점

구술교수법은 학습자의 구어능력 향상에는 다소 효과가 있을 수 있으며 다양한 교수법의 개발에 기여하였다. 그러나 학습자의 수준에 대한 고려가 부족하고 반복과 모방 등의 기계적 학습에 의존하고 있는 문제점이 있다.

6.2.2 상황교수법

1) 배경

상황교수법(situational language teaching)은 Hornby가 *Oxford progressive English course for adult learner*(1954~6)를 통해 제창하였는데 구어가 언어의 기본이고 말하는 능력에 가장 영향을 주는 요소는 구조이며 구조에 관한 지식은 상황과 연결되어 습득된다고 보고 있다. 또한 정확한 언어습관의 형성을 목표로 하고 있고 실제 상황에서의 사용을 중시한다. 이 교수법은 영국에서 1940년대부터 1960년대까지, 호주에서는 1960년대에 많이 사용되었다.

2) 특징

상황교수법에서는 구조적 교수요목(structural syllabus)과 단어목록이 사용되며 문형을 '상황적'으로 제시하고 구체적인 사물이나 그림을 몸짓 등과 함께 이용하여 연습활동을 한다. 따라서 여기서 사용된 '상황적'의 의미는 현재 사용되고 있는 '상황적'의 의미와는 다르다고 할 수 있다(배두본, 1990, p. 227 참고).

이 교수법에서는 구어를 우선하며 목표어가 수업언어이며 기본적인 어휘가 제시된다. 또한 문법은 단순한 것에서 복잡한 문법의 순서로 제시되며 통제연습활동을 한 후에 자유연습활동을 한다. 아울러 어휘와 문법지식을 토대로 하여 읽기와 쓰기를 지도한다. 이 교수법의 특징은 다음과 같이 요약될 수 있다(Richards & Rodgers, 1986, p. 34).

① Language teaching begins with the spoken language. Material is taught orally before it is presented in written form.

② The target language is the language of the classroom.

③ New language points are introduced and practiced situationally.
④ Vocabulary selection procedures are followed to ensure that an essential general service vocabulary is covered.
⑤ Items of grammar are graded following the principle that simple forms should be taught before complex ones.
⑥ Reading and writing are introduced once a sufficient lexical and grammatical basis is established.

수업 절차는 학습자의 수준에 따라 다양하지만 대체적으로 다음과 같다(Pittman, 1963 참고).

① 듣고 모방하여 발음연습
② 교정(revision)
③ 새로운 구조와 어휘 제시(presentation of new structure or vocabulary)
④ 구두 연습(oral practice)
⑤ 읽기(reading of material on the new structure, or written exercises)

3) 장점과 문제점

상황교수법은 구화연습과 문법학습, 문형연습을 강조한다는 면에서 현장교사들의 직관과 대체적으로 일치하므로 1950년대 이후 학교수업에서 널리 사용되고 있다. 또한 목표어가 수업에 사용되는 언어이므로 최근의 경향인 '영어를 통한 영어수업'과 일맥상통한다. 그러나 이 교수법을 전적으로 학교교육에 적용하기에는 현실적인 한계가 있다고 본다.

6.2.3 청화중심교수법

1) 배경

청화중심교수법(청화식 교수법; audiolingual method)[56]은 1939년부터 Fries를 중심

56) 청화중심교수법에 대해 처음에는 'aural-oral'이라는 용어가 사용되었으나 발음이 혼동될 우려가 있어서 Brooks(1960. p. 201)가 'audio(청각)-lingual(혀; 舌)'이라는 용어를 제안했고 그 이후 이 용어가 정착되게 되었다.

으로 Michigan 대학교에서 개발되어 외국어 교사의 훈련과 외국어 교육에 사용된 교수방법으로 'Michigan method,' 'Fries method'라고도 불리어 진다. 이 교수법은 Lado(1957), Brooks(1960) 등에 의해 크게 발전하였고 미국에서 1940년대부터 1960년대까지 많이 사용되었다. 또한 이 교수법은 세계 제 2 차 대전 발발 후 참전 미군의 외국어능력 신장을 목표로 군대특별훈련계획(Army Specialized Training Program, ASTP)에 의해 군인들의 외국어교육에 사용되어 'Army Method'라고도 불리어 진다.

청화중심교수법의 언어학적 배경은 행동주의 심리학과 구조주의 언어학으로 언어는 의미를 부호화하기 위해 구조적으로 연관된 요소들의 조직체이며 그 요소는 음소, 형태소, 단어, 구조와 문형이라고 보고 있다. 또한 이 교수법의 심리학적 토대는 행동주의이며 조건화(conditioning), 습관형성(habit formation), 모방연습, 문형연습(pattern practice)을 중시한다. 바람직한 영어습관을 형성하기 위해 대화를 암기하고 문형연습(pattern drill)을 통해 오류를 극소화하며 언어규칙은 설명보다는 연습을 통한 귀납적 방법으로 지도한다. 또한 이 교수법의 학습이론은 다음의 기본 원칙에 근거를 두고 있다(Moulton, 1961, p. 82).

① Language is speech, not writing.
② A language is a set of habits.
③ Teach the language, not about the language.
④ A language is what its native speakers say, not what someone thinks they ought to be.
⑤ Languages are different.

우리나라에서는 제1차 교육과정(1955. 8)에서 이 교수법의 이론을 도입하여 듣기, 말하기, 읽기 쓰기의 순서로 지도하였으며 반복적인 문형연습을 통하여 습관을 형성 하게 하였다. 또한 행동주의 학습심리학의 이론을 받아들여 소량의 교재를 반복 취급하여 그 철저를 기하도록 한 바 있다. 이 교수법은 1970년대까지 많이 사용되어 오다가 의사소통 교수법이 소개됨에 따라 차츰 쇠퇴하게 되었다.

2) 특징

청화중심교수법에서는 듣기와 말하기를 다른 기능보다 우선하고 문법 설명은 가능한 줄이고 교수 언어는 목표어로 한다. 또한 목표어권의 문화에 대한 지도는 최종단계에서 실시한다. 이 교수법의 특징은 다음과 같이 정리할 수 있다.

① 새로운 자료는 대화 형태로 제시한다.
② 정해진 어구를 모방, 반복, 암기하는 기계적 학습(rote learning)에 의해 목표언어를 배운다.
③ 구문은 모국어와 목표어의 대조분석(contrastive analysis)을 통해 지도순서를 정하고 하나씩 반복해서 지도한다.
④ 문법사항은 설명을 최대한 줄이고 귀납적 유추를 통해 가르친다.
⑤ 새로운 어휘는 문맥상에서 지도한다.
⑥ 발음과 구어체를 중시한다.
⑦ 어학실습실과 시청각 자료를 많이 활용한다.
⑧ 모국어의 사용은 최대한 제한한다.
⑨ 성공적인 반응 즉 바람직한 언어행위는 즉시 강화시키고 정확성을 강조하며 학습자의 오류는 즉각 교정하여 오류 없는 표현만을 하게 한다.

수업 기술로 다음의 예와 같은 대치표(substitution table)와 반복, 대치, 문장완성하기, 확장, 변형, 축약, 통합, 응답 등의 다양한 문형연습이 사용된다.

예)

The	pen pencil ruler	is	on under by	the	desk. chair. book.

제시와 연습단계가 청화중심 교수법에 의한 수업의 핵심을 이루는데 제시는 목표언어로만 이루어진다. 학습초기에 언어구조의 학습은 교사의 행동, 그림, 실물(realia) 등을 통하여 제시하며 문형연습을 반복적으로 실시한다.

3) 장점과 문제점

청화중심교수법은 현재도 기초단계의 연습과정에서 제한적으로 사용되고 있으며 그 장점을 정리하면 다음과 같다.

① 외국어 교수법의 기초를 언어학과 심리학에서 확립하였다.
② 학습해야 할 구문이 체계적으로 도입된다.

③ 문형연습을 통해 정확한 발음훈련을 할 수 있다.
④ 제한된 범위 내에서는 일상생활회화 능력을 배양할 수 있다.
⑤ 초보자나 학습동기가 높은 성인들에게는 효과적일 수 있다. 특히 학습초기에 듣고 말하는 능력을 어느 정도 길러주고 자신감과 성취감을 줄 수 있다.
⑥ 학습활동이 학습자의 연습 위주로 되며 수업시간을 효율적으로 최대한 활용할 수 있다.
⑦ 다매체(multi-media)의 사용이 용이하다.

그러나 청화중심 교수법은 다음과 같은 문제점 때문에 궁극적으로 학습자의 의사소통능력 신장에 기여하지 못한다는 비판을 받게 되었다(Ausubel, 1964 참고).

① Chomsky 등의 생성문법주의자의 대두와 더불어 언어는 습관이라기보다는 규칙지배적(rule-governed)행위이며 습관형성이나 과잉학습(overlearning)의 방법만으로는 장기적인 의사소통능력의 배양이 어렵다는 비판이 제시되었다.
② 학습자의 오류는 습관화 될 가능성 때문에 금기시되고 정확한 언어사용만이 허용된다.
③ 수업기술이 주로 문형연습(pattern practice)과 모방반복(mimicry-memorization, mim-mem)에 의존함으로 학습자의 동기유발이 어렵다. 또한 교재가 동일한 내용의 반복이므로 성인학습자에게는 비능률적이고 지루함을 준다.
④ 유의미학습(meaningful learning)이 어렵고 기계적 학습(mechanical learning)이 되기 쉽다. 인지 능력이 발달한 성인 학습자의 경우는 문법의 연역적(deductive) 제시가 효과적일 수도 있다.
⑤ 이 교수법에서는 읽기와 쓰기를 등한시 하지만 읽기와 쓰기의 학습도 중요하며 듣고 말하기 학습에 도움이 될 수도 있다.
⑥ 학습자들은 자연스러운 속도의 말(natural speed)을 듣고 당황할 수도 있다.
⑦ 모국어사용의 금지나 귀납적인 문법지도가 시간상으로 비효율적일 수도 있다.
⑧ 이 교수법으로 지도 받은 학습자들은 새로운 상황에 대처하기 어렵고 기대처럼 목표어를 구사하지 못한다.

위와 같은 여러 가지 문제점이 있으나 한국어와 영어의 언어구조가 크게 다르므로 기본적인 영어의 구조를 지도하기 위해 학습초기에는 문형연습과 반복기법을 제한적으로 사용할 수 있다고 본다. 또한 문형연습 후 대화문 읽기, 문형연습에서 배운 대화문을 이용하여 질문-대답연습, 역할놀이 등으로 활동을 확대하고 다양화함으로 학습자의 지루함을 덜어주어 학습효과를 높일 수 있는 방안을 모색할 수도 있다.

6.2.4 미시파상 교수법

1) 배경

미시파상 교수법(미이크로 웨이브식 교수법, 초단파 교수법, microwave device)은 E. Stevick이 1964년 미국 국무부 외국활동연구소(Foreign Service Institute)와 평화봉사단에서 교수자료를 개발하기 위해 제안된 단기 외국어 교수방법이다. 여기서 미시파상(microwave)은 일련의 주기로 구성된 교수자료를 의미하며 주기는 가르치는 학습자료를 더 작은 단위로 나눈 소집성체(small corpus)를 말한다. 학습자료를 최소화했으므로 비유적으로 '미시파상'이라는 용어를 사용하며 최소화된 학습자료를 사용하면 학습의 효과가 극대화 된다고 보고 있다. 이 교수법의 청화중심교수법의 변형이라고 할 수 있다.

2) 특징

미시파상 교수법에서는 자서전적 내용을 들려주고 이해를 확인하고 그 내용을 중심으로 대화를 유도한다. 또한 단기 교육 훈련 주기를 통해 반복적으로 학습시켜 외국어를 숙달하게 한다.

수업의 주기는 M-단계(M-phase)와 C-단계(C-phase)로 구성된다. M-단계는 문장단위의 기초적인 훈련을 위한 발음모방(mimicry of pronunciation), 문법요소의 조작연습(manipulation of grammatical elements), 의미학습(meaning learning), 기억(memorization)의 단계를 발한다. 또한 C-단계는 실생활과 유사한 회화의 연습활동으로 통제된 대화(controlled conversation)와 의사소통활동(communication)으로 나누어 실시된다. 또한 진정한 의사소통능력을 신장시키기 위하여 토론 및 질문과 대답 방식의 학습과 교수를 강조한다.

3) 장점과 문제점

미시파상 교수법은 조직적인 학습을 통해서 단기간에 체계적으로 외국어를 숙달할 수 있는 장점이 있으나 독해와 쓰기에 대한 교육효과에는 의문이 있다.

6.2.5 전신반응기법

1) 배경

전신반응기법(전신반응식 교수법, total physical response, TPR)은 J. Asher (1969)가 제창하였으며 이해중심접근법(comprehension approach)[57] 중의 하나로 어린이가 발화하기 전에 많은 양의 입력 자료를 듣고 모국어를 습득하는 과정을 관찰함으로 그 결과를 외국어/제2언어교수법에 적용시킨 방법이다. 이 기법은 구조언어학과 발달심리학, 인본주의에 이론적 토대를 두고 있다.

2) 특징

전신반응기법은 학습자가 주로 명령문으로 이루어진 말을 듣고 신체적 행동으로 반응하게 함으로써 언어를 학습할 수 있게 하는 방법으로 Asher(1977)에 의하면 말에 수반된 행동이 기억과 회상에 도움이 된다고 한다. 다시 말하면 어린이는 말을 할 수 있기 전에 많은 양의 이해될 만한 입력(comprehensible input)을 받으므로 어린이는 표현할 수 있는 언어보다 훨씬 더 많은 언어를 이해하고 있다.[58] 또한 초기 언어입력에는 많은 신체행동언어(action language)가 포함되는데 예를 들면 다음과 같은 명령을 할 때는 일반적으로 신체동작을 수반한다.

예) Come here. Stop. Go.
Touch your nose. Touch your mouth.
Pick up the book. Put the book on the table.

그러므로 이 기법은 말에 수반된 행동을 강조한 기억 흔적이론(memory trace theory)과도 연결된다. Asher(1977)는 행동은 우측 뇌의 기능인데 좌측 뇌의 언어기능을 앞서야

---

57) 이해중심접근법(comprehension approach)은 1960년대와 1970년대의 외국어교수법의 큰 흐름 중의 하나로 말하기 능력에 앞서 듣고 이해하는 능력을 먼저 키워야 한다고 주장한다. 이해능력이 개발되면 말하기표현 능력은 저절로 개발된다고 보고 있기 때문이다.

58) Gathercole(1988)은 모국어 습득에서 항상 이해가 표현을 앞서는 것은 아니라고 주장하고 있다. 예로 두 살 난 어린이가 'where', 'when'을 적절히 사용하지만 이해는 어려운 경우가 있다고 주장한다.

> It is not the case that comprehension always precedes production, nor that all learning is systematic and involves rule-governed behaviour, nor that communication is always the primary motivating force behind acquisition. (p. 428)

한다고 우측 뇌 중심의 학습(right-braining learning)을 주장하고 긴장감의 제거를 학습에 필수적으로 보고 있다.

> The task is to invent or discover instructional strategies that reduce the intense stress that students experience. (Asher, 1977, p. 2).

언어학습에서 발화를 연기하고(delay production) 수용기능을 먼저 학습시킴으로 긴장감을 감소시킬 수 있다고 본다. 또한 모국어습득의 속성에서 다음과 같은 사항을 원용한다고 본다(Nunan, 1991b, p. 244).

> ① We should stress comprehension rather than production at the beginning levels of second language instruction (the first ten to twelve hours should be devoted exclusively to input according to Asher) with no demands on the learners to generate the target structure themselves.
> ② We should obey the 'here and now' principle.
> ③ We should provide input to the learners by getting them to carry out commends. These commends should be couched in the imperative.

행동 반응이 언어 반응을 앞서는 것이 바람직하다는 의견은 Palmer and Palmer (1959)에 의해서도 제기된 바 있다.

> ... in view of the fact that talking activities are invariably preceded by a more or less long period of purely receptive work, mostly in the form of reacting physically to verbal stimuli, it would seem to be no exaggeration to state that the execution of orders is a prerequisite to the acquiring of powers of expression.... no method of teaching foreign speech is likely to be economical or successful which does not include in the first period a very considerable proportion of that type of classroom work which consists of the carrying out by the pupil.... of orders issued by the teacher. (p. 39)

이 교수기법은 특정한 교재에 의존하지는 않으며 교수요목은 문법적 어휘적 기준에 의해 문장단위로 구성되는데 처음에는 형태보다 의미에 역점을 둔다. 수업시간에 학습할 수 있는 어휘는 12~36단어이고 문법은 연역적으로 지도하며 수업 중 교사는 무대 연출자같이 학습을 지휘해 나간다.

> The instructor is the director of a stage play in which the students are the actors. (Asher 1977, p. 43)

또한 학습자는 주로 명령문(imperative mood)을 듣고 행동하며 말로 하는 반응은 이 단계에서는 불필요하다. 언어자료는 일상생활에서의 상황을 중심으로 하며 대화는 120시간정도의 수업 이후부터 실시한다. 명령문은 간단한 것부터 단계적으로 길어지며 유머(humor)도 사용할 수 있고 의문문도 가능하다. 의문문의 경우 행동으로 반응하게 하고 차츰 말로 응답하게 한다.

(1) 한 행동 명령문

예) Stop. Jump. Turn. Walk. Stop. Sit down. Turn right. Raise your left hand.

(2) 연결된 명령문

예) Point to the door. Walk to the door.
Point to the chair. Walk to the chair. Touch the chair. Sit down.
Go and stand next to the girl who is wearing a red jumper, but who isn't wearing black shoes.

(3) 유머(humor)

예) Walk slowly to the window and jump.
Put your toothbrush in your book.

(4) 의문문

예) (a) T: Where is the book?
S: *Students point to the book.*
(b) T: Who is Chulsoo?
S: *Students point to Chulsoo.*

전신반응기법의 특징을 요약하면 다음과 같다.

① 목표언어의 의미는 행동에 의해 전달되며 개념단위(chunk)로 제시한다.
② 일종의 이해중심접근법(comprehension approach)으로 듣기능력을 우선하여 학습시킨다.
③ 학습자는 행동으로 반응한다.
④ 오류의 교정은 신중하게 한다.
⑤ 학생이 자발적으로 발화하기 전에는 말하기를 강요하지 않는다.

3) 장점과 문제점

전신반응 기법은 하나의 독립된 지도기법으로 사용될 수 있고 듣고 그리기, 글을 보고 행동하기 등으로 다양화시킬 수도 있으며 이해중심교수법이나 자연적 접근법과 병행하여 사용할 수 있는 장점이 있다. 또한 표현을 강요하지 않으므로 연령이 낮은 학습자나 초급수준의 학습자에게 유용하며 학습자의 걱정과 불안을 최소화할 수 있다는 점에서 인본주의적 접근법(humanistic approach)에 속한다고 할 수 있다. 그러나 이 교수법에는 다음과 같은 문제점과 한계가 있다.

① 추상적인 어휘를 지도하기는 어렵다.
② 학습활동의 내용이 제한되어 있으므로 고급수준의 학습자나 성인에게는 효과가 의문시된다.
③ 소극적이거나 자발적으로 참여하지 않는 학습자에게는 효과에 한계가 있다.
④ 목표어의 유창한 구사능력을 갖춘 교사가 필요하다.
⑤ 영어에 노출되는 시간이 극히 제한적인 EFL 상황에서는 듣기를 충분히 할 수 없으므로 듣기가 자동적으로 말하기로 전이될 수 있는지는 의문이다.
⑥ 전체 수업시간에 이 방법만을 사용하는 것은 효과적이지 못하고 수업의 일부에서만 활용이 가능하다.

6.3 인지중심의 교수법

인지중심의 교수법은 영어학습에서 인지(cognition)작용을 중요하게 보는 교수법으로 언어능력의 의식적인 학습, 언어의 창조적인 사용능력, 유의적 학습을 강조한다. 여기서 인지란 이해를 거쳐 실천으로 진행하는 것을 의미한다.

6.3.1 인지적 교수법

1) 배경

인지적 교수법(cognitive approach)은 1960년대 중반 청화중심 교수법에 대한 비판으로 제시되었으며 인지규칙 학습이론(cognitive-code learning theory), 변형된 최신형 문법・번역 이론(modified, up-to-date grammar-translation theory, Carroll, 1966), 변형된 최신형 직접식 이론(modified, up-to-date direct method approach, Diller, 1971)이라고도 불리 운다. 이 교수법은 언어의 의식적 습득을 강조하고 인지 심리학(cognitive psychology)과 형태심리학(gestalt psychology), 변형문법(transformational grammar)에 그 이론적 토대를 두며 구조주의의 언어학과 행동주의 심리학의 입장을 반대한다.

2) 특징

인지적 교수법의 목표는 언어체계를 의식적으로 습득하여 실제 상황에서 사용할 수 있는 언어능력(competence)의 신장에 있다. 또한 Chomsky의 언어관 즉 언어란 규칙 지배적이고 창조적 특징을 갖는다는 이론 및 다음과 같은 인지주의 원칙(Diller, 1978)에 근거하고 있다.

① A living language is characterized by rule-governed creativity.
② The rules of grammar are psychologically real.
③ Man is specially equipped to learn language.
④ A living language is a language in which we can think.

이 교수법에서는 모방과 기억에 의한 기계적 학습(rote learning)을 비판하고 엄선된 언어규칙의 터득을 학습의 지름길로 보고 있다. 다시 말하면 기계적인 반복학습은 비효과적이며 학습자가 무엇을 해야 하는지 또 무엇을 하고 있는지를 알고 학습활동에 임해야 학습효과가 있다는 것이다. 또한 청화중심교수법에서 실수(mistake)나 오류(error)는 습관화될 수 있으므로 초기부터 엄금하지만 인지적 교수법에서는 새로운 개념이나 규칙을 배우는데 중요한 과정으로 본다. 또한 이 교수법은 학습자의 기존 인지구조(선험지식구조; schema)에 맞는 지식만이 의미 있게 습득된다고 보고 있다. 다시 말하면 새로운 지식은 선험지식(prior knowledge)과 관련이 있어야 포섭(subsumption)되어 인지구조 속으로 들어온다는 것이다. 따라서 수업의 초기에 선험지식을 활성화해야 한다. 또한 언어학습에서 항상 'active, intelligent, rule-seeking, problem-solving process'(Nunan, 1991b, p. 233)가 강조되어야 한다. 교재는 구조적 형태와 기능에 초점을 맞추어 제작되며 먼저 규칙을 설명하고 예문은 그 다음에 제시하는 연역적 방법을 사용한다. 언어능력이 언어수행을 선행하며 언어분석을 강조한다는 점에서 문법·번역 교수법과 유사한 면도 있다.

3) 장점과 문제점

인지적 교수법은 학습자를 모방하는 존재가 아니라 창조하는 존재로 보고 있으며 다인수 학급에서 사용가능한 장점이 있다. 그러나 문법을 연역적으로 교수하므로 추상적인 언어처리능력이 부족한 어린이들에게는 부적절하고 구체적인 학습방법이나 지도기법을 제시하지 못하고 있다. 또한 학습자가 한 외국어의 문법체계를 습득하면 자동적으로 외국어로 말할 수 있다고 보는 관점에는 무리가 있다. 아울러 학습자의 발음상의 오류를 정확하게 교정하기 어렵다.

6.3.2 침묵교수법

1) 배경

침묵교수법(무언교수법; silent way)을 제창한 Gattegno(1972)는 인본주의적(humanistic) 교육에 관심이 있었으며 독서와 수학프로그램의 개발에 공헌한 바 있다. 이 교수법을 사용하는 수업에서는 교사는 최소한의 본보기만을 제시하고 가능한 적게 말하여 90%이상 침묵을 유지하며 채색된 막대기(rod)나 차트 등을 이용하여 학습자가 스스로 말을 할 수 있게 유도하므로 문제 해결 접근법(problem-solving approach) 혹은 발견학습(discovery-learning)이라 할 수 있다. 따라서 이 교수법은 교사가 계속 말을 하여 학습을 진행시키는 것이 아니라 학습자의 의식을 극대화시키는 방법이다.

2) 특징

학습자는 배운 내용을 암기하여 반복하기보다는 귀납적 과정을 통해 스스로 발견하고 창조할 때 학습이 더 촉진된다고 보고 학습자의 독립(independence), 자율(autonomy), 책임(responsibility), 협조(cooperaton)를 강조한다. 따라서 교사는 차츰 적게 말하고 학습자가 더 많이 말하게 한다.

Richards & Rodgers(1986, p. 99)는 이 교수법의 학습이론을 다음과 같이 정리하고 있다.

① Learning is facilitated if the learner discovers or creates rather than remembers and repeats what is to be learned.
② Learning is facilitated by accompanying (mediating) physical objects.
③ Learning is facilitated by problem solving involving the material to be learned.

또한 이 교수법에 사용되는 교재는 Richards & Rogers(1986)에 의하면 구조적 접근에 의한 것이다.

> By looking at the materials chosen and the sequence in which it is presented in a Silent Way classroom, it is clear that the Silent Way takes a structural approach to the organization of language to be taught. (p. 101)

교수법에서 사용되는 Cuisinere 막대기는 다양한 길이의 채색된 막대기로 횡단면은 1평방 센티, 길이는 1~10cm이며 어휘와 구조의 소개에 이용된다. 발음 지도에는 'Fidel' 차트가 사용된다. 교수 절차는 교사가 직접 발음을 가르치지 않고 한번만 시범을 보이면 학습자가 듣고 모든 정보를 종합하여 자신의 발음을 만들어 낸다. 교사는 여러 개의 채색된 막대기와 몇 가지색을 사용해서 발음과 어휘, 의미의 관계를 나타내도록 만든 차트, 책, 그림책, 테이프 등을 교재로 사용한다. 또한 막대기 세트를 이용하여 색깔이나 크기를 나타내는 어휘들, 단・복수 개념, 비교 등의 문법사항을 지도할 수 있다.

예) (a) (막대를 하나 들어 보이면서) A rod (반복하도록 몸짓으로 지시)
(빨간 색 막대를 들어 보이면서) A red rod (반복하도록 몸짓으로 지시)
(색깔을 나타내는 단어를 익힌 후)
(한 학생에게 다음과 같은 명령을 하도록 몸짓으로 지시) Take a blue rod.
(다음과 같은 문장으로 발전시킴) Give it to (Younhee).

(b) (교사가 하나의 파란 막대를 들고 빨간 막대기 두개를 학습자에게 준 후 단·복수 개념과 수여동사 제시)
I gave two red rods to Youngsu. I have one blue rod, and Youngsu has two red rods.

(c) (교사가 백색 막대와 그보다 길이가 짧은 검정색 막대기를 들고 단・복수 개념과 비교법 제시)

I have two rods. One is white; the other is black. The white rod is longer than the white rod.

3) 장점과 문제점

침묵 교수법은 모국어 사용을 통제하고 학습자의 오류는 학습자 상호간에 서로 교정하도록 하며 교사가 모든 것을 제공해 주기 보다는 학습자가 스스로 배울 수 있게 하는 학습자 중심의 영어학습이라 할 수 있다. 그러나 교사의 직접적인 지도가 없어 학습자가 어려움을 느낄 수 있고 오랜 시간 학습자의 흥미를 지속시키기에는 한계가 있다. 그러므로 일부 언어항목은 교사가 직접 도입하는 것이 효과적일 수 있다고 본다. 또한 침묵 교수법은 전통적인 구조주의 교수요목의 테두리에서 크게 벗어나지 못하고 다른 교수법의 도움 없이 단독으로만 사용하기에는 한계가 있다.

6.3.3 다중지능교수법

1) 배경

Gardner(1993)에 의하면 인간에게는 언어적 지능, 논리·수학적 지능, 공간적 지능, 음악적 지능, 신체동작 지능, 대인관계 지능, 자아발견지능이 있다. 다중지능교수법(MI-based language teaching)은 이러한 인간의 다양한 지능이 언어의 이해와 표현에 관련된다고 보고 다양한 지능을 활용하여 외국어를 지도하는 교수법을 말한다.

2) 특징

다중지능교수법에 토대를 둔 외국어수업은 다양한 지능을 창의적으로 결합하여 교수기법에 적용할 수 있다. 예를 들면 논리-수학적 지능은 비판적 사고, 개념화하기 등에, 음악적 재능은 노래나 박자노래(chant)하기, 운율의 학습 등에 활용할 수 있다. 또한 대인관계 지능은 대화, 브레인스토밍, 협력학습 등에 활용된다.

3) 장점과 문제점

다중지능교수법은 외국어학습에 필요한 지능의 유형에 따라 학습활동과 교수전략을 달리하여 적용할 수 있으므로 교육효과를 기대할 수 있다. 또한 인간의 감성까지를 외국어교육에 활용할 수 있고 다양한 매체 활용의 효과도 기대할 수 있는 장점이 있다. 그러나 교육환경의 여하에 따라 이 교수법을 충분히 이용하는데는 한계가 있을 수 있다.

6.4 상호작용중심의 교수법

상호작용(interaction)중심의 교수법은 언어를 인간 사이의 사회적 상호작용을 위한 수단으로 보는 관점이다. 그러므로 이 교수법들은 교사와 학습자, 학습자와 학습자, 언어와 인간, 언어와 사회 등의 상호작용에 초점을 둔다. 또한 언어는 사회적 관계를 맺고 유지하는 수단이며 언어를 사용하여 원활한 의사소통을 할 수 있는 능력의 습득을 언어학습의 목표로 한다. 1960년대의 청화중심 교수법이나 언어실습실의 활용은 효율적인 면은 있었다고 하더라도 상호작용이 적고 교사가 지시적이며 권위적이었다고 본다.

상호작용 교수법에서는 인지적인 면과 아울러 정의적인(affective) 요인들을 중시한다. 또한 전통적 교수법과 구조 중심 교수법이 교사 중심이며 기계적 훈련을 중시한다고 비판하고 학습자 중심으로 지도하고 언어교수의 개별화(individualization of language teaching)를 시도한다. 아울러 집단 활동과 인간관계를 중시하고 학습자의 필요 분석(need analysis)을 강조한다. 이러한 교수법은 직접적이고 실제적으로 적용 가능한 지도기법을 제시하지는 못했다고 보지만 외국어 교수방법의 역사에서 중요한 일부분이며 언어학습과 지도에 귀중한 통찰력을 주어 왔다고 본다.

6.4.1 의사소통중심 교수법

1) 배경

1970년대 중반에 개발된 의사소통중심 교수법(communicative language teaching, CLT)은 학습자의 의사소통능력의 신장을 목표로 하며 언어의 기능과 상호작용, 유창성에 중점을 두어 교수요목을 설계하고 수업을 진행한다. 이 교수법에서는 언어를 의미표현의 체계로 보고 그 기능은 상호작용과 의사소통에 있다고 주장하는데 Richards & Rodgers(1986, p. 71)는 이 교수법의 이론적 배경을 다음과 같이 요약하고 있다.

① Language is a system for the expression of meaning.
② The primary function of language is for interaction and communication.
③ The structure of language reflects its functional and communicative uses.

④ The primary units of language are not merely its grammatical and structural features, but categories of functional and communicative meaning as exemplified in discourse.

의사소통중심교수법은 그 범위가 포괄적이고 이론적 토대가 다양하여 하나의 교수법(method)이라기보다는 포괄적인 접근법에 해당된다. 의사소통능력의 향상을 목표로 하는 모든 교수법이 여기에 속한다고 할 수 있다.

2) 특징

의사소통중심교수법은 개별 단어, 문법형태, 문장들보다는 담화를 언어학습의 기본 단위로 보고 기능분석(functional analysis)에 근거하는데 이를 통한 교실 수업에서 유의할 내용을 정리하면 다음과 같다.

① 문맥화(contextualization)
② 참여자 역할의 중요성(the importance of participant roles)
③ 의미의 강조(semantic emphasis)
④ 화행의 강조(emphasis on speech acts)
⑤ 담화의 강조(emphasis on discourse)

이 교수법의 가장 큰 공헌 중의 하나는 교수요목의 개발인데 Halliday, Widdowson, van Ek, Alexander, Wilkins 등의 학자들은 단원이수체계(unit-credit system)를 개발하고 의미-기능 중심 교수요목을 개발하였다. 이 교수요목이 van Ek & Alexander(1980)의 입문단계(threshold level)[59]로 구현되면서 프로그램 설계에 영향을 주었다.

언어 형태(language form)가 언어를 외적으로 구현하는 것이라면 기능은 이러한 형태

---

59) 입문단계(threshold level)는 외국어 초보자가 의사소통상황에서 적절하게 언어기능을 행사하는데 필요한 최소한의 단계를 말한다. 이 단계는 유럽의회 현대언어 프로젝트(The Modern Languages Project of the Council of Europe)에서 제안한 외국어 학습의 목표이다. 입문단계에서는 구조적 다양성과 함께 1,100내지 1,500항목의 어휘 학습과 최소한 120내지 200시간의 교육이 요구된다. 또한 입문단계는 단원/이수체계(unit/credit system)를 위한 초석이 된다. 그러나 외국어 학습에서 일정한 목표에 도달하는 것이 쉽지 않으므로 입문단계보다 낮은 수준인 '문전통로(waystage)'를 설정하였는데 이는 입문단계의 목표에 이르는 통로의 중간지점이라 할 수 있다.

를 구체적으로 실현하는 것이라고 할 수 있다. Halliday(1973)는 언어를 형식구조의 관점에서 파악하는 것에 반대하고 언어학습에서는 기본적인 기능의 터득이 필요하다고 주장하고 언어의 기능을 다음의 일곱 가지로 분류하고 있다.

① 도구적(instrumental) 기능: 언어를 사용하여 어떤 것을 얻는 기능(using language to get things)
② 조절(regulatory) 기능: 다른 사람의 행동을 통제하는 기능(using language to control the behavior of others)
③ 설명적(representational) 기능: 언어의 정보교환 기능(using language to communicate information)
④ 상호 작용적(interactional)기능: 다른 사람과 상호작용을 하는 기능(using language to create interaction with others)
⑤ 개인적(personal)기능: 개인적 감정이나 의미를 표현하는 기능(using language to express personal feelings and meanings)
⑥ 발견적(heuristic)기능: 학습을 하거나 발견하는 기능(using language to learn and to discover)
⑦ 상상적(imaginative)기능: 언어를 이용한 상상기능(using language to create a word of imagination)

Wilkins(1972, 1976)는 의미를 의미적 범주(notional category)와 기능적 범주(communicative functional category)로 나누고 이를 'notional syllabus'로 발전시켰다.

개념-기능중심의 교수요목(notional-functional syllabus)은 유럽평의회(Council of Europe)의 후원 하에 유럽 여러 나라 학생들이 외국어를 보다 더 효과적으로 학습하게 하기 위해 J. Trim이 제안하고 D.A. Wilkins 등에 의해 보강된 교수요목이다. 이 교수요목은 문법적 교수요목(grammatical syllabus)과 상황적 교수요목(situational syllabus)만 가지고는 영어지도에 부적합하다고 보고 언어를 다음과 같은 의미범주와 기능범주로 나누어 제시한다.

(1) 의미-문법적 범주(semantic-grammatical category)

① 보편적 개념 - 시간, 수량, 공간, 물질 등
② 문법적 개념 - 격(case), 상(aspect) 등

(2) 의미전달 기능 범주(communicative functional category)

판단, 동의, 반대, 설득, 논쟁, 탐구, 감정 등

다시 말하면 이 교수요목에서는 언어의 형태나 상황보다도 언어로 표현되는 개념에 초점을 두고 이 개념을 표현하는 언어를 학습시키려는 것으로 예를 들면 전화를 빌려 쓰기 위해 허락을 구하는 개념은 다음과 같은 다양한 언어형태 즉 문장형태로 나타날 수 있다.

예) Can I use your phone?
Do you mind if I use your phone?
Is it right to use your phone?
I wonder if I could use your telephone.

이러한 다양한 표현들을 일시에 지도할 수는 없으므로 여러 단원에 걸쳐 지도하되 반복하여 제시되도록 교재를 작성한다.

교수와 학습은 기능적 의사소통활동(functional communicative activities)과 사회적 상호작용활동(social interaction activities)으로 구분되며 주로 사용되는 교수요목은 다음의 8가지 유형이다(Yalden, 1983 참고).

① structures plus function
② functional spiral around a structural core
③ structural, functional, instrumental
④ functional
⑤ notional
⑥ interactional
⑦ task-based
⑧ learner-generated

교재는 화제 중심(text-based)과 과업 중심(task-based)의 교재, 실물교재(realia) 등이며 수업절차는 대체적으로 구조적 활동, 유사의사소통활동, 사회적 상호작용활동으로 이루어진다.

의사소통중심교수법의 특징을 요약하면 다음과 같다.

① 의사소통능력의 네 요소인 문법능력, 담화능력, 사회언어적 능력, 전략능력을 모두 신장시키는 것을 목표로 한다. 다시 말하면 언어구조와 실제 사용의 양면에 모두 관심을 두고 수업을 진행한다.
② 언어의 구조, 형식, 발음보다는 의미와 의사소통능력의 학습에 중점을 둔다.
③ 초기단계부터 의사소통을 시도하며 언어학적 정확성보다는 유창성을 강조한다.
④ 지도할 때 필요하다고 판단되면 모국어를 사용할 수도 있다.
⑤ 문법은 필요하면 설명하되 최소화하고 놀이, 인간관계활동 등에서 사용하는 언어를 실제 경험하게 한다.
⑥ 언어는 시행착오를 통해 습득되므로 학습자의 오류는 허용되며 즉각적인 교정은 하지 않는다.
⑦ 원어민 수준의 발음보다는 이해 가능한(comprehensible) 발음을 추구하며 언어의 변이형이나 다양한 언어형식도 지도에 고려되어야 한다.
⑧ 학습의 성취도는 언어규칙에 대한 지식보다는 의사소통을 할 수 있는 정도로 평가한다.
⑨ 학습자 중심의 교육을 한다.
⑩ 학습 진도는 학습자들의 흥미, 기능, 의미를 기준으로 조정한다.
⑪ 읽기와 쓰기 활동도, 필요하다고 판단되면, 첫 시간부터 할 수도 있다.
⑫ 교사는 학습자들의 의사소통활동을 촉진시켜주는 역할 뿐 아니라 그 의사소통에 직접 관여하는 참여자의 역할도 한다.
⑬ 실제적인(authentic) 언어자료를 사용한다.
⑭ 수업활동은 내용중심(content-based) 혹은 과업중심(task-based)으로 한다.

3) 장점과 문제점

의사소통중심교수법은 학습자의 의사소통능력의 신장에는 효과적이며 6차와 7차 교육과정의 근간을 이루고 있으나 우리나라 영어교육에 적용하기에는 다음과 같은 문제점이 있다.

① 이론에 부응하는 실제 수업방법을 찾는데 한계가 있다.
② 영어교사가 원어민이 아닌 경우는 영어구사능력이 한계가 있으므로 바람직한 성과를 거두기가 어렵다.
③ 다인수 학급에서는 적용에 한계가 있다.

④ 객관적인 평가방법의 개발에 한계가 있다.
⑤ 교수자료가 의사소통활동을 중심으로 마련되므로 구조면에서 학습자가 혼동을 느낄 수 있다. 예를 들면 '요청하기'라는 단원에 명령문, 의문문, 부가의문문, 서술문이 동시에 나올 수 있으므로 언어구조의 학습이 이루어지지 않은 상태에서 이 단원을 배우기에는 어려움이 많다.
⑥ 자료선택과 선정된 자료의 등급을 정하는데 타당한 기준을 찾기 어렵다.
⑦ 정확성 지도에 대한 대책이 없이 유창성 위주의 교육을 하면 오류의 화석화 현상 등이 나타날 수 있으며 고급 수준의 영어 학습에 지장을 주게 된다.

6.4.2 자연적 접근법

1) 배경

자연적 접근법(natural approach)은 1977년에 캘리포니아의 고등학교 스페인어교사이던 T. Terrell이 본인의 교육경험에 S. Krashen의 이론을 접목하여 제안한 교수법이다. 여기서 '자연적(natural)'이란 말을 사용한 것은 외국어학습방법도 모국어습득과 같이 자연스러운 상황에서 무의식적으로 이루어지는 것이 바람직하다고 보기 때문이다. 이 접근법에서는 학습자가 모국어를 습득하는 것처럼 자연스럽게 새로운 언어를 배우도록 이해가능한 입력을 제공해주어야 한다고 주장한다. 다시 말하면 다음과 같은 모국어 습득의 특징을 외국어/제2언어학습에 원용하자는 주장이다.

① 학습(learning)보다는 습득(acquisition)이 일어난다.
② '현재 여기'('here and now') 원리가 적용된다.
③ 어린이 언어는 단순화(simplified)되고, 체계적으로 구조화되었으며 반복이 많다.
④ 언어형식보다는 의미에 초점을 둔다. 언어형식은 귀납적으로 무의식적인 습득을 한다.
⑤ 표현보다는 이해기능 즉 듣기를 먼저 습득한다. 어린이는 모국어를 말할 준비가 될 때까지는 침묵기간(silent period)을 가지며 표현능력은 저절로 나타난다.
⑥ 불안감이 없다.

이 접근법은 의사소통능력의 신장에 초점을 두지만 언어학적 이론에 관심을 두지 않는다는 점에서 의사소통교수법과는 다르다. 또한 이론적 근거는 이해중심교수법(comprehension approach)에 토대를 두고 있는데 Krashen & Terrell(1983)은 다음과 같이 주장하고 있다.

> The central hypothesis of the theory is that language acquisition occurs in only one way: by understanding messages. We acquire language when we obtain comprehensible input, when we understand what we hear or read in another language. This means that acquisition is based primarily on what we hear and understand, not what we say.

2) 특징

자연적 접근법의 목표는 학습자의 기본적인 의사소통능력을 습득시키는데 있다. 교사의 역할은 이해 가능한 입력을 학습자에게 주고 학급 분위기를 흥미롭고 편안하게 하여 정의적 여과장치를 낮게 하며 게임, 촌극(skit), 소집단 활동 등의 다양한 학습활동을 제시하는 것이다. 또한 이 접근법에서는 언어습득과정을 다음의 세 단계로 나누는데 침묵기간(silent period) 동안은 듣기만 하고 말로 응답할 필요가 없으며 초기 발화 단계에서는 한 단어나 두 단어로 간단한 응답을 하게 한다. 발화출현단계는 학습자가 거침없이 발화를 할 수 있는 단계를 말한다.

① 침묵 기간(silent period)
② 초기 발화단계(early production)
③ 발화출현단계(speech emergence)

일정한 교재나 교과서의 사용보다는 학습활동이 실생활과 연결되게 하거나 학습자 상호간에 실질적인 의사소통 활동이 가능하도록 실물교재나 그림, 광고문, 게임 등의 활용이 권장된다. 특별한 교수 절차는 없고 여러 교수법에서 사용되는 절차가 이용된다. 초보단계에서는 TPR 기법, 그림, 그림과 TPR의 연결, 반복이 이용된다. 이러한 활동들은 언어형식보다 의미에 초점을 두고 정의적 여과장치를 낮추며 이해 가능한 입력을 제공하는 지도기법이다. 또한 학습자가 발화를 자연스럽게 할 때까지 표현 활동을 늦추는 것이 바람직하다.

이 교수법의 설계와 절차는 Krashen(1982)의 다음과 같은 다섯 가지 제2언어습득이론에 토대를 두고 있다.

① 습득과 학습 구분가설(acquisition-learning hypothesis)
② 감시자 가설(조정가설; monitor hypothesis)
③ 자연적 순서 가설(natural order hypothesis)
④ 입력 가설(input hypothesis)
⑤ 정의적 여과장치 가설(affective filter hypothesis)

3) 장점과 문제점

자연적 접근법은 학습자가 준비될 때까지 발화를 강요하지 않으므로 억제심리를 완화할 수 있는 장점이 있다. 그러나 모국어 습득을 너무 단순화하여 보고 교실 상황을 모국어 습득의 상황으로 만들려고 한다는 비판이 있는데 이 점에 대하여 Nunan(1991b)은 다음과 같이 논하고 있다.

> My major criticism of these 'acquisitionist' methods is that they oversimplify the nature of first language acquisition, and mislead teachers by suggesting that it is possible to recreate in the classroom the conditions underlying successful first language acquisition. (p. 244)

또한 이 교수법은 학습자의 발화를 지나치게 지연시킬 우려가 있으며 '이해 가능한 입력'의 개념을 규정하기가 쉽지 않다.

6.4.3 과업중심교수법

1) 배경

과업중심교수법(task-based language teaching)은 과업(task)을 외국어 교수와 학습의 핵심단위로 사용하는 방법이다. 이 교수법은 의사소통중심교수법의 원칙, 제2언어습득에 관한 연구에 근거하여 개발된 방법으로 말레이시아의 Communication Syllabus (1975)에서 실시된 바 있다.

2) 특징

과업중심교수법은 의사소통중심교수법의 원리에 근거하여 언어를 의미교환의 수단으로 보며, 어휘단위가 언어학습과 사용의 중심이 된다. 또한 대화를 언어습득의 기본단위로 보고 있다. 여기서 과업(task)은 일상생활 및 기타 여러 활동에서 언어를 통하여 수행하는 일을 말한다. 과업의 난이도는 특정한 교육목적에 따라 조절할 수 있다.

과업중심교재의 내용은 실생활에서의 필요에 대한 요구분석(need analysis)을 토대로 목표어로 행해지는 활동 혹은 실행 과업으로 구성된다. 다음의 예와 같이 교실 밖의 일상생활에서 이루어지는 과업을 제시할 수도 있다.

예) 편지 부치기, 비행기표를 예약하기 위한 전화하기, 이력서 쓰기, 물건 바꾸기.

이러한 내용구성은 과업 중심 지도법(task-based teaching)과 최근 의사소통중심교수법에서 사용되는 교재들의 특징이다. 과업 중심 내용 구성의 예로 Prabhu(1987)의 절차 교수요목(procedural syllabus)을 들 수 있다. 그는 70년대 후반과 80년대 전반에 South India의 bangalore와 Madras 소재 학교에서 일정기간 실시된 the Bangalore/Madras Communicational Teaching Project(CTP)에서 의사소통 접근법에 대한 평가와 의사소통을 통한 영어(English through communication)를 시도하고 'learn English so that you will be able to do and say things later'가 아니라 'say and do things now so that as a result you will learn English'를 주장하였다. 또한 교실에서 의미에 중점을 두고 메시지 초점(message-focus)활동을 하게 하였다(Structure can best be learned when attention is focussed on meaning). 또한 Prabhu는 언어적 교수요목(linguistic syllabus)에 근거하여 외국어를 지도하면 교실에서 자연스런 의사소통을 할 수 없다고 보고 절차 교수요목을 제안하였다. 이 교수요목은 수행될 과업이나 활동에 근거해서 교수요목을 작성하며 언어요소를 사전에 선정하지는 않는다. 또한 연습활동(drilling)이나 오류 교정은 하지 않는다. 이러한 활동과 교정은 언어형식에 초점을 두는 것이기 때문이다.

과업중심 지도는 학습자들에게 할 과업을 주고 해결하게 하는 것으로 Skehan(1998, p. 95)은 다음과 같이 그 특징을 설명하고 있다.

① Meaning is primary.
② There is some communication problem to solve.
③ There is some sort of relationship to comparable real-world activities.
④ Task completion has some priority.
⑤ The assessment of the task is in terms of outcome.

또한 학습의 내용이나 해결할 과제는 가능한 간결하고 명료해야 한다. 이전의 과업이나 학습에서 얻어진 정보를 이용하는 활동(task dependancy, Johnson, 1982)을 할 수 있는데 예를 들면 휴양지에 관한 글을 읽고 어떤 곳을 선택할지를 친구들과 대화를 통해 결정하는 활동인 경우에 글의 요지파악과 자기의견의 전달여부를 확인 할 수 있다. 또한 조각맞추기(jigsaw)활동은 소집단별로 특정 주제에 대해 각기 다른 정보를 듣거나 읽고 대화를 통해 전체 정보를 합치는 활동으로 메시지의 전달 여부를 확인 할 수 있다.

3) 장점과 문제점

과업중심교수법은 학습자 간의 상호작용을 활성화하고 과업을 해결하는 과정을 통하여 목표어를 숙달할 수 있는 장점이 있다. 그러나 이 교수법을 통한 학습과 지도는 교실피진(classroom pidgin)이 형성될 가능성이 많다. 이러한 교실피진은 충분한 시간이 지나면 교정될 수 있지만 어느 정도의 시간이 지나야 하는 지는 불확실하다. 또한 과업의 해결을 위한 충분한 시간을 할애하기에는 현실적인 제약이 있다고 본다.

6.5 구성주의적 교수법

구성주의적 교수법은 언어학습자는 외부의 언어입력을 받아들여 스스로 언어지식을 구성한다고 보는 관점으로 학습자는 협동이나 공동체언어학습, 암시적 방법 등을 통하여 언어지식을 스스로 형성한다는 것이다.

6.5.1 공동체 언어학습법

1) 배경

공동체 언어학습(집단언어학습법: community language learning, CLL)은 Curran(1972)이 제안한 상담 학습(counseling learning)을 외국어학습에 응용한 교수방법으로 인본주의적 접근이론(humanistic approach)과 Rogers(1951)의 상담이론을 적용한 것이다. Rogers는 학습자와 교사가 일체가 되어 집단 내의 개인을 존중하는 상황에서 학습이 촉진될 수 있다고 주장한다. 또한 Curran은 성인 외국어 학습자의 가장 큰 문제점은 학습자에 의해 형성되는 감정적, 정서적 장벽이라고 보고 외국어를 배우는 과정에서 근심을 제거해야 바람직한 효과를 거둘 수 있다고 주장한다. 따라서 공동체 언어학습에서는 학습자의 불안감을 제거하기 위해 교사와 학습자의 관계를 상담자(counselor)와 피상담자

(clients)의 관계로 설정하며 학습자 중심의 교수와 전인 학습(wholeperson learning)을 추구한다.

2) 특징

공동체 언어학습법은 교사가 상담하는 방식으로 수업을 진행하며 학습자들 사이에는 집단적 협동관계(community)가 성립되어 자유롭고 편한 상태에서 학습할 수 있게 해주는 교수법이다. CLL에서는 언어를 상호작용 수단으로 보고 학습자간의 상호작용, 학습자와 아는 이(knower)[60]간의 상호작용을 중시하며 학습자 사이에 우호적이고 서로 돕는 공동체(warm and supportive 'community')를 형성한다. 학습자와 아는 이 즉 교사간의 상호작용은 의존적 관계 또는 불평등 관계로부터 출발하여 학습자가 목표언어에 익숙해지면 상담자가 정보와 번역을 적게 해주어도 대화를 할 수 있는 독립적 관계로 발전한다고 본다. 또한 학습자와 교사의 관계는 상담자와 피상담자와의 관계와 유사하므로 이 교수법은 상담기법을 외국어학습에 적용한 방법이다.

Curran(1976)은 성공적인 외국어학습의 네 가지 조건을 SARD로 요약하고 있다.

(S) security: 학습자가 안전, 안정감을 느껴야 한다.

(A) attention and aggression: 주의를 기울이며 새로운 지식을 자기주장의 수단으로 사용한다.

(R) retention and reflection: 학습한 바를 내재화시키며 이를 토대로 현재의 실력과 미래의 목표를 재평가한다.

(D) discrimination: 상호관련성을 인지하여 학습한 바를 교실 외에서 의사소통목적으로 사용할 수 있게 한다.

학습활동은 모국어로 상호관계와 신뢰를 구축한 후에 수업분위기를 부드럽게 하고 수업방식을 모국어로 자세히 설명한다. 또한 외국어 초보자들인 6~12명의 소집단 학습자가 원으로 앉고 그 가운데 탁자를 놓고 그 위에 녹음기를 둔다. 일반적으로 20분 단위로 수업이 진행되며 수업의 단계는 다음과 같다.

---

60) 공동체 언어학습(CLL)에서는 '교사'라는 용어 대신에 '아는 이(knower)'라는 말을 사용하는데 이는 교사라는 말의 전통적 이미지가 학생 위에 군림하는 사람으로 비쳐지고 이러한 관계는 바람직하지 못하다고 판단하기 때문이다.

(1) 투자 단계(investment phase)

한 학생이 모국어로 하고 싶은 말을 시작하고 이를 목표어로 말하는데 능력이 안 되는 학생은 손을 들면 '아는 학생(아는 이, 교사)'이 등 뒤에 가서 목표어로 번역해 주고 번역된 말은 녹음해 둔다.

(2) 회고 단계

모국어로 방금 겪은 외국어 사용 경험에 관해 이야기한다. 이는 성취감과 좌절감을 서로 교환함으로 긴장을 해소하고 연대감을 형성하기 위한 것이다. 녹음내용을 한 문장씩 듣고 그 말을 한 학생이 뜻을 설명하고 교사는 이 말을 칠판에 쓴다. 잘못된 부분은 스스로 교정하게 한다. 교사는 판서한 문장을 하나씩 지적하며 소리 내어 읽고 각 성분과 단어의 기능과 의미를 설명한다.

3) 장점과 문제점

공동체 언어학습은 학습자가 불안감이나 두려움을 제거하고 편안한 상태에서 학습할 수 있게 한다. 또한 학습자의 협동 분위기가 조성되므로 학습자간에 경쟁심리를 유발하지 않는다. 아울러 학습자들이 스스로 하고 싶은 말을 하고 그에 따라 교재를 만들어가며 수업을 진행하므로 유의미한 학습이 가능하고 학습동기 유발에 유리하다. 그러나 이 학습법에는 다음과 같은 문제점들이 있다.

① 일정한 교재가 없으며 필요에 따라 수업의 내용이 선정되므로 수업의 방향이 불명확하다(non-directive).
② 학습동기가 약하거나 자발적인 학습의욕이 부족한 학습자에게는 효과가 미약하다.
③ 영어교사가 목표언어에 유창하고 언어의 미묘한 차이(nuance)에도 민감해야 하며 모국어로 번역하는 능력도 뛰어나야 한다. 또한 상담자의 역할에 대해서도 알아야 한다.
④ 학습의 성취도를 객관적으로 평가하기가 어렵다.

6.5.2 협동언어교수법

1) 배경

협동언어교수법(cooperative language learning)은 학습자들이 협동적인 활동을 통하여 정보를 교환하면서 영어를 학습하게 지도하는 방법으로 구상주의 학습이론에 토대를 두고 있다.

2) 특징

협동언어교수법에서는 학습자들이 자신의 학습에 책임을 지고 언어지식을 구성해 가도록 지도하며 집단별로 협동하여 문제나 과업을 해결해 나가게 한다. 협동 학습을 통하여 학습자의 언어사용의 기회를 확대해 주고 학습전략과 의사소통전략 사용의 기회를 줄 수 있다. 또한 경쟁심 보다는 협동적 학습을 강조한다. 원탁회의, 짝(pair)과 문제해결하기, 소집단별 문제해결하기 등이 여기에 해당되며 협동언어교수법에서 제시될 수 있는 과제는 다음과 같은 유형이 있다(Coelho, 1992 참고).

(1) 팀 활동

팀 활동(team practice)은 학급의 모든 학생들이 동일한 교재를 사용하며 교사의 주도하에 과제를 함께 협동하여 해결하고 해결과정까지도 학생들이 알 수 있게 하는 활동이다.

(2) 직소 활동

직소(jigsaw)활동은 각 집단마다 서로 다른 정보를 받고 학습자들은 전문가 집단(expert group)에 가서 문제해결 방법을 배워 온 후에 본인이 속한 집단으로 와서 토론을 통하여 협동하여 문제를 해결한다.

(3) 협동 프로젝트

협동프로젝트에서는 집단마다 다른 주제가 부여된다. 학습자들은 도서관 자료, 면접, 시각자료 등을 활용하여 정보를 조사하고 조사한 자료를 통합 정리하여 학급 학생들에게 발표하여 전체가 하나의 일관성 있는 정보가 되게 한다.

3) 장점과 문제점

중급이상의 학습자들에게는 협동학습을 통하여 의사소통전략 활용할 기회를 주고 상호작용활동을 활성화하며 억제심리를 약화시켜 줄 수 있는 유용한 교수기법 중의 하나이다. 또한 학습동기유발에도 효과적이다. 그러나 이러한 지도방법을 활용할 수 있는 경험 있는 교사가 부족하고 실행에 시간상의 제약이 있을 수 있으며 수준이 낮은 학생들을 대상으로 한 수업에서는 진행상의 어려움이 있다고 본다.

6.5.3 암시교수법

1) 배경

암시교수법(암시적 교수법, 연상교수법, suggestopidia)은 Bulgaria의 정신의학자인 G. Lozanov(1979)가 제창한 교수법으로 정신운동인 요가에서 얻은 통찰력을 토대로 암시적 방법(suggestology)이 이용된다. 이 교수법은 외국어학습에서 의식의 집중과 학습조건을 강조하고 바로크음악과 명상 등을 통해 마음의 편안한 상태를 이용하여 기억력을 증진시키려는 인본주의 교수방법 중의 하나이다. 이 교수법에서는 암시(suggestion)가 중시되며 이 암시가 바람직하고 조성적인 기억을 촉진한다고 본다.

암시교수법에서는 학습자가 심리적으로 긴장되면 잠재된 능력을 발휘하지 못하여 학습성과가 떨어진다고 보고 다음과 같은 원리를 적용하여 학습효과를 극대화할 수 있다고 본다.

① 즐거움과 편안함의 원리(principle of joy and easiness)
② 의식과 무의식의 합일의 원리(principle of the unity of the conscious and unconscious)
③ 연상적인 상호작용의 원리(principle of suggestive interaction)

또한 학습자는 믿을 수 있고 권위(authority) 있는 정보의 영향을 더 잘 받고 쉽게 기억한다고 본다. 따라서 교사나 교육 자료가 신빙성이 있어야 하며 교사가 믿음성이 있어야 한다. 아울러 노래나 게임 혹은 교육환경 등을 통하여 학습자를 동심의 세계로 유도하는 것이 효과적이고 학습의 지루함을 덜기 위하여 음조나 억양이 다양하여야 하며 학습자에게 편안한 느낌을 주어야 한다고 본다.

2) 특징

암시교수법의 목표는 높은 수준의 대화를 빠른 시간에 숙달하게 하는데 있으며 하나의 과정은 30일, 10단원으로 구성되고 각 단원은 어휘와 문법이 등급화 되고 1,200단어가 사용되며 각 대화 부분은 옆에 모국어로 번역되어 있다. 또한 각각의 학습자에게 목표어로 이름을 주어 실수를 했을 경우에 손상될지 모르는 자아를 보호할 수 있게 한다. 수업에서 교사는 학습 내용을 설명한 후 세 번 읽어 주는데 첫 번째는 보통의 음성으로 읽으면서 뜻과 문법사항을 설명하고 두 번째는 억양과 감정을 넣어 한 줄씩 읽고 모국어로 조용히 번역해준다. 세 번째는 감정이 들어간 읽기를 해주면 학습자들은 조용한 음악을 들려주면서 교재를 보지 않고 눈을 감고 듣게 한다.

교수학습활동은 듣기, 강의, 모방, 질문과 대답, 묵독과 음독, 역할놀이(role play) 등이다.

3) 장점과 문제점

이 교수법에서는 학습자가 불안감 없이 안정된 상태에서 학습을 할 수 있는 장점이 있으나 다음과 같은 문제점이 있다.

① 적절한 음악과 안락의자의 준비 등이 쉽지 않다.
② 실제 우리나라 교육상황에서 실행가능성이 많지 않다.
③ 학습내용이 체계적으로 제시되기 어렵다.

6.5.4 총체적 언어접근법

1) 배경

Goodman(1986)이 제안한 총체적 언어접근법(whole language approach)은 인간은 언어를 전체적으로 자연스럽게 배운다고 주장한다. 다시 말하면 어린이의 모국어습득은 부분에 앞서 전체를 지각하는 Gestalt적인[61] 특징이 있어 단어보다는 억양이나 문장을 먼저 습득한다고 보고 이러한 특성을 외국어교육에 적용하자는 방안이다.[62] 이 접근법은 사회언어학과 심리언어학을 기저로 하여 인간의 언어행위에 대한 사회적 설명을 시도하며 학생중심의 언어교육을 지향한다. 이 접근법은 처음에는 영어를 모국어로 배우는 어린이들의 읽기 능력을 신장시키려는 데서 출발하였으며 그 후 외국어 교육과정과 교재, 교수법에 많은 영향을 주었다.

---

61) 독일어 용어인 'Gestalt'는 부분의 단순한 집합에 대조되는 뜻으로 조직화된 전체(an organized whole in contrast to a collection of parts)를 의미한다. 또한 Gestalt심리학에서는 사물은 각 구성요소의 개별적인 연구보다는 전체를 연구함으로 이해된다고 본다.

> A thing cannot be understood by study of its constituent parts, but only by study of it as a totality. (Bigge, 1964, p. 61)

62) 미국, 캐나다, 호주, 뉴질랜드 등의 모국어교육에서 '전체 → 부분'으로 나가는 총체적 언어접근법이 점차 확산되고 있다.

2) 특징

총체적 언어접근법에서는 언어의 4기능(skills)이 필요에 따라 통합되어 제시된다. 예를 들면 인형 쇼(puppet show)라는 학습활동에서 인형에 관한 이야기를 읽고, 듣고, 대본을 쓰고, 그 쇼의 실행자(actor)로 학생들이 참여함으로 전체적인 언어기술이 개발된다고 본다. 이 접근법의 주요 주장은 다음과 같다.

① 언어는 개별 요소의 결합이 아니다. 어린이가 모국어를 습득할 때 부분(parts)보다는 전체(sentences, emotions, intonation patterns)로 인지한다. 따라서 제2언어나 외국어도 부분보다는 전체로 지도되어야 한다.
② 언어교육에서 기능(function)이 언어형식(form)보다 우선한다.
③ 언어는 사실적인 상황 내의 의미를 담은 전체로써 이해되고 표현되어야하며 학습자들이 최대한 유의미한 상황 속에서 목적 있는 활동을 하면서 언어를 학습할 수 있게 해야 한다.
④ 언어발달은 학습자에게 자율권을 부여함으로 극대화될 수 있다.

총체적 언어접근법과 구조중심교수법을 비교하면 표 6.3와 같다.

표 6.3 총체적 언어접근법과 구조중심교수법의 비교

구 분	총체적 언어접근법	구조중심교수법
학습목표	의미의 이해	언어지식의 습득
학습내용	교사와 학습자가 함께 결정, 융통성이 있음	교사가 결정, 고정됨
학습방법	다양한 자료의 활용, 언어전체에서 부분으로 진행, 학습자 중심의 활동	제한된 자료의 사용, 부분에서 전체로 진행, 교사중심의 수업
학습자의 오류와 실수 교정	오류나 실수를 수용함, 의사소통에 지장을 주는 오류만 교정	오류의 교정에 지도의 초점을 둠
학습자의 조직	필요에 따라 개별, 짝, 소집단, 전체집단으로 조직, 학습공간의 자유로운 배열	전체일괄수업, 고정된 좌석
평 가	관찰, 수행평가 등의 다양한 평가, 수시평가	정해진 시간에 평가, 성취수준 평가, 획일적인 평가

3) 장점과 문제점

총체적언어접근법은 언어의 의미를 중시하고 언어의 부분적인 요소보다는 전체를 강조함으로 학습자의 의사소통능력의 신장에 효과가 있다. 그러나 이 접근법을 도입하기에는 학급당 학생수, 능력 있는 교사의 확보 등의 현실적인 여건에 한계가 있다.

6.6 절충식 교수법

다양한 교수법 중에서 적합한 교수법을 찾아 교육현장에 적용하기 위해서는 절충식 교수법(eclectic approach)을 사용할 필요가 있다. '절충식 교수법'은 좁은 의미와 넓은 의미를 지닌다. 넓은 의미의 절충식 교수법은 다양한 교수이론과 교수법을 절충하고 통합하여 정립한 교수법으로 이해중심접근법(comprehension approach)[63] 학습자중심접근법(learner-centered approach)[64] 등이 여기에 속한다.

절충식 지도법의 좁은 의미는 영어교사가 특정한 교수법을 사용하는 경우에 그 교수법을 지도 목표와 상황, 학습자의 수준과 정서에 적합하게 다소 수정하거나 다른 교수법의 일부를 도입, 보충하여 시행하는 것을 말하는데 일반적으로 이러한 의미로 사용된다. 또는 교사가 영어교육현장에 직접 적용하기 위해 다양한 교수법 중에서 교육현장에 적합한 수업절차와 기법을 선택하여 통합하고 절충한 것을 말한다. Palmer(1921)는 절충식 교수법을 다선적 접근이론(multiple line of approach)라고 부르고 다음과 같이 논하고 있다.

> We use, each and every method, process, exercise, drill, or device which may further us in our immediate purpose and bring us nearer to our ultimate goal; we adopt every good idea and leave the door open for all future developments;

---

63) 이해중심접근법은 Winitz(1981)가 최초로 사용한 용어로 학습자가 모국어를 배운 것처럼 자연스럽게 외국어를 학습하기 위해 말하기 지도에 앞서 일정기간(침묵기, silent period)동안은 듣기만 하게 함으로 이해기능을 먼저 지도해야 된다는 교수이론이다. 다시 말하면 학습자는 심리적으로 편안한 상태에서 말하기 준비가 될 때까지 계속 듣고 내용을 이해한 다음 말하게 하는 방법으로 전신반응기법(total physical response)과 자연적 접근법(natural approach) 등이 여기에 속한다.

64) 학습자 중심접근법은 학습목표설정에 학습자가 참여할 수 있고 학습자가 중심이 되는 학습법으로 교사는 단순한 상담자나 조력자로써의 역할만 한다. 상담식 학습법(counseling-learning method), 공동체 학습법(community language learning), 침묵교수법(silent way) 등이 여기에 해당된다.

we reject nothing except useless and harmful forms of work. The multiple line of approach embodies the eclectic principle...., for it enjoins us to select judiciously and without prejudice all that is likely to help us in our work. (p. 141)

다시 말하면 다선적 접근이론은 비효과적인 교수법은 버리고 바람직한 교수법을 선택하여 적용하는 접근법을 말한다. 또한 실제 수업에서는 교사와 학습자 및 교육여건이 다양하므로 하나의 이론이나 교수방법이 모든 상황에 적용될 수는 없다. 교사의 능력과 선호도, 학습자의 수준 및 성향과 부합되어야 바람직한 효과를 거둘 수 있다.

Every learner is unique. Every teacher is unique. Every learner- teacher relationship is unique, and every context is unique. Your task as a teacher is to understand the properties of those relationships. Using a cautious, enlightened, eclectic approach, you can build a theory based on principles of second language and teaching. (Brown, 2000, p. 14)

Rarely can we say with absolute certainty that some principle applies to all learners in all contexts for all purposes. (Brown, 2001, p. 42)

Eclecticists try, then, to absorb the best techniques of the well- known language-teaching methods into their classroom procedures, using them for the purposes for which they are most appropriate. (Rivers, 1981, p. 55)

요약하면 영어교육에서 바람직한 교육효과를 얻기 위해서는 교육상황 및 교실현장, 학습자, 교사에게 적합하고 교육목표와 사회 및 학습자의 요구에 부합되는 영어교수방법을 선택하여 지도에 활용하여야 하며 이를 절충식 교수법이라고 한다.

7장 영어발음의 지도

외국어 교육에서 목표언어의 발음지도는 기본적이고 필수적인 부분 중의 하나이다. 본 장에서는 발음지도의 목표, 지도방법, 문자와 발음관계의 지도에 관해서 논의해보고자 한다.

7.1 발음지도

발음의 지도에 대해서는 문법・번역중심 교수법에서는 등한시되다가 직접교수법에서는 중요하게 다루어지게 되었다. 그러나 독서교수법(reading method)에서는 무시되었다가 청화중심교수법에서는 학습초기부터 정확한 발음지도가 강조되었고 의사소통중심 교수법에서는 정확한 발음보다는 상황에 적절하게 표현할 수 있는 능력의 신장에 지도의 초점을 두고 있다. 또한 우리나라에서는 1990년대에 의사소통 중심의 6차 교육과정이 도입된 이후 발음지도의 중요성이 부각되었다. 외국어 교육에서 발음 지도의 중요성을 정리하면 다음과 같다.

① 발음이 부정확하면 의사소통에 지장이 있다.
② 외국어의 발음은 말하기는 물론 듣기와도 관련이 된다.
③ 발음에 대한 모국어의 영향은 언어 형태나 구조의 영향에 비하여 더 크다.

7.1.1 발음지도의 목표

EFL 상황에서 발음지도의 목표는 학습자의 수준과 영어학습의 목적 및 교수법에 따라 다소 다르다. 학습자의 수준이 높아질수록 정확성과 동시에 유창성이 요구되며 영어학습의 목적을 의사소통에 두면 정확성보다는 유창성에 초점을 두게 된다. 또한 교수법에 따라서도 발음지도의 목표가 다소 다르다. 청화중심 교수법에서는 분절음 단계에서의 정확성(accuracy at the segmental level)에 발음지도의 목표가 있다. 따라서 정확한 발음의 반복훈련에 치중하고 발음상의 오류를 허용하지 않는다. 의사소통 중심교수법에서는 '이해될 수 있고 받아들여질 수 있는 발음(intelligible and acceptable pronunciation)' 즉 '영어 원어민이 알아들을 수 있는 발음'의 습득에 목표를 두고 있다. 다시 말하면 '큰 어려움 없이 편안하게 자신의 발화를 상대방에게 이해시킬 수 있는 발음(comfortably intelligible pronunciation)'이 발음지도의 목표라고 할 수 있다. Morley(1991)도 알아들을 수 있는 발음의 구사능력은 의사소통능력의 기본적인 요소라고 다음과 같이 말하고 있다.

> Intelligible pronunciation is an essential component of communicative competence. (p. 488)

7.1.2 발음지도의 유의 사항

외국어 발음의 학습에는 다음과 같은 개인적인 변인들이 영향을 미치므로(Kenworthy, 1987; Brown, 1994 참고) 지도에 참고하여야 한다.

① 학습자의 모국어음 체계
② 학습자의 연령 및 학습시기
③ 학습자가 목표어와 접하게 된 기간 및 입력의 양과 질
④ 학습자의 태도와 동기 및 관심
⑤ 학습자의 타고난 음성적 능력

발음지도에서는 개별음 보다는 문맥 속에서의 발음을 중시하고 모범적인 발음에 노출되는 기회를 가능한 많이 제공하여야 한다. 영어발음지도의 유의사항을 정리하면 다음과 같다.

(1) 한국어와 영어 발음의 차이를 인식하고 지도에 참고하여야 한다. 발음의 중요한 차이를 정리하면 다음과 같다.
① /f/, /v/, /θ/, /ð/와 /ʌ/, /ɔ/, /ə/등의 음은 한국어에는 없다.
② 영어에서는 유성음(voiced sound)과 무성음(voiceless sound)이 의미의 차이를 나타내는 음소(phoneme)이지만 한국어에서는 차이가 없다.

③ 영어에서는 기식(aspiration) 여부가 의미의 차이를 나타내지 않으나 한국어에서는 의미결정에 중요하다.

표 7.1 영어와 한국어의 유성음과 무성음 및 기식음과 비기식음의 비교

	영어		한국어	
음소	p	b	p	p^h
이음소	p p^h		p b	

예를 들어 설명하면 영어에서 [p^hl]과 [pl]은 의미의 차이가 없다. 다시 말하면 기식음인 [p^h]와 비기식음인 [p]는 이음소(allophone)이다. 그러나 한국어에서는 불[pul]과 풀[p^hul]의 의미는 전혀 다르다. 또한 한국어에서는 무성음과 유성음은 [pul]과 [bul]에서와 같이 의미의 차이를 나타내지 않는다. 즉 무성음인 [p]와 유성음인 [b]는 이음소이다.

④ 영어에서는 /l/과 /r/이 독립된 음소이지만 한국어에서는 이음소이다. 따라서 한국인 영어학습자는 이 두 음의 차이를 인식하기 어렵다.

⑤ 영어/s/는 윗니의 안쪽과 치경(잇몸, 齒莖)에서 조음되며 기식음은 수반되지 않지만 한국어 /ㅅ/의 발화 혀 위치(tongue position)가 치경이며 기식음을 수반한다.

(2) 영어와 한국어는 음절의 구조에 차이가 있는데 음절구조의 오류는 의사소통에 큰 지장을 주므로 지도에 유의하여야한다. 한국인은 CCV를 CVCV로 발음하는 경향이 있는데 예를 들면 한 음절인 'tree'를 두 음절인 '트리[tɨri]'로, 한 음절인 'strike'를 다섯 음절인 '스트라이크[sɨtɨraikɨ]'로 발음하기가 쉽다.

(3) 발음의 지도는 가능한 학습초기에 이루어져야 한다. 그 이유는 어휘나 문법 등의 다른 언어기능과는 다르게 임계연령(critical period) 이후에는 원어민 화자와 같은 발음을 습득하기는 쉽지 않기 때문이다. 따라서 학습의 초기단계에 발음지도가 이루어지는 것이 바람직하다. 그러나 학습 초기에 불충분하게 학습하면 잘못 습득된 발음이 화석화(fossilization)될 우려가 있고 초기에 정확한 발음의 강조는 학습자에게 지루함을 느끼게 하고 동기유발에 실패할 수 있다. 자연 교수법에서도 초기에 발음을 위한 특별한 활동은 불필요하다고 본다.

> In the Natural Approach we do not recommend any specific activities for pronunciation, especially in the early stages. (Krashen & Terrell, 1983, p. 90)

그러나 명시적인 지도 없이 외국어의 발음을 정확히 듣고 표현하기는 쉽지 않다. 이러한 관점에서 Allen & Valette(1977)는 초기의 정확한 발음 지도를 주장하고 있다.

> Most teachers agree that early insistence on correct pronunciation can save many hours of remedial work later on. Bad habits are easily formed and very difficult to change.... constant practice in listening discrimination, pronunciation, and intonation using a variety of drills and exercises can go far in forming good habits of correct speech. (p. 56)

학습초기에 학습자의 동기나 흥미를 잃게 하지 않는 범위에서 정확한 발음의 지도는 필요하다고 본다.

(4) 실제 발음은 발화 내의 위치, 문법 등의 다양한 요인에 의해 결정되므로 개별 음에 대한 지나친 강조는 바람직하지 않다. 이 점에 대하여 Pennington & Richards (1986)는 다음과 같이 언급하고 있다.

> Teaching isolated forms of sounds and words fails to address the fact that in communication, many aspects of pronunciation are determined by the positioning of elements within long stretches of speech.... Pronunciation forms a natural link to other aspects of language use, such as listening, vocabulary, and grammar; ways of highlighting this interdependence in teaching need to be explored. (p. 219)

또한 Thornbury(1993)는 최근에 어휘와 문법 등의 지도에서는 하향과정(holistic, top-down)이 더 관심을 받아 왔으나 발음 문제는 그렇지 못해 왔다고 지적하고 의사소통 중심 교수방법론에서는 발음을 보다 더 큰 테두리에서 다루어야 한다고 주장하고 있다.

(5) 목표어에 많이 접하게 하는 것이 문맥에서 분리된 특정한 음을 모방하게 하는 방법보다 더 효과적이다. 이 점에 대하여 Stern(1992)은 다음과 같이 논하고 있다.

There is some evidence to suggest that a lengthy period of listening to authentic speech samples and making observations about them may be a better introduction to the sound system than an early insistence on imitating particular sounds out of context. (p. 119)

7.1.3 발음지도방법

발음지도방법을 분절음과 초분절음의 지도로 나누어 논하면 다음과 같다.

7.1.3.1 분절음의 지도

분절음은 문맥이나 단어 속에서 지도하는 것이 바람직하다. 그러나 각 분절음의 발음을 정확하게 인식하고 발음하게 하기 위하여 음을 분리하여 연습시킬 수도 있다. 분절음의 지도기법을 정리하면 다음과 같다.

1) 모범적인 발음을 따라 하게 하는 방법

모범적인 발음을 따라하게 하는 방법은(listen and imitate, shadowing) 직접교수법과 청화중심교수법에서 주로 사용되어온 발음지도방법으로 표준어를 구사하는 원어민의 발음이나 녹음테이프 등을 따라하고 반복하게 하는 것이다. 학습자의 오류를 극소화하는 장점이 있으나 학습자가 흥미를 잃기 쉽고 들어도 발음의 차이를 인식하기 어려울 수도 있다. 복수어미 발음 즉 /s/, /z/, /iz/를 구별하게 하는 등의 제한적인 연습활동에 사용될 수 있다.

2) 최소 대립어 연습

최소 대립어를 통하여 개별음의 차이를 인식시키는 방법으로 구조주의적 접근법의 일종이다. 최소 대립어(minimal pair)는 다음의 예와 같이 각 쌍 안에 하나의 음소적 차이만 있는 단어들을 말한다(single-syllable words with just one phonemic distinction within each pair).

예) /p/ and /b/ pin - bin, /f/ and /v/ fast - vast
/t/ and /d/ to - do, /i/ and /I/ leave - live
/e/ and /æ/ men - man

대조분석에서는 모국어와 목표언어 사이에 차이가 나는 음에 지도의 초점을 맞추며 음의 차이를 인지하게 한 후에 발음하게 한다. 발음의 차이를 알게 하는 방법의 예는 다음과 같다.

예) Ask the students whether the words in each pair are 'S'(the same) or 'D'(different). Hide your lips so that their shape will not show the class which sounds you are making.

최소 대립어 연습은 1960년대와 1970년대에 청화중심 교수법에서 많이 사용되어졌으나 다음과 같은 문제점이 있어 의사소통 중심 교수법에서는 보완적으로만 사용되어지고 있다.

① 발음 연습용 언어자료가 의사소통과 관련이 없을 수도 있다.
② 문맥에서 분리된(독립된) 상태에서 개별 음을 연습한 것이 실제 상황에서 발화에 전이될 수 있는지는 불확실하다.

3) 문맥 내에서 발음연습

문장이나 문맥 내에서 혹은 의사소통 활동을 통해 발음을 연습시키는 방법으로 최소한의 발음식별능력이 있는 경우에 유용하게 사용될 수 있다(Bowen, 1972 참고). 다음과 같이 문장을 통해서도 최소대립어의 대조연습을 할 수 있다.

예) (a) [e]와 [æ]의 구별

T: The pen leaks
S: Then don't write with it.
T: The pan leaks.
S: Then don't cook with it.

(b) 유성음과 무성음의 구별

ⓐ He's gone to get a cab.
ⓑ He's gone to get a cap.

(c) 장음과 단음의 비교

ⓐ I am going to leave here.
ⓑ I am going to live here.

(d) 의사소통 활동

a. Draw a yellow cap.
b. Draw a yellow cab.

4) 발음하기 어려운 말 이용하기

발음이 어려운 말(tongue-twisters)이용방법은 다음의 예와 같이 유사한 발음을 지닌 단어들로 구성되어 발음이 어려운 문장이나 어구를 따라 말하게 함으로 발음을 연습시키는 방법을 말한다.

예) She sells sea shells by the seashore.
I can't count the cost of cutting the cool cotton.
Mary's mother married in the middle of March, not May.

이 방법은 원어민 화자의 조음 훈련을 위해 사용되는 방법으로 외국어 학습자에도 사용이 가능하다. 그러나 원어민도 일상생활에서 사용가능성이 희박한 문장들을 외국어 학습에 이용하는 것은 권장할 만한 방법은 아니고 흥미유발을 위하여 선별적으로 사용할 수는 있다고 본다.

5) 발음규칙의 설명

발음지도를 귀납적으로만 하면 시간과 노력이 많이 들어 비효율적일 수도 있으므로 경우에 따라서는 발음규칙을 연역적인 설명을 통해 지도하는 것이 효과적이다. 예를 들면 과거어미 '-ed'의 발음은 [d]를 제외한 유성음 다음에는 [d]로, [t]를 제외한 무성음 다음에는 [t]로, [d]와 [t] 다음에는 [id]로 발음된다는 점을 명시적으로 설명해줄 수 있다.

7.1.3.2 초분절음의 지도

초분절 음소(suprasemental phoneme)는 발화의 흐름 속에서 분절음 위에 부가되어 있는 강세(stress)나 억양(intonation), 리듬 등을 말한다. 이러한 초 분절 음소가 이해될 수 있게 발음(intelligible pronunciation)하는데 더 중요하다. 따라서 최근의 발음지도의 초점은 분절음소(segmental phoneme)에서 초 분절 음소로 변하고 있다. 특히 다음 예와 같은 항목에서 초 분절 음소가 중요한 역할을 한다.

예) (a) *Yes-no* and *wh*-question intonation
(b) Intonation of or-question
(c) Contrastive stress in numbers ending in -teen and -ty
(d) Stress in noun-noun and adjective-noun combinations
(e) Unstressed form 'I'm' and stressed form 'I am'

또한 부정확하게 발음된 개별 음이 실제 상황 속에서는 문제가 안 될 수도 있으며 초분절 음소보다 덜 중요할 수도 있다. 예를 들면 문장 'I came from Belgium by /ʃip/.'에서 'ship' 이 'sheep'으로 들리더라도 'sheep'으로 잘못 이해하게 되지는 않는다. 또한 초분절 음소가 배우고 사용하고 가르치기가 더 어려운데 그 이유는 모국어 화자가 상황에 따라 다르게 사용하는 경향이 있기 때문이다. 아울러 한국어는 강세와 관계없이 각 음절이 거의 동일한 길이와 강도로 발음되는 음절박자리듬(syllable-timed rhythm)이지만 영어의 리듬은 제1강세를 중심으로 거의 주기적으로 이루어지는 강세박자리듬(stress-timed rhythm)이므로(Roach, 1982) 영어학습에서 초분절 음소의 학습이 더 중요하다고 할 수 있다.

영어의 방언들은 발음에 있어서는 약간의 차이를 보이고 있으나 초분절적 자질(supra-segmental features)은 유사한 특성을 나타낸다.

강세의 지도는 강세가 있는 부분을 동그라미나 밑줄, 색으로 표시하고 지도하든가, 손뼉을 치게 하는 방법 등을 이용할 수 있으나 문맥 속에서 강세를 지도하는 것이 가장 효과적이라 할 수 있다. 문맥 속에서 강세를 지도하기 위해서는 다음의 예와 같이 의견의 불일치를 나타내는 문장들을 제시하거나 화자의 의도를 나타내는 대화, 질문과 응답 방식을 이용할 수 있다.

예) (a) A: Two and three are six.
B: No, two and three are *five*.
(b) A: That's a blue pen.
B: No, that's a *red* pen.
(c) A: What do you do?
B: I'm a farmer. What do you do?
A: I'm a t**ea**cher.
(d) a. A: Where can I buy cóld cream?
B: At the drugstore.
b. A: Where can I buy cold créam?
B: At the diary.

또한 강세의 지도에서 유의할 사항은 강세가 없는 음절의 모음은 모음축소현상이 일어나 애매(曖昧)모음(schwa)인 [ə]로 발음된다는 점이다.

예) drama[dráːmə] → dramatic[drəmǽtik]

atom[ǽtəm] → atomic[ətámik]

억양과 리듬의 지도를 위해서는 억양곡선을 그리고 연습시킬 수도 있으나 문장이나 문맥 속에서 지도하기 위해 역방향 완성 말하기기법이나 박자노래(chant), 메아리 질문과 진술을 활용할 수 있다.

1) 역방향 완성말하기 연습

역방향 완성말하기(backward buildup)는 일종의 모방연습으로 문장의 처음부터 의미단락(sense-group)으로 나누고 문장의 뒤에서부터 연습시키는 방법을 말한다.

예) seven years
for more than seven years
studying French for more than seven years
has been studying French for more than seven years
Chulsoo has been studying French for more than seven years.

이 방법은 영어 문장 뒷부분의 억양이 의미전달에 중요하므로 유용한 학습기법이다.

2) 박자노래와 몸동작을 이용한 방법

박자노래(chant)와 몸동작을 이용하는 방법은 발화와 몸동작을 통합함으로 학습자의 흥미유발에 유용하며 영어의 억양, 리듬, 연음, 축약형 등을 자연스럽게 연습시킬 수 있다(Graham, 1978 참고). 박자노래는 리듬의 요소만 갖추고 있어 노래와 말하기 중간 단계라고 할 수 있다. 다음 예에서 이태리체로 된 부분은 강세를 주고 몸동작과 함께 하게 하여 의미를 학습자가 파악하게 할 수 있다.

예) *Pick* up your *pencil*.
Pick it up, *pick* it up.
Pick up your *pencil* very carefully.
Pick up your *pencil* and *write* your *name* very carefully.

또한 박자노래는 지루하지 않게 언어구조와 어휘 및 억양을 반복연습을 할 수 있는 장점이 있다. 그러나 박자노래의 활용은 경우에 따라서는 영어의 자연스러운 운율을 왜곡시킬 수도 있는 단점이 있다.

3) 메아리 질문이나 진술이용하기

메아리 질문(echo question)과 메아리 진술(echo statement)은 어떠한 말에 놀랐을 경우나, 상대방의 말을 완전히 이해하지 못했을 경우에 들은 내용을 확인하기 위하여 상승조의 어감을 사용하여 말하는 것을 말한다. 이러한 메아리 질문이나 진술을 통하여 억양을 연습할 수 있다.

예) (a) T : The teacher is ill! (falling tone)
Ss : The teacher is ill? (rising tone)
T : The electricity's off.
Ss : The electricity's off?
T : I've forgotten my notebook.
Ss : You've forgotten your notebook?
(b) T : It's an ten o'clock start? (rising intonation)
Ss : It's a ten o'clock start! (falling intonation)
T : She'll be here on time?
Ss : She'll be here on time!

7.2 문자와 발음관계의 지도

외국어의 읽기 학습 전에 문자체계와 음성체계의 규칙적인 연관성과 불규칙적인 면을 지도해야 한다. 그러나 EFL 지도의 초기에는 학습자가 말을 못하는 상태이므로 우선 구두언어를 학습하게 한 후 문자를 도입하는 순서가 바람직하다. 문자와 소리의 관계를 인식시키기 위해서는 음철법, 동일형태단어제시방법, 대치방법, 음성기호학습방법, 음절 방법, 종합적인 방법 등을 이용할 수 있다.

1) 음철법

음철법(phonics)은 문자와 소리의 관련성을 익히는 방법으로 일종의 상향과정(bottom-up, outside-in processing)이다. 즉 읽는 이는 접하는 문자소(grapheme)를 음소(phoneme)와 연결시키고 이 음소들이 모인 단어의 발음과 의미를 인식하게 된다. 전체단어 음철법(whole-word phonetics method)은 음을 분리하여 지도하지 않고 단어 혹은 문장 내에서 제시하는 방법이다. 예를 들면 church, chin, chop 등의 단어를 교사가 발음을 하고 학습자가 반복하게 함으로 'ch'의 철자와 음의 관계를 학습자가 이해할 수 있게 하는 방법이다. 일반적으로 단어를 교사가 플래시 카드로 제시하면 학습자가 따라하고 기억하는 방법으로 문자를 하나씩 학습하는 방법보다 신속하게 단어나 문장을 인식할 수 있다. 그러나 지도를 받지 않고 스스로 단어의 발음을 인지하기는 쉽지 않다.

발음유형학습법(pattern method)은 언어가 문자의 배열에 따라서 특정 소리가 정해지기 때문에 다음과 같은 규칙을 찾아내어 익힘으로 새로운 단어도 유추하여 읽을 수 있게 하는 방법이다(May & Eliot, 1978, pp 38~39 참고).

(1) c 규칙

'c'는 a, o, u 앞에서는 일반적으로 강한 [c]로, 기타의 경우에는 약한 [c]로 발음된다. 예를 들면 *c*at, *c*ot, *c*ut에서는 강하게 *c*ent, *c*ity, bi*c*ycle에서는 약하게 발음된다.

(2) g 규칙

'g'는 a, o, u 앞에서는 일반적으로 강한 [g]로, 기타의 경우에는 약한 [g]로 발음된다. 예를 들면 *g*ame, *g*o, *g*ush에서는 강하게 *g*em, *g*iant, *g*ym에서는 약하게 발음된다. 그러나 *g*et, *g*ive, be*g*in, *g*irl 등은 예외이므로 유의해야 한다.

(3) VC와 VCC 형태

모음 뒤 어말(word-final)에 자음이 오거나 모음 뒤에 자음이 연속해서 오면 그 모음은 단음이 된다("short" vowel sound in VC or VCC pattern). 예를 들면 b*a*t, l*e*g, h*i*m, *a*n, c*a*n, b*a*th, b*a*sk, c*a*ndy, d*i*nner(d*i*ner와 비교), b*i*tter(b*i*ter와 비교) 등이다.

(4) VCe 형태

모음 + 자음 뒤에 묵음 'e'가 오면 앞의 모음이 장음이 된다("long" vowel sound in VCe pattern). 예를 들면 h*a*te, l*a*te, n*o*te, b*i*te, t*i*me, n*i*ce, pl*a*te 등이다.

(5) VV 형태

모음이 연이어 오면 한 모음이 장음화된다("long" vowel sound in VV pattern). 예를 들면 cl*ea*n, s*ea*t, b*ea*ter, s*ee*, c*oa*t 등이다.

(6) CV 형태

단음절어의 끝이나 음절의 끝(word-final)에 오는 모음은 장모음화 된다("long"

vowel sound in word-final or syllable-final position). 예를 들면 go, hi, my, we, hotel, going 등이다.

(7) r 규칙

'r'은 일반적으로 장음이든 단음이든 앞 모음을 변화시킨다(the letter 'r' modifying the short or long sound of the preceding vowel letter). 예를 들면 car(cat와 비교), care(cape와 비교), fair(wait와 비교), fear(feat와 비교) 등이다.

2) 동일형태 단어 제시방법

동일형태단어제시방법(the family method, May & Eliot, 1978, p. 39)은 'cat,' 'bat,' 'fat' 등과 같이 동일 형태의 단어를 제시하고 'a'나 't' 문자의 발음을 인식시키는 방법이다. 그러나 VC형태에서 끝 자음을 지도하면 학습자가 어말(word-final)부터 음을 인지하는 부작용이 생길 우려가 있으므로 이러한 방법은 보조적인 수단으로만 이용되어야 한다.

3) 대치방법

대치방법은 동일 음을 나타내는 동일문자들을 여러 단어 속에서 익히게 한 후 또 다른 단어에서 그 문자를 읽을 수 있게 하는 방법이다. 예를 들면 'dog', 'dig', 'dive' 등과 같이 동일한 문자 'd'가 들어 있는 단어를 연속적으로 제시하여 'd'의 음을 인지하게 한 후 'den'의 발음을 지도할 경우 'It begins like *dog*.'라고 단서를 줌으로 'den'을 발음할 수 있게 하는 방법이다.

4) 음성기호 학습방법

중급단계에서는 말과 문자의 관계를 학습하기 위해 음성기호(phonetic symbol)와 사전을 이용할 수 있다. Nuttall(1996)은 음철법의 효과에 의문을 제기하면서 음성기호 활용의 필요성을 다음과 같이 논하고 있다.

> I do not think phonics can help EFL learners to identify new lexical items. No doubt many readers want to be able to pronounce the words they meet, but this is a different issue and (given the complexities of phonics) they would be better to use the phonetic symbols in their dictionary. (p. 77)

이 방법은 음성기호에 의해 영어발음을 정확히 가르치고자 하는 것이지만 학습 초기에 음성기호를 과도하게 도입하면 학습자가 기억하는데 부담이 되고 발음 연습에 너무 많은 시간이 소요되며 의미와 괴리된 언어학습이 되어 학습자가 흥미를 잃을 수 있다.

5) 음절 방법

음절 방법은 모국어 읽기를 위해 중동, 아프리카, 아시아 지역에서 많이 사용되는 방법으로 다음의 예와 같이 음절(syllable) 단위로 연습하고 단어 전체를 읽게 하는 방법이다.

예) ka, ke, ki, ko, ku, ...
la, le, li, lo, lu, ...
가, 갸, 거, 겨, 고, ...

영어의 음절이 반드시 자음+모음으로만 이루어진 것은 아니므로 영어 지도에 이 방법을 적용하는 것은 바람직하지는 않다.

6) 종합적인 방법

EFL 학습에서 문자와 음의 관계를 이해하기 위해서는 위에서 논의된 다양한 방법의 단점을 보완하고 다 매체(multimedia)를 활용하는 종합적인 방법이 요구된다. 음철법은 영어가 모국어인 학습자를 대상으로 연구되고 적용되어 온 것으로 이미 그들은 말을 알고 있기 때문에 지도가 용이하다. 그러나 EFL 상황에서는 선택적으로 적용되는 것이 효과적이며 읽기를 전적으로 음철법에 의존하는 것은 예외적인 규칙과 복잡한 요소들이 있으므로 바람직하지는 않다.

> A number of other major criticisms have been made of the phonics approach. Much of this criticism is based on research into human memory. In the first place, with only twenty-six letters to represent over forty sounds in English, spelling-to-sound correspondences are both complex and unpredictable. (Nunan, 1991, p. 64)

예로 영어에는 동일 음이 'b*y*', 'b*uy*', 'f*igh*t', 'l*ie*', '*i*sland' 등과 같이 다양한 문자로 표기되거나, '*ch*emistry', '*ch*urch', 'ma*ch*ine' 등과 같이 동일한 문자가 다양하게 발음되는 경우가 많다. 또한 음성기호가 원어민의 발음을 정확하게 반영하고 있다고 볼 수는 없고 영어의 문자와 음의 관계가 상당히 불규칙적이므로 음성기호 방법도 그 한계가 있다.

문자와 소리의 관계의 지도를 위한 종합적이고 효과적인 방법을 정리하면 다음과 같다.

(1) 음을 문자에 앞서 제시한다. 문자를 먼저 도입하면 문자와 소리의 불규칙한 관계 때문에 학습자는 혼란을 느끼고 문자에 의존하는 발음(spelling pronunciation)을 습득할 우려가 있다.

(2) 의미와 함께 문자와 음의 관계를 지도한다. 다시 말하면 문맥 속에서 음을 유의미하게(meaningfully) 제시한다.

(3) 음철법과 음성기호는 선별적으로 연결하여 지도하며 음의 제시를 위해 다 매체를 활용하여 음철법과 음성기호의 한계를 보완한다.

(4) 다음과 같은 운율과 반복 기법을 사용할 수 있다. 이러한 방법은 학습자의 동기를 유발할 수 있고 놀이 개념을 학습에 도입하므로 초기 학습자에게 유용하다. 또한 지루함을 느끼지 않고 여러 번 반복할 수 있으며 그림을 곁들이면 학습자가 그 의미를 유추할 수 있으므로 더 효과적이다.

예) Come, come, Cat.
Come up to me.
Climb, climb, Cat.
Climb up the tree.

(5) 동일한 음과 문자가 사용된 단어 혹은 문장의 그림이나 사진 등의 자료를 이용하면 문자와 소리, 의미를 동시에 연결하여 학습시킬 수 있으므로 효과적이다.

예) cat cap cow

8장 영어어휘의 지도

어휘는 의사소통의 가장 기본적이고 핵심적인 요소 중의 하나이다. 따라서 어휘지도에 관한 사항은 모국어는 물론 외국어 교과교육학에서 필수적으로 다루어져야 할 분야이다. 제8장에서는 어휘의 개념과 어휘지도의 중요성을 알아보고 어휘지도기법을 연구하며 연어법의 지도 및 사전의 활용에 대하여 논의하고자 한다.

8.1 어휘의 개념

어휘(vocabulary, lexical item)는 하나의 언어에 들어 있는 단어들의 총체 혹은 특정한 개인이 알고 있는 단어의 총합을 말한다. 또한 어휘는 한 단어 혹은 복합어, 익은 말(숙어, 덩어리 어휘, multi-word)을 모두 포괄하는 용어이다.[65] 복합어는 두 개 이상의 어휘나 어휘구성성분이 복합되어 이루어진 어휘를 말하며 익은 말이란 다음의 예와 같이 두개 이상의 낱말이 합해져서 하나의 낱말처럼 쓰이는 어휘를 의미한다.

예) by and large 'on the whole'
for good 'forever'
spick and span 'brand-new'

어휘는 그 자체로도 의미 전달 기능을 가지고 있다. 예를 들면 핵심 어휘가 결여된 예

65) '단어(word)'와 '어휘(vocabulary)'는 동일한 의미로 사용되기도 하지만 일반적으로 구별되어 쓰이고 있다. 단어는 개별 낱말을 의미하고 어휘는 낱말과 숙어들을 모두 포괄하는 용어이다. 예를 들면 'put up with'는 'put', 'up', 'with'의 세 낱말로 이루어진 하나의 어휘이다.

(a)보다는 한 단어로 이루어진 (b)가 더 효과적으로 의미를 전달할 수 있다.

예) (a) I wonder if you could lend me your ....
(b) Calculator?

또한 학습의 초기에는 어휘만 알면 문법 지식 없이도 단편적인 의사소통이 가능하다. 다음 예에서 문법이 배제되어 있지만 의미전달이 가능하다.

예) Yesterday. Go disco. And friends. Dancing.

하나의 어휘를 안다는 것은 어휘의 형태와 의미, 쓰임새 및 어감을 이해하고 해당 어휘를 사용할 수 있는 능력(productive knowledge)을 가지고 있음을 의미한다. Harmer (1991, p. 158)는 다음 표와 같이 어휘지식의 영역을 요약하여 제시하고 있다.

표 8.1 어휘지식의 영역

MEANING	Meaning in context Sense relations
WORD USE	Metaphor and idiom Collocation[66)] Style[67)] and register[68)]
WORD INFORMATION	Parts of speech Prefixes and suffixes Spelling and pronunciation
WORD GRAMMAR	Nouns: countable and uncountable, etc. Verb: complementation, phrasal verbs, etc. Adjectives and adverbs: position, etc.

66) 연어(連語, collocation)는 특정한 어휘가 다른 어휘와 어울려 쓰이는 현상을 말한다.
예) mild weather
?mild breeze

67) 언어격식(style)은 발화의 상황이나 상대에 따라서 달라지는 언어형식을 말하며 Joos(1967)에 의하면 친밀스타일(intimate style), 약식 스타일(casual style), 자문 스타일(consultative style), 격식 스타일(formal style), 동결 스타일(frozen style)이 있다.

68) 언어사용역(register)은 장면에 의하여 변하는 언어변이의 총칭을 말한다. 예를 들면 과학논문은 객관적인 설명을 필요로 하기 때문에, 30%내지 50%가 수동구문으로 되어 있고 I, he, she 등의 인칭대명사의 사용이 비교적 적다. 또한, 아울러 'tablespoonful'은 요리나 약국의 처방에서, 'neckline'은 양재(洋裁)에서 사용되는 전문용어이다.

8.2 어휘지도의 중요성

어휘지도는 문법·번역 교수법과 직접교수법에서는 중심적인 역할을 하다가 1950년대와 1960년대의 청화중심교수법과 구조적 교수요목(structural syllabus)에서는 문형연습(pattern practice)에 부수적인 것으로 간주되어 기본적인 문형을 습득하면 어휘력은 자동적으로 뒤따라온다고 생각했다. 그러나 1970년대에 이르러 의사소통중심교수법과 자연적 접근법이 대두됨에 따라 어휘학습을 외국어학습의 가장 중요한 부분 중의 하나로 보고 있다. 또한 최근에 이해 중심 교수법(comprehension-based method)의 영향으로 외국어 교육에서 어휘의 중요성이 다시 강조되고 있다. 다시 말하면 어휘를 알아야 기능이나 구조를 사용할 수 있으므로 어휘지도를 외국어 교육에서 필수적으로 보고 지도어휘의 선정과 배열을 교육 과정에서 중요하게 다루고 있다. Wilkins(1972), Lewis(1993), Edge(1993) 등은 다음과 같이 어휘의 중요성을 주장하고 있다.

> While without grammar very little can be conveyed, without vocabulary nothing can be conveyed. (Wilkins, 1972, p. 111)

> Language consists of grammaticalised lexis, not lexicalised grammar. (Lewis, 1993, p. iv)

> The more words you know, the better your chance of understanding or making yourself understood. (Edge, 1993, p. 79)

어휘중심교수법(lexical approach)은 언어를 낱말과 낱말의 결합으로 보고 어휘지도의 중요성을 강조하는 교수법으로 어휘중심교수요목(lexical syllabus, Willis, 1990)을 사용한다.

초급단계의 외국어 학습자는 한 단어씩 이해하는 상향과정(word-by-word processing)에 의존하므로 예습활동이 어휘학습에 집중되는 경향이 있을 수 있다. 이러한 어휘 학습방법은 대부분의 학자들이 그 효과에 대해 비판적이지만 EFL 상황에서는 무시될 수 없다고 판단된다. 하나의 어휘를 안다는 것은 그 어휘의 지시적 의미를 이해하고 단어의 의미와 쓰임에 대한 최소한의 지식을 갖고 있다는 것을 뜻한다고 볼 수 있기 때문이다. 문맥을 배제한 단순한 어휘교육이 문제이지 어휘학습의 필요성에 의문이 있지는 않다.

어휘학습은 다른 언어기능, 특히 발음과는 달리, 연령의 영향을 덜 받는다. 나이가 들수록 세상지식이 많아지므로 어휘 학습이 더 쉬워질 수도 있다. 또한 기존의 어휘 지식이 많으면 많을수록 이를 바탕으로 새로운 어휘를 습득하기가 더 쉬워진다.

8.3 지도어휘의 선정

학습자가 제한된 시간에 수많은 어휘들을 학습하기는 불가능하므로 일정한 기준으로 어휘를 선정해서 지도하는 것이 현실적이며 초급단계에서는 구체적인 어휘를 지도하고 수준이 높아짐에 따라 추상적 어휘를 첨가하는 것이 바람직하다.

교육받은 원어민 화자는 일반적으로 5만 내지 20만개의 어휘를 알고 있다. 또한 비원어민 화자의 공통핵심어휘를 파악하려는 다양한 시도가 있어 왔으나 그 연구 결과는 일치하지 않는다. 대체적으로 사용빈도가 높은 3,000개의 어휘를 알고 있으면 대부분 교재에 사용된 어휘의 80~90%는 이해할 수 있으며(Honeyfield, 1977a, p. 35), 나머지 10~20%는 문맥 속에서 유추할 수 있도록 지도하는 것이 효과적이다. 그러나 학문적인 목표를 지닌 학습자는 전문 영역의 단어들을 많이 숙지해야 하므로 3,000개의 어휘를 아는 것으로는 부족하다고 본다. 유럽회의(the Council of Europe)에서는 생존에 필요한 어휘를 1,000개, 기본적인 의사소통에 2,500개, 고급수준에서는 7,000개 정도의 어휘를 제시하고 있다. 또한 언어의 네 가지 기능에 따라서도 요구되는 단어의 숫자가 다른데 일반적으로 말하기에 2,500개, 듣기에 4,500개, 읽기에 7,500개의 어휘가 필요하다. EFL학습에서 지도할 어휘의 숫자는 초급단계에서 1,000개, 중급단계에서 2,500개, 고급단계에서 4,000개를 목표로 삼는 것이 바람직하다(Hammerly, 1982 참고).

2007 개정 교육과정에서 권장하는 각 학년별 새로운 어휘의 수는 다음 표와 같다(교육과학기술부, 2008a, p. 241 참고).

표 8.2 학년별 권장 지도 어휘 수

학교급별	단계(학년)	지도할 어휘의 숫자
초등학교	3 단계(초등3)	110개 이내
	4 단계(초등4)	120개 이내
	5 단계(초등5)	130개 이내
	6 단계(초등6)	140개 이내
	소 계	500개 이내
중등학교	7 단계(중1)	170개 이내
	8 단계(중2)	280개 이내
	9 단계(중3)	390개 이내
	10 단계(고1)	450개 이내
	소 계	1,290개 이내
계		1,790개 이내

어휘 선정에는 사용빈도(frequency), 이용도(availability), 사용 범위(range)와 치환성(coverage)의 기준이 필요하며 능동적(active) 어휘와 수동적(passive) 어휘의 구분과 그에 따라 지도할 어휘를 선정하는 것이 효과적이다.

1) 사용빈도

사용 빈도는 하나의 어휘가 모국어 화자에 의해 어느 정도로 자주 사용되는가를 나타내는 것으로 어휘 선정에서 가장 중요한 기준이다. 동일한 어휘라도 문장 중에서 수행하는 기능과 품사에 따라 빈도가 차이가 난다. 예를 들면 'certain'과 'certainly'는 다음과 같이 기능에 따른 빈도의 차이가 있다(Sinclair & Renouf, 1988, pp. 147-8 참고).

예) (a) *certain*

Function 1. (60% of occurrences) Determiner as in:
/a certain number of students/in certain circles/
Function 2. (18% of occurrences) Adjectives as in:
/I'm not awfully certain about... /We've got to make certain/
Function 3. (11% of occurrences) Adjective, in phrase 'A + certain + noun', as in:
/... has a certain class ring/there is a certain evil in all lying/

(b) *certainly*

Function 1. (98% of occurrences) as in:
/it will certainly be interesting/He will almost certainly launch into a little lecture... /

영어에서 20개의 빈도가 가장 높은 어휘는 다음과 같은데 조사자에 따라 다소 차이가 있다.

the, of, and, to, a, in, that, is, was, he, for, it, with, as, his, on, be, at, by, I (Kucera and Francis, 1967 참고)

the, of, and, to, a, in, that, I, it, was, is, he, for, you, on, with, as, be, had, but (Sinclair and Renouf, 1988, p. 149 참고)

2) 이용도

이용도(availability)는 하나의 단어가 특정한 상황에서 연상되거나 필요한 정도를 말하며 쉽게 기억되고 회상되는 단어가 이용도가 높다. 예로 신체부위에 관해서는 'leg,' 'hand,' 'eye,' 'nose,' 'ear' 등이, 학교에 관해서는 'classroom,' 'teacher,' 'library' 등의 단어가 쉽게 연상되며 'blackboard'나 'eraser'는 일반사회에서는 사용빈도가 낮으나 교실 상황에서는 자주 사용된다. 이용도는 지도할 어휘의 선정에서 사용빈도를 보완해 줄 수 있는 기준이 되며 '상황적 빈도'라는 용어로도 사용된다.

3) 사용범위

사용범위(range)는 특정한 어휘가 얼마나 다양한 문맥에서 사용되는가에 대한 척도이다. 제한된 글과 말에서만 쓰이는 어휘보다는 여러 형태의 다양한 글과 구어에서 사용되는 어휘를 선정하여 지도하는 것이 효과적이다.

4) 치환성

치환성(적용범위; coverage)은 하나의 어휘나 구조가 유사한 의미를 지니는 다른 단어나 구조를 대신하거나 포괄해서 사용될 수 있는 정도 혹은 관련된 다른 의미를 표현하는 단어와 결합되어 쓰이는 정도를 말한다.[69] 예를 들면 'seat', 과 'bag'은 다음과 같은 다른 단어의 의미를 포괄해서 사용될 수 있고 'book'과 'get'은 다른 단어와 결합하여 쓰이는 경우가 많으므로 치환성이 다른 단어보다 높다.

---

69) 치환성은 언어구조에도 해당되는데 다음 예에서 문장 (a)가 문장 (b)를 대신하여 쓰일 수 있으므로 치환성이 높으며 치환성이 높은 구조를 우선하여 학습하는 것이 바람직하다.

예) (a) What time is it please?

(b) Could you kindly tell me the time?

또한 치환성은 포섭(inclusion)의 관계인 하위어(hyponym)와 상위어(superordinate)의 관계와 유사하다. 이는 한 어휘의 의미가 다른 어휘의 의미를 포함하는 관계로 예를 들면 'dog', 'cat'는 'animal'에 속함으로 'dog', 'cat'은 하위어, 'animal'은 상위어에 해당된다. 하나의 상위어는 다음의 예와 같이 여러 개의 하위어를 가질 수 있다:

예) superordinate: vehicle

(상위어)

hyponyms: bus car lorry van

(하위어)

예) (a) seat: chair, bench, stool 등
(b) bag: suitcase, handbag, sack, valise 등
(c) book: notebook, exercise book, textbook 등
(d) get: get ahead, get around, get at, get away with, get on, get off 등

또한 지도할 어휘의 선택과 관련하여 능동적 어휘와 수동적 어휘를 구분할 수 있다.70)

1) 수동적 어휘

수동적 어휘(receptive, passive vocabulary)는 수용기능인 듣기나 읽기 이해에는 필요하지만 표현 기능에 사용되는 빈도는 극히 드문 어휘를 말한다. 일반적으로 독자나 청자는 능동적 어휘보다 수동적 어휘를 더 많이 알고 있다.

2) 능동적 어휘

능동적 어휘(productive, active vocabulary)는 수동적 어휘에 비해 그 수가 적지만 학습자가 일상생활과 교실활동에서 그 의미를 알고 자주 활용하는 어휘를 의미하며 수업에서 더 많은 활용 연습이 필요하다. 능동적 어휘는 자유선택어휘(free active vocabulary)와 통제어휘(controlled active vocabulary)로 나눌 수 있는데 전자는 화자가 자유롭게 선택하여 사용하는 어휘로 불확실하면 사용하지 않는다. 후자는 요구되어져야만 사용하는 어휘를 말한다.

초급단계에서는 능동적 어휘를 우선 지도하는 것이 효과적이다. 또한 수동적 어휘와 능동적 어휘의 구분은 절대적인 것이 아니며 학습자의 언어 수준이 높아지고 세상지식이 많아짐에 따라 수동적 어휘가 능동적으로 변할 수도 있고, 능동적 어휘도 상당 기간 사용하지 않으면 수동적으로 될 수 있다. 또한 Nuttall(1996)의 주장과 같이 학습자가 특정한 수동적 어휘에 자주 노출되면 이 어휘가 능동적 어휘로 될 수 있다.

> Continued exposure to the language is the best way to transform receptive words into active ones. (Nuttall, 1996, p. 64)

---

70) Cross(1991)는 다음과 같이 능동적(active) 어휘와 수동적(passive) 어휘를 구분하고 있다.

> Words that are internalized and can readily be produced are said to be in the student's active vocabulary. Word that they could not readily produce, but would understand are said to be in their receptive(or passive) vocabulary.

학습 용이성(learnability)과 친숙성(familiarity)도 어휘선정의 기준이 될 수 있다. 또한 학습할 어휘의 선정에 사회언어학적 규범 즉 공식적인 글과 비공식적인 글의 구분이 고려되어야 하며, 언어의 다양한 기능, 개인의 감정상태에 따른 어휘들도 참고해야 한다.

8.4 어휘지도기법

어휘지도에는 계획적이고 직접적인 지도방법과 문맥통합지도방법이 있다. 계획적, 직접적 지도방법은 정해진 계획에 따라 어휘만을 별도로 직접 지도하는 방법이다. Devine (1981, pp. 123~9)은 다음과 같이 계획적인 어휘 학습의 유용성을 제시하고 있다.

> Research finding indicates, however, that formal instruction in vocab- ulary is markedly more effective than informal, unplanned instruction. Students, under the guidance of an informed teacher, can learn and remember words faster than on their own. Direct instruction is more effective than incidental acquisition.

문맥에서 분리하여 어휘만을 지도하기 위해서는 어휘 목록(list)을 활용할 수 있는데 이 방법은 짧은 시간 내에 다양한 많은 어휘를 학습시킬 수 있어 경제적인 장점이 있고 테스트로도 이용할 수 있다. 그러나 어휘를 실제 사용하는데 도움을 주기 위해서는 문맥에서 분리하지 말고 문맥 속에서 지도하는 방법이 이상적이다.

> Words taught in isolation are generally not retained. In addition, in order to grasp the full meaning of a word or phrase, students must be aware of the linguistic environment in which the word or phrase appears. (Judd, 1978, p. 73)

> Guessing a new word's meaning from context is a key vocabulary learning skill. (Schmitt, 2000, p. 153).

문맥(context)이란 인접한 어휘나 그 어휘를 수식하는 어휘들, 글이나 말의 전반적인 흐름과 주제를 말한다. 또한 넓은 의미에서 볼 때 그림, 사진, 차트, 그래프 등도 문맥에 포함된다고 볼 수 있다.

새로운 어휘를 접했을 경우 성급하게 사전에 의존하든가 번역을 통해 학습하면 의미 파악의 속도는 빠르지만, 그 어휘의 쓰임새를 이해 못하게 되고 외국어를 항상 모국어로 번역하여 이해하려는 습관이 형성될 수 있다. 어휘지도의 일반적인 유의사항을 정리하면 다음과 같다.

(1) 새로운 어휘는 문맥 속에서 제시하며 읽기 전이나 읽기 후에 구어적, 문어적 문맥 속에서 반복하여 사용하게 한다.
(2) 어휘의 의미를 자료의 이해에 필요한 배경지식이나 학습자의 경험과 연결시킨다.
(3) 영한 혹은 한영사전(bilingual dictionary)의 사용을 가능한 자제하게 한다. 사전을 읽기 중에 이용하면 읽기 속도를 낮추고 사고의 자연스러운 흐름을 방해할 수 있다.
(4) 새로운 어휘는 다양한 방법을 통해 학습자가 독립적이고 적극적으로 자기 나름의 전략을 통해 습득하게 하는 것이 바람직한데 이 점에 대해 Carr & Wixson (1986)은 다음과 같이 논하고 있다.

> The effective vocabulary instruction should provide for active student involvement in learning new vocabulary ... should develop students' strategies for acquiring new vocabulary independently. (pp. 590~91)

(5) 새로운 어휘의 의미는 유추하게 한다.

표 8.3 어휘의 의미 유추에 관련되는 요소

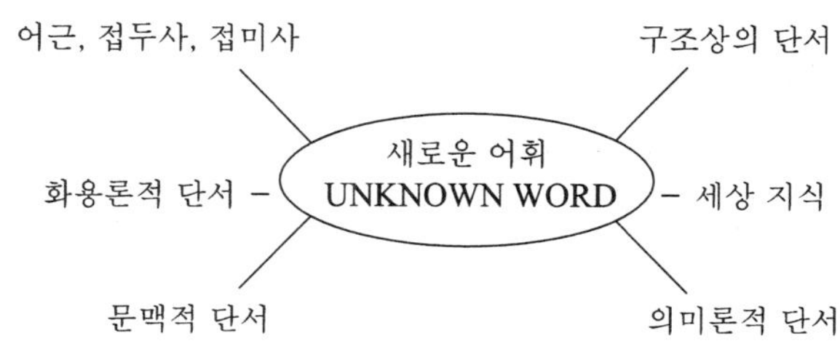

초급단계에서는 다양한 시각자료나 상황의 제시를 통하여, 초급 이후 단계부터는 문맥의 이해를 통해 어휘의 의미를 유추할 수 있도록 지도하는 것이 바람직하다. 어휘지도의 구체적인 기법을 논의하면 다음과 같다.

1) 시각 자료의 제시

실물(realia), 그림, 얼굴표정, 무언 행동(mime), 몸짓(gesture) 등의 시각적 방법으로 어휘를 지도할 수 있다. 이 방법은 초급단계에 효과적이며 중・고급단계에서도 선별적으로 사용될 수 있다.

(1) 실물, 모형의 이용

다음 예와 같은 어휘는 실물이나 모형 등을 이용하여 그 어휘의 의미를 지도할 수 있는데 이 방법은 직접 교수법(direct method)에서 사용되기 시작하였으며 구체적인 명사의 의미를 보다 더 분명히 해 줄 수 있다.

예) coin, pencil, bag, window, red bag, tallest boy, boat, car

(2) 그림과 막대그림의 이용

그림이나 막대그림(stick figure)를 활용하여 어휘를 지도할 수 있다.

예) 막대그림을 이용하여 다음 두 문장의 'say'와 'tell'의 차이를 보여준다.

(a) Chulsoo says he likes apples.

(b) Chulsoo tells Brown he likes apples.

(3) 신체부위나 신체행동의 이용

얼굴표정, 몸짓, 무언행동(mime)이나 행동을 통해 어휘를 지도할 수 있다. 예를 들면 다음과 같이 감정을 나타내는 어휘를 얼굴표정을 통해 지도하면 효과적이다.

예) happy, hot, thirsty, angry, tired, smile, laugh 등.

또한 다음의 예(a)와 같이 행동이나 양, 부피 등을 나타내는 어휘는 무언 행동이나 제스처를 활용해서 지도할 수 있으며 예(b)와 같이 전신반응기법을 활용할 수도 있다.

예) (a) run, walk, wake up, eat, drink, slowly, quickly, angrily, wide, narrow

(b) Point the apple. Put the banana to the apple.

(4) 기타 보조자료 이용

다양한 보조 자료를 어휘학습에 사용할 수 있는데 달력을 이용하여 last week, last month, yesterday, tomorrow 등의 어휘를, 시계를 이용하여 숫자나 late, early 등의 어휘를 지도할 수 있다. 또한 온도계를 이용하여 hot, warm, cool, cold, freezing 등을 지도할 수 있다.

예) It's 20 C. We feel warm. But it'll be 31 C tomorrow. How will we feel? *It'll be hot.*

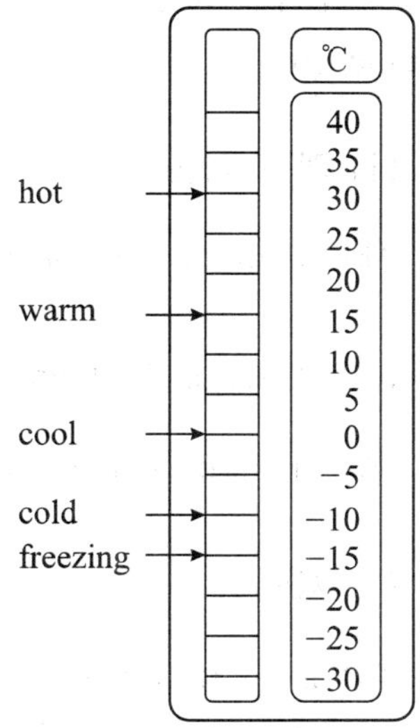

2) 예문의 제시

이미 알고 있는 어휘가 사용된 예문을 제시함으로 어휘를 지도할 수 있는 데 love, happiness, imagine, impossible, hate, lazy, diligent 등 추상적 의미를 지닌 어휘의 지도에 유용하다. 다음 예에서와 같이 'lazy'나 'hate'의 의미, 'embarrassed'와 'embarrassing'의 비교는 한국어로 번역하지 않고 특정한 상황을 제시함으로 학습자가 그 의미를 유추하게 할 수 있다.

예) (a) I have a brother. He is very *lazy*. He gets up late and then he does nothing all the day. I advise him not to be *lazy*.

(b) My sister *hates* potatoes, but she loves sweet potatoes. She likes carrots, beans and most other vegetables, but she refuses to eat potatoes. She *hates* them.

(c) Yunhee saw a man at the taxi stand. His back was turned but she was sure it was her brother, so she tapped him on the shoulder with her umbrella and shouted 'Look out! The police are after you!' The man turned around. He was a complete stranger. She was terribly *embarrassed*. It was a very *embarrassing* experience.

3) 어원의 활용

한 단어의 어원(word origin)을 알게 되면 어휘 능력을 신장시킬 수 있을 뿐 아니라 학습자의 흥미 유발과 장기 기억에 유용하다. 영어의 어휘는 다음과 같은 다양한 어원을 지니고 있다.

(1) 개인 이름

예) sandwich, boycott,[71] machiavellian,[72] chauvinist[73] sadist[74]

(2) 그리스와 로마 역사

예) Spartan, stoic(the school of philosophy)

(3) 지명

예) mecca(birthplace of Mohammed), meander(the name of a winding river in Phrygia), scotch(Scotland), cheese(Cheddar in England), hamburger(Hamburg in Germany)

(4) 문학작품

예) utopia[75], robot[76]

(5) 신화

예) erotic[77] jovial[78]

(6) 제품이나 회사명 등

예) jumbo[79], nylon[80], kleenex[81]

---

71) Boycott: An Englishman who was sent to Ireland to oversee the management of a great estate
72) Niccolo Machiavellian: a famous Italian writer on government
73) Nicholas Chauvin: a soldier under Napoleon
74) Marquis de Sade: a novelist
75) utopia: Sir Thomas More의 Utopia에 나오는 공상의 이상적인 섬
76) robot: Karel Capek의 연극 Rossum's Universal Robots에 나오는 인조인간의 이름
77) Eros: the Greek god of love
78) Jove: the chief god of the Romans
79) Jumbo: 미국서커스단 P. T. Baum이 19세기말 수입한 큰 코끼리의 이름
80) nylon: no-run (실올이 풀리지 않는)을 바탕으로 만들어짐

(7) 기독교

예) Cain(악인의 상징), Abraham(father of multitude), Golgotha(수난의 상징), Gospel (God's spell), good-bye(God be with you) 등

또한 영어의 숙어도 Benjamin's mess(the largest share), change one's skin(change completely)등의 상당수가 성경에서 유래되었다.

예) (a) And he took and sent messes unto them from before him: but *Benjamin's mess* was five times so much as any of theirs. And they drank, and were merry with him. (*King James Version*, Gen. 43: 34)

(b) Can the Ethiopian *change* his skin, or the leopard his spots? then may ye also do good, that are accustomed to do evil. (*King James Version*, Jer. 13: 23)

4) 단어형성의 이해

영어의 어휘는 접사, 합성, 역성, 단축, 두문자어, 혼성, 보통명사화 등의 다양한 과정으로 형성되는데 이러한 어 형성 과정의 이해를 통해 어휘를 학습할 수 있다.

(1) 접두사와 접미사

많은 단어가 접사를 붙이는 방법으로 파생된다. 예를 보면 'tele-'(far away)라는 접두사가 있는 어휘는 telepathy, telegram, television, telegraph, telescope, telephone 등이고 '-scope'(see)라는 접미사가 쓰인 어휘는 telescope, stethoscope, microscope 등이다. 의미를 모르는 단어를 접두사나 접미사 같은 형태소(morpheme)를 분석하여 학습하거나 지도할 수 있다. 대체적으로 접두사는 예 (a)와 같이 단어의 의미를, 접미사는 (b)의 예처럼 품사를 변화시킨다.

예) (a) 접두사 im- possible, impossible
ab- normal, abnormal
anti- aircraft, antiaircraft
(b) 접미사 -able enjoy, enjoyable
-tion imagine, imagination
-tive imagine, imagination

---

81) Kleenex: clean을 바탕으로 만들어짐

접사(affixation)에 의해 형성되는 단어를 복합어(complex word)라고 하며 다음과 같이 그 구성성분을 분석하여 이해시키면 효과적이다.

예) autobiography: auto(self) + bio(life) + grapy(write)
prescribe: pre(before) + scribe(write)

(2) 합성

합성(compound)은 두 개 이상의 단어를 합쳐서 하나의 단어를 형성하는 것을 말하며 완전히 결합된 형태, 분리된 형태, 연자(hyphen)로 연결된 형태가 있다.

예) (a) 결합된 형태: blackboard, blackbird, hatchback, software, pains-taking 등
(b) 분리된 형태: call back, bungee jumping
(c) 연자로 결합된 형태: second-hand, spoon-feed, win-win, laid-back

합성어의 의미는 대부분 합성된 각 요소의 의미에서 오지만 합성 순서에 따라 'houseplant'와 'planthouse'처럼 의미의 차이가 날 수 있다.

(3) 역성

역성(逆成, back formation)은 일반적으로 단어가 형성이 되는 순서와 반대로 단어가 파생되는 과정을 말하는데 단어의 뒷부분을 굴절어미로 혼동하여 이것을 제거하여 새로운 단어를 만드는 경우가 여기에 해당된다. 예를 들면 중세영어에서는 'editor'는 있었지만 'edit'라는 단어는 존재하지 않았는데 act → actor, sing → singer에서 유추하여 'edit'라는 단어가 역성되었다. 역성어의 예는 다음과 같다.

예) babysitter → babysit, brainwashing → brainwash,
burglar → burgle, pease → pea, peddler → peddle,
typewriter → typewrite, housekeeper → housekeep,
bargain hunter → bargain-hunt, television → televise

(4) 단축

단축(clipping)은 단어를 줄여서 그 일부분이 사용되는 형태를 말한다.

예) automobile → auto, advertisement → ad,
omnibus 'motor vehicle for paying passengers' → bus

pantaloons → pants, photograph → photo, popular → pop
zoological garden → zoo

(5) 두문자어

두문자어(acronym)는 단어의 첫 문자만으로 형성된 어휘를 말하며 현재도 계속해서 만들어지고 있다. 발음은 예 (a)와 같이 각 철자를 하나 씩 읽는 방법(initialism)과 예 (b)와 같이 하나의 낱말 같이 읽는 방법(word acronym)이 있다.

예) (a) FTA: Free Trade Agreement
MP: *m*ilitary *p*olice
ROTC: *R*eserve *O*fficers' *T*raining *C*orps
UFO: *U*nidentified *F*lying *O*bject
YMCA: *Y*oung *M*an's *C*hristian *A*ssociation
(b) Anzac: *A*ustralian and *N*ew *Z*ealand *A*rmy *C*orps
NASA: National Aeronautics 문 Space Adminstration
OPEC: *O*rganization of *P*etroleum *E*xporting *C*ountries
radar: *r*adio *d*etecting and *r*anging
TOEFL: *T*est of *E*nglish as a *F*oreign *L*anguage
NATO: *N*orth *A*tlantic *T*reaty *O*rganization

(6) 혼성어와 중첩어

혼성어(hybrid)는 두 개 이상의 다른 언어에서 유래된 낱말의 구성요소가 혼합된 어휘를 말한다.

예) (a) 영어 + 불어: eatable, shortage, uneasy
(b) 불어 + 영어: foolish, championship, demigod

중첩(blending)은 2개 이상의 단어가 하나로 배합되어 새로운 단어가 되는 현상을 말한다. 다시 말하면 한 단어의 앞부분과 다른 단어의 뒷부분을 결합시켜 새로운 단어를 만드는 것을 말한다. 이렇게 형성된 단어를 중첩어(portmanteau word)라고 하는데 다음의 예와 같이 각 개별 단어의 일부분만 취하므로 복합어와는 다르다.

예) American + Indian → Amerind
breakfast + lunch → brunch, escalate + elevator → escalator

gallop + triumph → galumph, motor + hotel → motel
slang + language → slanguage, smoke + fog → smog
helicopter + airport → heliport

(7) 보통명사화

보통명사화(commonization)는 고유명사가 보통명사로 사용되는 현상을 말한다.

예) lynch, sandwich, valentine, watt

5) 기능전환

어휘의 기능전환(functional shift)의 이해를 통해서 어휘를 학습할 수 있다. 중세영어 후기에 고대영어에 있던 굴절어미가 소실됨에 따라 영어가 종합어에서 분석어로 변화하게 되었다. 이러한 변화와 더불어 영어의 어휘는 다음의 예와 같이 기능의 전환이 비교적 자유롭고 하나의 어휘가 여러 기능을 지니게 되었는데, 이에 대한 이해를 하면 어휘학습에 효과적이다.

(1) 명사에서 동사로 전환

예) head - head a committee, elbow - elbow one's way through a crowd
hand - hand in one's paper, place - place the book on the desk

(2) 동사에서 명사로 전환

예) walk - take a walk, break - take a break

(3) 형용사에서 동사로 전환

예) better, round, tame, rough

그러나 학습자에게 둘 이상의 기능을 동시에 학습시키는 것은 바람직하지 못하다.

As learners tend to equate a single form with a single function, words that have more than one function should not be introduced at the same time. there - existential subject or demonstrative. (Johnston, 1985)

6) 의미관계의 이해

반의어(antonym)나 동의어(synonym) 등의 의미 관계나, 어휘확장(vocabulary expansion, Doff, 1988, p. 18), 혹은 어휘망이나 그림도식(pictorial schemata) 등의 기법을 활용하여 학습할 수 있다.[82)]

(1) 의미관계

어휘사이에는 여러 가지 의미관계가 있는데 이러한 관계의 이해를 통해 어휘학습이 이루어 질 수 있다.

예) (a) Glove is to *hand* as shoe is to *foot*. (용도)
(b) President is to *country* as governor is to *state*. (관계)
(c) Leaf is to *tree* as feather is to *bird*. (부분 대 전체)
(d) Teacher is to *classroom* as sailor is to *ship*. (장소)
(e) Our interest was in *art* and *artists*. (행위자)
(f) Our interest was in *music* and *musician*. (행위자)

(2) 어휘의 확장

하나의 어휘를 동의어나 관련성 등을 기준으로 확장하여 학습할 수 있는데 예를 들면 다음과 같다.

예) (a) cook → rice, soup, noodle, sweet and sour pork
→ bake, fry, boil, grill (synonym)
→ kitchen, stove, stir, spoon, pot (related by context)
(b) swimming → water polo, diving board, deep end, crawl (related by context)
(c) vegetable → carrot, cabbage, potato (hyponym)
(d) insect → fly, grasshopper, bee, mosquito (hyponym)
(e) fruit → apples, pears, grapes, kiwis, mangoes, bananas(hyponym)
(f) doughnut → a Beatles CD, a wedding ring, file paper (things with holes)

---

82) Johnston(1985)은 반의어를 동시에 제시하는 것은 바람직하지 않다고 다음과 같이 논하고 있으나 일반화시킬 수는 없다고 본다.

Lexical opposites such as narrow/broad should not be introduced in the same lesson or even the same unit of work.

(g) thief → steal, burgle, burglar, crime, criminal, catch, arrest
(h) marry: wedding, husband, wife, get married, separate, get divorced

(3) 어휘망

하나의 어휘를 주고 관련된 어휘를 학습자에게서 끌어내거나(elicit) 토론을 통해서 하나의 어휘망(vocabulary network, word spider)을 형성할 수 있다. 학습자의 수준보다 어려운 단어는 그림이나 사진, 영상자료 등을 어휘망과 함께 이용할 수도 있다. 이 기법은 하나의 어휘와 다른 어휘의 관련성을 범주화시켜 보여주는 방법으로 학습자들에게 글의 내용이나 분야와 관련된 모든 단어를 생각해 내서 논리적으로 조직해 보는 의미연상(semanic association)기법과 유사하다. 이러한 기법들을 읽기 전 활동으로 사용할 경우는 읽기 자료와 관련된 어휘에만 초점을 두는 것이 효과적이다.

예) (a)

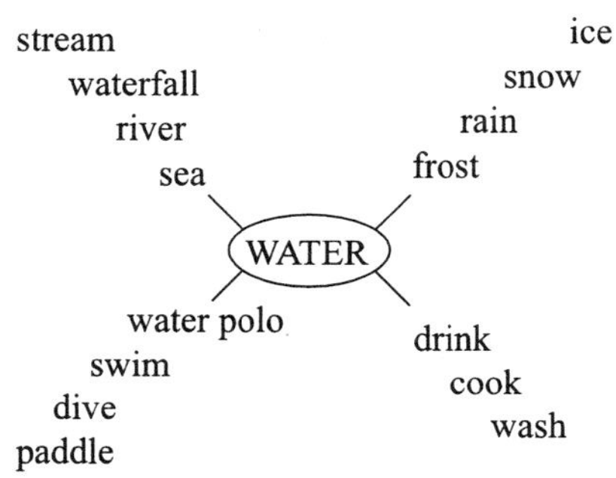

(b)

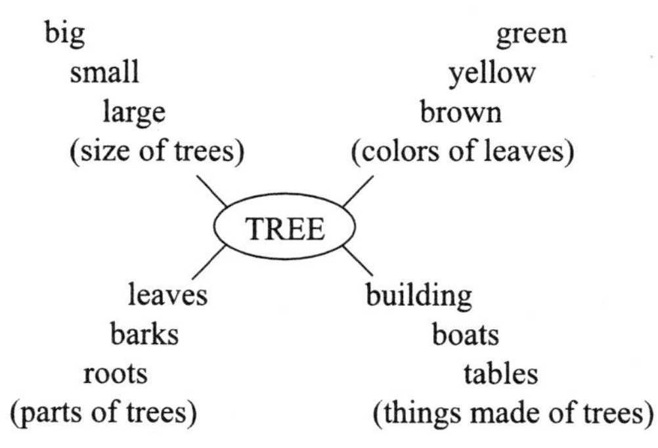

(c)

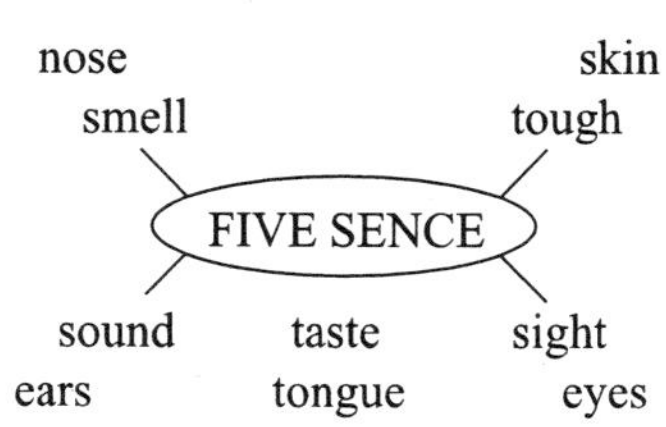

(4) 그림도식

형용사나 빈도부사, 정도부사 등을 그림도식(pictorial schemata)으로 제시하면 효과적이다.

예) (a) 형용사의 예

ⓐ

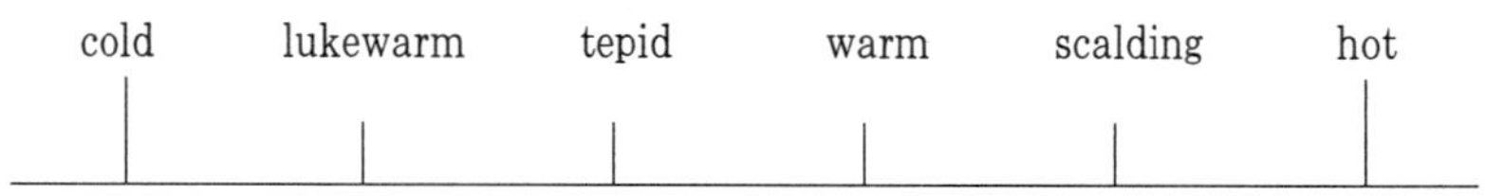

ⓑ

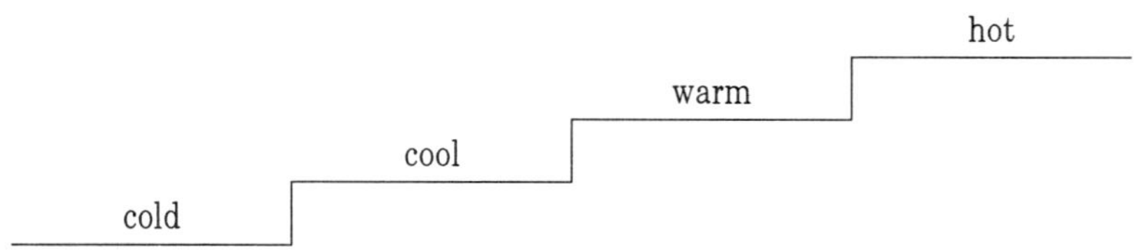

(b) 빈도부사의 예

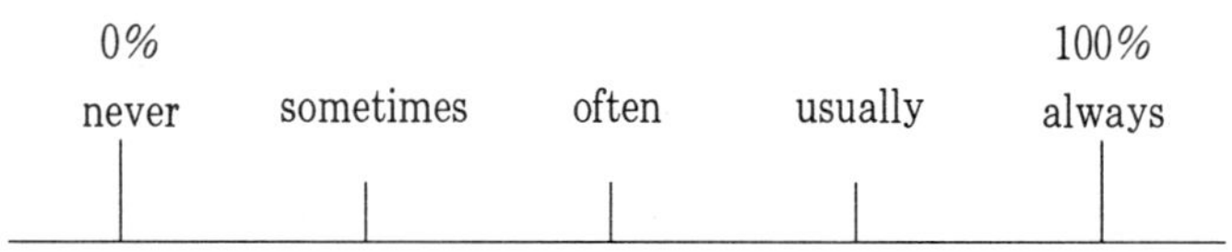

7) 의미자질 분석기법

의미자질 분석기법은 어휘의 의미 성분을 분석하여 지도하는 방법이다. 이 기법은 학습자의 세상지식을 활용함으로 유사한 어휘의 의미 차이를 정확히 알게 하고 흥미를 유발하며 그 어휘와 관련되는 다른 어휘의 학습에 도움을 줄 수 있는 방법이다. 적절한 질문과 응답을 통해 학습자의 구두 의사소통활동으로 이용될 수도 있다.

예) Fill the gaps with + or − in the following table.

	bark	four legs	lives in trees	eat insets
cow	−	+		
dog				
bird				

다음의 예에서와 같이 어휘의 의미를 그 구성성분으로 나누어 제시하므로 어휘의 의미를 번역을 통하지 않고 영어를 사용하여 지도할 수 있다(Scrivener, 1994, p. 77 참고).

예) (a) watch: It tells you the time.
It is small.
You wear it on your arm.
(b) carpenter: He/She can make something (wooden objects).
He/She can repair something (wooden objects).
He/She uses a hammer and nails, etc.
(c) calf: It's a cow.
It's young.

의미자질을 제시하여 다음의 예와 같이 단어들 사이의 동의나 반의 관계를 분명히 인지할 수 있다.

예) (a) bachelor: 〔+MALE〕〔+ADULT〕〔+HUMAN〕〔−MARRIED〕
(b) spinster: 〔−MALE〕〔+ADULT〕〔+HUMAN〕〔−MARRIED〕

다음과 같이 개념질문(concept question)을 제시함으로 어휘나 숙어의 의미 및 문자의 구조를 인식시킬 수도 있다(Scrivener, 1994, pp. 126~8 참고).

예) (a) Dr. Jackson pretended that he had a lot of knowledge.
Did Dr. Jackson have a lot of knowledge? (no)
Did Dr. Jackson have the intention of deceiving? (yes)
(b) She managed to see the governor.
Did she try? (yes)
Was it difficult? (yes)
Did she see the governor? (yes)
(c) Mr. Kim used to smoke.
Did Mr. Kim smoke? (yes)
On a number of occasions? (yes)
Regularly? Often? (perhaps)
Does he smoke now? (no)

또한 'bachelor'는 표 9.2와 같이 의미요소(semantic component)로 나누어 제시할 수도 있다(Katz & Fodor, 1964 참고). 다음의 ( )안은 의미자질(semantic feature)이고 [ ]은 어휘의 고유한 의미를 나타내는 의미변별소(distinguisher)이다.

표 8.3 'bachelor'의 의미요소

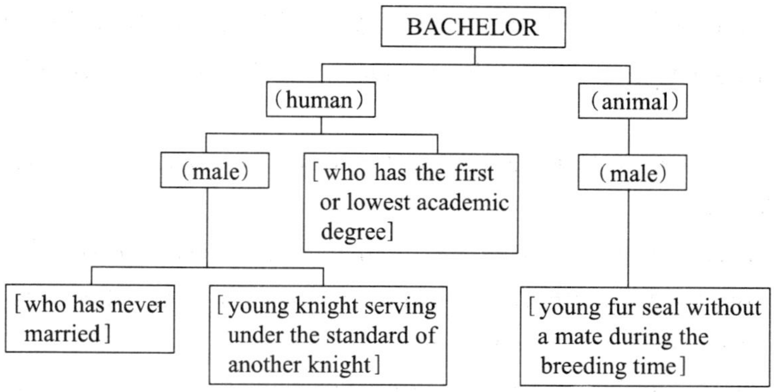

8) 문맥 단서(context clues)의 활용

어휘는 다음의 예문들과 같이 문맥이나 사용되는 맥락에 따라 다양한 의미를 나타낸다.

예) (a) This *book* is written by Tom Brown.
(b) But I *booked* my tickets three weeks ago.
(c) We *booked* him for speeding.
(d) The parcel is *booked* for you tomorrow.

문맥의 단서를 이용하기 위해서는 우선 구조적 단서를 고려해야 한다. 다음 예문 (a)에서 무의미 단어의 결합인 'sploony urdle'가 명사 + 명사인지 혹은 형용사 + 명사인지를 (b)와 (c)와 같은 질문을 통해서 파악하게 할 수도 있다.

예) (a) The *sploony urdle* departed.
(b) What sort of *urdle* is this?
(c) What(Who) departed?

문맥의 단서를 이용하여 어휘의 의미를 유추하는 기법은 학습자의 배경지식을 활성화하고 잉여적 정보나, 기타 다양한 요소에서 단서를 얻는 것이다. 또한 인접한 문장, 담화 혹은 문맥에 있는 단서에서 새로운 단어의 의미를 유추할 수 있다. 문맥 단서는 정의, 경험, 비교와 대조, 동의어, 요약 등이 있으며(Norris, 1970, pp. 30~31 참고) 여러 단서들이 동시에 이용될 수도 있다(combination method, Irwin, 1991, p. 144 참고).

(1) 정의(definition clues)

어휘의 의미가 글쓴이에 의해 설명되거나 정의되어질 수 있는데 괄호나 or, comma, dash, that is, such as 등과 be, refer to, mean 과 같은 동사가 사용되어진다.

예) (a) The *panther* (a large black animal related to a cat) is very dangerous and deadly.

(b) European countries often have separate secondary schools for boys and girls, but there are also *co-educational* schools or mixed schools for both boys and girls together.

(c) A number of languages of South Africa have *clicks*, a variety of popping sounds made by forming vacuums between the tongue and the hard or soft palate.

(d) The king entertained visitors from surrounding areas as well as from foreign lands. His household was the government, and it consisted of his *councilors* or wise men - presumably chosen by the King. Like the king, they could lead his forces in war and preside over any judicial assembly.

(e) A birthday party is an *observance*, that is, a remembrance of someone's day of birth.

(f) Our earth, you know, *rotates*. That is, it turns on its axis. Do you know what "axis" means? It's an imaginary line running from pole to pole through the earth's center. Like our earth, the moon, too, rotates.

(g) A ray of light does not always travel in a straight line. It can be abruptly turned by *reflection*, such as occurs when it falls on the surface of a mirror. Or its path may be bent by *refraction*, such as occurs when it enters water or any liquid medium.

(h) A *habitat* is the place where an individual or population of a given species lives.

(i) *Expulsion* refers to the remove of a group from the territory in which it lives.

(2) 경험(experience)

독자가 직접적이거나 간접적인 경험 혹은 세상 지식을 통해서 어휘의 의미를 유추할 수 있다.

예) (a) The old dog *snuffed* and *moped* as he slowly walked from the room.
(b) I can't use this knife. It's too *blunt*.
(c) Some animals seem to hibernate at times, but they are not true *hibernators*. Bears are a good example. Biologists call them dozers, or light sleepers. The polar bear and the big brown bear of Alaska may sleep through part of the winter. They are only sleeping lightly - not *hibernating* like snakes or frogs.
(d) The *sweat* rolled down his face. His entire body was wet, as if he had fallen into a spring... The heat was terrible.
(e) Sumi felt *overloaded* with things to do: she had to clean the room, wash the clothes, pick up the children, buy groceries, and prepare dinner for her guests.
(f) Tom received a new *roadster* for his birthday. It is a sports model, red with white interior and one seat, capable of reaching speeds of more than 150 mph.
(g) The *tornado* hit a small village in Kansas. The storm swept down the street. This terrible wind caused many houses to fall down.
(h) A *thrifty* person saves his money. He does not spend it freely.
(i) A *frugal* person would never spend money so freely.

(3) 비교 및 대조(comparison or contrast)

친숙한 단어와 비교나 대조를 통해 어휘의 의미를 유추할 수 있다. 유사관계에는 like, likewise, similar to, similarly, in the same way 등이, 대조관계에는 but, although, however, in contrast, in spite of 등이 사용된다.

예) (1) Jane: Which do you like better, pizza or *tacos*?
Se-ho: What is a *taco*? I've never seen one.
Jane: It's a Mexican food. It is like *mandu*.
Se-ho: I like mandu very much. Is there a Mexican restaurant around here?
(2) Like many other poisonous plants, *henbane* has an unpleasant smell.
(3) New York City is *densely* populated, but a desert is *sparsely* populated.
(4) His clothes were *spotless*, but his face is *dirty*.
(5) *Tropical* weather is very hot, but *arctic* weather is very cold.

(6) Although he was accustomed to life in the desert, he could not *endure* the heat of this valley very long... Two more hours of such heat would finish him.

(7) It has now been found possible to put a hitherto *vague* idea into a *precise* mathematical form.

(8) The lower the magnitude, the brighter the star. A first-magnitude star, for example, is *brighter* than a sixth-magnitude star. Stars *fainter* than six-magnitude cannot usually be seen with the eyes alone. They are brought into view only with the aid of a powerful telescope.

(9) Honeybees do not live *alone*. They live *in colonies*.

(10) A chain reaction can be *initiated* by inserting more and more fuel elements into the reactor until the critical mass is attained; it can be *terminated* by withdrawing the rods.

(4) 동의어(synonym)

동일한 사항이 두 개 이상의 단어나 구로 표현될 때 그 중의 하나가 독자와 친숙하다면 다른 것은 유추할 수 있다.

예) (1) When it comes to manufactured goods there is actually more *diversity* in this country than Europe has ever known. The variety of goods carried by our stories is the first thing that impresses any visitor from abroad.

(2) Every generation in medieval Europe suffered *famine*. The poor ate cats, dogs, and the droppings of birds; some starving mothers ate their children. In the 20th century, period of extreme hunger drove Soviet citizens to cannibalism.

(3) He's *bound* to win. He can't lose.

(4) The *house* stood at the end of a quiet neat street. The *little dwelling*, however, looked neglected and cheerless.

(5) *Rain* had been forecast for the morning; however, by noon no *precipitation* had occurred.

(5) 요약(summary)

하나의 단어나 표현이 여러 사항을 요약하고 있을 경우 그 어휘의 의미를 유추할 수 있다.

예) (1) Many products are sold to stop *perspiration*. This wetness that comes from your body whenever you are too warm, work very hard. or are afraid, usually doesn't smell very good.

(2) He's really good *athlete*. He plays sports well.

(3) My father was a *workaholic*, he worked so long and so hard that we rarely saw him.

(4) Communication often makes transport possible. Signals or light tell train drivers whether the track ahead is clear. Radio and radar guide airplanes to safe landing.... Communication thus plays a *vital* role in many aspects of human life.

(5) The Spanish word 'ni' means 'nor,' but the closest equivalent combination of sounds in English is knee. In Congo Swahili 'ni' is a prefix to affirmative verbs and means 'I', while in Navajo it is a suffix to verbs and indicates complete action.... It is entirely *arbitrary* which sounds are employed to express particular ideas.

또한 문맥의 단서를 활용하는 활동으로는 문맥 확대연습과 무의미어휘의 의미유추하기가 효과적인 방법이다.

(1) 문맥확대연습

문맥확대연습(context enrichment exercise)은 단계적으로 문맥을 확대하여 제시함으로 어휘의 의미를 유추하게 하는 기법으로 학습자가 문맥 속에서 어휘의 의미를 찾게 하는 효과적인 방법 중에 하나이다(Yorkey, 1970, p. 67 참고). 다음의 예에서 처음부터 한 문장씩 제시하여 문맥을 확대하면서 이태리체로 된 어휘의 의미를 유추하게 할 수 있다.

예) (a) Guess the meaning of the word 'haughty.'

ⓐ Yunhee was *haughty*.

ⓑ She had a *haughty* manner.

ⓒ Her *haughty* manner of continually talking about herself and her accomplishments irritated even her friends.

(b) Guess the meaning of the word 'mechanic.'

ⓐ Scrivener is a *mechanic*.

ⓑ He always wears dirty clothes.

ⓒ He works in a garage.

ⓓ He fixes cars.

(2) 무의미어휘의 의미 유추하기

새로운 어휘가 있을 경우 구조상의 단서, 글의 의미나 화용론적 정보, 세상지식을 이용하여 유추할 수 있다. 이러한 훈련을 위해 문맥 속에 일정한 무의미(nonsense) 어휘를 넣고 학습자가 이러한 어휘의 의미를 다양한 단서를 활용하여 추측하게 할 수 있다.

예) 다음 글에서 무의미 어휘인 'tock'의 의미는 세상 지식이나 경험을 통하여 유추할 수 있다.

Yunhee poured the water into a *tock*. Then, lifting the *tock*, she drank. Unfortunately, as she was setting it down again, the *tock* slipped from her hand and broke. Only the handle remained in one piece.

또한 다음 예문(Yorkey, 1970, p. 67)같이 문맥을 확대해 제시하면서 무의미 단어의 의미를 유추하게 하는 방법도 효과적이다.

예) (a) This exercise will help to direct your attention to the kind of information th that a context may give you. In the exercise, there are three sentences, each one adding a little more information. Each sentence has three possible definitions of the italicized word. On the basis of information in the sentence, decide if the definition is improbable, possible, or probable. Write one of these words on the line for each definition.

1. We had a *whoosis*.
   ⓐ a tropical fish
   ⓑ an egg beater
   ⓒ a leather suitcase
2. We had a *whoosis*, but the handle broke.
   ⓐ a tropical fish
   ⓑ an egg beater
   ⓒ a leather suitcase
3. We had a *whoosis*, but the handle broke, so we had to beat the eggs with a fork.
   ⓐ a tropical fish
   ⓑ an egg beater

ⓒ a leather suitcase

(b) Guess the meaning of the nonsense word 'hwyse' in the following sentence.

ⓐ Mrs Kim had a *hwyse*.

ⓑ But it's handle broke.

ⓒ So she had to beat the eggs with a fork.

(c) What are *sklugs*? (sklugs is nonsence word)(Scrivener, 1994, p. 66 참고)

ⓐ You can find something made of paper inside *sklugs*.

ⓑ *Sklugs* need electricity to work.

ⓒ *Sklugs* make a noise when you use them.

ⓓ *Sklugs* usually have long wires.

ⓔ *Sklugs* help to keep a place clean.

9) 번역

학습자의 수준과 어휘의 성격에 따라 번역을 통하여 어휘의 의미를 제시할 수 있다. 예를 들면 'peace'나 'fortune' 등의 추상적인 의미를 지닌 어휘는 번역을 통하여 지도하면 시간상으로 효율적일 수 있다.

8.5 연어법의 지도

연어(連語, collocation)는 특정한 어휘가 다른 어휘와 결합되어 쓰이는 현상을 의미하는데 EFL 상황에서는 이러한 사항에 유의해서 어휘학습을 해야 실제 활용할 수 있는 어휘지식이 된다. 영어의 연어는 동사와 명사, 형용사와 명사 등의 결합 및 관용어의 연어현상이 있다.

(1) 동사와 명사의 연어

예) (a) perform .... operation (?perform discussion)

ⓐ The doctor performed the operation.

ⓑ *The committee performed a discussion.

(b) hold/have .... discussion

The committee held/had a discussion.

(c) do .... damage/duty/wrong (?do trouble/noise/excuse)

do a lot of damage/do duty/do wrong

(d) make ....trouble/noise/excuse

make trouble/make a lot of noise/make an excuse

(2) 형용사와 명사의 연어

예) (a) high와 good

ⓐ a high probability

ⓑ a good chance (?high chance)

(b) mild와 gentle

ⓐ mild weather (?mild breeze)

ⓑ gentle breeze (?gentle weather)

(c) naked eye/body

Bacteria cannot be seen by the naked eye.

(d) sprained ankle or wrist

(?sprained thigh, ?sprained rib)

(e) strong possibility, big possibility

(3) 관용어의 연어

예) (a) back and forth

In its narrow cage, the lion paced back and forth.

(b) to and fro

They ran to and fro.

연어 형태를 지도하거나 평가를 하기 위해 다음과 같은 표를 이용할 수 있다.

예) (a)

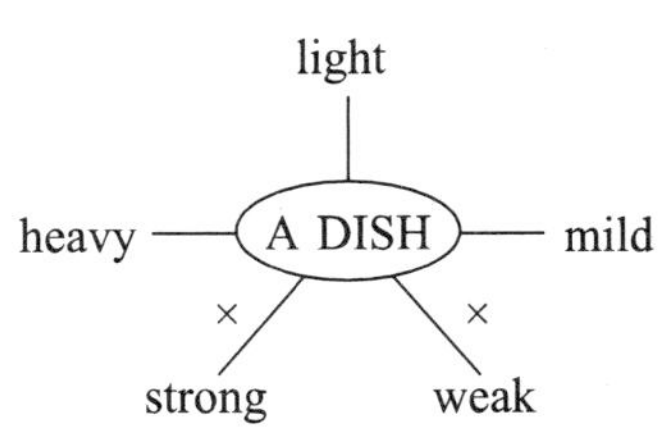

(b)

	tea	weapon	influence	leader
strong	+		+	+
powerful		+	+	+

그러나 표를 활용하여 연어를 기억하게 하는 방법보다는 문맥 속에서 연어를 자연스럽게 터득하게 하는 것이 더 바람직하다.

연어현상이 다음 예의 (a)처럼 언어 보편적인 경우보다 (b)와 같이 언어 특정적(language-specific)인 경우가 학습자에게 어렵다.

예) (a) green grass
(b) blue blood (귀족 태생)

연어현상에 관해서는 코퍼스(corpus, 언어자료, 말뭉치)83)를 이용하여 정확히 학습한 후 새로운 어휘의 의미유추와 작문 등에 활용하는 것이 바람직하다.

8.6 사전의 활용

새로운 단어의 의미를 문맥이나 기타의 방법으로 유추하기가 어려운 경우에 사전을 이용하는 것도 유용한 방법 중의 하나이다. 사전은 다음과 같은 유용성이 있다.

① 본래의(prototypical) 어휘의미와 기타 연관된 다양한 의미를 알아낼 수 있다.
② 어휘의 철자를 점검하고 발음을 알 수 있다.
③ 어휘의 쓰임새와 문법적인 면을 알 수 있다.

또한 어휘의 사전적 의미를 문맥 속에서의 사용과 연결하는 활동은 학습자의 마음속에서 깊은 연관성을 맺게 할 수 있다.

> The activity of matching the dictionary definition of the word to its use in context helps to create deeper links within student's mind. (Summers, 1988, p. 112)

---

83) 코퍼스(corpus)는 컴퓨터로 모은 대단위의 언어자료집을 말하며 사용빈도, 실제 사용의 예, 연어현상 등이 상세하고 정확하게 수록되어 있다(Thomas & Short, 1996 참고). 대표적인 코퍼스는 *the British National Corpus*(100 million words)와 *Longman/Lancaster Corpus* (30 million word) 등이다. 또한 코퍼스의 유용성은 다음과 같다.
(a) 어휘사용빈도에 관한 정보제공
(b) 연어, 사용역에 관한 정보제공
(c) 어휘의 다양한 의미제시
(d) 어휘의 쓰임새에 관한 정보제공
(e) 사전제작에 활용

사전의 유형에는 그림사전(picture dictionary), 동일어(monolingual) 사전, 대역(對譯, bilingual)사전 등이 있고 전문영역에 관한 사전이나 특수목적을 위한 다양한 사전[84]이 있다. 그림사전은 어휘들을 주제별이나 상황별로 묶어서 그림자료와 함께 설명한 사전으로 학습자가 어휘의 의미를 시각적으로 이해할 수 있는 장점이 있다. *Oxford Student's Dictionary of American English*(E.C. Parnwell, 1978)가 그림사전의 대표적인 예이다.

대역사전은 영한 혹은 한영사전과 같이 한 언어의 어휘를 다른 언어의 어휘로 번역해 놓은 사전을 말한다. 대역사전의 사용은 어휘의 의미를 쉽고 빠르게 알 수 있는 장점이 있으나 외국어를 모국어의 관점에서 보게 하고 단어 대 단어로 번역하여 이해하고, 문맥을 통한 의미의 유추와 같은 효과적인 방법의 사용을 등한시하게 하는 단점이 있다.

> Dependence on bilingual dictionaries encourages students to see English in terms of their native language and to translate word for word. More seriously, it prevents them from relying on context and other clues essential to effective language learning. (Graves and Rein, 1988, p. xi)

그러나 EFL 상황인 우리나라에서 초급단계부터 영영사전 사용의 권장은 무리가 있다고 본다. 그림사전, 영한사전, 영영사전과 영한사전의 동시 사용에서 영영사전의 활용단계로 이용하는 것이 효과적이다. 또한 학습자는 다양한 어휘 학습전략과 사전의 활용 중에서 소요시간 등을 고려하여 가장 효과적인 방법을 선택하는 것이 바람직하다.

84) 특수목적을 위한 사전에는 방언사전, 숙어사전, 속어사전, 속담사전, 어원사전 등이 있다.

9장 영어문법의 지도

외국어학습자가 목표어를 정확하게 이해하고 표현하기 위해서는 문법에 대한 기본적인 지식이 있어야한다. 따라서 문법은 외국어 학습의 필수적인 요소라고 할 수 있다. 그러나 우리나라 영어교육은 전통적으로 과도하게 문법적 정확성에 초점을 맞추고 인위적인 언어자료를 사용하여 지도하는 경향이 있어 왔으므로 문법지도가 학습자의 의사소통능력신장에 도움보다는 장애요인이 되어온 면도 있다. 제9장에서는 문법의 개념 및 문법지도의 역사적 변천을 논의하고 바람직한 문법지도방법을 모색해 보고자 한다.

9.1 문법의 개념

문법(文法, grammar)이란 일반적으로 언어의 통사(syntax)와 형태(morphology)를 말한다. 다시 말하면 언어의 문법구조는 단어들의 의미 있는 결합이며 언어의 골격이라 할 수 있다. 또한 문법은 주로 통사론만을 의미하기도 한다.

> English grammar is chiefly a system of syntax that decides the order and patterns in which words are arranged in sentences. (Close, 1982, p. 13)

의사소통활동에서는 언어의 구조, 의미, 실제 쓰임새의 세 면을 동시에 고려해야 한다. 따라서 의사소통적 문법(communicative grammar)이 필요하며 이는 언어의 구조적, 의미적, 화용적인 영역의 연구에 토대를 두고 있다.

> The most familiar level ... is the syntactic: we can describe, for example,

how to form negative sentences or clauses in English. The second is the semantic: the level, that is, of sense rather than of force ... And the third level is the pragmatic ... (Leech, 1983, p. 152)

유사하게 Larsen-Freeman(1991, p. 282)은 다음 표와 같이 형태, 의미, 화용의 세 영역으로 이루어진 삼차원의 문법 틀을 제시하고 있다.

표 9.1 삼차원의 문법 틀

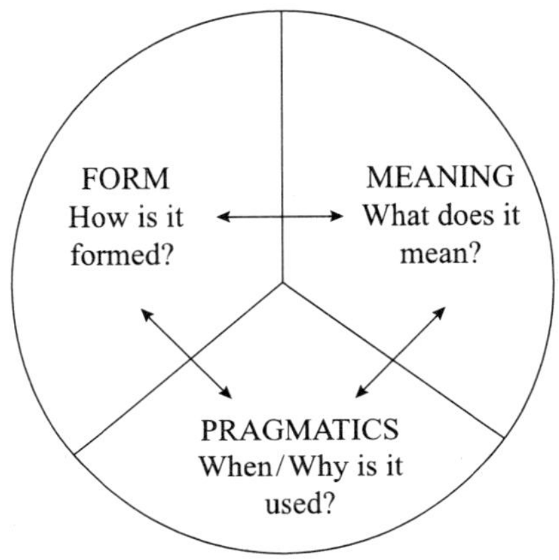

특히 문법은 화용적인 면과 상호 보완적인 관계에 있다. 다시 말하면 원활한 의사소통 능력을 갖추기 위해서는 문법 및 언어의 실제 쓰임에 관한 지식이 있어야 한다. Leech (1983)는 문법과 화용론의 관계를 다음과 같이 제시하고 있다.

... grammar(the abstract formal system of language) and pragmatics (the principles of language use) are complementary domains .... We cannot understand the nature of language without studying both these domains, and the interaction between them. (1983, p. 4)

또한 문법능력은 어휘, 형태, 구조, 의미 및 음운에 관한 지식을 모두 포함하는 개념이다.

This type of competence [grammatical competence] will be understood to include knowledge of lexical items and of rules of morphology, syntax, sentence-grammar semantics, and phonology. (Canale & Swain, 1980, p. 29)

9.2 문법지도의 목표와 중요성

문법지도의 목표는 학습자가 문법능력을 갖추고 의사소통상황에서 문법지식을 활용하여 목표어를 정확하고 유창하게 읽고, 쓰고, 듣고, 말할 수 있게 지도하는데 있다.

외국어학습에서 모국어습득과 유사하게 학습자가 문법을 인식하지 않고 자연스럽게 목표어의 구조를 배울 수 있는 것이 이상적이다. 그러나 영어가 일상생활에서 통용되지 않고 영어학습이 주로 교실 수업을 통해서 제한된 시간 내에서 이루어지는 EFL 상황에서 영어학습의 효율성을 위하여 체계적인 문법지도는 필요하다고 본다. 문법구조의 파악이 부정확하면 학습자는 고립된 단어만을 읽게 되어 문장이나 문단의 의미를 파악하기가 어렵기 때문이다. 다음 예 (a)는 현재완료형과 현재진행형에 관한 지식이 있어야 문장이 작성된 시기와 나타내는 의미를 정확하게 파악할 수 있다. 또한 (b)의 두 문장은 표면구조는 동일하나 행위자(agent)가 ⓐ에서는 분명히 나타나 있지만 ⓑ에서는 불분명하다는 사실을 이해해야 한다.

예) (a) ⓐ The 1960s has been a decade of liberation. Women have been...
ⓑ Tom has been studying since he came home.
(b) ⓐ The operation was performed by a new surgeon.
ⓑ The operation was performed by a new technique.

문법학습은 연령, 숙달도 수준, 교육적 배경 등의 학습자 변인과 사용역, 필요 등의 교육상의 변인에 따라 표 9.2(Celce-Murcia, 1991)와 같이 그 중요성이 달라진다.

표 9.2 문법교육의 중요성에 영향을 주는 변인

변인 \ 중요성		중요성이 적음	언어형식에 적절한 관심	중요성이 큼
학습자 변인 (Learner Variable)	Age	Children	Adolescents	Adults
	Proficiency level	Beginning	Intermediate	Advanced
	Educational background	Preliterate, No formal education	Semiliterate, Some formal education	Literate, Well-educated
지도상의 변인 (Instructional Variable)	Skill	Listening, Reading	Speaking	Writing
	Register	Informal	Consultative	Formal
	Need/Use	Survival	Vocational	Professional

외국어 학습자에게 문법은 사전준비자, 의미와 형태의 관계에 대한 지시자, 감시자로서의 역할을 한다(Terrell, 1991, p. 58 참고).

1) 사전 준비자의 역할

문법은 외국어 학습자에게 사전 준비자(advance organizer)의 역할을 한다. 다시 말하면 목표어의 형태와 구조에 대한 정보를 미리 제공함으로 학습자의 입력 처리에 도움을 주는 역할을 한다. 사전에 문법적 지식이 전혀 없는 상태에서 언어입력에 접하게 되면 어떤 부분에 관심을 두고 어떤 부분을 지나쳐도 되는지에 대한 기준이 없게 되므로 혼란과 불안감을 느끼게 된다. 이러한 상황에서는 학습자가 발화내용을 분절하지 못하고 형태와 의미를 연결시키지 못하여 메시지의 부분적인 내용만 막연하게 이해하게 될 가능성이 크다.

2) 형태와 의미의 관계에 관한 지시자

문법지식은 학습자가 입력되는 언어의 문법적 형태와 의미의 관계를 알게 해준다(meaning-form focuser). 특히 읽기이해에서 언어 형태에 관한 지식도 중요한 요소 중의 하나인데 Guarino & Perkins(1986)는 다음과 같이 논하고 있다.

> Awareness of form class may help a reader in (a) exploiting the redundancy in the representation of words in a text, (b) making predictions and augmenting expectancy in constructive and decoding processing, (c) understanding word meaning, and (d) analyzing and recognizing words. (p. 80)

Barnett(1986)도 어휘와 구조에 대한 지식이 제2언어 읽기이해에 필수적이며 두 기능이 동등한 중요성이 있다고 논하면서 다음과 같이 주장하고 있다.

> As expected, both syntactic and vocabulary proficiency affect reading comprehension: but, contrary to some theorists' suggestions, unduly stressing vocabulary-building or inferencing skills may very well not help those students who lack adequate syntactic knowledge .... (pp. 346~7)

언어형태와 의미의 관계를 인식시키기 위해서 가장 기본적인 방법은 이러한 관계가 반복적으로 포함되어 있으면서도 의미 있는 입력을 학습자에게 제공하는 것이다.

3) 감시자의 역할

문법은 말하기나 쓰기의 정확성여부를 감시하는 역할을 한다. 또한 이러한 감시기능을 통하여 스스로 교정할 수 있게 해준다. 문법능력이 부족하여 감시기능이 약하면 단순화되거나 문법이 완전하지 못한 중간언어가 화석화될 우려가 있다.

9.3 문법지도법의 변천과 방향

외국어 교수법의 변화에 따라 문법교육에 대한 관점과 비중도 변하여 왔으므로 외국어 교수법의 역사는 문법교육의 역사라고 할 수 있다. 문법번역중심교수법과 인지주의 교수법에서는 문법이 외국어 교육의 중심이 되었고 교과과정과 교재개발의 주요한 기준이 되어 왔다. 특히 인지주의에서는 내재화된 언어지식을 통하여 문법적이고 다양한 새로운 문장을 산출할 수 있다고 보고 기계적인 암기보다는 창조성을 강조하였다. 그러나 청화중심교수법이 대두되면서 문법에 대한 직접적이고 연역적인 설명은 크게 감소되었다. 또한 기계적이고 반복적인 문형연습(pattern practice)과 대화암기를 통해 언어의 구조를 학습시키고자 하였으나 교과과정은 문법중심을 탈피하지는 못하였다. 아울러 청화중심교수법의 이론적인 근거가 되는 구조주의와 행동주의에서는 언어의 구조적인 의미(structural meaning)만을 강조하였다.

최근에 상호작용을 통한 의사소통 능력의 신장이 주요한 목표로 부각되고 그에 부합되는 의미-기능중심의 교수요목(notional-functional syllabus)이 새롭게 개발되면서 문법교육에 대한 새로운 시각이 대두되고 있다. 문법을 귀납적으로 지도하고, 설명을 최소화하며, 절제된 문법용어의 사용을 하는 방향이다. 또한 자연적 접근법(natural approach)에서는 언어입력에 초점을 두고 이해될만한 입력(comprehensible input)을 제공하면 학습자가 자연적으로 문법을 습득한다고 보고 의식적인 문법지도에 반대하고 있다. 아울러 언어형태중심 교수법(form-focused instruction)에서는 학습자가 언어입력에서 특정한 언어적 특징에 주의를 기울이도록 하고, 언어형태를 의사소통활동에 포함시키면 문법의식상승(grammar-consciousness raising)을 할 수 있다고 본다(Ellis, 1997참고).

Long & Robinson(1998)은 외국어 교수법의 역사적 변천을 모든 문법구조형태에 초점을 두는 교수법, 의미에 초점을 두는 교수법 및 필요한 문법구조에만 초점을 두는 교수법으로 구분하고 있다.

1) 모든 문법구조에 초점을 두는 교수법

모든 문법구조에 초점을 두는 교수법(focus on forms)은 문법 · 번역 중심 교수법과 청화중심 교수법 등이 해당되며 문법구조를 반복이나 모방 등의 기계적 연습을 통해 습득해야 한다는 관점이다. 문법 · 번역중심 교수법에서는 문법구조를 명시적이고 연역적인 설명을 통하여, 청화중심 교수법과 침묵 교수법, 전신반응기법에서는 비명시적이고 귀납적인 방법으로 학습해야 된다고 주장하고 있다.

2) 의미에 초점을 두는 교수법

의미에 초점을 두는 교수법(focus on meaning)은 1970년대와 1980년대의 자연 교수법과 몰입 프로그램이 해당되며 외국어 교실에서는 문법의 학습을 강조하지 않는다. 이러한 입장은 의사소통 능력의 신장에 다소 기여한 바는 있지만 정확성의 결여라는 문제점이 드러나게 되었다. 다시 말하면 문법을 학습하지 않은 학습자의 언어는 일종의 피진화된(pidginized) 언어의 특성을 보인다는 것이다.

3) 필요한 문법구조에만 초점을 두는 교수법

필요한 문법구조에만 선별적으로 초점을 두는 교수법(focus on form)은 1990년대 이후의 의사소통 교수법이 해당되며 수업 전체의 초점은 의사소통의 내용이나 과업수행에 두면서 동시에 학습자들의 관심을 필요한 문법구조에만 두게 하는 방법이다.

중요하다고 판단되는 문법구조의 선별적인 지도에서는 의사소통이라는 주요 흐름을 방해하지 않고 필요한 경우에만 문법사항에 관심을 두게 한다. 여기에는 명시적인 방법부터 목표어의 문법사항을 풍부하게 제공하는(input flooding) 비명시적인 방법까지 표 9.3과 같은 다양한 문법지도방법이 있다.

표 9.3 필요한 문법구조에만 초점을 두는 교수법의 다양한 문법지도 방법

EXPLICIT ←→				IMPLICIT
Brief rule presentation	Brief metalinguistic comment	Repetition of errors with intonation or gesture focus	Recast	Input flooding

지금까지 논의되어진 문법지도의 변천을 표로 정리하면 다음과 같다.

표 9.4 문법지도의 변천

Focus on forms	*Focus on meaning*	*Focus on form*
1970년대 이전	1970년대와 1980년대	1990년대
analytic	analytic and synthetic	synthetic
grammar-translation audio-lingual method silent way total physical response	natural approach immersion program	content-based approach task-based approach
문법사항에 초점	의미전달에 초점	의사소통에 초점을 두고 문법은 필요한 경우에만 지도함

영어문법 지도에 대한 바람직한 입장은 학습자들이 의사소통 활동을 통하여 자연스럽게 문법사항을 이해할 수 있게 하자는 방향이다. 따라서 학습자의 문법적인 오류에 대하여 즉각적인 교정을 피하고 학습자가 유창성을 기르도록 지도할 필요가 있다. 이러한 입장은 제7차 교육과정에도 반영되어 있다: '학생들의 의사소통 능력을 높일 수 있도록 오류의 즉각적인 수정을 피하도록 한다.' (교육부, 1997, p. 107) 그러나 영어교육에서 문법지도 문제는 매우 중요하고 다양한 견해가 있을 수 있는데 이 부분에 관한 실제적인 연구는 많지 않은 실정이며, '이러한 현상은 우리의 영어교육계가 [초·중등 영어교육]현장의 사정에 민감하지 않거나 일부러 무시하고 있지나 않은가 하는 생각이 들게 한다'(권오량, 1995, p. 119).

문법지도의 바람직한 방향을 모색하기 위하여 명시적인 문법지도와 비명시적인 문법지도, 귀납적 지도와 연역적 지도를 나누어 논의하고 효과적인 문법지도의 방향을 제시하면 다음과 같다.

1) 명시적인 문법지도와 비명시적인 문법지도

문법지도에 관해서는 명시적인 문법지도의 필요성에 대한 논의가 우선적으로 필요하다. 명시적인 문법지도는 학습자가 목표어의 문법에 특별히 관심을 갖도록 지도하는 방법을 말한다.

> deliberate attempt to draw the learner's attention specifically to the formal properties of the target language (Rutherford & Smith, 1985, p. 274)

명시적인 문법지도의 필요성에 대하여 일부 학자들(non-interventionist)은 불필요하고 시간의 낭비로 보고 있다. Krashen(1982)은 Monitor Model에서 과중한 문법지도를 반대했고 직접 교수법에서도 명시적인 문법지도는 하지 않는다.

> a grammatical focus invariably distorts any attempt to communicate ... When you do try to speak in the new language the teacher is interested in what you have to say - not whether you have said it perfectly. Neither you nor the teacher will be overly concerned with grammar errors in your speech while you are a beginner. (Krashen & Terrell, 1983, pp. 72~4)

다시 말하면 외국어 학습자가 문법에 주의를 집중하면 성공적인 학습이 안 된다고 보며 이러한 관점은 자연적 교수법의 주장과 일치한다.

문법 · 번역 교수법에서는 문법용어를 사용하며 명시적으로 문법을 지도한다. 또한 일부 학자들(interventionist)은 명시적인 문법지도의 필요성을 주장하고 있다.

> We believe that old-fashioned grammar rules and practice in applying them in structural drills remain the crucial centre of the process of language learning. (Paulston & Bruder, 1975, p. 42)

Rutherford & Sharwood-Smith(1985)와 Gass(1989)는 명시적인 문법지도를 필수적이지는 않지만 의사소통적 유창성의 신장을 위한 지름길로 보고 완화된 문법 지도가 이상적이라고 주장하고 있다. 다소의 명시적인 문법지도는 함축적인 단서를 제공하므로 외국어 학습과 학습 속도(rate)에 효과적이라고 판단하기 때문이다.[85]

> Instructional strategies which draw the attention of the learner to specifically structural regularities of the language, as distinct from the message content, will under certain conditions significantly increase the rate of acquisition over and above the rate expected from learners acquiring that language under natural circumstances where attention to form may be minimal and sporadic. (Rutherford and Sharwood Smith, 1985, p. 275)

중간 입장은 학습자가 그들의 발화 내용 뿐 아니라 형태에도 관심을 갖게 지도해야 한다고 보고 있다. 다시 말하면 문법의식상승(grammar-consciousness raising)이 목표어의

---

85) 속도(rate) - the time it takes to pass through transition stages in acquiring properties of the L2

학습에 기여하고 문법교육이 언어학습의 촉진제가 된다고 보는 입장이다.

2) 귀납적 지도와 연역적 지도

귀납적인 문법지도방법과 연역적인 문법지도방법에 대한 논의도 문법지도에서 주요한 연구대상이다. 귀납적 지도방법은 직접교수법, 청화중심 교수법, 의사소통 접근, 상담 학습법 등에서, 연역적 접근방법은 문법·번역 교수법과 인지적 교수법 등에서 사용된다.

귀납적인 접근은 언어의 실제 사용 경험을 통해서 그 언어에 내재하는 규칙들을 발견하거나 유추해내는 학습방식으로 습관형성을 중시하고 명시적인 문법 설명을 반대한다. Stern(1992)은 외국어 지도에서 귀납적인 방법이 보다 더 바람직하다고 다음과 같이 논하고 있다.

> Educationally, the inductive sequence is probably to be preferred, because it encourages language learners to start out from their own observations and to discover the principle or rule for themselves rather than being told in advance what the rule is. (p. 150)

연역적 접근은 의식적으로 언어규칙을 배워서 명시적인(explicit) 문법지식을 가져야 한다고 보는 것으로 모국어와 대조 분석, 정확성을 중시한다. 따라서 어린이보다는 성인에게 적합한 방법이다. Richards 등(1985)에서는 연역적 접근에 대하며 다음과 같이 설명하고 있다.

> [Deductive learning is] an approach to language teaching in which learners are taught rules and given specific information about a language. They then apply these rules when they use the language. Language teaching methods which emphasize the study of the grammatical rules of a language (for example, the grammar-translation method) make use of the principles of deductive learning. (p.73)

표 9.5 귀납적 접근과 연역적 접근

	학습과 지도순서
귀납적 접근(Inductive Approach)	Examples → Practice → Rules
연역적 접근(Deductive Approach)	Rules → Examples → Practice

EFL 상황에서 영어학습자가 스스로 귀납적으로 언어규칙을 발견하기는 입력이 불충분하여 어려우므로 연역과 귀납의 조화가 이상적이며 이를 교도적 귀납 접근(guided inductive approach) 혹은 교도적 발견학습(guided discovery learning)이라고 한다.

> The idea ... is a constant interplay between example, rule, and practice allowing for maximal flexibility. (Berman, 1979, p. 297)

실제 수업에서 연역적인 설명은 정해진 시간의 5%~10% 이내로 하고 핵심적인 사항만을 다매체 교구를 병행하여 설명하며 설명 후에는 집중적인 연습을 하는 것이 바람직하다.

3) 효과적인 문법지도

EFL상황에서 문법지도방법은 학습자의 수준 및 지도목표에 따라 다르지만 가능한 귀납적이고 비명시적인 방법이 효과적이다. 문법지도의 효과적인 방법과 비효과적인 방법을 비교하여 제시하면 표 9.6과 같다(Celce-Murcia, 1985 참고).

표 9.6 효과적인 문법지도 방법과 비효과적인 문법지도 방법 비교

효과적인 방법	비효과적인 방법
communicative activities	manipulative drills
context-embedded practice	context-free practice
text-based exercises	sentence-based exercises
cognitively demanding activities	cognitively undemanding exercises
authentic materials	contrived materials
interesting and motivation content	dull or neutral content

효과적인 문법지도방법은 담화문법(discourse grammar)의 지도로 요약할 수 있다. 담화문법은 문장수준에서의 문법이 아니라 담화수준에서의 문법을 말하며 담화구조 내에서 각 언어성분이 맡고 있는 기능을 다루는 것이다. 또한 문법지도 자체가 지도의 목표가 아니라 언어학습을 위한 보조적 기능이라고 할 수 있다. 이는 정확한 어법의 학습보다는 적절한 언어사용에 초점을 맞추어야 한다는 의미가 된다.

9.4 문법구조의 지도방법

문법구조의 지도는 제시단계와 연습단계로 나눌 수 있는데 제시단계에서는 형태와 의미를 제시하며 연습단계에서는 통제적 연습과 의사소통적 연습활동을 한다.

9.4.1 문법구조의 제시

언어구조의 제시(presentation)에서 고려되어야 할 기준은 명료성(clarity)과 기억가능성(memorablity)이다. 문법·번역 교수법에서는 설명을 통한 제시를 하였으나 이 방법은 명료하기는 하지만 학습자의 기억에 도움을 주기에는 한계가 있었다고 본다. 청화중심교수법에서는 핵심 구문(key sentence)을 제시하고 문형연습을 통해 연습을 시켰는데 이 방법도 명료하기는 하지만 학습자의 의사소통능력신장에는 별로 도움을 주지 못했다. 또한 전신반응기법에서는 교사의 행동을 통해, 의사소통중심교수법에서는 문맥화(contextualization)를 통해 언어구조를 제시하는데 이러한 방법이 보다 더 바람직하다고 할 수 있다. 효과적인 문법제시의 일반적인 원칙은 다음과 같다.

① 문법사항을 문맥 속에서 제시한다.
② 핵심적 사항만을 제시한다. 다시 말하면 예외적인 사항이나 상세한 설명은 뒤로 미룬다.
③ 영어를 사용하여 제시하되 필요한 경우에는 모국어를 사용할 수도 있다.
④ 인위적인 자료는 사용하지 않는다.
⑤ 가능하면 시청각적 자료를 사용한다.
⑥ 전문적이고 언어학적 용어의 사용은 가급적 피한다.

또한 문법규칙의 제시순서는 다음을 기준으로 한다.

① 단순성(simplicity): 간단하고 쉬운 문법사항에서 복잡하고 어려운 사항의 순서로 제시한다.
② 규칙성(regularity): 규칙적인 문법사항에서 불규칙적인 사항의 순서로 제시한다.
③ 빈출도와 유용성: 빈출도와 유용성이 높은 문법사항부터 먼저 제시한다.
④ 언어학적 독립성(linguistic independence): 언어학적으로 독립된 사항보다는 공유된 사항을 먼저 제시한다. 예를 들면 동사가 다른 품사보다 어울려 쓰이는 현상이

더 많으므로 먼저 제시한다.

⑤ 언어의 유사성(interlingual similarity): 모국어와 유사한 사항부터 먼저 제시하되 가능한 영어원어민 어린이의 습득순서를 따른다.

여기서는 영어 구조제시의 다양한 방법에 대해 논의해 보고자 한다.

1) 시각을 통한 제시

시각을 통한 제시(showing meaning visually)는 실물이나 표, 그림 혹은 몸동작을 통하여 학습자가 그 의미를 직접 볼 수 있게 하는 방법으로 간단하지만 가장 분명한 방법이다. 예로 too-to 구문을 지도하려면 다음과 같은 그림이나 실물을 이용하여 지도할 수 있다.

예) too-to 구문의 제시

It's *too* heavy *to* lift.
It is 300 kg.
It is very heavy.
It is too heavy.
Can you lift it ?
I think you can't lift it.
It is *too* heavy *to* lift.

또한 다음과 같이 특정 상품이 생산되는 과정을 표나 그림과 함께 제시하고 수동구문을 지도하면 학습자가 유의미하게 수동구문을 이해할 수 있다. 학습자의 경험이나 세상지식을 활용할 수 있기 때문이다.

예) Milk *is produced* on dairy farm.
And then the milk *is separated* in a factory.
After this the milk *is bottled*.
The bottles *are packed* into crates.
Finally the milk *is delivered* to customers.

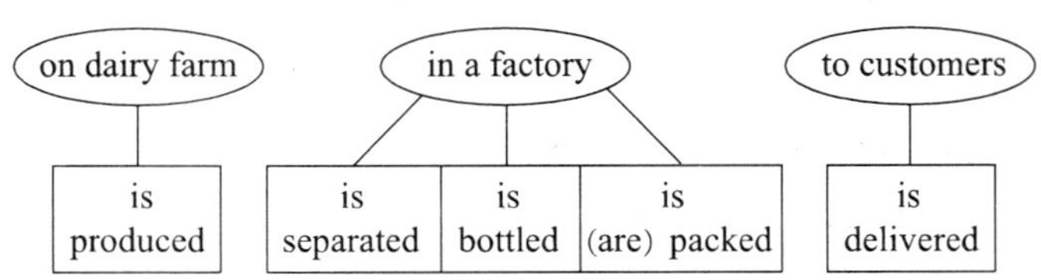

현재진행형과 현재완료형을 비교하여 제시하기위하여 다음의 예와 같이 그림(picture prompt)과 함께 구문을 제시하면 학습자가 유의미하게 받아들일 수 있다.

예)

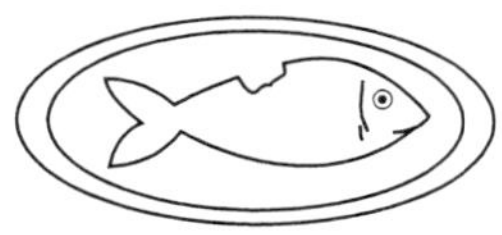

Judy *is eating* a fish.

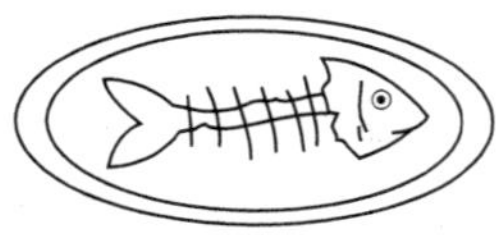

Judy *has* just *eaten* her fish.

아울러 다음의 예와 같은 그림을 통하여 현재완료형을 제시할 수 있다.

예) 'She's been waiting for an hour.'

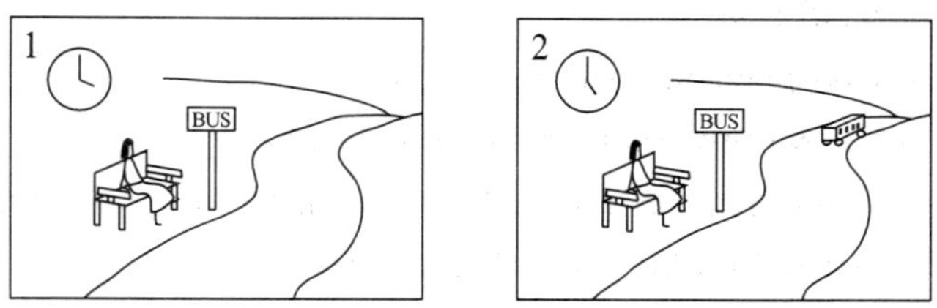

교사: (첫 번째 그림을 가리키며) Look, see this girl. What's she doing?
학생: Waiting for a bus.
교사: Yes. Look, it's four o'clock. She's just started waiting.
(두 번째 그림을 가리키며) What's the time now?
학생: Five o'clock.
교사: Yes. And look, the bus is coming. But the girl's been waiting for a long time. How long? Can you tell me?
학생: One hour.
교사: That's right. She'*s been waiting* for an hour.

2) 행동을 통한 제시

행동으로 보여주든가 행동하게 하여 문법구조를 제시하는 방법으로 일종의 TPR기법이라 할 수 있다.

예) 다음과 같은 행동을 시킴으로 전치사가 포함된 구문을 제시한다.

Put the bag	under the desk. on the shelf near the window

3) 상황을 통한 제시

가상의 혹은 실제의 상황을 통해서 특정한 구문의 의미를 제시할 수 있다. 이러한 방법은 설명보다는 유의미하게 구문을 제시할 수 있고 실제 상황에서 사용할 수 있게 하므로 효과적이다.

예) (a) Brown is going to clean his car.
But I know it is raining soon, so it would get dirty again.
What could I say?
There's *no point* in cleaning the car.
(b) I've been learning Spanish for three years.
Three years ago, I began to learn Spanish. Now it is 2000.
So I'*ve been learning* Spanish for three years.
(c) Brown isn't back yet. Perhaps he had an accident.
Brown *may have had* an accident.

또한 상황을 통해서 언어구조를 제시하면 맥락의미(contextual meaning)도 동시에 제시하게 되므로 효과적인 지도가 될 수 있다. 맥락의미는 언어와 상황간의 관계에서 생기는 의미 즉 한 문장이 문맥이나 상황 속에서 지니는 의미(the meaning a sentence can have only when in context)를 말하며 '상황적 의미(situational meaning)', 'force', 'functional value' 등으로도 칭해진다. 일상적인 언어생활에서 맥락의미의 이해는 매우 중요하다. 명제적 의미와 구조적 의미는 대부분의 상황에서 동일하지만 문맥 의미는 크게 다를 수 있기 때문이다.[86] 다음의 예문은 상황에 따라 구조적 의미는 동일하지만 다양한 맥락 의미

---

86) Austin(1962)은 이와 유사한 개념으로 화행론(speech act)을 제기했다. 화행론에서는 모든 발화는 행위의 수행이라는 관점에서 언어의 사용에 초점을 두고 실제 상황에서 언어의 의미를 파악하려고 한다. 이를 예문을 통해서 설명하면 다음과 같다.

예) (a) The door is open.
(b) It's getting late.

를 나타낸다.

예) Aren't you hot (cold)?
  (a) 질문(그의 아들에게 하는 말이라면 아들의 건강이나 건강상태 묻기)
  (b) 질문 (실제로 궁금하여 상대방에게 묻는 경우)
  (c) 놀라움(의복이 기후와 전혀 어울리지 않을 경우)
  (d) 불평(날씨가 너무 추운데 창문이 열린 경우)

4) 질문을 통한 제시

질문을 통해서 문장의 통사구조를 인식시키는 기법은 듣기와 말하기 활동과 동시에 구조에 대해 유의미한 상황에서 지도할 수 있는 유용한 방법이다. 생략된 형태를 지도하기 위해서는 다음 예의 (a)같이 질문 기법을 통해 생략된 부분을 말하게 하거나 (b)와 같이 기술하도록 할 수 있다.

예) I carried the bag and my friend ∧ the suitcase.
  (a) Who carried the suitcase?
  (b) I carried the bag and my friend carried the suitcase.

개념질문(concept question) 기법은 다음의 예에서와 같이 해당 구문을 의미구성의 단위(component concepts)로 나누어 질문하고 학습자가 답하게 함으로 언어구조의 의미를 제시하는 방법인데 핵심 의미(core meaning)에 초점을 맞춘 질문을 하는 것이 효과적이다(Scrivener, 1994, p. 127 참고).

예) (a) *Younhee has been reading since she came home.*
  Is she reading now? (yes)

---

(1) 표현 행위(언표적 행위, locutionary act): 발화의 표면적 의미를 말하며 예문 (a)에서는 문이 열려 있다는 사실의 표현, (b)에서는 시간이 늦었다는 단순한 언급이다.
(2) 발화수반 행위(언표내적 행위, illocutionary act): 발화행위의 핵심이 되며 의도적 행위이고 발화 이면에 포함되어 있는 의미를 말한다. 위 예문(a)에서는 문을 닫으라는, (b)에서는 늦었으니 집에 돌아가라는 경고, 암시, 책망 등을 나타낸다. 글에서는 '행간을 읽는다(read between the lines)'가 여기에 해당된다고 할 수 있다.
(3) 발화효과 행위(언표외적 행위, perlocutionary act): 의도적이든 아니든 표현을 통해서 어떠한 효력을 달성하는 언어행위를 말한다. 위 예문(a)를 상대방이 듣고 발화자의 의도를 알고 문을 닫았다면, 또한 (b)를 들은 사람이 집으로 돌아갔다면 이 표현의 의도가 달성되었다고 볼 수 있다.

When did she start reading? (when she came home)

Was she reading all the time? (yes)

Will she stop reading now? (perhaps; I don't know)

(b) *I'm playing tennis with Paul this evening.*

Will I play tennis with Paul this evening? (yes)

Have I already arranged this? (yes)

(c) *He managed to be in time.*

Did he try? (yes)

Was it difficult? (yes)

Was he in time? (yes)

5) 시간선을 통한 제시

시간선(time line)을 통한 제시는 시제(tense)의 차이를 표로 나타내어 지도하는 방법으로 과거, 현재, 미래를 다음과 같은 일직선상에 표시한다.

예)

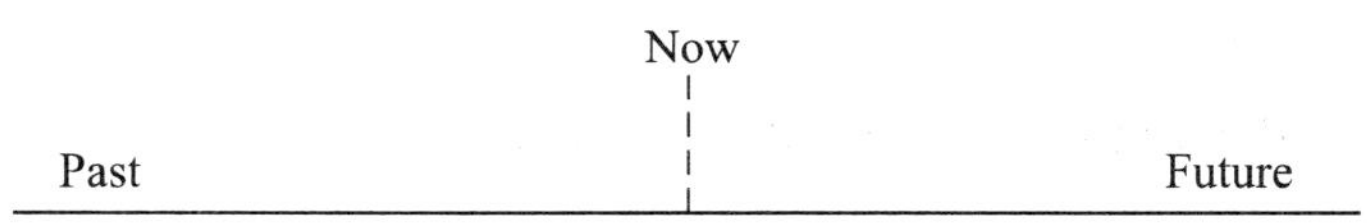

과거시제, 과거시제와 현재완료의 비교, 현재완료진행형, 현재진행형, be going to 구문 등은 시각선을 통하여 제시할 수 있다.

예) (a) 과거시제

I drank a cup of tea last night.

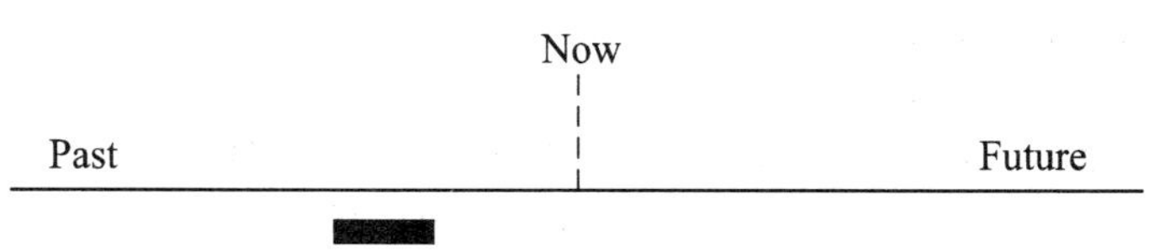

(b) 과거시제와 현재완료의 비교

ⓐ I saw his latest film last month.

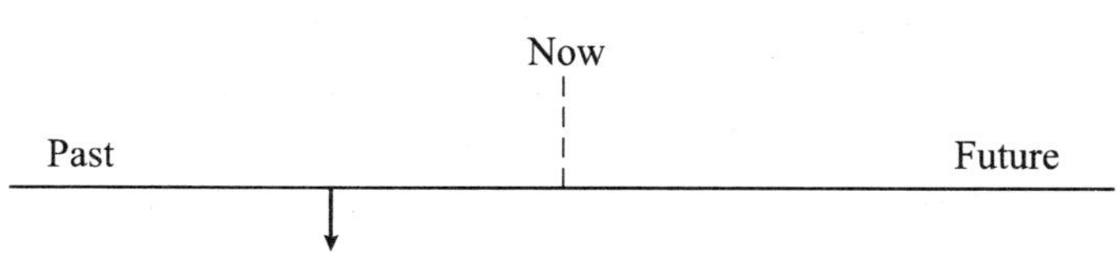

ⓑ I've seen all of Kim's film.

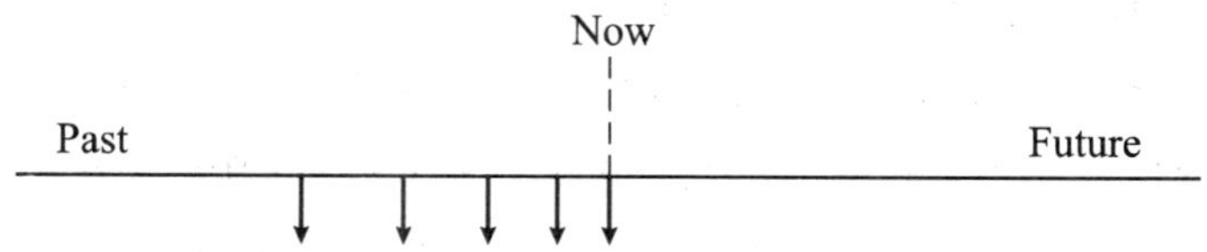

(c) 현재완료진행형

I've been reading the newspaper.

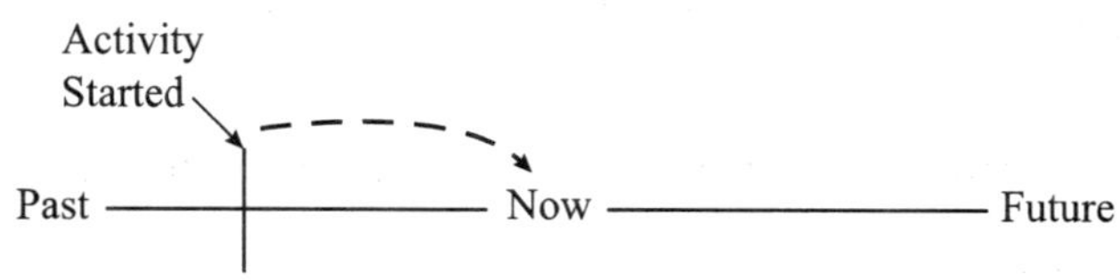

(d) 현재진행형

I'm drinking a cup of tea.

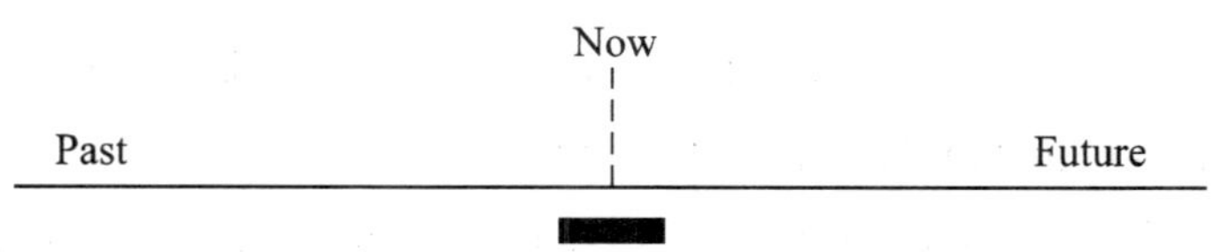

(e) be going to 구문

I'm going to drink a cup of tea.

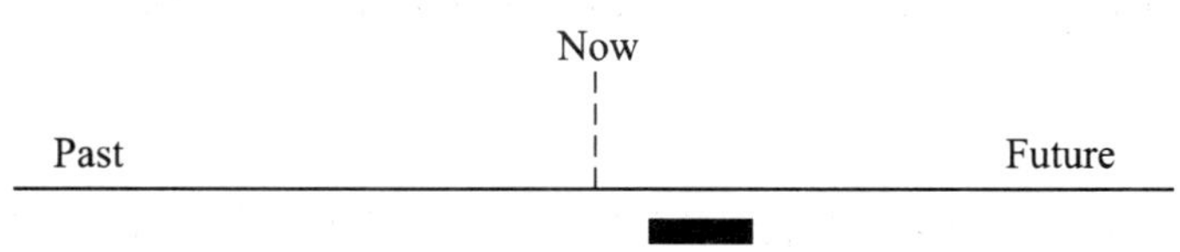

9.4.2 문법구조의 연습

연습활동(drill)은 외국어의 음이나 언어구조를 학습시키기 위해 사용되는 기법으로 행동주의에 근거하고 있다. 행동주의에 의하면 반복과 언어자극에 대한 자동적인 반응을 연습하여 습관화하면 교실 밖에서도 필요한 경우에 해당되는 구문을 사용할 수 있다고 본다. 그러나 연습은 기계적인 훈련이 되어 학습자가 지루하게 느끼기 쉬운 단점이 있으므로 유의미 활동을 통하여 가능한 의사소통적 연습이 되도록 하여야 한다.

외국어 구조의 학습은 전통적으로 제시-연습-발화(presentation-practice -production,

PPP)의 순서로 진행되어 왔다. 또한 청화중심 교수법에서는 오류를 방지하고 정확한 표현만을 습관화하기 위해 연습활동을 가장 중시하며, 의사소통중심교수법에서는 자유로운 발화(production)를 먼저 하고 부족한 면을 파악하여 그 부분을 집중적으로 연습할 수도 있다. 자연 교수법에서는 통제 연습을 반대하지만 최근에는 연습단계의 가치와 언어형식에 대한 관심(consciousness raising)을 인정하는 경향이다(Ellis, 1994; Johnson, 1996 참고).

연습활동은 유의미하여야 하고 긴 발화는 짧게 끊어서 여러 번 연습하게 하는 것이 바람직하다. 또한 연습활동은 학습자가 언어구조를 이해하게 한 후에 간단하게 하는 것이 효과적이다. 효과적인 연습활동의 원리를 제시하면 다음과 같다(Cross, 1991, pp. 40~1).

① The learners must know what they are saying. Make the meaning evident as you present the utterance.
② Let the learners hear the pattern several times. They need to internalize the form before they are called upon to reproduce it.
③ Break down a long utterance into shorter parts.
④ Do not force individuals to speak until there has been some chorus repetition to build up familiarity and confidence.
⑤ Keep the drill brisk and short. 40-60 seconds is about right for each drill. Do not use more than six or so drills at one time.
⑥ Give clear gestures to show who is to speak, rather than using names.
⑦ Show approval of well formed utterances, but leave verbal praise until afterwards.

또한 연습활동을 다음과 같은 방법을 통하여 보다 더 유의미하게 할 수 있다 (Doff, 1988, pp. 75~6 참고).

① 학습자가 그들 자신에 대한 사실만을 말하게 한다(by getting students to say real things about themselves). 예를 들면 'Do you like apple?'이라는 질문에 대하여 실제로 사과를 좋아하는 학습자는 'Yes, I do.'로, 사과를 싫어하는 학습자는 'No, I don't.'로 답하게 한다.
② 상황은 제시하여 주되 말하는 내용이나 방법은 학습자가 결정하게 한다(by giving situations which imply the structure, but leave the students to decide exactly what to say).

③ 학습자 자신이 내용을 첨가하도록 한다(by letting them add something of their own).

연습활동(drill)은 학습자가 교사의 지도와 통제 하에서 언어의 구조를 연습할 수 있는 기회를 주므로 매우 유용한 학습활동이다. 연습활동은 각 유형에 따라 장점과 문제점이 있으므로 선택적으로 사용하는 것이 바람직하다. 통사구조를 지도하기 위해 대치(substitution)나 반복(repetition)기법을 사용할 수도 있으나 이러한 방법은 기계적인 학습이 될 우려가 많다. 시각자료나 상황제시, 질문 등을 이용하는 것이 보다 유의미(meaningful) 학습이 될 수 있고 난해한 구문의 학습과 지도를 위해서는 구문의역 기법이 효과적이다.

연습활동의 유형은 유의미성(meaningfulness)을 기준으로 기계적 연습, 유의미적 연습, 의사소통적 연습으로 나눌 수 있다(Paulston & Bruder, 1976 참고).[87]

1) 기계적 연습

기계적 연습(mechanical drill)은 학습자의 반응이 완전히 통제되어 정해진 틀에 의해서만 응답하는 연습활동으로 단순대치 연습이나 반복 연습 등이 여기에 속한다. 초급단계에서 발음연습이나 기본적인 문형의 연습에 활용할 수 있다. 그러나 학습자의 반응을 예측할 수 있고 이해를 못해도 반응을 보일 수 있으므로 무의미연습(meaningless drill)이 될 가능성이 크다는 문제점이 있다.

2) 유의미적 연습

유의미적 연습(meaningful drill)은 학습자의 생활, 관심, 처해진 상황과 연결하고 학습자가 직접 문제의 해결에 관계되는 연습 활동을 말한다. 응답에 대한 다소의 통제는 있으며 학습자가 올바른 반응을 하기 위해서는 이해가 전제되어야 한다.

3) 의사소통적 연습

의사소통적 연습(communicative drill)은 학습자가 전하고자 하는 말의 형태와 내용을 자기가 선택해서 하게 하는 연습 활동으로 중급이상의 학습자들이 활용할 수 있으나 초급단계라도 제한적으로 사용가능하다고 본다.

---

87) Dakin(1973)이 최초로 무의미 연습(meaningless drill)과 유의미 연습(meaningful drill)을 구분하였다.

또한 연습활동의 유형은 응답에 대한 통제와 상호작용의 정도에 따라 통제연습과 상호작용적 연습으로 나누어진다.

1) 통제 연습

통제연습은 교사의 통제 하에서 정해진 구조를 연습하는 방법으로 반복연습, 대치연습, 연쇄적 연습 등이 있다.

(1) 반복 연습

반복 연습(repetition drill)은 청화중심 교수법(audiolingual approach)에서 주로 사용되어진 기법으로 기계적이고 학습자가 지루하게 느낄 수 있는 문제점이 있다. 복잡하고 긴 구조는 작은 단위로 나누어 연습하는 것이 바람직하며 반복 연습의 일반적인 순서는 다음과 같다.

① modelling
② full class choruses
③ half class repetition
④ small group repetition
⑤ individual repetition

(2) 대치(substitution)

기본문장 중에 어느 한 부분을 다른 단어 또는 구로 대치하여 말하게 하는 연습으로 다음과 같은 다양한 방법이 있다.

① 단순 대치연습

다음의 예와 같이 주어진 부분으로 대치하게 하는 연습활동을 말한다.

예) I'm going to play | tennis. / baseball / soccer |

② 제스처를 이용한 대치연습

제스처로 대치할 부분을 알려주는 방법을 말한다.

예) T: (pointing at the window) Would you please...?
S: Would you please open the window?
T: (pointing at the door) Would you please...?
S: Would you please open the door?
T: (showing picture of a chair) Would you please sit down?

③ 대치표를 이용한 연습

대치표(substitution table)는 어떤 문장의 특정한 부분에 대치하여 사용될 수 있는 단어나 구들을 배열해 놓은 표를 말한다. 이러한 표는 많은 문장을 산출할 수 있으므로 문형의 연습과 쓰기활동에 유용하다.

예)

The post office	is	behind	the park.
The university		near	the city hall.
The supermarket		across from	the police station.

④ 변동 대치연습

변동 대치연습(moving substitution drill)은 교사가 문장의 일부분을 변경하면서 제시하고 학습자가 대치하여 연습하게 하는 방법이다.

예) T: I went to the church yesterday.
Ss: I went to the church yesterday.
T: store
Ss: .... *store* ....
T: She
Ss: *She* ....
T: in the evening
Ss: .... *in the evening.*
T: will go
Ss: ... *will go* ....

(3) 연쇄적 연습

연쇄적 연습(chaining)은 긴 문장을 의미 단위로 나누어 제시해서 점차 전체 문장을 연습시키는 기법으로 7 단어 이상의 문장은 나누어 제시하는 것이 효과적이다.[88]

① **문장 후반부터 연쇄적 연습**

문장 후반부터 연쇄적 연습(역방향 완성말하기, back chaining, backward build-up)은 문장을 의미단위로 나누고 학습자가 문장의 뒷부분부터 반복하게 하는 기법이다((Rivers, 1981 참고). 이 기법은 억양훈련을 위해 많이 사용되고 있다. 영어의 경우에 일반적으로 문장 뒷부분의 억양이 중요하기 때문이다.

예) (a) *I'm going to the poot office to post some letters.*
some letters
to post some letters
to the post office to post some letters
I'm going to the post office to post some letters
(b) *Would you kindly direct me to the nearest police station*?
police station?
to the nearest police station?
kindly direct me to the nearest police station?
Would you kindly direct me to the nearest police station?

② **문장의 전반부터 연쇄적 연습**(forward chaining)

문장의 전반부터 연쇄적 연습(forward chaining)은 문장을 의미단위로 나누고 문장의 처음 부분부터 반복하게 하는 방법으로 억양이 잘못 될 수 있으므로 신중하게 사용되어야 한다. 부사절 혹은 'and'나 'but'으로 연결된 문장, 복합문에서 사용될 수 있다.

예) I'd be grateful
I'd be grateful if you'd stay home tonight
I'd be grateful if you'd stay home tonight and look after the baby.

(4) 연이어 말하기

연이어 말하기(chain drill, open-ended repetition)는 특정 구조를 계속해서 연습할 수 있는 장점이 있다(Ur, 1988, p. 213 참고). 예를 들면 다음과 같은 상황을 제시하고 학

---

88) 학습자는 일반적으로 여섯 내지 일곱 개의 항목만을 기억한다. (It is not possible for the average learner to keep more than 6 or 7 items in memory, even for a short time.) Miller(1956)는 이러한 현상을 'magic seven, plus or minus two'라고 제시하고 있다(Brown, 2000, p. 85 참고).

습자가 앞의 학습자가 말한 내용을 반복하고 자기의 의견을 제시하면서 연이어 말하게 할 수 있다.

예) (a) Situation: You have $700. The stores are having 'end of season' sales.

T: What are you going to buy?

S1: I'm going to buy (a pair of stockings).

S2: I'm going to buy a pair of stockings and (a hat).

S2: I'm going to buy a pair of stockings and a hat and (a scarf).

(b) Give a student the followings. The first student continues, repeating the teacher's sentence but adding a further clause.

T: Yesterday I went to town, I bought a loaf of bread,

S1: Yesterday I went to town, I bought a loaf of bread, I sat on a park bench, S2: Yesterday I went to town, I bought a loaf of bread, I sat on a park bench, and I stood at the bus stop.

(5) 첨가하기 연습

첨가하여 연습하기(incremental drill, expansive drill)는 Mackey(1965)가 제시한 방법으로 주어진 어휘를 첨가하여 문장을 완성하고 연습하는 기법으로 기본적인 문법 지식을 갖춘 학습자에게 적합하다.

예) Teacher: Do you like cassettes?

Student: Do you like cassettes?

Teacher: My

Student: Do you like my cassettes?

Teacher: Of rock'n roll music.

Student: Do you like my cassettes of rock'n roll music?

Teacher: Really.

Student: Do you really like my cassettes of rock'n roll music?

Teacher: New

Student: Do you ...

2) 상호작용적 연습

상호작용적 연습(interactional drill)은 연습활동의 최종단계로 다양한 반응을 이끌어

낼 수 있는 과제를 주고 상호작용을 통하여 문제를 해결하게 하는 활동으로 다양한 표현과 구조를 사용할 수 있다. 이러한 연습활동에서는 정보의 공백(information gap)이 있는 활동을 제시하고 자기가 선택해서 말하게 한다.

예) (a) 자기의 상황에 맞게 응답하기

TEACHER	*STUDENT*
What did you have for lunch?	I had _________.
What time did you get up on Sunday?	I got up _________.

(b) 상황에 맞게 응답하기

A: Where are you going?

B: I'm going to the station/cinema/lake/golf course.

A: Why?

B: Because I want to buy a train ticket.

Because ____________________________.

Because ____________________________.

Because ____________________________.

(c) 조사하기

Find someone who _________________________.

ⓐ has been to New Zealand.

ⓑ has been to Mt. Seorak.

ⓒ has read Adventures of Huckleberry Finn.

ⓓ has eaten a frog.

ⓔ has been on a television program.

10장 의사소통활동의 지도

영어학습의 궁극적인 목표는 영어의사소통능력의 신장에 있으며 이를 위해서는 영어수업에서 의사소통활동에 대한 적절한 지도가 이루어져야 한다. 더군다나 우리나라는 영어가 사회에서 통용이 안 되는 EFL상황이므로 교실 밖에서 학생들이 영어로 의사소통을 시도해볼 기회가 거의 없는 실정이다. 따라서 의사소통능력의 신장이라는 영어교육의 목표를 달성하기 위해서는 교실 내에서의 의사소통활동을 활성화해야 한다. 제12장에서는 의사소통활동의 원리, 단계와 난이도, 유형에 관하여 논의하며 영어게임과 노래도 학습자의 동기유발과 의사소통능력의 신장에 도움이 된다고 보아 여기서 다루고자 한다. 의사소통활동에는 구어적 의사소통활동과 문어적 의사소통활동이 있는데 이 장에서는 구어적인 활동만을 논의하고 읽기와 쓰기에 해당되는 문어적 활동은 제12장과 제13장에서 다루고자 한다.

10.1 의사소통활동의 원리

인간의 의사소통은 의사소통적 차이(communicative gap)가 있어야 의미 있는 의사교환이 될 수 있다. 의사소통적 차이란 의사를 소통하는 당사자들이 가지고 있는 상호간의 정보의 차이(information gap), 의견의 차이(opinion gap), 경험의 차이(experience gap)를 말한다.

의사소통능력의 신장을 목표로 하는 영어교수는 유의미하고(meaningful), 창조적이며(creative), 즉각적인 반응을 보이게 하는 방법(spontaneous ways)으로 진행되어야 한다. 또한 과업 중심적이고 통합적 활동을 하고 학습자가 오류나 실수를 두려워하지 않는

분위기를 조성해 주어야 한다.[89]

의사소통활동의 원리는 다음과 같다.

① 의사소통의 원리(communication principle): 의사소통활동을 통해 의사소통능력을 기른다.
② 과업의 원리(task principle): 과업을 주고 수행하게 함으로 의사소통능력을 기른다.
③ 유의미성의 원리(meaningful principle): 의사소통활동은 유의적이어야 한다. 다시 말하면 학습자가 의미를 알고 의사소통행위를 해야 한다.

또한 의사소통적 교수・학습법(communicative methodology)의 특징을 정리하면 다음과 같은데 각 항목 별로 나누어 논의하고자 한다.

① 정확성보다는 유창성을 강조한다.
② 전달 내용에 초점을 맞추게 한다.
③ 학습자가 자기 나름의 표현을 시도해볼 수 있는 기회를 준다.
④ 의사소통의 목적을 알고 상대방의 반응을 고려하게 한다.
⑤ 학습자의 심리적인 면을 중시한다.
⑥ 과업중심의 유의미하고 상호작용적인 학습을 하게 한다.
⑦ 통합적 지도를 한다.
⑧ 예측활동을 활성화한다.
⑨ 분석적인 방법보다는 경험적 방법을 사용한다.
⑩ 목표어를 사용한다.

---

89) 바람직한 의사소통활동의 방향에 관하여 Morrow(1981, pp. 60~5)는 다음과 같이 제시 하고 있다.
① Know what you are doing.
② The whole is more than the sum of the parts.
③ The processes are as important as the forms;
④ To learn it, do it.
⑤ Mistakes are not always a mistake [sic].

1) 언어의 정확성보다는 유창성과 적절성을 얻게 한다.

문법 · 번역중심 교수법이나 청화중심 교수법에서는 정확성(accuracy)을 강조하였으나 의사소통을 중시하는 교수법이 대두되면서 유창성(fluency)과 적절성(appropriateness)에 비중을 더 두게 되었다.[90] 정확성은 표준에 일치하는 것(conforming to a standard)을 말하며 학식 있는 원어민 화자의 체계적인 언어수행이 기준이 된다(배두본, 2004, p. 348). 유창성(fluency)은 억제심리 없이 전달하고자 하는 내용을 표현하는 상태를 말하며 정확성은 오류여부에, 유창성은 의사소통의 성공여부에 초점이 있다. 유창성과 정확성의 차이를 요약하면 다음과 같다.

① 유창성 개념은 정확성을 포괄하지만 정확성은 유창성을 포괄하지는 않는다. '그 사람은 영어를 유창하게 한다.'는 말에는 '어법에 비추어 정확하고 사회적으로 적절하다(appropriate)'는 의미가 내포되어 있다.
② 유창성은 문법성과 적합성, 의사소통 전략이 포함하지만 정확성은 문법적인 것만이 기준이 된다.
③ 유창성은 언어사용(use)에 초점을 두고 메시지의 전달에 관계되지만(message-focus), 정확성은 용법(usage)과 언어형태에 초점을 둔다(form-focus). 또한 유창성의 개념에는 적절한 속도(speed), 연속성(continuity), 일관성(coherence), 문맥민감성(context-sensitivity), 창조성(creativity) 등이 포함된다.
④ 정확성은 영어 원어민 혹은 교사의 수준에 도달 여부와 오류의 유무가 판단기준이다. 그러나 유창성은 의사전달의 성공여부 및 청자의 이해가능성(comprehensibility)이 판단기준이다.
⑤ 유창성은 발달단계를 판단할 수 있지만 정확성은 단계를 판단하기 어렵고 맞는지 틀리는지의 판단만 할 수 있다.

외국어교육에서 정확성(accuracy)만을 강조하면 다음과 같은 문제점이 있다.

① 언어의 총체적인 면보다 부분적인 면과 언어에 관한 지식에 초점을 두어 의사소통능력의 신장에 기여하지 못한다.

---

90) Hymes(1970)의 다음과 같은 주장은 교수법과 교수요목의 설계에 많은 영향을 주어 언어 교육에서 사회적 적합성을 강조하게 되었다.

There are rules of use without which the rule of grammar be useless.

② 학습자가 정확하다고 판단되어야만 표현하려고 함으로 억제심리가 생기고 표현력이 약화된다.

③ 감시장치(monitor)를 과도하게 사용하게 되어 유창한 언어사용에 방해가 된다.

④ 결과적으로 의사소통능력의 신장과는 관련이 없는 영어교육이 된다.

또한 유창성을 과도하게 강조하면 학습자들이 부정확한 중간어를 익힐 가능성이 크다. Hammerly(1991)는 캐나다와 미국의 몰입학습 프로그램(immersion program)을 관찰하고 이 프로그램이 유창성에는 기여했지만 정확성에는 기여하지 못했으며 학습자가 문법과 관계없이 의사소통을 하도록 강요받기 때문에 교실피진(classroom pidgin)이 형성된다고 다음과 같이 논하고 있다.

> An error-laden classroom pidgin becomes established as early as Grade 2 or 3 because students are under pressure to communicate and are encouraged to do so regardless of grammar. (p. 5)

영어 교육에서 정확성과 유창성 중에 어느 부분에 초점을 맞추어야 하느냐 하는 문제는 학습의 목적에 따라 다르지만 일반적으로 유창성과 정확성의 균형(balance approach)이 필요하다. 그러나 학습의 초기에는 의사소통의 경험과 성취감을 주어 동기를 유발하기 위해 초급수준의 유창성을 강조할 필요도 있다고 본다.

각 언어기능의 학습활동은 정확성을 목표로 하는(accuracy-oriented) 활동과 유창성을 목표로 하는 활동(fluency-oriented)으로 나눌 수 있다. 전자는 연습활동(drill), 정독, 통제작문, 유도작문, 후자는 좀 더 즉각적인(spontaneous) 반응을 필요로 하는 교실 활동, 역할극(role play), 가상활동(simulation), 추측활동, 문제해결 활동, 다독, 자유작문이 해당된다고 볼 수 있다.

2) 의사소통학습활동은 전달내용에 초점을 둔다.

의사소통활동은 언어형태보다는 전달내용에 중점을 두어야 한다.

> A central characteristic of communicative language teaching is that it focuses attention on the ability to understand and convey information content. (Johnson, 1982, p. 164)

다시 말하면 언어를 메시지를 전달하는 수단으로 보고 언어의 용법(usage)보다 언어사용(use)을 강조(Widdowson, 1978)하고 의사소통활동이 연습이 아니라 그 자체가 의사소통행위여야 한다.

> The task should also have a sense of completeness, being able to stand alone as a communicative act in its own right. (Nunan, 1989, p. 10)

전달내용에 초점을 두기 위해서 수용기능의 학습에서는 주로 정보전이(information transfer)가 사용된다. 이 기법은 정보의 형태를 변경하는 연습활동이다. 예를 들면 글에 있는 내용을 도표나 지도에 표시하기를 들 수 있다. 정보전이 활동은 핵심 정보를 찾아내어 변경해야하므로 하향과정(top-down processing)을 활성화하고 선택적인(selective) 읽기나 듣기를 할 수 있다. 예를 들면 듣기에서 모든 단어를 다 동등하게 들으려 하지 않고 정보의 중요성에 따라 선택하여 들을 수 있게 한다. 또한 학습자가 메시지의 교환에 집중적인 관심을 갖도록 정보 차(information gap)나 의견 차(opinion gap)활동을 할 수 있는데 일상생활에서의 의사소통은 정보의 차이나 의견의 차이 때문에 이루어지므로 이러한 학습활동이 효과적이다. 정보차 활동은 정보나 의견의 차이가 있는 활동을 만들고 학습자들이 상호간에 묻고 대답하기나 의견교환을 통해 그 차이를 없게 하는 활동으로 언어적 정확성(formal correctness)보다는 메시지 전달(getting a message across)이 목적이다. 다음 예에서 (a)는 정보의 차이가 없어 (b)나 (c)보다 효과적이지 못하다.

예) (a) A: What's that? (책상을 보면서)
B: It's a desk.
(b) A: Can you type?
B: Yes, I can.
(c) A: Do you have a watch?
B: Yes.... why?
A: I wonder if you could tell me what the time is?
B: Certainly.... it's ten.

다음 예의 (a)는 정보를 알고 질문하는 것이므로 정보차가 없으나 (b)는 일기예보를 듣지 못한 사람이 예보를 들은 사람에게 묻는다면 정보차가 있다고 할 수 있다.

예) (a) What is the weather like today?
(b) What's the weather going to be like tomorrow?

정보차 활동은 한 쪽만 정보를 모르는 경우(one-way information gap task)와 상호 정보를 모르는 경우(two-way information gap task)의 두 종류가 있다. 또한 정보차가 없는 의사소통인 건강에 대해 묻는 인사, 안부인사, 작별인사 등은 예측 가능하지만 나름의 의사소통의 가치를 지니고 있다.

3) 학습자가 자기 나름대로의 표현을 시도해 볼 수 있는 기회를 준다.

학습자가 언어의 정해진 틀을 학습하고 이 틀 속에서 표현을 할 수 있게 할 수도 있지만 자기 나름대로 창의적으로 표현을 시도해 보게 하는 것이 보다 효과적이다. 이러한 활동을 위해 수준별 소집단 활동이 유용하다.

4) 의사소통의 목적을 알고 상대방의 반응을 고려하게 한다.

학습자가 의사소통활동의 목적을 알게 하고 메시지전달 여부를 확인하게 한다. 의사소통은 일방적 방법(linear one way)보다는 상호 작용적 방법(interactional, transactional way)으로 이루어지므로 자기 나름의 의도를 가지고 의사소통을 하고 목적 달성여부와 상대방의 반응을 염두에 두게 지도해야 한다.

5) 학습자의 심리적인 면을 중시하여 동기를 유발하고 학습자가 억제심리 없이 교실 활동에 참여하게 한다.

영어수업의 분위기를 부드럽게 하여 학습자가 부담 없이 목표어인 영어로 의사소통을 하게하고 활동의 목적을 분명히 함으로 학습자의 동기를 유발할 수 있다. 또한 정보의 차이가 없는 활동(non-information gap practice)은 학습자에게 지루함을 주므로 정보 차이가 있는 활동을 통하여 동기를 유발할 수 있다. 표현기능의 연습에는 학습자의 표현 욕구를 가지고 말을 해야만 하는 상황을 만들어 주는 것이 필요하다. 또한 학습자들이 표현하고자 하는 내용과 언어형태를 선택하게 하면 학습자의 참여도와 창의력을 높일 수 있다. 행동주의에서는 학습자가 오류를 범하지 않게 하기 위해 충분한 학습 후에 표현하게 하였으나 이렇게 하면 정확성만을 추구하게 되고 억제심리가 생겨 의사소통이 자유롭지 못하며 회피전략이 사용될 수도 있다.

6) 과업중심의 유의미하고 상호 작용적 학습을 하게 한다.

기계적인 학습활동은 학습자가 의미의 이해 없이 하는 연습으로 분절음이나 억양 연습 등에는 유용할 수 있으나 학습자의 창의적인 의사소통 능력의 신장에는 효과가 없다. 유의미 활동은 학습자가 의미를 이해하고 하는 연습이며 의사소통 연습은 학습자가 의미를 이해하고 다른 학습자와 상호작용을 하는 활동을 말한다. 따라서 유의미하고 상호작용적인 의사소통연습활동이 가장 효과적이다.

유의미하고 상호작용적인 의사소통활동을 위해서는 과업중심(task-based)의 학습활동을 하는 것이 효과적이다.

7) 통합적 지도를 한다.

실생활에서의 의사소통은 한 가지 이상의 기능이 통합되어 이루어지므로 읽기, 쓰기, 말하기, 듣기 기능 및 문화내용 등의 통합적 지도가 효과적이다. 또한 한 가지 기능의 연습을 통해 배운 것은 다른 기능이 사용되는 언어활동을 통하여 강화된다. 이러한 방법은 통합연습(combinational practice, Johnson, 1982)이라고도 할 수 있으며 말하기 학습을 할 때 문법, 음, 의미, 담화 등을 동시에 학습하는 것을 예로 들 수 있다.

또한 듣고 말하기, 써서 말하기, 듣고 쓰기, 읽고 쓰기 등이 여기에 해당된다.

8) 예측활동을 활성화한다.

예측활동을 활성화함으로 효율적인 의사소통 능력을 개발할 수 있다. 예측은 언어자체 혹은 상황, 문맥을 통하여 이루어지며 예측가능성은 의사소통활동의 유형에 따라 다르다.

9) 분석적 방법보다는 경험적 방법을 사용한다.

분석적인 (analytic)방법은 문법과 언어형태의 분석을 통한 학습과 지도를 말하며 문법·번역 중심 교수법, 직접 교수법, 청화 중심, 인지적 교수법에서 사용된다. 경험적(experiential) 방법은 언어 학습자가 주체적으로 의사소통행위에 참여하는 것으로 몰입학습 프로그램(immersion program)이나 과업중심의 지도(task-based instruction)를 예로 들 수 있다. 교실 상황을 실제 언어사용 상황으로 만들면 효과적인데 Stern(1992)은 다음과 같이 주장하고 있다.

> If situations of real language use could be created in the language class, the language would be learnt more quickly and more effectively just as it is in the natural environment. (p. 304)

그러나 준비가 부족한 학습자에게 의사소통을 하게 강요하면(premature 'push toward communication') 불만족하고, 불확실하고, 비문법적인 목표언어를 구사하게 될 수도 있다. 이렇게 형성된 중간어가 일정한 기간 후에 바람직하게 변한다는 보장도 없으므로 분석적인 방법이 다시 관심을 받게 되었다. Higgs and Clifford(1982)도 경험적 방법의 너무 이른 도입에 반대하고 다소 늦추는 것이 효과적이라고 주장하고 있다. 또한 Rivers(1972)는 분석적인 기술 습득 활동(skill-getting activities) 뒤에, 경험적인 방법인 기술사용 활동(skill-using activities)이 뒤따라 한다고 했으나 Rivers(1975)에서는 두 유형의 활동을 동시에 해야 한다고 다음과 같이 주장하고 있다.

> This is not a sequential but a parallel schema, in the sense that skill getting and skill using are continually proceeding hand in hand. There is genuine interaction from the beginning, with students exploring the full scope of what is being learned. (p. 4)

분석적인 방법과 경험적인 방법의 특징을 정리하면 표 10.1과 같다(Stern, 1992, p. 302 참고). 이러한 특징은 양분법이 아니고 정도의 차이를 나타낸다. 예를 들면 분석적인 방법

표 10.1 분석적인 교수방법과 경험적인 교수방법의 주요 특징비교(Characteristics associated with analytic and experiential teaching strategies)

분석적(Analytic) ←	→ 경험적(Experiential)
objective	subjective
focus on code, formal	focus on communication, informal
non-communicative, usage	communicative, use
medium centered	message centered
observation, language practice	participation, language use
focus on language	focus on topic/purpose
abstract, decontextualized	concrete/realistic, contextualized
skill-getting	skill-using
predictability of response	information gap
reaction to code	reaction to message
isolated utterances	incorporation of preceding utterances
controlled/restricted	unrestricted/natural
emphasis on accuracy	emphasis on fluency
linguistic interaction	interpersonal interaction
deliberate/systematic/structured	realistic/authentic/genuine

은 완전히 용법만 다루고 경험적인 방법은 언어사용만 다룬다고 보기보다는 중점을 어디에 두느냐 하는 것이며 활동유형에 따라 중점의 정도가 달라진다.

10) 목표어를 사용한다.

의사소통활동에서는 목표어를 사용하게 함으로 가능한 자주 목표어에 노출되게 하고 목표어의 사용기회를 많이 주는 것이 바람직하다. 그러나 학습자의 수준과 교육상황을 고려하여 모국어와 목표어의 사용 비율을 조정할 수 있다.

10.2 의사소통활동의 단계와 난이도

의사소통활동의 1단계에서는 기계적 연습(mechanical drill), 유의적 연습(meaningful drill), 의사소통연습(communicative drill)을 하되 순서대로 하기보다는 학습자의 수준이나 학습내용 및 활동에 목적에 따라 융통성 있게 실시하는 것이 바람직하다. 2단계에서는 사회 관습적인 표현과 대화 익히기, 실제상황에서의 의사소통활동과 유용한 정보 수집하기, 문제해결(problem-solving)하기, 역할극(role play) 등의 다양한 상호작용적 의사소통활동을 한다.

표 10.2 의사소통활동의 단계

제 1단계	mechanical drill → meaningful drill → communicative drill
제 2단계	communicative activities, problem-solving, role play 등

유사하게 Rivers(1972, p. 22)도 의사소통활동의 단계를 다음과 같이 제시하고 있는데 1단계는 언어조작(skill-getting)단계로 제한된 범위에서 언어재료를 조작하여 언어능력을 기르는 단계이며 2단계는 언어사용(skill-using)단계로 학습한 언어재료를 활용하여 의사를 소통하는 단계이다. 제1단계에서 제2단계로 넘어가는 교량적 역할로 가상의 상황을 조성하여 단편적이지만 의사소통을 시도하는 단계로 준 의사소통활동(pseudo-communication)을 설정하고 있다. 문법 · 번역 중심 교수법 등의 전통적인 교수법에서는 제1단계의 활동에만 만족하고 가상적인 연습과정이 포함되지 않는 경우가 많았는데 이는 제1단계의 연습만으로 제2단계로 넘어 갈 수 있다고 판단했기 때문이다. 의사소통 학습의 과정은 다음의 표로 나타낼 수 있다(Rivers, 1975 참고).

표 10.3 의사소통학습의 과정(Processes involved in learning to communicate)

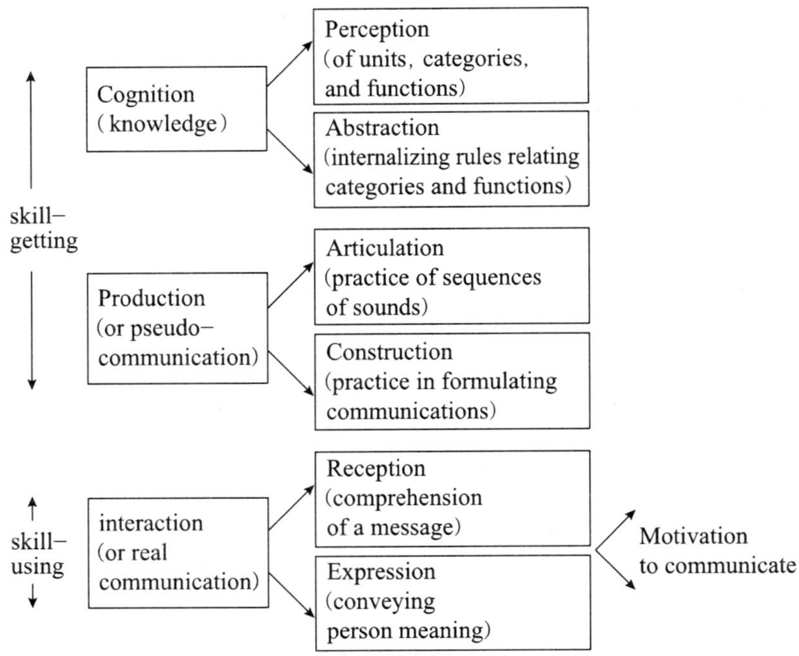

Brumfit(1978)는 전통적인 언어지도 순서인 PPP 즉 제시(presentation)-연습(practice)-표현(production) 순서의 수정을 주장하였다.[91] 다시 말하면 제시와 연습 없더라도 학습자가 표현할 수 있는 기회를 주어 처음부터 의사소통활동을 시켜야 하며, 의사소통에 중점을 두고 언어형식은 필요에 따라 학습시켜 나가야 한다고 주장하고 있다. Johnson (1982)은 이러한 방법을 'deep-end strategy'로 칭하고 있다. 이 기법에서는 표현-제시-연습 혹은 제시-표현의 순서로 언어활동을 하는데 전자에서는 틀릴 위험 감수하기(risk-taking), 후자는 발견학습(discovery learning)에 초점이 있다고 본다. 의사소통 활동의 난이도는 다음을 기준으로 판단할 수 있다.

91) PPP(presentation-practice-production: 제시-연습-표현)는 전통적인 교수・학습의 단계이다(van Els 등, 1984, p. 264 참고). 다시 말하면 언어항목을 제시하고 연습한 후에 발화를 하게 하는 방법이다. 여기서 연습은 'manipulation'이나 'repetition'으로도 칭해지며 적절히 통제된다. 또한 표현 단계는 'transfer, free practice, comprehension and development'라고도 한다. 청화중심 교수법에서는 오류가 생길 우려 때문에 표현단계는 제한적으로 사용되지만 CLT에서는 표현단계를 중요하게 여기며 위험감수(risk-taking), 유의미성(meaningfulness), 유창성(fluency)이 강조된다.

(1) 예측가능 여부

예측가능 여부(predictability-unpredictability dimension)는 학습자가 상대의 말을 예측할 수 있는 정도를 말하는데 첫인사말, 작별인사, 요청 등의 일상적인 대화는 예측 가능성이 많으므로 쉽다고 할 수 있다.

(2) 이해와 표현기능

이해기능과 표현기능(receptive-productive dimension)에 따라 난이도가 다르다. 표현기능이 적은 활동이 난이도가 낮다. 예로 명령을 듣고 수행하는 TPR이 비교적 쉽다.

(3) 발화의 길이

의사소통 활동에서 상대방의 발화 길이(length of utterance)가 짧을수록 난이도가 낮다.

(4) 문맥상의 정보

예측할 수 있는 정보가 많을수록 쉽다. 예를 들면 그림을 보면서 듣기나 읽기, 상대방의 몸짓동작을 보면서 말을 듣기 등이 비교적 용이하다.

(5) 언어적 난이도

사용된 언어의 난이도(linguistic complexity of content)에 따라 의사소통활동의 난이도도 결정된다.

(6) 내용 친숙도

의사소통 활동의 내용이 학습자들에게 친숙(familiarity of content)할수록 난이도가 낮다.

(7) 정의적인 면의 고려

학습자의 동기가 높고 의욕과 관심이 많을수록 의사소통 학습활동이 쉽다.

(8) 활동의 이해 정도

의사소통 활동의 전반적인 내용에 대하여 교사가 설명하면 학습자가 이해를 명확히 할 수 있으므로 난이도가 낮다.

10.3 의사소통 활동의 유형

영어 수업에서 교사가 학습자의 의사소통능력의 신장을 위하여 창의적인 다양한 유형의 의사소통활동을 개발하여 실행할 수 있다. 여기서 대표적인 유형만을 제시하면 다음과 같다.

(1) 지시에 따라 행동하기

지시에 따라 행동하기는 교사나 다른 학습자가 지시하면 지시에 따라 행동하는 것으로 언어사용과 행동을 연결하는 활동이며 전신반응기법에 속한다.

(2) 정보전이

정보전이(information transfer)는 한 형태의 정보를 다른 형태의 정보로 변경하는 활동을 말한다. 예로 청취한 내용을 표나 그림으로 그리기, 그림을 보고 적합하게 기술하기 등을 들 수 있다.

(3) 정보차 활동

정보차 활동(information gap activities)은 둘 이상의 학습자들이 서로 다른 정보를 갖고 상대방의 정보를 알아보게 하는 활동이다. 이 활동은 실제 생활에서의 언어활동과 유사하므로 학습자의 동기유발에 효과적이며 초급에서 고급 학습자까지 학습자의 수준에 맞추어 실시할 수 있다. 또한 정보차 활동은 언어의 형태보다는 정보의 전달과 상호작용에 초점이 있다.

(4) 의견차 활동

의견차 활동(opinion gap activities)은 다른 의견을 가지고 있는 학습자들이 자유로운 토론을 거쳐 의견의 접근이나 합의에 도달하게 하는 활동이다. 다음과 같은 질문과 응답 및 자유 토론을 통해 'going to the zoo'라는 주제에 대해 다양한 의견을 가진 학습자들의 합의를 이끌어 내는 활동을 예로 들 수 있다.

예) When are we going to the zoo?
Where can we meet?
How can we get there?
What are we going to see there?
How long can we stay there?
When should we come back home?

(5) 경험차 활동

경험차 활동(experience gap)은 학습자들의 경험을 서로 말하게 하는 활동으로 본인의 경험에 토대를 둔 배경지식이 많으므로 대화 내용이 풍부해 질 수 있다.

(6) 조각정보 맞추기

조각정보 맞추기(jigsaw activities)는 전체의 정보를 듣거나 읽고 나누어진 정보를 맞추어 하나의 일관된 정보로 만드는 활동이다.

(7) 문제해결 활동

문제해결 활동(problem solving)은 학습자들에게 문제를 제시하고 문제해결 방안을 논의하는 활동으로 비판적 사고력(critical thinking)을 신장시키고 의사결정방법을 터득하게 할 수 있다. 이 활동에서는 언어형태보다는 내용에 초점을 맞추며 문법적 정확성은 강조되지 않는다.

(8) 자유롭게 말하기

자유롭게 말하기 활동(informal talk tasks)은 학습자가 제한 없이 자유롭게 말해보게 하는 활동으로 억제심리가 나타나지 않도록 국부적인 오류는 교정하지 않는다.

(9) 역할극

역할극(role play)은 학습자가 역할을 나누어 맡아 하는 활동으로 듣기와 말하기 능력의 신장 이외에도 발음향상, 어휘력 신장, 문법형태의 연습을 위해서도 이용될 수 있다.

10.4 게임과 노래

게임과 노래는 의사소통활동의 한 유형으로 학습자에게 언어학습에 대한 재미와 흥미를 유발시켜 준다. 또한 언어의 형태보다는 내용 즉 메시지에 관심을 집중시킬 수 있다. 아울러 학습능력이 비교적 부족한 학습자도 게임과 노래를 통하여 학습활동에 적극적으로 참여하게 하는 효과도 있다. 따라서 놀이와 노래는 영어학습의 강화 및 표현력을 신장시키는 유용한 방법 중의 하나이다.

10.4.1 게임

게임은 즐겁고 도전적인 활동으로 일정한 규칙에 따라 경쟁과 협력을 통해 행해진다는 점에서 놀이(play)나 일반적인 과업활동(task-based activity)과는 다르다.

게임의 유용성을 정리하면 다음과 같다.

① 게임을 통하여 학습자에게 영어학습의 중요성과 필요성을 인식시킬 수 있다.
② 게임에서는 언어항목이 문맥과 상황 속에 포함되어 있으므로 학습자가 자연 스럽게 어휘나 문법구조 등을 학습하고 강화할 수 있다.
③ 게임은 대부분 과업중심으로(task-oriented) 진행되므로 학습자들에게 영어 사용의 기회를 준다. 또한 언어형태보다는 의미전달이 중요하므로 화용적 지식 과 활용방법, 전략능력을 익히는데 도움이 된다.
④ 일반적인 언어연습활동에서 벗어나 재미를 느끼면서 어휘를 학습할 수 있다.

Dobson(1970)은 다음과 같이 게임의 효용성을 제시하고 있다.

> I myself have found that a good language game is a wonderful way to break the routine of classroom drill, because it provides fun and relaxation while remaining very much within the framework of language learning - and may even reinforce that learning.

게임의 선택에서 고려되어야 할 사항은 다음과 같다.

① 학습자의 연령과 언어수준
② 학급당 학생수와 활동 공간
③ 언어구조의 난이도
④ 이용 가능한 자료 및 준비물
⑤ 준비시간
⑥ 소요시간
⑦ 문화적인 면
⑧ 지적 도전(intellectual challenge)

게임의 유형은 다양하며 그 목적도 서로 중첩될 수 있으므로 엄격하게 유형을 구별하기에는 한계가 있다. 여기서는 어휘게임과 의사소통게임으로 구분하여 논의해고자 한다.

(1) 어휘게임

어휘게임은 학습자의 어휘력을 증진시킬 수 있는 게임을 말하며 철자게임, 끝말이어가기, 서수게임, 숨겨진 단어 찾기, 서수게임, Buzz게임, 단어 짝 만들기, 십자말풀이, 어휘도미노게임, 어휘연상, 빙고, 풀하우스(full house), 직소퍼즐(jigsaw puzzle)[92] 등의 다양한 게임이 있다. 이 중에 두개의 게임만을 소개하면 다음과 같다.

① **끝말이어가기**

처음 단어의 마지막 철자로 시작되는 단어를 제시하고 다시 제시된 단어의 끝 철자로 시작되는 단어를 말하게 하면서 계속 이어지게 하는 게임으로 철자 연습과 어휘회상(recall)에 유용하다.

예) (a) banana - apple - elephant - table - ....
(b) through - here - egg - gap - photograph - hair - rain - ....
(c) barn - nose - every - youth - hound - drama - airport - truth - hospital - lesson - ....

② **어휘 도미노 게임**

어휘 도미노(word dominos)는 하나의 어휘 다음에 연속하여 그 어휘와 관련성이 있는 다른 어휘를 제시하게 하는 활동이다. 다음의 예(Scriveners 1994, p. 87)와 같이 한 학습자가 하나의 그림단어카드를 제시하고 다른 학습자가 그 카드 옆에 관련되는 다른 카드를 놓게 할 수도 있다.

예)

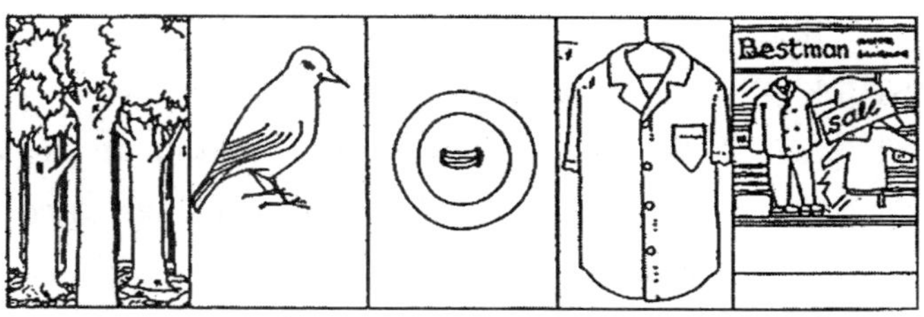

또한 다음의 예와 같이 위의 단어카드 사이의 관련성을 말하게 할 수도 있는데 이 경우는 의사소통적인 어휘게임에 해당된다.

예) ⓐ There are *birds* in the *forest*.
ⓑ *Button* and *bird* start with B.
ⓒ *Shirts* have *buttons*.
ⓓ *Shirt* and *shop* begin with *sh*, etc.

---

92) 직소 퍼즐(jigsaw puzzle)게임은 분할된 그림과 단어를 맞춰 퍼즐을 완성하는 활동으로 초급 단계의 학습자에게 효과적이다.

(2) 의사소통적 게임

의사소통적 게임은 학습자들 간의 상호작용을 활성화하여 의사소통훈련을 할 수 있는 게임을 말하며 Simon says, 추측하기, 직업 알아 맞추기, 정보차 게임, 의견차 게임, 칠판에 쓰인 어휘 알아 맞추기(back to board), 연이어말하기, 이야기 이어가기, 스무고개게임(twenty questions) 등의 다양한 게임이 있다. 이 중에 두개만 소개하면 다음과 같다.

① 연이어 말하기

연이어 말하기는 상황을 제시하고, 학습자가 앞의 말을 반복하고 연이어 다른 정보를 첨가하여 말하게 하는 게임으로 동일한 구조나 어휘를 반복할 수 있고 알고 있는 어휘 지식을 표현해 볼 수 있는 장점이 있다. 예로 한 학생이 사고 싶은 물건을 말하면 두 번째 학생이 그것을 반복하고 본인이 구매하고자 하는 물건을 첨가하고 세 번째 학생은 두 번째 학생의 말을 반복하고 자기가 구매하고 싶은 물건을 첨가하여 이어 말하게 하는 활동을 할 수 있다. 나열하는 물건의 수가 많아져서 기억이 어려워진다고 판단되면 칠판에 물건을 적어가는 방법도 유용하다. 학습자들이 이 활동에 익숙해지면 물건의 명칭 앞에 'clean,' 'beautiful,' 'red' 등의 형용사를 붙이도록 요구할 수 있다.

예) (a) situation: You have $ 100. The stores are having 'end of season' sales.

TEACHER: What are you going to buy?

STUDENT 1: I'm going to buy *a pair of stockings*.

STUDENT 2: I'm going to buy a pair of stockings and *a hat*.

STUDENT 3: I'm going to buy a pair of stockings, (and) a hat and *a scarf*.

(b) 상황: 설악산을 등반하기로 하고 짐을 꾸릴 준비를 한다. 짐을 넣을 물품을 계속 하여 첨가하게 말하게 한다.

STUDENT 1: I packed my bag for Mt. Seolak and in my bag I put a map.

STUDENT 2: I packed my bag for Mt. Seolak and in my bag I put a map and a knife.

STUDENT 3: I packed my bag for Mt. Seolak and in my bag I put a map and a knife and a gas burner.

② 이야기 이어가기

이야기 이어가기(continued story, serial sentences)는 첫 번째 학생이 이야기의 첫

문장을 말하면 다음 학생이 이어 지는 내용을 담은 문장을 말하는 방식으로 하나의 이야기를 말해가는 게임으로 중급 이상의 학습자에게 적합하며 유창성과 어휘표현능력의 신장에 유용하다. 문장의 문법적 정확성(grammatical accuracy)보다는 내용의 적절성(appropriateness)에 초점을 맞춘다.

예) STUDENT 1: It was a beautiful morning in July.
STUDENT 2: "Let's go fishing," Cheolsoo said to his friend Youngsoo.
STUDENT 3: "Where shall we go?" asked Yungsoo.
STUDENT 4: Cheolsoo suggested that they go to Soyong Lake.
STUDENT 5: They got into their car and went to Soyong Lake.
STUDENT 6: For a long time they didn't catch any fish.

10.4.2 노래와 박자노래

노래에는 음악의 세 요소인 멜로디, 리듬, 화음이 모두 포함되어 있고 박자노래는 리듬의 요소만 갖추고 있어 노래와 말하기의 중간단계라고 할 수 있다.[93] 노래와 박자노래(chant)를 통하여 영어를 지도하거나 강화시키며 특히 학습동기가 약하거나 능력이 뒤지는 학생들도 자발적으로 참여하게 할 수 있다. 노래와 박자노래는 다음과 같은 유용성이 있다.

① 학습자에게 즐거움을 줌으로 흥미유발에 도움이 되고 성취감을 갖게 할 수 있다.
② 발음과 말하기 능력의 신장에 도움을 줄 수 있다.
③ 반복적인 구조를 갖는 경우가 많고 학습자가 지루하지 않게 반복학습을 할 수 있는 장점이 있어 어휘의 기억과 강화에 효과적이다. 다음 예와 같은 박자노래는 숫자가 많이 사용되고 'green,' 'bottle,' 'wall'과 같은 어휘의 반복이 있어 어휘기억과 숫자의 연습에 유용하다.

예) TEN GREEN BOTTLES
Ten green bottles, standing on the wall (*twice*).
And if one green bottle should accidentally fall,

93) 우리나라의 경우에도 리듬(박자, rhythem)노래의 성격을 지닌 예들이 있다. 예를 들면 '두껍아, 헌 집 줄게, 새 집 다오...'와 같은 전래동화라든가 전통적인 자장가, 3.4조, 4.4조, 7.5조의 리듬을 갖는 시조가 모두 리듬 노래라고 할 수 있다(김영숙, 2002, p.122).

There'd be nine green bottles standing on the wall.
Nine green bottles, standing on the wall (*twice*),
And if one green bottle should accidentally fall,
There'd be eight green bottles, standing on the wall.

그러나 박자노래는 리듬을 잘못 집어 부정적인 강화가 될 수 있는 문제점이 있다.

④ 박자노래를 활용하여 다양한 명사, 색깔에 관한 어휘, 다양한 동사, 형용사 등 을 익히고 강화할 수 있다.

예) 박자노래의 예
What's this? A pig. It's a pig.
What's this? A horse. It's a horse.
What's this? A cow. It's a cow.

⑤ 노래와 박자노래를 통하여 EFL 학습자가 습득하기 어려운 어휘의 강세 및 운율을 자연스럽게 익힐 수 있다.

예) TEN LITTLE INDIAN BOYS
One little, *two* little, *three* little *In*dians,
Four little, *five* little, *six* little *In*dians,
Seven little *eight* little, *nine* little *In*dians,
Ten little *In*dian *boys*.
(There were:)
Ten little, nine little, eight little Indians,
Seven little, six little, five little Indians,
Four little, three little, two little Indians,
four little, three little, two little Indians,
One little Indian boy!

⑥ 노래를 통하여 다음의 예와 같은 익은 말(lexical chunk)들을 쉽게 배울 수 있다.

예) I'll tell you what I...
What I really [really] want is...
Are you for real?

wasting my precious time
last forever
give you a try
get you act together
That's the way it is

⑦ 노래와 박자노래는 해당언어의 언어적 특성을 잘 반영하고 있으며 문화적인 요소, 구어적 표현(colloquialism)이 많이 포함되어 있다.

⑧ 노래를 듣기, 듣고 말하기, 듣고 괄호에 써넣기, 받아쓰기 등의 활동을 통하여 영어를 통합적으로 지도하고 학습할 수 있다.

지도할 노래의 선정에는 학습자의 연령과 수준 및 선호도를 고려해야 한다. 초급단계의 수업에 이용할 수 있는 노래의 형태는 다음과 같다.

① 게임을 수반하는 노래
② 행동을 수반하는 노래(action songs)
③ 일정한 구조나 어휘가 반복되는 노래

우리나라 초등학교 3, 4학년 교과서에는 매 단원마다 노래(Let's sing), 5, 6학년에는 단원마다 박자노래나 노래가 실려 있으며 일부 중등학교 교과서에도 몇 개의 노래가 실려 있다. 또한 일부에서는 영어 뮤지컬(musical)의 도입을 시도하고 있다. 뮤지컬은 '음악이 곁들여진 연극' 혹은 '무용, 음악, 코미디들이 종합적으로 상연되는 무대예술의 한 가지'(우리말 큰 사전, 한글학회, p. 1533)이다. 뮤지컬지도는 전뇌교육이론(total brain education, TBE)에 근거하며 인간두뇌의 각 부분을 동시에 작용시키면 교육효과가 크다는 것이다. 또한 감성교육과 언어교육을 동시에 할 수 있고 자기표현을 연습할 수 있다. 아울러 영어문장을 율동과 노래로 표현하게 하고 가상의 역할을 함으로 억제심리를 완화시킬 수 있는 상호작용활동의 한 유형이다.

11장 학습자의 오류교정

영어교육에서 학습자 중심의 의사소통활동을 활성화하면 학습자의 오류가 발생할 가능성이 크다. 따라서 바람직한 영어를 구사할 수 있게 해 주기 위해서는 학습자의 오류를 분석하고 교정해 주어야 한다. 제11장에서는 오류(error)의 개념과 유형에 대해 알아보고 오류교정 방법에 관하여 논의하고자 한다.

11.1 오류의 개념

일반적으로 '오류(error)'와 '실수(mistake)'는 구별되어 사용된다. 오류는 언어에 대한 능력이 부족하여 발생하는 것(competence errors)으로 체계적이고 고정화되어 있어서 반복되어지며 언어 학습자의 중간언어 능력을 반영한 것이다. 실수는 언어수행 상에 이미 알고 있는 체계를 정확하게 활용하지 못하거나 부주의로 발생하는 것(performance errors)으로 체계적이 아니므로 반복되지는 않고 스스로 수정할 수 있다.[94] 또한 다음의 예와 같은 경우는 오류인지 실수인지 구분하기가 쉽지 않다.

예) *Tom cans swim.

이러한 현상이 지속적이고 체계적이면 오류로, 일시적이고 비체계적이면 실수로 판단할 수 있다.

학습자의 오류를 분석하면 지도의 중점을 어디에 둘지 알 수 있으며 학습자가 사용하는

94) Corder(1973)는 실수를 'lapses(the performance failure)'와 'mistakes(the result of inappropriate usage)'로 구분하고 있다.

학습책략과 학습절차를 알 수 있다. 또한 학습자의 오류는 학습과정 중에 발생하는 중간언어 체계를 나타내므로 교사와 학습자 및 영어교육연구자들에게 의미가 있다. 또한 오류는 학습이 일어나고 있다는 것을 의미할 수도 있다.

> Student errors are evidence that learning is taking place. (Scrivener, 1994, p. 109)

오류는 구어활동에서 보다는 쓰기 활동에서 더 객관적으로 추출할 수 있다. 구어의 경우는 오류와 실수의 구별이 곤란할 경우가 있고 잉여성(redundancy)이 많으며 간단하게 표현하려는 심리 때문에 정확한 오류의 분석이 어렵다. 반면에 쓰기 활동에서는 문법적 오류를 파악하기가 비교적 용이하다.

11.2 오류의 유형

오류의 유형을 의사소통 지장여부, 발생원인, 형태, 오류항목에 의해 구분해 보면 다음과 같다.

1) 의사소통에 지장을 주는 여부에 따른 분류

(1) 명백한 오류와 은폐된 오류

명백한 오류(overt error)는 문장단위에서 비문법적인 오류를 말한다.

예) *Does Mary can sing?

은폐된 오류(covert error)는 문장단위의 문법에는 이상이 없으나 정상적인 의사소통 상황에서 수용되지 못하는 오류를 말한다.

예) I saw their department.

은폐된 오류는 명백한 오류보다 더 의사소통에 지장을 준다.

(2) 국부적 오류와 포괄적 오류

국부적 오류(local error)는 형태소의 오류나 과일반화(overgeneralization) 등에서 생기는 부분적 오류를 말한다. 이 오류는 의사소통에는 크게 영향을 주지 않으며 수정해 주면 의사소통의 흐름이 깨질 수도 있으므로 교정에 신중을 기하여야 한다. 포괄적 오류(총체적 오류, global error)는 어순, 연결사, 통사규칙에 필수적인 어휘 등에서 발생하며 정상적인 의사소통에 지장을 주는 오류를 말한다, 따라서 이러한 유형의 오류는 반드시 교정해야 한다.

2) 오류 발생의 원인에 의한 분류

(1) 규칙 확대적용에 의한 오류

규칙 확대적용(과일반화, overgeneralization)에 의한 오류는 학습자가 이전 학습을 통해서 알고 있는 외국어의 문법지식을 기저로 해서 규칙에서 벗어난 비정상적인 문법구조 즉 자기 나름의 언어규칙을 만들어 적용함으로 생기는 오류를 말한다. 이 오류는 학습자가 목표어의 규칙에 대하여 가설을 만들고 시험해 보는 창조적 과정(Brown, 1980, p. 162)으로 볼 수도 있으며 목표어 내부의 부정적인 간섭현상으로 생기므로 언어내적 오류(intralingual error)에 속한다.

예) (a) *Can do Tom's brother speak English?
(b) *Does Brown can sing?
(c) *He can sings.
(d) *He is study English.
(e) *I readed a book last night.
(f) *I don't know where is my husband.

또한 귀납적인 학습에 의해 규칙이 확대되어 오류가 발생할 수도 있다. 예를 들면 'I'm going to the university.'에서 'to + noun phrase'를 'there'로 대치하여 'I'm going there.'로 변경하는 연습을 하고 연역적인 설명이 없으면 학습자는 이러한 규칙을 자기 나름대로 확대 적용하여 다음과 같은 오류를 범할 수도 있다.

예) *I'm speaking there. (I'm speaking to my friend)

규칙 확대적용에 의한 오류는 Dulay 등(1982)이 주장한 발달 오류(developmental error)와 유사한 것으로 외국어 학습자들 사이에 공통적으로 있을 수 있는 정상적인 발달 과정의 결과로 간주될 수도 있다.

(2) 언어간 전이에 의한 오류

언어간의 전이에 의해 생기는 오류(language transfer errors, interlingual error)는 목표어에 익숙하지 않은 초급학습자들에게 자주 발생한다. 한국인 영어학습자가 한국어의 쓰임새를 영어에 전이하여 자주 범하는 오류의 예를 들면 다음과 같다.

예) (한국어)	(영어)
나의 아버지 코는 길다.	*My father nose is long.
우리 세 학생	*our three student
어젯밤	*yesterday night
오늘밤	*today night
사과 두개 주어요.	*Give me apple two
아저씨 댁을 언젠가 방문하겠다.	*Uncle's house will visit sometimes.
겨울에 피아노를 배우겠다.	*In winter will learn piano.

또한 영어발음에서 언어간 전이에 의한 오류의 예를 들면 다음과 같다.

예) [f]를 [ㅍ]로 발음	fork [포크]
[v]를 [ㅂ]으로 발음	seven [세븐]
[θ]를 [ㅅ], [ㅆ], [ㄷ], [ㄸ], [ㅌ]으로 발음	Thank you. [쌩큐], [땡큐]
[ð]를 [ㄷ] 혹은 [ㅈ]로 발음	this [디스]

(3) 유도된 오류

유도된 오류(학습과정에서 생기는 오류, induced error)는 학습의 장(context of learning)에서 생기는 오류를 말한다. 교실 안에서는 교사, 교재, 학습상황 등에서 오는 부정적인 영향으로 부정확하거나 잘못된 표현, 발음 등을 익힐 수도 있다. 또한 교실 밖에서 특정 방언의 영향으로 오류가 생길 수 있다. 아울러 학습전략이나 의사소통전략에 의해 오류가 발생할 수도 있다. 이러한 오류는 언어적 능력이 부족한 학습자가 자신의 의사를 상대방에게 전달하기 위하여 다양한 책략을 사용하는 과정에서 발생하며 어린이의 모국어 습득과정이나 성인의 제2언어습득과정에서 자주 나타난다.

(4) 단순화에 의한 오류

단순화에 의한 오류는 학습자가 학습부담을 감소시키기 위하여 언어규칙에 대한 부족한 지식을 가지고 최대한 그 적용범위를 넓히려는 심리작용 때문에 발생한다. 예로 다음과 같은 흑인영어(Black English)를 들 수 있다.

예) *He nice. (He's nice.)
*He be good. (He'll be good.)

3) 오류형태에 의한 분류

(1) 첨가오류

불필요한 언어항목을 첨가(addition)하는 오류를 말한다.

예) *His brother was gived the pencil to me.
*He was died last year.

(2) 생략오류

필요한 언어항목을 생략하는(omission) 오류를 말한다.

예) (?)I bought in Korea.
*Ø is very hard for me to learn Spanish right.

(3) 순서오류

어순(word order) 상의 오류를 말한다.

예) *Why this man is cold?
*How much it costs?

(4) 이중표시오류

하나의 문법사항이 이중으로 표시된(double marking) 오류를 말한다. 예로 다음의 문장같이 과거시제가 이중으로 표시된 오류를 들 수 있다.

예) *She didn't went.

4) 오류항목에 의한 분류

오류는 잘못된 항목에 따라 어휘오류(lexical error), 음운 오류(phonological error), 구조 오류(syntactic error), 해석오류(interpretive error), 화용 오류(pragmatic error) 등으로 나눌 수 있다. 해석 오류는 상대방의 의도를 잘못 파악하여 생기는 오류를 말한다.

오류의 분류는 중첩될 수도 있다. 예를 들면 다음의 예문(Dulay 등, 1982, p. 142)은 스페인어에서 오는 전이 오류일 수도 있고 어순 상의 오류일 수도 있다.

예) *Lily no have money. (Spanish: Lily no tiene dinero.)

11.3 오류의 교정

오류의 교정에 대해서는 교수이론 입장에 따라 다르다. 행동주의에 근거한 청화중심 교수법(audiolingual method)에서는 초기 오류가 습관이 될 수 있는 가능성을 배제하기 위해 모든 오류를 즉각적으로 교정한다. 유창성의 신장을 목표로 하는 의사소통중심 교수법에서는 의미전달에 큰 지장이 있는 경우를 제외하고는 교정을 하지 않는다. 대체적으로 의미전달에 초점을 두는(message-focus) 수업보다 언어형식에 초점을 두는(form-focus) 수업에서 오류 교정이 많다. 오류에 관해 원어민과 비원어민 교사의 차이를 보면 비원어민 교사가 원어민 교사보다 더 문법적인 정확성에 초점을 맞추는 경향이 있다. 이러한 현상은 문법적 기준이 객관적이며 명료하기 때문이라고 본다.

> Overall, the native speaker did seem to be listening for the message, while the non-native teachers appeared to be focusing more on grammatical accuracy. (Galloway, 1980, p. 431)

오류를 지나치게 많이 교정하면 학습자가 억제심리(inhibition)를 갖게 되고 너무 교정을 안 하면 화석화(fossilization)가 될 수 있다. 화석화란 부정확한 언어형태가 학습자의 제2언어/외국어 체계 속에 비교적 영구적으로 굳어진 경우를 말하며 부정확한 형태의 내재화는 정확한 형태의 내재화와 동일한 학습과정을 거쳐 일어난다.

오류 교정에서 유의할 사항을 정리하면 다음과 같다.

① 학습자 오류의 즉각적인 교정은 효과적이지 못하다. 학습의 목표가 정확성인 경우는 즉각적인 교정이 필요할 수도 있지만 목표가 유창성인 경우는 즉각적인 교정보다는 학습활동이 끝난 후 교정해 주는 것이 효과적이다

② 의사소통 과정에서의 교정은 의사소통에 큰 지장이 없는 한 가급적 피하는 것이 효과적이다. 또한 전반적인 오류(global error)나 자주 일어나는 오류는 먼저 교정해 주는 것이 바람직하며 국부적인 오류(local error)는 추후에 교정해주는 것이 더 효

과적이다.

③ 가능한 학습자가 틀린 것보다는 올바른 영어수행에 초점을 맞추어 학습자를 격려한다.

④ 정확한 응답에 대해서는, 부분적으로 맞는 응답이라고 하더라도, 학습자를 칭찬해서 그들이 진보하고 있다는 것을 느끼게 한다.

⑤ 오류의 교정은 신속히 한다.

⑥ 가능한 학습자가 스스로 교정할 수 있도록 한다.

오류의 정도에 대해서는 '오류 중력(error gravity)'이라는 용어가 사용되며 판단 기준은 이해성(comprehensibility)과 수용성(acceptability)이다. 다음 예문에서 (a)는 오류의 정도가 약하여 부주의나 피로에 의한 실수로 볼 수도 있으며 (b)는 어순에 대한 오류로 오류중력이 매우 크다고 할 수 있다. 또한 (c)보다는 (d)가 이해가 용이하므로 오류중력이 약하다.

예) (a) *He have been there.
(b) *The English language use much people.
(c) *Since the harvest was good, was rain a lot last year.
(d) *The harvest was good last year, because plenty of rain.

오류중력은 다음과 같은 순서로 크다고 할 수 있다.

① 원어민이 이해하기 어려울 정도의 오류
② 원어민이 용인하기 어려울 정도의 오류
③ 이미 학습한 규칙을 잘못 적용한 오류
④ 빈번한 오류
⑤ 확신하지 못하는 표현을 시도하다가 생긴 오류

오류는 오류중력이 큰 것부터 교정해주는 방법이 바람직하다. 또한 학습자의 오류를 교정해 주는 절차는 다음과 같다(Scrivener, 1994, p. 110 참고).

① 오류의 유형을 파악한다(Decide what kind of error has been made). 예를 들면 전반적인 오류 혹은 국부적인 오류인지, 문법상의 오류 혹은 담화상의 오류 중에

어떤 유형인지 등을 파악한다.

② 교정 여부를 결정한다(Decide whether to deal with it). 교정의 효과가 긍정적인지 부정적인지를 검토한다.

③ 교정 시기를 결정한다(Decide when to correct it). 즉각적 교정이나 활동 종료 후 교정 등의 교정시기를 결정한다.

④ 교정자를 결정한다(Decide who will correct). 교사, 학습자 자신, 다른 학습자 중에서 가장 효과적인 교정자를 결정한다.

⑤ 적절한 교정 기법을 결정한다(Decide on an appropriate technique).

또한 오류의 교정은 교정자에 따라 교사 교정(teacher correction), 짝 교정(peer correction), 자율 교정(self correction)으로 분류할 수 있다. 교사가 직접적으로 교정할 수도 있고 오류부분을 알려주어 학습자가 스스로 교정하게 하는 간접적인 방법을 사용할 수 있다. 교사의 직접적인 교정은 시간을 절약할 수 있고 효과적일 수도 있지만 학습자가 스스로 교정할 수 있도록 하는 것이 바람직하다.

오류교정의 기법을 정리하면 다음과 같다.

1) 오류부분 알려주기

오류부분 알려주기(pinpointing)는 명시적으로나 비명시적으로 오류부분을 알려주고 스스로 교정하게 하는 기법이다. 다음의 예(a)와 같이 틀린 부분을 교사가 강조하여 말함으로써 학습자가 오류임을 인식하게 할 수 있다. 또한 예(b)와 같이 오류가 없는 부분까지만 교사가 반복하고 잘못된 부분부터는 말하지 않아서 학습자가 오류임을 깨닫게 할 수도 있다.

예) (a) S: John go to school.
T: John GO to school?
(b) S: I am going supermarket.
T: I am going....
S: I am going to the supermarket.

2) 분명하게 말하기를 요청하기

분명하게 말하기를 요청하기(clarification requests)는 학습자가 정확하게 말하지 못했을 경우에 'Pardon me....', 'Excuse me....'라고 말하든가 불분명한 부분을 'what?'으로 말하여 학습자가 분명하게 말하도록 지도하는 방법이다.

예) T: How often do you wash your clothes?
S: Twice
T: Excuse me.
S: Twice
T: Twice what?
S: Twice a week.

'Twice what?'은 오류부분 알려주기에도 해당된다고 볼 수 있다.

3) 질문 바꿔하기

질문 바꿔하기(rephrasing question)는 학습자가 질문을 이해하지 못해서 응답을 못하고 있다고 판단될 때 질문을 변경하여 말하는 기법을 말한다.

예) (a) T: Why did you decide to come to this country?
S: ....
T: Why are you here?
S: I come here to learn Spanish.
(b) T: What do you want?
S: ....
T: You want what?

4) 틀린 부분 고쳐 제시하기

틀린 부분 고쳐 제시하기(recasting)는 빠진 부분이나 틀린 부분을 올바르게 채우거나 교정하여 제시함으로 학습자가 알 수 있게 하는 방법을 말한다.

> Recasts are paraphrases of a learner's utterance which involve changing one or more components of the utterance while maintaining the meaning. (Lightbown & Spada, 1999, p. 127)

예) (a) Child: Doggy sleeping.

Parent: Yes, the doggy is sleeping.

(b) Child: Dump truck! Dump truck! Fall! Fall!

Mother: Yes, the dump truck fell down.

(c) Child: Draw a boot paper.

Adult: That's right. Draw a boot on paper.

5) 다시 말하게 하기

다시 말하게 하기는 상승조의 억양으로 'Again.' 혹은 'Is that correct?'라고 말하든가 동일한 질문을 반복하여 해서 학습자가 다시 말하게 하는 방법으로 제스처를 이용할 수도 있다.

6) 직접 교정

직접교정(explicit correction)은 비언어적 의사소통 행위(얼굴표정, 제스처), 직접 설명 혹은 질문 등을 사용하여 직접적으로 학습자의 오류를 지적해주어 교정할 수 있게 하는 방법이다.

예) (a) S: The dog runs fastly.

T: 'Fastly' doesn't exist. 'Fast' does not take 'ly'. You should say, 'The dog runs fast.'

(b) S: Is Tom is in the living room?

T: You said 'is' two times. Listen to you - you said 'is Tom is in? Look at the board. 'Is Tom in the' and then you say the name of the room.

다음의 예와 같이 문법적 용어나 설명을 통해 오류를 지적할 수도 있으나 학습자가 이해하기 어려울 수 있다. 따라서 이러한 방법은 중급이상의 학습자에게만 사용해야 한다.

예) Don't forget to make the verb agree with the subject.

12장 이해기능의 지도

언어의 이해기능은 듣거나 읽고 이해하는 기능을 말하며 인간의 언어생활에서 필수적인 기능이다. 또한 어린이가 모국어를 배울 때 이해기능을 표현기능에 앞서 습득한다. 따라서 외국어학습에서도 이해기능을 우선적으로 배우는 것이 효과적이다. 이해능력이 있어야 표현기능을 학습할 수 있기 때문이다.

영어과 교과교육학에서 다양한 이론과 교수법을 연구하는 목적도 궁극적으로는 영어의 이해기능인 듣기와 읽기, 표현기능인 말하기와 쓰기를 효과적으로 지도하기 위한 방안의 모색에 있다. 제12장에서는 언어자료의 이해과정을 상향과정과 하향과정 및 상호작용과정으로 나누어 알아보고 듣기이해와 읽기이해의 지도에 관하여 논의하고자 한다. 표현기능의 지도에 관해서는 제13장에서 다루어진다.

12.1 이해과정

이해(comprehension)는 문자언어나 음성언어를 받아들여 그 의미를 파악하는 과정을 말하며 읽기와 듣기가 이해 기능에 속한다. 이해에는 전반적인 이해는 물론이고 화자나 글쓴이의 의견과 태도의 추론, 상황과 문맥 속에서 의미의 추정(deducing), 담화의 유형과 특징의 파악 등이 모두 포함된다.

이해과정은 상향과정과 하향과정 및 상호작용과정으로 나눌 수 있다. 여기서 'bottom'은 언어자료를, 'top'은 청자나 독자의 배경지식이나 예상, 기대 같은 상위의 정신적 개념이다. 상향과정(bottom-up processing)은 언어자료를 음소, 문자소(grapheme), 단어, 문장, 단락, 전체의 순서로 이해하여 가는 과정을 말한다. 이 과정은 입력되는 새로운 정보가 그것보다 더 높은 단계의 선험지식구조(schema)를 활성화시키는 과정으로 부호해독(decoding)에 해당되며 분석적이고 연역적인 과정이다. 다시 말하면 새로운 정보가 상위의 지식구조와 연관되는 과정으로 언어자료에 근거하기 때문에 자료 유도적(data-driven)이라고 한다.[95] 상향과정은 초급단계에서 기본 어휘의 개념이나 문장의 기본 구조를 이해시키는데 도움을 줄 수 있다. 그러나 듣기와 읽기 교육에서 상향과정만 강조하게 되면 학습자가 단어별 이해(word-by-word understanding)에 치중하여 자료의 내용을 단기 기억하기도 어려울 정도로 이해의 속도가 느리게 되며, 언어적인 면에만 관심을 두어 글이나 말의 전반적인 내용을 파악하지 못하게 되는 단점이 있다. 특히 읽기에서는 상향과정에만 치중하면 다독과 속독에 비효과적이다.

하향과정(top-down processing)은 상위 수준의 정신 단계인 위(top)에서 시작하여 글 자체인 아래(bottom)로 이동하는 과정으로 세계에 대한 인식능력과 문맥에 근거하여 언어자료의 내용에 관한 가설을 검증하는 단계이다. 다시 말하면 하향과정은 선험지식구조를[96] 토대로 언어자료를 이해하여 가는 과정을 말한다. 선험지식구조란 교육이나 경험 등을 통하여 인지구조 내에 체계적으로 저장된 사전에(prior) 형성된 배경지식의 체계('inside the head knowledge', Nunan, 1991b, p. 18)를 말한다. 선험지식구조에 해당되는 'schema'라는 용어는 Barlett (1932)에 의해 최초로 사용되어진 이후 유사한 개념을 나타내는 용어로 인지심리학에서 'frames(Minsky, 1975)', 'script(Schank & Abelsen, 1977)', 'macro-structure(Dijk, 1982)', 'event chain(Warrell, et al, 1979)', 'expectations(Tannen, 1978)'과 'relational chains(Park, 1977)' 등이, 한국어 용어로는 '선험지식구조(이홍수, 1990, Shin, 1991)', '도식'과 '선행지식구조'가 사용되어 왔으나 일반적으로는 'schema'와 '선험지식구조'가 통용되고 있다(신길호, 1998, p. 112). 배경지식은 전반적인 지식, 주제 특정적(subject-specific) 지식, 문화적 지식 등이며 언어자료의 정보는 그 자체로는 의미가 없으며 독자나 청자가 언어자료의 내용을 본인의 선험지식과 연결시켜야 의미가 있다. 그러

---

95) 상향과정은 'text-based', 'interpretive', 'inside-out', 'skills-based'라고도 한다.

96) 이해과정에서 선험지식구조(prior knowledge structure)의 역할에 관한 이론을 선험지식구조론(선행지식구조론, schema theory)이라고 한다. 이 이론에 의하면 인간의 지식은 이전의 학습이나 경험에 의해 상호 연관되어 형성되며 이를 토대로 새로운 지식을 이해할 수 있게 된다. 읽기와 듣기이해에는 언어적 지식뿐만 아니라 배경지식이 중요한 역할을 한다.
또한 선험지식구조는 다음의 세 가지로 나눌 수 있다.
(1) 언어적 선험지식구조(linguistic schema): 문법적 지식의 체계
(2) 형식 선험지식구조(formal schema): 글이나 말의 구성에 관한 지식의 체계
(3) 내용 선험지식구조(content schema): 글이나 말의 내용에 관한 지식의 체계

므로 듣기와 읽기에서는 배경지식에 근거하여 이해하여 가는 하향처리과정이 필요하다. 이 과정은 언어구조의 단순한 해독보다는 선행지식(prior knowledge)에 근거하여 의미를 재구성함으로 'schema-based,' 'knowledge-driven,' 'constructive,' 'outside-in,' 'strategy-based'라고도 표현된다. 예를 들면 글이나 연설의 제목이 주어지면 독자나 청중은 그 제목을 보고 선험지식을 통해 내용을 예상하고 목차, 소제목, 맥락에 따라 최초의 예상을 검증하고 필요하면 수정하게 된다. 이 과정을 통해서 독자나 청자는 애매한 문장이나 두 가지 이상의 의미를 지닌 문장의 정확한 의미를 파악하게 되며, 흥미, 동기, 배경지식이 중요한 역할을 하게 된다. 언어자료보다 청자나 독자 자신이 이해에 더 공헌하게 되는 것이다.

> The listener has a crucial part to play ... by activating various types of knowledge, and by applying what he knows to what he hears and trying to understand what the speaker means. (Anderson and Lynch, 1988, p. 6)

하향과정의 학습에는 단어의 의미 추측하기, 내용 유추하기(guessing, inferencing procedure), 훑어 읽기(skimming)와 찾아 읽기(scanning) 등이 해당되는데 내용에 중점을 두고 축어적(literal) 의미보다는 암시된(implied) 의미를 파악하도록 지도가 이루어져야 한다. 다음 예문(Rumelhart, 1977, p. 265)에서 (a)를 이해하기 위해서는 간접적인 요청에 대한 화용론적 지식이 필요하며 문장(b)를 이해하기 위해서는 교통순경이 초인간적인 능력의 소유자이기 때문에 자동차가 정지한 것이 아니라 교통순경의 신호를 운전자가 준수한다는 사회적 약속 때문이라는 선행지식이 있어야 한다.

예) (a) Bill walked into the frigid classroom and immediately noticed Bob, sitting by the open window. "Brrr!" he exclaimed, simultaneously eyeing Bob and the open windows, "It's sure cold in here, Bob." Bob glanced up from his book and growled, "Oh, all right, I'll close the window."
(b) The policeman held up his hand and stopped the car.

하향과정의 특징 중의 하나는 새로 받아들인 지식과 기존의 지식을 구분하지 않고 병합한다는 것이다. 예로 Washington이 미국 초대 대통령임을 알고 있는 독자는 다음의 문장 (a)를 읽고 (b)의 내용으로 전달할 수 있다.

예) (a) George Washington had good health.
(b) The first president of the United States had good health.

또한 청자나 독자에 따라 동일한 텍스트의 의미를 다르게 해석할 수도 있는데 이는 각자의 배경지식이 다르기 때문이다.

정보전이 활동(information transfer)은 하향과정을 통해 중요한 정보만을 찾는 전략(selective comprehension strategy)의 연습이며 듣고 혹은 읽으면서 실시하는 규칙 빈칸 채우기(cloze procedure)는 다양한 배경지식을 토대로 지문의 빈칸을 채우게 하는 추론 활동이다.

하향식 이해방법은 모국어 사용자나 고급수준의 외국어 학습자들이 광범위하게 사용하는 방법으로 1970년대 이후 하향과정을 중시하는 경향이다.

Parry(1987)는 상향과정과 하향과정의 차이를 다음과 같이 요약하고 있다.

> Some argue that reading is a "bottom-up" process: graphemes are perceived as forming words, words as forming sentences, sentences as forming paragraphs, and so on; Others argue that the process is a "top-down" one: the reader starts with a general idea or scheme, of what should be in the text - this being derived from previously acquired knowledge - and uses this schema in perceiving and interpreting graphic cues. (p. 31)

또한 이러한 상향과정과 하향과정을 표 12.1로 설명할 수 있다(Anderson & Lynch, 1988, p. 13 참고). 이 표에서 상향과정은 언어지식으로부터 이해해 올라가는 과정이고 하

표 12.1 이해과정의 정보자원 (information sources in comprehension)

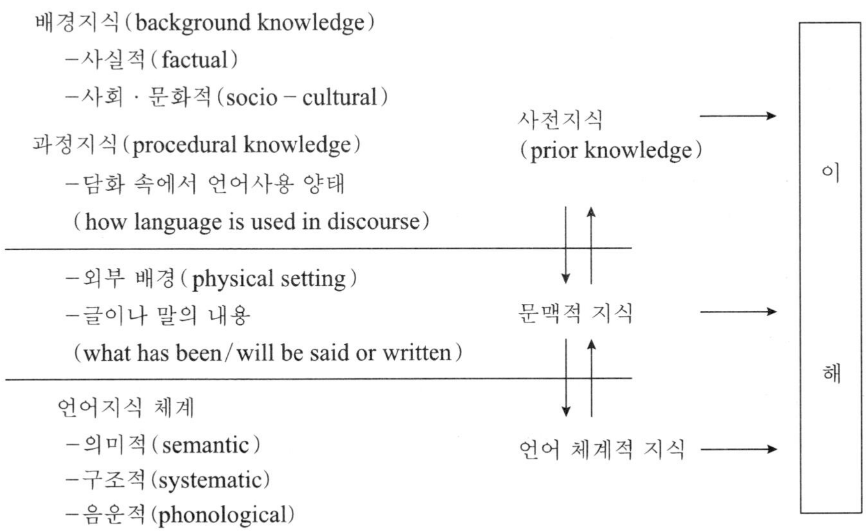

향과정은 배경지식으로부터 이해하여 내려오는 과정이다.

이해과정에서는 내용과 이독성(난이도, readability)에 따라 상향과정과 하향과정이 동시에 일어날 수도 있고(Carrell, 1984b, p. 331), 한 과정이 다른 과정보다 우세하게 작용할 수도 있다. 상향과정과 하향과정이 동시에 혹은 순차적으로 일어나는 것을 상호작용과정(interactive process)이라고 한다. 상호작용과정은 상호작용·보상(interactive-compensatory)작용으로도 불리며 상향과정과 하향과정의 단점을 서로 보완하고 두 과정을 포함한 다양한 부분의 정보를 이용한다. 다시 말하면 듣기나 읽기 이해 과정은 상향과정과 하향과정이 함께 작용하는 상호작용과정이다. 따라서 상향과정과 하향과정은 대조적이지만 상호 보완적인 과정이라고 할 수 있다. 예측이 많이 필요한 내용에 대해서는 하향과정이, 문맥이 비교적 적게 주어진 자료에서는 상향과정이 더 필요하다. 또한 초급단계의 영어학습자들은 어휘의 대부분을 모르기 때문에 하향과정에 의한 이해는 쉽지 않다.

다음 예문(Hudson, 1982, p. 8)에서 문장(a)만을 듣거나 읽을 경우는 일반적으로 'axe'를 '도끼'로 이해하여도 문제가 없으나 문장(b)를 접하면 'axe', 'blew', 'sharp notes', 'bell'이 의미상 연어(collocation)를 이루지 못해 (a)에서의 선험지식구조가 혼란에 빠진다. 따라서 두 문장의 조화를 다시 시도하게 되며, 문장(c)에 와서 악기에 대한 선험지식구조를 활용하여 'axe'의 의미를 '재즈용의 악기'로 재해석하는 하향과정을 거치게 된다.

예) (a) He picked up his axe.
(b) He held it softly for a moment and blew sharp notes through the bell.
(c) The crowd listened and cheered him; they loved his saxophone.

또한 다음 예문(Rummelhart, 1977, p. 265)에서 독자는 (a)에서 상향과정을 통해 이해하다가 (b)가 첨가되면 하향과정을 통해 (a)의 의미를 재해석하게 된다.

예) (a) Mary heard the ice cream man coming down the street. She remembered her birthday money and rushed into the house ....
(b) ... and locked the door!

이러한 상향과정과 하향과정의 상호작용은 표 12.2로 나타낼 수 있는데 독자나 청자가 언어 자료와 자신의 선행지식과의 여러 결합(match)중에 가장 만족할만한 결합을 찾을 때까지 되풀이하여 상호작용이 일어나다가 최선의 결합을 찾아 자료의 내용을 이해하게 된다.

표 12.2 상호작용과정

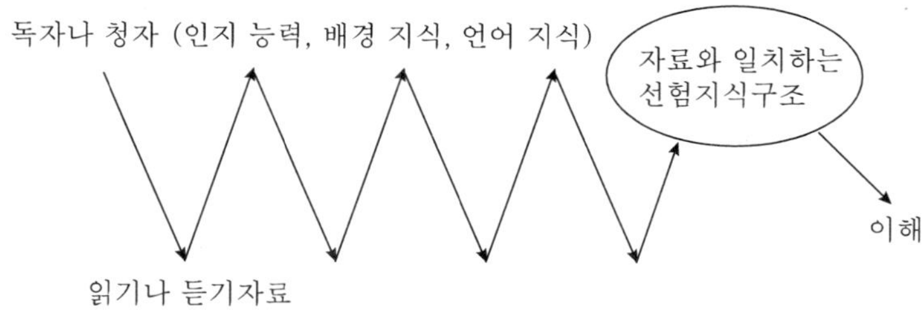

Eskey(1988, p. 94)가 제시한 상호작용모형(interactive model)에서는 읽기이해에서 상향과정과 하향과정의 계속적인 상호과정을 중시하고 있다. 표 12.3에 제시된 과정전략에서 보면 유능한 독자는 구체적인 언어요소 보다는 추상적인 전략을 더 사용한다(Shuy, 1977, Ⅷ 참고). 초보자는 이해과정에서 음소나 형태소, 음절 등에 더 의존하고 문맥의 이해는 부족하며 중급단계 이상으로 발전해 갈수록 문맥에 토대를 둔 하향과정을 통해 의미를 파악하게 된다.

표 12.3 과정전략(Process Strategies)

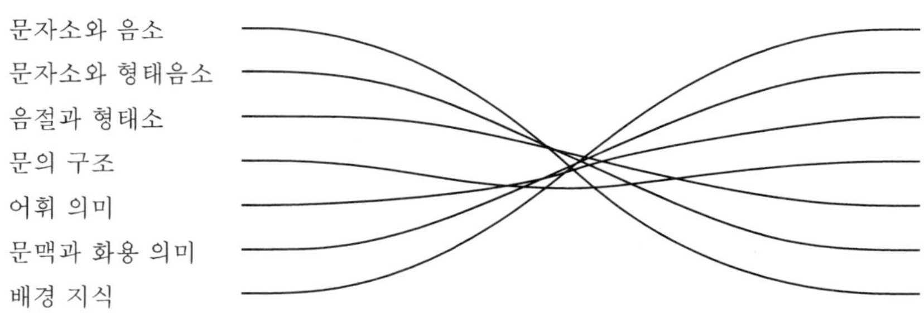

그러나 EFL학습자의 경우에 다음의 표 12.4와 같이 전략의 사용에 실패하기가 쉽다(Field, 1979, p. 172 참고). 다시 말하면 중급이상의 단계에서도 어휘와 언어구조는 잘 알지만 문맥과 화용의미, 배경지식을 통한 이해는 못하는 경우가 많다.

영어교육에서 구체적인 사항인 음소, 형태소, 음절, 문장의 구조 등의 학습에 치중하여 상향과정에만 관심을 갖게 되면 과도한 정확성(accuracy)훈련으로 학습자의 의사소통능력 신장에 문제가 있을 수 있다. 문맥이나 선험지식으로부터 하위의 세부사항을 이해하도록 하는 하향과정의 학습에 대한 연구와 지도기법을 개발하여 정확성 지도와 유창성(fluency) 훈련의 균형을 유지해야 바람직하다. 또한 언어적 변인(어휘, 통사, 수사구조,

표 12.4 EFL 학습자의 과정 전략

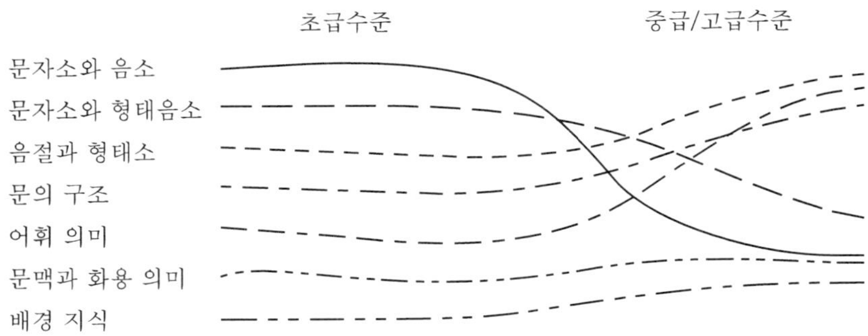

문화적 내용)과 인간적 변인(배경지식, 흥미, 읽기나 듣기의 목적, 전략의 사용)이 동시에 고려될 필요가 있다.

12.2 듣기이해의 지도

듣기 활동은 화자의 말을 듣고 자신의 청취 목적, 기대, 배경지식에 따라 자신의 언어적, 비언어적 지식을 활용하여 의미를 재해석하는 능동적인 활동이며 그 자체가 의사소통 과정의 일환이다. 여기서 듣기가 '능동적'이라 함은 청자가 화자의 말을 듣고 일방적으로 받아들이기만 하는 것이 아니라 들은 내용을 기억하고 판단하며 다음에 들을 내용을 예측하기 때문이다. 또한 듣기는 언어의 네 기능 중에 가장 기본이 되고, 말하기 기능 습득의 전제가 되며, 구어를 들을 수 있으면 어휘나 언어구조를 들어서 받아들일 수도 있다. 아울러 일상생활의 의사소통행위에서는 대체적으로 듣기 50%, 말하기 25%, 읽기 15%의 비중을 차지하고 있다(Morley, 1984, p. 7). 따라서 EFL상황에서의 영어학습에서는 듣기 훈련이 우선적으로 중요하다.

듣기우선 접근법(listening-first approach)은 외국어를 배우는 초기단계에서 준비가 안 된 상태에서 발화를 시키면 모국어의 간섭현상이나 학습자의 억제심리(inhibition)때문에 효과가 반감되므로 상당한 기간 동안 발화 없이 듣기만 하게 하는 교수법을 말하며 다음과 같은 장점이 있다.

(1) 인지적 장점: 다른 언어능력의 학습에 전이효과가 크다.

(2) 감정적 장점: 말하기 중심의 학습보다 학습자의 부담감이 적고 자신감을 강화시킬 수 있다.

(3) 효율성의 장점: 다매체의 활용 등으로 자율적인 학습을 할 수 있어 효율적으로 지도/학습할 수 있다.

또한 Asher(1969), Postovsky(1971), Krashen & Terrell(1983) 등에서도 외국어/제2언어 학습에서 듣기이해가 발화에 선행될 때 언어학습이 효과적이라고 주장하고 있다.

우리나라에서는 듣기의 필요성과 장점을 인식하고 듣기 능력을 신장시키기 위하여 1982년 11월부터 중학교 전 학년 학생들을 대상으로 방송을 통한 듣기 시험을 시작하였다. 또한 1984학년도부터 중학교 영어교과서에 'Listen'부분이 실리고 1985학년도부터는 영어듣기 문항이 고입선발고사에 포함되었다. 또한 1984학년도부터 대학수학능력시험에 듣기문항이 포함되었다.

여기서는 듣기의 특징, 듣기의 유형, 듣기자료의 유형과 특징을 알아보고 듣기지도에 관하여 논의하고자 한다.

12.2.1 듣기의 특징

듣기는 들려오는 소리만을 듣는 수동적인 기능이 아니라 의미협상(negotiation)을 통해 언어자료의 의미를 파악하는 능동적이고 역동적인 기능이다. 다시 말하면 외면적이고 물리적인 소리만을 듣는 활동이 아니라 그 소리가 화자나 청자의 세계와 주위 환경 속에서 협상을 통해 생겨나는 의미를 듣는 것이다. 또한 실생활의 듣기활동에서 듣는 이는 일반적으로 특정한 목적을 가지고 있으며 들을 내용을 예상하고 주위의 단서를 이해에 활용한다. 이러한 듣기의 특징에 관하여 Ur(1984, p. 9)은 다음과 같이 제시하고 있다.

① purpose and expectation: We listen for a purpose and with certain expectations.

② response: We make an immediate response to what we hear.

③ visibility of the speaker: We see the person we are listening to.

④ environmental clues: There are some visual or environmental clues as to the meaning of what is heard.

⑤ shortness: Stretches of heard discourse come in short chunks.

⑥ informal speech: Most heard discourse is spontaneous and therefore differs from formal spoken prose in the amount of redundancy, 'noise' and colloquialism, and in its auditory character.

그러나 매체를 통한 듣기는 화자와 직접 대면하지 않고 듣게 되며 듣고 즉각적인 반응을 보이지 않을 수도 있다. 또한 듣기이해에 필요한 능력은 다음과 같다.

① 특정한 음을 식별할 수 있는 능력
② 강세 및 리듬을 알 수 있는 능력
③ 어휘의 경계를 구별할 수 있는 능력
④ 중심 어휘나 주제 및 전제를 찾아내는 능력
⑤ 중요한 통사적 형태를 알 수 있는 능력
⑥ 상황, 참여자, 전반적인 내용 및 다음에 나올 내용 등을 추론할 수 있는 능력
⑦ 정보 사이의 관계를 인식할 수 있는 능력

듣기는 말하기와 읽기, 쓰기 기능에 전이효과가 크다(Krashen, 1985; Winitz, Reeds & Garcia, 1977; 강명자, 1990). 또한 듣기능력은 말하기에 긍정적인 역할을 하고 직·간접적으로 쓰기의 기초가 된다. 아울러 듣기와 읽기는 수용적 기능이라는 공통점이 있으며 유사한 세부능력을 필요로 한다. 따라서 듣기를 학습한 후에 말하기, 읽기, 쓰기를 학습하는 것이 더 효과적이다.

듣기는 읽기와 유사한 이해기능이지만 그 대상이 되는 자료는 음성언어로 문자언어와는 차이가 있다. 음성언어는 다음과 같은 특징이 있다.[97]

① 일시적이며 그 속도를 듣는 이가 조절할 수는 없다.
② 문자언어와 구별되는 구어체(colloquial) 어휘가 사용된다. 예로 'man', 'child'대신에 'guy', 'kid'가 사용될 수 있다.
③ 언어 구조가 문자언어에 비해 단순하고, 짧은 절(clause)이 등위접속사(coordinate conjunction)에 의해 연결된다. 또한 공적인 연설문을 제외하고는 편집되어지지 않는다.
④ 축소된 형태(reduced form)가 사용된다. 예로 'wana(want to)', Sh' we go? (Shall we go?), I'll (I will) 등을 들 수 있다.
⑤ 불필요한 반복 등의 잉여적(redundant) 요소가 많아서 이해에 도움이 될 수도

97) Brown(2001)은 듣기의 대상이 되는 발화의 특징을 8가지로 제시하고 있다
(1) clustering (2) redundancy (3) reduced forms
(4) performance variables (5) colloquial language (6) rate of delivery
(7) stress, rhythm and intonation (8) interaction.

있다.

⑥ 음성언어는 부차 언어적(paralinguistic) 요소의 도움을 받아 의미를 전달하며 이러한 요소는 내용을 강조하거나 감정을 나타내기 위해 사용된다. 부차 언어적 요소는 억양(intonation), 음조(tone) 등의 음성 수식 요소(vocal qualifier), 몸짓, 동작 등의 동작학(kinestics), 근접학(proxemics)의 세 가지를 말한다.

⑦ 상호 협조적(cooperative)이고 상호작용적이다.

⑧ 망설임이나 실언(slips of tongue), 휴지(pauses), 시작오류(false start), 미완성 문장(half-completed sentences), 화제의 변경 등이 자주 있고 비문법적일 수도 있다.

12.2.2 듣기의 유형

일상생활에서의 듣기 활동은 비 집중적 듣기와 집중 듣기의 두 가지 유형이 있다.

(1) 비 집중 듣기

비 집중 듣기(casual listening)는 일상생활에서 특정한 목적이 없이 집중하지 않고 듣는 듣기의 유형을 말한다. 예를 들면 집안일을 하거나 운전을 하면서 라디오나 음악을 듣는 경우가 여기에 속한다.

(2) 집중 듣기

집중 듣기(focussed listening)는 특정한 목적을 가지고 집중하여 듣는 듣기를 말한다. 그러나 모든 항목에 동일하게 집중하여 듣는 것이 아니고 중요한 요점이나 필요한 정보에만 집중하여 들으며 대체적으로 들을 내용을 예상하고 듣는 경향이 있다. 이러한 집중 듣기는 다음과 같이 분류할 수 있다.

① 전반적인 이해를 위한 듣기(global listening)와 필요한 정보만을 위한 듣기(selective listening)

② 일방적인 듣기와 상호 작용적 듣기

③ 정확한 듣기(intensive listening)와 다량을 듣기(extensive listening)

또한 듣기의 방법에 따라 낮은 단계의 듣기와 높은 단계의 듣기로 분류할 수 있다.

(1) 낮은 단계의 듣기

낮은 단계의 듣기(lower order listening)는 단어, 구, 절 등 구성요소들의 경계와 강세, 초 분절음소를 인식하면서 듣는 것을 말하며 일종의 상향식 듣기에 해당된다. 이 단계에 너무 의존하면 모든 단어나 구성요소를 정확히 이해하려고 하므로 비교적 시간이 많이 걸린다. 또한 내용을 유추하든가 부정확하더라도 이해하고 넘어가려는 위험 감수(risking-taking)를 하지 않으려는 경향이 있게 된다 (McDonough & Shaw, 1993, p. 135 참고).

(2) 높은 단계의 듣기

높은 단계의 듣기(higher order listening)는 언어자료를 의미단위로 이해하는 듣기로 일종의 하향식 듣기에 해당된다. 이 단계에서는 잉여적(redundant) 요소와 예상, 추측을 활용하며 전반적인 이해를 추구한다.

듣기자료는 발화자의 수, 목적, 사전 계획여부, 내용에 대한 학습자의 친숙도 등에 따라 혼자말하기 듣기자료와 대화 듣기자료로 유형을 나눌 수 있다. 혼자 말하기(monologue) 듣기 자료는 듣는 이의 이해여부와는 관계없이 혼자 말하는 언어자료를 말한다. 연설문, 방송원고 등과 같이 미리 계획된(planned) 자료는 반복이 적다. 그러나 미리 계획되지 않고 말한 자료는 어휘의 반복이 많아 듣기가 쉬울 수도 있으며 주위 상황에 따라 이해도가 다르다. 대화(dialogue) 중에 인간 관계적(interpersonal) 대화는 사회적 관계를 유지하기 위한 대화를 말하며 절충적인(transactional) 대화는 그 목적이 정보의 전달과 의견의 절충에 있다. 동일한 자료가 인간 관계적이면서 절충적일 수도 있으며 두 대화 상대 사이에 친밀도가 높을수록 서로 공유한(shared) 정보가 많아 이해가 쉽다. 듣기자료의 유형을 표로 정리하면 다음과 같다(Nunan, 1991b, p. 21 참고).

표 12.5 듣기 자료의 유형

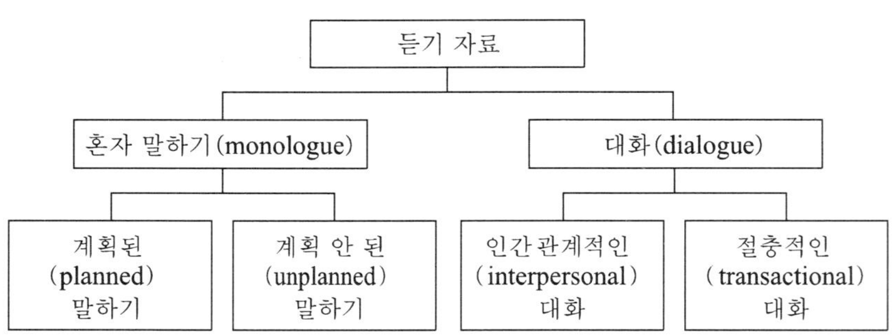

12.2.3 듣기의 지도

듣기지도는 1970년까지는 개별 음의 대조, 강세와 리듬 및 억양 등의 세부사항에 중점을 두고 짧은 내용을 상향과정에 치중하여 점진적, 선형적(linear), 첨가적(additive) 지도를 하였다. 그러나 의사소통 접근법의 개념이 소개됨에 따라 실생활에 필요하거나 학습자의 필요(need)에 부응하는 내용을 다루고 들은 내용을 세상지식과 연결하여 이해하는 활동을 중시하게 되었다.

듣기지도를 효과적으로 하기 위하여 유의할 사항을 정리하면 다음과 같다.

① 듣기자료는 학습자에게 흥미 있고 일상적인 속도를 지닌 것이 바람직하다.

② 학습자에게 자료를 듣는 목적을 분명하게 한다. 다시 말하면 학습자가 듣기 중이나 후에 무엇을 해야 할지, 들으면서 어떤 부분에 특별히 주의를 기울여야 할지를 알게 한다. 이를 위하여 듣기 전에 길잡이 질문(guiding question)을 제시하는 것이 효과적이다.

③ 문맥, 상황, 예측을 활용하고 메시지 내용에 초점을 맞추어 듣게 한다. 다시 말하면 거시적인 이해(macro-comprehension)를 강조하며 음, 단어, 문법구조, 강세와 억양을 문맥 속에서 이해하도록 지도하고 모든 요소를 다 들어야 한다는 강박관념에서 해방시킨다. 이 점에 대하여 Brown & Yule(1983a)는 다음과 같이 주장하고 있다.

> ... the aim of a listening comprehension exercise should be for the student to arrive at a reasonable interpretation, and not process every word, and not to try to work out all that is involved in the literal meaning of the utterance, since that is, in principle, an impossible task. (p. 57)

예를 들면 다음에서 ( )속의 내용은 잘못 들어도 의사소통에 지장이 없다.

예) You're at the airport. You're checking in for an international flight.
Airline agent: (Do you have your) passport?

④ 학습자의 수준에 맞게 이해될만한 입력(comprehensible input)을 주어 성취감을 느끼게 한다. 이러한 입력은 그림이나 플래시카드, 영상자료 같은 시각 단서 혹은 쉬운 말과 같은 언어적 단서를 통하여 제시할 수 있다.

⑤ 초보단계에서는 발화 없이 듣기에만 의존하는 연습문제가 바람직하지만 학습자의

수준이 높아질수록 말하기, 읽기, 쓰기와 통합된 연습활동이 효과적이다.

⑥ 학습자가 수동적으로 듣기만 하는 연습보다는 명령을 듣고 행하기나 듣고 선택하기, 혹은 문제해결하기 같은 과업중심(task-based)활동이 바람직하다. 다시 말하면 상호작용적이고 능동적인 듣기가 효과적이다.

⑦ 언어자료를 의미단위로 묶어서(clustering) 이해하는 훈련이 필요하다. 예를 들면 'Younhee and Judy are supposed to meet in the park'는 'Younhee and Judy/are supposed to meet/in the park'같이 의미단위로 나누어 듣고 그 의미를 파악하게 한다.

바람직한 듣기 지도의 단계를 정리하면 다음과 같다(Rixon, 1986 참고).

① 듣기의 목적을 인지시킨다.
② 듣게 될 정보에 대해 예측하게 한다.
③ 자신의 목적에 적합하게 정보를 취사선택하게 한다.
④ 다양한 활동을 통해 내용의 이해여부를 확인한다.

듣기 학습은 듣기 전, 듣기 중, 듣기 후 활동으로 나눌 수 있으며 각 단계마다 적절한 지도를 해야 한다.

1) 듣기 전 활동

듣기 전 활동 (pre-listening activities)단계에서는 학습자의 흥미와 동기를 유발하고 듣기 중에 무엇에 초점을 맞추어야 할지를 분명히 인식시킨다. 또한 듣기 전 활동은 주어진 시간, 학습자의 수준, 듣기 내용에 대한 고려를 해야 하며 다음과 같은 지도를 한다.

(1) 선험지식구조를 활성화하기

듣기활동 전에 사회적, 문화적 배경에 대한 충분한 정보를 제공하여 배경지식을 갖게 하고 동기유발을 한다. 예로 시각자료의 제시, 주제를 소개하거나 토론, 그림을 보고 내용 예상하기, 동일한 주제에 대한 글 읽기 등을 들 수 있다.

(2) 새로운 어휘의 제시

새로운 어휘를 다양한 방법으로 제시하되 학습자가 문맥에서 유추할 수 있는 어휘는 다루지 않는다.

(3) 길잡이 질문하기

내용의 분량에 따라 듣기 자료에 관한 주요 내용에 대하여 2~3개의 길잡이 질문(guiding questions)을 제시하여 학습자가 요점에 초점을 두고 목적을 가지고 듣게 한다.

2) 듣기 중 활동

듣기 중 활동(while-listening activities)은 듣기 이해와 과업 수행 단계로 처음에 전반적인 내용을, 후에 세부 사항을 듣게 하는 것이 바람직하다. 그러나 초보 단계에서는 처음부터 텍스트의 전체 의미를 파악하게 하기보다는 화자의 수, 어휘 청취 회수 등을 먼저 파악하는 선택적 듣기가 효과적이다. 또한 듣기 중에는 학습자가 활동을 통해 반응(active responses)을 나타내게 하면 효과적이다. 예로 수준에 따라 내용과 관련되는 그림을 선택하거나 그리기, 그림을 배열하거나 완성하기, 듣고 행동하기, 표를 완성하기, 빈칸 채우기, 특정 정보 찾기 등의 활동을 하게 할 수 있다.

(1) 듣고 그리기나 색칠하기

들은 내용의 주요 부분을 그리거나 색칠하는 활동(listen and draw, listen and color)이 효과적이다. 그리기는 막대그림(봉선화, 棒線畵, stick figure)을 사용할 수도 있다. 또한 미완성된 그림을 보여주고 듣고 완성하게 할 수도 있다. 초급단계에서는 단순한 그림을 그리게 하고 수준의 향상에 따라 복잡한 그림을 그리게 한다.

(2) 듣고 지적하기

듣고 지적하기(listen and point)는 대화 혹은 설명을 듣고 해당되는 항목이나 그림을 지적하거나 들은 대로 지도에 표시하기 등의 활동을 말한다.

(3) 듣고 행동하기

듣고 지시된 대로 행동하기(listen and do; listen and respond)에는 TPR기법이나 Simon Says게임 등이 있다. Simon says 게임에서는 학습자들이 일련의 지시를 듣고 지시 앞에 'Simon says'라는 말이 있을 경우에만 그에 따라 행동한다.

예) - Stand up. (*no response*)
- Simon says, stand up. (*they stand*)
- Simon says, clap three times. (*they clap*)
- Clap twice. (*silence*)
- Sit down. (*they remain standing*)

- Simon says, touch your neighbour's head. (*they do so*)
- Simon says, sit down. (*they sit*)

(4) 정보전이

정보전이(information transfer)는 정보의 형태를 변경하는 활동으로 지문을 듣고 도표로 옮기기 등이 여기에 해당된다.

(5) 듣고 받아써서 원본 구성하기

듣고 받아써서 원본 구성하기(dictogloss)[98]는 정상 속도의 녹음 자료나 교사의 육성을 듣고, 들은 내용을 쓰고, 쓴 것을 바탕으로 본래의 텍스트를 구성해나가는 활동이다. 이 방법은 상향과정과 하향과정을 둘 다 발전시킬 수 있는 기법 중의 하나로 듣기와 쓰기를 동시에 연습시킬 수 있다. 또한 소집단별 토의를 거치면 말하기능력도 동시에 신장시킬 수 있다.

> The method [dictogloss] requires learners in the classroom to interact with each other in small groups so as to reconstruct the text as a cooperative endeavor. Learners working in self-study are required to bring their grammatical resources into play with the notes taken during the dictation so as to create a text. Both in the classroom and in self-study, learners are actively engaged in the learning process. It is believed that through this active learner involvement students come to confront their own strengths and weaknesses in English language use. In so doing, they find out what they don't know, then they find out what they need to know and this is the process by which they improve their language skills. (Wajnryb, 1986, p. 6)

(6) 예측하기

듣기 중에 화자가 말할 내용을 예측해 보게 하는 활동을 할 수 있다. 예를 들면 다음 ( )부분에 화자가 'refrigerator'라는 말을 할 것을 예측해보게 할 수 있다.

예) I was very hungry, so I walked into the kitchen and opened the (refrigerator).

---

98) 'dictogloss'는'dictation (받아쓰기)'과 'gloss(주석, 해석, 설명)'가 합쳐진 합성어이다.

(7) 문제 해결하기

자료를 듣고 주어진 문제를 해결하는 활동을 말한다.

예) Today is 27th July. You live in Seoul. Tomorrow you plan to visit Sokcho on the east coast. Listen to the weather forecast and decide if you should take your raincoat with you to Sokcho.

(8) 요약하기

지문을 듣고 그 내용을 요약하는 활동을 말한다.

3) 듣기 후 활동(post-listening activities)

듣기 후 활동은 들은 정보를 통합·확인하여 정리하는 단계로 들은 내용을 확인하게 하고 전반적인 이해여부를 점검한다. 이해를 점검하기 위해서는 다지 선택형이나 단답형 문제, 들은 내용을 요약하기, 들은 내용을 쓰기, 조각듣기(jigsaw listening) 등을 이용할 수 있다. 또한 후속활동으로 토의나 역할연습 등을 통하여 말하기나 쓰기와 연관시키는 통합적 활동이 효과적이다.

12.3 읽기이해의 지도

읽기는 글을 읽고 이해하고 중요한 내용을 기억하며 그 내용을 다른 활동에 이용할 수 있게 하는 활동이다. 우리나라에서의 영어교육은 전통적으로 주로 읽기지도에 치중하여 왔으나 그 초점이 읽기이해에 있는지 문법구조의 파악에 있는지가 불분명한 면이 있어 왔다. 또한 읽기 능력은 점진적으로 발달하므로 중·장기적인 읽기 능력 증진을 위한 프로그램을 운영하여야 한다.

여기서는 읽기의 특징, 유형, 읽기자료, 읽기지도로 나누어 논의하고자 한다.

12.3.1 읽기의 특징

읽기활동의 특징을 정리하면 다음과 같다.

① 읽기는 독자가 속도를 조절할 수 있고 어휘, 구절, 문장, 또는 글 전체를 반복하여 읽을 수 있다. 음성언어인 경우에도 녹음자료를 통해 반복하여 들을 수 있으나 일상

생활에서 이러한 상황은 거의 일어나지는 않는다.

② 읽기에는 융통성이 있다. 읽기에는 듣기 활동에 비해 공간적, 시간적 제약이 적으므로 편리한 시간에 편리한 장소에서 행할 수 있으며 독자와 자료에 따라 다양한 전략이 사용되어 진다. 다시 말하면 독자는 각기 다른 속도로 읽고 독자와 자료에 따라 각기 다른 읽기 전략을 사용한다. 그러므로 유능한 독자는 우수한 독해 전략의 사용자라 할 수 있다.

③ 읽기는 글쓴이와 독자간에 문자매체를 통한 간접적인 의사소통이고 상황이 배제되어 있으며 문자자료에는 초 분절음소 등의 보조적 단서가 없으므로 독자는 의미해석과 행간의 의미를 알기(read between the lines)위해 세상지식이나 언어지식을 활용하여 추론을 해야 한다.

④ 읽기는 상호작용적이고 선택적인 활동이다. 읽기는 인쇄된 정보와 독자의 배경지식의 상호작용이며 어휘, 통사구조, 논리전개구조 등에 관한 지식과 집중력, 예측 등의 다양한 기능이 복합적으로 작용한다. 독자는 이해를 위해 필요한 단서만을 선택적으로 이용한다.

⑤ 읽기 능력은 듣기, 말하기, 쓰기 활동과 상호 의존적이고 서로 전이(transfer)되는 기능이며 다른 기능에 비해 그 능력이 장기적으로 유지된다.

⑥ 국제간의 정보와 문화의 교류는 음성언어로도 행해지지만 보다 심오한 내용은 주로 문자언어를 통해 이루어지며 특히 인터넷의 발달로 이러한 현상을 심화시키고 있다.

⑦ 표현기능(productive skills)은 학습자에게 심리적 부담을 주지만 읽기는 수용기능(receptive skills)으로 독자나 학습자에게 부담감이 비교적 적다.

⑧ 바람직한 읽기 자료에는 많은 정보가 논리적으로 제시되어 있으므로 독해는 다량의 정보를 체계적으로 얻는데 유리하다.

또한 외국어 읽기는 다른 기능의 학습보다 개별화와 수준별 학습이 용이하다. 묵독의 경우 독자별로 읽기 속도는 다양하지만 개별학습이 가능하고 수준별로 나누어 지도를 할 수도 있다.

12.3.2 읽기의 유형

사회생활에서 읽기는 즐거움을 느끼거나 필요한 정보를 얻기 위한 목적에서 행해지며 읽기방법과 목적에 따라 다양한 유형이 있다.

1) 소리내어 읽기와 묵독

소리내어 읽기(reading aloud)는 초급단계에서 발음, 억양, 리듬, 문자와 소리의 관계를 익히거나 의미단위(sense group)로 읽는 훈련에 유용한 방법이다. 그러나 소리내어 읽기는 일상생활에서 연설문을 미리 작성하여 대중 앞에서 읽거나 소란한 주위 환경 속에서 주의집중을 위해 소리내어 읽는 경우 등을 제외하고는 흔하지 않다. 수업에서 이 방법을 사용할 경우 읽는 학습자는 능동적이지만 들으면서 눈으로 따라가는 학습자는 수동적으로 되어 관심이 저하되거나 모범적이지 못한 발음에 반복적으로 노출될 우려가 있다. 또한 학습자가 발음에만 주의를 집중하여 자료의 내용 파악이 잘 안될 수도 있으므로 독해수준이 높아질수록 그 효과와 유용성이 떨어진다.

묵독(silent reading)은 발음에 대한 부담이 없이 글의 의미를 파악하는 읽기 활동이며 일상생활에서의 일반적인 읽기 형태이므로 초급 이후 단계에서 학습과 지도에 소리내어 읽기보다 더 많은 비중을 두어야한다.

2) 정독과 다독

정독(intensive reading)은 자세하고 정확하게 자료의 내용을 파악하기 위해서 어휘항목의 의미와 통사적 구조를 검토하면서 읽는 방법으로 난해한 글이나 전공서적을 읽을 경우나 추후의 독서를 위한 훈련(learning to read)과정에 효과적이다. 정독에는 상향독해기술(bottom-up technique)이 요구된다. 정독의 지도에서는 일반적으로 짧은 지문이 사용되며 독서기술 연마를 위한 읽기(skill-based lesson)와 자료내용을 이해하기 위한 읽기(text-based lesson)로 분류 할 수 있다. 전자는 문맥을 통한 의미추론하기 같은 특정기술을 익히기 위한 것이고 후자는 자료의 내용을 정확하고 충분하게 이해하는데 목적이 있는 활동으로 전공서적이나 논리적 사고를 요하는 독해를 지도할 때 유용하다.

다독(extensive reading)은 세부사항보다는 글의 전반적이고 개략적인 내용을 파악하기 위해 가능한 신속하게 눈으로 읽기를 말한다. 독자는 글의 문장, 문단, 장(chapter)의 순서로 이해하여 가지만 세부사항을 모두 이해하지 않고도 전반적인 이해에 도달할 수 있다. 이러한 방법에는 훑어 읽기(skimming)가 해당되며 정확성보다는 유창성이 추구된다. 또한 일반적으로 정독자료보다 난이도가 낮은 읽기자료가 사용되고 하향식 독해기술(top-down technique)이 요구된다. 아울러 다독은 즐거움을 얻기 위한 읽기나 다량의 정보를 얻기 위한 읽기에 유용하다. Broughton 등(1980)은 다독에서 얻을 수 있는 이점을 다음과 같이 논하고 있다.

> It is by pursuing the activity of extensive reading that the volume of practice necessary to achieve rapid and efficient reading can be achieved. It is also one of the means by which a foreigner may be exposed to a substantial sample of the language he may wish to learn without actually going to live in the country to which that language is native. (p. 92)

다독의 지도에서는 정독에서보다는 대체적으로 긴 지문이나 글 전체가 활용된다. 다독 지도의 목적은 학습자가 독서를 즐길 수 있는 기회를 주며 간접 경험을 얻게 해주고 글에 많이 노출되게 함으로 속독과 독서 기술을 향상시키는데 있다. 또한 어휘력과 세상지식을 많이 얻게 되어 쓰기 능력의 신장에 유용하다. 다독의 지도에는 문단 사이의 관계 파악, 글의 구성 양식, 글의 요지 파악 훈련 등이 중요시된다.

3) 찾아 읽기와 훑어 읽기

읽기 활동에서는 그 목적에 따라 찾아 읽기(scanning)와 훑어 읽기(skimming)로 나눌 수 있다. 찾아 읽기는 특정 정보를 빠른 시간 내에 얻거나 읽기 자료의 적합성을 판단하기 위한 것이다. 예를 들면 신문광고에서 특정 상품의 가격만을 알기 위해서 읽는 경우가 여기에 해당된다.

> By scanning we mean glancing rapidly through a text either to search for a specific piece of information or to get an initial impression of whether the text is suitable for a given purpose. (Nuttall, 1996, p. 49)

찾아 읽기의 경우 2,000단어 이상으로 된 글을 가지고 훈련하고 평가하는 것이 바람직하다(Hughes, 1989, p. 119 참고). 훑어 읽기는 자료 전체를 빠르게 훑어보면서 전체의 개략적인 내용이나 주제를 파악하기 위해서 읽는 활동(glancing rapidly through a text to determine its gist)이다. 찾아 읽기와 훑어 읽기는 속독을 위한 훈련과 목적이 분명한 독서에 유용하다.

읽기의 유형은 표로 나타내면 표 12.6과 같다.

정리하면 소리내어 읽기는 초급단계에서 문자와 음의 관계를 익히게 하기 위해, 고급단계에서는 써서 발표하기 등의 기술지도에 필요하다. 또한 일상생활에서 정독과 다독, 찾아 읽기와 훑어 읽기는 상호 보완적이며 교실 수업에서는 이러한 형태의 읽기 활동의 지도가 균형을 이루는 것이 바람직하다.

표 12.6 읽기의 유형

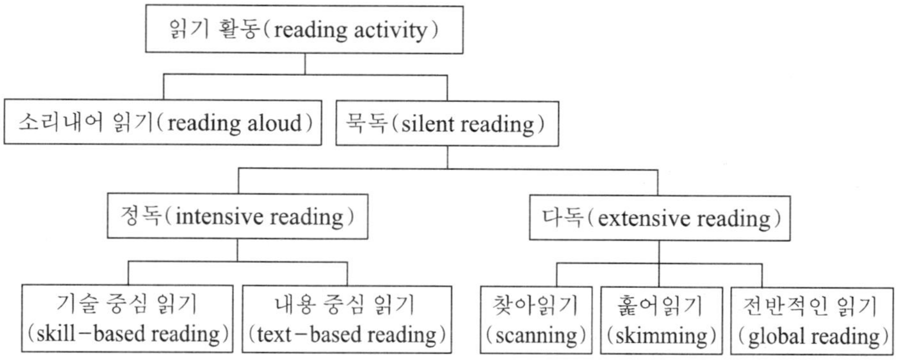

읽기의 특성을 이해하기 위해서 문자언어(written language)의 특징을 정리하면 다음과 같다.

① 문자 언어는 음성언어에 비해 영속성(permanence)이 있다. 구어는 전자 매체의 도움이 없으면 순간적이지만 문어는 영속성이 있다.

② 문자언어는 시간과 공간을 초월할 수 있다. 독자는 매체의 도움 없이도 다른 장소에서, 다른 시간대에 쓰인 글을 읽을 수 있다. 또한 글쓴이가 독자를 보지 않고 의사를 소통하는 행위이고 일반적으로 상황이 배제되어 있으므로 문법에 충실하고 최적의 어휘가 사용되어진다. 또한 음성언어보다 많은 정보가 포함되어 있고 지켜야 될 규칙이 많다.

③ 음성언어는 강세(stress), 고저(pitch), 장단(length), 종결(terminal), 억양(intonation) 등의 초 분절음소(suprasegmental phoneme)의 도움을 받아 의미를 전달하지만 문자언어는 그러한 보조적 기능이 없다.

④ 음성언어는 일반적으로 짧은 절(clause)이 등위접속사(coordinate conjunction)에 의해 연결되고 불필요한 반복 등의 잉여적(redundant) 요소가 많아서 이해에 도움이 될 수도 있다. 그러나 문자언어는 비교적 절이 길고 종속접속사(subordinate conjunction)에 의한 연결이 많으므로 구어에 비교하여 언어가 더 복잡하다.

⑤ 문자언어는 음성언어에 비해 사용되는 어휘 수가 많고 특정 어휘의 의미도 문맥에 따라 다양하다. 또한 빈도(frequency)가 낮은 어휘가 음성언어보다는 자주 사용된다.

⑥ 문자언어는 어휘의 밀도(lexical density)가 높다. 여기서 '밀도'는 절(clause)당

내용어의 수를 말한다.
⑦ 문자언어는 전개가 비교적 논리적이므로 독자가 글의 수사(rhetoric) 구조에 익숙하지 않으면 전반적인 이해에 어려움이 있다.

12.3.3 읽기의 지도

읽기지도는 우리나라 영어교육에서 핵심적인 역할을 해 왔다. 그 원인은 상급학교 입학시험이 주로 읽기능력의 테스트로 이루어져 왔으며 교사들도 다른 기능에 비해서 읽기능력이 우수했기 때문이라고 본다.

외국어읽기 지도는 학습자들이 읽기를 즐기게 하고 새로운 읽기자료를 본인의 능력으로, 적절한 속도로 묵독하여 적합하게 이해할 수 있게 하는데 목적이 있다.

> To enable students to enjoy reading in a foreign language, and to read without help unfamiliar authentic text, at appropriate speed, silently and with adequate understanding. (Nuttall, 1996, p. 31)

읽기 수업은 전반적인 이해에서 세부사항 이해의 순서로 진행하는 것이 바람직하며 효과적인 읽기를 위해서는 학습자가 읽기의 목적을 분명히 인지하고 전반적인 내용이나 새로운 어휘의 의미를 유추하려는 시도가 필요하다. 또한 학습자가 배경지식을 활용하며 읽기자료나 읽기목적에 따라 적합한 전략을 사용할 수 있게 지도해야 한다. 또한 학습자가 구체적인 목적 없이 읽게 하기보다는 과제를 수행하거나 문제를 해결하게 하는 능동적인 활동을 하게 지도하는 것이 효과적이다. 이러한 효과적인 읽기에 관하여 Ur(1996)은 다음과 같이 제시하고 있다.

① The reader is aware of a clear purpose in reading: for example, to find out something, to get pleasure.
② The reader has and uses background information to help understand the text.
③ The reader thinks ahead, hypothesizes, predicts.
④ The reader uses different strategies for different kinds of reading.

학습자의 읽기능력을 향상시키기 위해서는 주제집중독서(narrow reading)가 효과적인데 이 방법은 동일한 작가의 글이나 주제가 유사한 글을 연속하여 읽게 하여 내용선험지식구조와 형식선험구조를 활성화시키는 독서법이다. 다시 말하면 동일하거나 유사한 주제에 관한 글을 연이어 읽으면 배경지식이 점차 많아지고, 동일한 작가의 글을 연이어 읽게 되면 문체나 내용전개방식에 익숙하게 되므로 보다 쉽게 글의 내용을 이해할 수 있다.

또한 읽기자료의 난이도가 학습자의 수준에 적합해야 한다. Anderson(1971, p. 41)은 읽기자료의 난이도를 규칙 빈칸 채우기(cloze test)의 득점 백분율을 토대로 다음 표 와 같이 제시하고 있다.

표 12.7 규칙 빈칸 채우기의 득점백분율과 읽기수준

읽기수준	득점백분율	비고
독립단계	53%이상	교사의 도움 없이 읽고 이해한다.
교수단계	44%~52%	교사의 도움이 필요하다.
절망단계	44% 미만	교사의 도움이 있어도 이해하지 못한다.

읽기는 다음과 같이 읽기 전 활동, 읽기 중 활동, 읽기 후 활동으로 나누어 지도하는 것이 바람직하다.

1) 읽기 전 활동

읽기 전 활동(pre-reading activity, previewing, lead-in stage)은 읽기 목적의 인지, 내용예측, 학습자의 선험지식의 보충과 활성화, 독서 동기유발, 글의 이해를 위한 언어적 지식 제공 등을 위해 읽기 전에 하는 학습활동으로 Dublin 등(1986)은 다음과 같이 읽기 전 활동의 중요성에 관해 언급하고 있다.

> Previewing facilitates reading by helping students anticipate or predict what they are going to be reading about: this kind of prior knowledge also makes the students feel more secure. Previewing helps students focus on the passage, increases motivation, and speaks an interest in the topic. It also provides the teacher with the opportunity to present or fill in whatever background knowledge may be necessary to understand the reading. Previewing should be practiced consistently with all materials - paced, timed, core, and supplementary readings. With constant practice, previewing should become a habit. (p. 109)

읽기 수업에서 읽기활동 전에 지도할 사항을 정리하면 다음과 같다.

① 읽기의 목적을 제시하여 유의미한 읽기가 되게 한다. 학습자에게 읽기의 목적을 인지시키기 위해서는 길잡이 질문(guiding question, signpost question)을 읽기 전에 제시해 주는 방법이 효과적이다. 길잡이 질문을 통해 학습자가 목적을 갖고 읽게 할 뿐 아니라 글의 요점에 관심을 집중시키게 할 수 있다. 길잡이 질문은 다음과 같이 토의를 이끌어 낼 수 있는 질문이 바람직하다.

예) (a) What would you do if ...?
(b) What's your opinion of ...?

글의 전반적인 내용에 관한 질문이 지문을 전부 읽은 후에 답할 수 있으므로 효과적이다.

② 글의 출처, 저자, 주제 등의 읽기 자료에 대한 소개를 하고 그 주제에 관한 간단한 사전 토론을 통해 학습자의 선험지식을 활성화하고 관심을 이끌어낸다. 예를 들면 다음과 같이 에스키모의 신체언어에 대한 글을 읽기 전에 다음과 같은 표를 제시해주고 학습자가 이미 알고 있는 사항을 끌어내거나(elicitation), 알고 싶은 내용에 관해 토의를 할 수 있다.

예)

Things you know	Things you are not sure	Things you would like to know

위의 표 내용을 'what we think we know', 'what we want to know', 'what we will find out' 등으로도 할 수 있다. 이러한 방법은 일종의 ARC(anticipation, realization, contemplation)기법으로 학습자는 읽는 동안에 예측한 내용의 타당성을 확인하게 되고 숙고 단계에서 다시 정보를 확인하고 첨가한다. 이러한 활동에서는 학습자가 수준에 따라 모국어와 목표언어 중에서 선택하여 사용할 수 있다. 주제에 관한 사전 토론은 학습자의 표현 능력도 동시에 신장시킬 수는 있으나 학습자의 수준에 적합하게 실시되어야 한다. 또한 소개 단계에서 학습자가 읽기 자료에서 직접 혹은 유추에 의해 파악할 수 있는 사항은 제외한다.

③ 시청각 자료를 통해 학습자의 동기를 유발시킨다. 글의 내용에 따라 내용과 관련된 그림이나 사진, 영상자료, 교사의 무언극 등을 제시하므로 학습자의 읽기 동기를 이끌어 낼 수 있다.

④ 새로 나오는 핵심 어휘, 문화 또는 전문영역에 따른 어휘, 구문을 미리 제시하여 주어 내용 파악에 어려움이 없게 한다. 그러나 인간의 정보처리 능력의 한계는 7 ± 2(magic seven, plus or minus two, Miller, 1956)이므로 새로운 어휘의 학습은 40분 단위 수업에서 5~7개 이내가 적당하다. Cross(1991)도 다음과 같은 유사한 의견을 제시하고 있다.

The belief is that students can only internalize about half a dozen new words during 40 minutes lesson. (p. 11)

문맥에서 그 의미나 쓰임을 유추할 수 있는 어휘나 구문은 지도에서 제외한다.

⑤ 읽기 전에 전체의 읽기 자료를 훑어보고 내용을 예측해보도록 한다. 예를 들면, 제목, 목차, 삽화, 그림, 모든 문단의 첫 번째와 마지막 문장을 훑어보고 전체 내용을 예상해 보게 한다.

요약하면, 효과적인 읽기 전 활동은 자료의 소개를 통해 학습자의 동기를 유발하고 학습자의 경험과 자료의 내용을 연결하여 선험지식구조를 활성화하며 길잡이 질문과 사전 토론으로 학습자를 적극적으로 참여하게 하는 활동이다. 유의할 사항은 학습자가 읽어서 찾을 수 있는 내용은 소개 단계에서 알려줄 필요가 없으며 가능한 학습자에게서 정보를 끌어내는 것(elicitation)이 효과적이다. 또한 읽기 전 활동에 불필요하게 많은 시간을 할애할 필요는 없다.

2) 읽기 중 활동

읽기 중 활동(while-reading activity)은 학습자가 다음의 사항을 지문을 읽으면서 파악하는 활동이다.

① 글쓴이의 의도
② 필요한 정보 찾기

③ 글의 구조와 문단의 유형[99)]

④ 핵심어(key word), 주제문(topic sentence), 요점(main idea) 찾기

⑤ 내용의 전반적인 이해

읽기 중 활동에서 지도에 유의할 사항을 정리하면 다음과 같다.

① 음성화 현상[100)], 내적인 말(inner speech)[101)]과 퇴행(regression)[102)]이 일어나지 않도록 한다.

② 자료의 전반적인 의미를 파악하게 한다. 이러한 활동의 예로는 첫 문단을 읽고 자료의 목적 파악하기, 훑어보고 문서의 요지, 분위기, 출처 등을 파악하기, 문단 나누기, 요약하기 등을 들 수 있다.

③ 학습자가 주요 사항을 메모하게 한다.

④ 구를 하나의 단위로 보면서 읽고 전반적인 이해에 관계없는 어휘는 건너뛰어 읽게(skip) 한다.

⑤ 가능한 추론(guessing)하도록 지도한다. 추론은 이용 가능한 모든 단서를 통해 능력의 부족을 채우는 보상전략(compensation strategy)의 하나로 어휘의 의미, 문법관계, 담화관계, 함축된 의미를 추측하는 것이다.

⑥ 윤곽도형 그리기 등의 활동을 통해 학습자가 글의 구조를 이해하게 한다.

⑦ 한국어로 번역하여 이해하려고 하지 않도록 지도한다. 번역하면 문장중심의 이해가 되고 전체적인 의미 파악의 속도가 느려지기 때문이다.

읽기 중 활동은 읽기 전 활동과 엄격히 구별되지 않을 수도 있으며 읽기 전에 주어진

---

99) Carrell(1984a)에 의하면 문단에는 다음과 같은 유형이 있다.
(a) 기술의 집합(collection of description)
(b) 인과관계유형(causation)
(c) 문제해결(problem-solving)
(d) 비교와 대조(comparison and contrast)

100) 음성화 현상(vocalization)은 입술을 움직이거나 성대가 가볍게 움직이는 것을 말하며 이 경우는 묵독의 속도를 낭독할 때의 속도로 느리게 만든다.

101) 내적인 말(inner speech)은 글을 읽을 때 소리는 내지 않지만 마음속으로 조음하면서(subvocalize) 읽는 현상을 뜻하는데 글을 단어 중심으로 읽게 하므로 읽기 속도에 장애가 된다.

102) 퇴행(regression)은 한번 읽었던 부분을 반복하여 읽는 것을 말하는데 읽기 속도를 느리게 한다. 퇴행은 이해가 잘 안돼서 반복해 읽으면 이해가 잘 될 것이라는 선입관 때문에 일어나는데 이해 여부는 반복보다는 집중력에 더 관계된다. 또한 퇴행은 습관화 될 수 있다.

길잡이 질문의 답을 찾거나 빈칸 메우기, 주어진 문장의 진위가리기, 도표완성하기, 추론하기, 정보전이활동 등을 할 수 있다. 추론은 예측능력의 향상과 속독의 훈련에 유용하며 정보전이 활동(information transfer)은 글에 주어진 정보를 다른 형태의 글에 전이시키는 활동을 함으로 학습자가 글 요점에 관심을 갖고 읽게 한다.

추론활동은 학습자가 예측하는 습관을 형성해주고 예측능력을 신장시킬 수 있다. 추론활동에는 다음과 같은 유형이 있다.

① 이야기의 반 만 묵독하게 하고 그 이후 전개될 내용은 글을 읽지 않고 예측하기
② 텍스트 각 부분들의 관계설정하기(establishing between sections of text)
③ 규칙 빈칸 채우기(cloze procedure)
④ 일부의 어휘를 모르더라도 글의 전반적인 의미파악하기
⑤ 무의미(nonsense)어휘의 의미 추측하기

무의미 어휘의 의미 추측하기의 예는 다음과 같다.

예) (a) ⓐ 다음 글을 읽고 이 글이 주는 교훈을 알아보십시오.
ⓑ 이태리체로 된 단어들은 영어에 없는 무의미단어(nonsense word)입니다. 이러한 단어들의 의미를 영어단어로 제시하십시오.

A country girl was walking along the *snerd* with a *roggle* of milk on her head. She began saying to herself, 'the money for which I will sell this milk will make me enough money to increase my *trund* of eggs to three hundred. These eggs will produce the same number of chickens, and I will be able to sell the chickens for a large *wunk* of money. Before long, I will have enough money to live a rich and *fallentious* life. All the young men will want to marry me. But I will refuse them all with a *ribble* of the head - like this ...'

And as she *ribbled* her head, the *roggle* fell to the ground and all the milk ran in a white stream along the *snerd*, carrying her plans with it. (Doff, 1988, p. 60)

(b) ⓐ Read the text and try to understand the *general meaning* of the story. (All the words in italics are nonsense words)
ⓑ Now look at the nonsense words again. Can you guess what they might mean?

> Roy Tenton is a bus driver. When he was *kiving* along Catford Street a few days ago, he saw two *phobes* rush out of a shop and run toward a waiting *rak*. One of them was carrying a heavy *kug*. Roy acted quickly and *kived* the bus toward the *phobes*. The one with *kug* was very surprised and he dropped it. As the *phobes* were trying to get away in their *rak*, Roy *kived* his bus into the back of it. While the *rak* was moving away, Roy stopped his bus and telephoned the police. The *phobes' rak* was badly damaged and easy to *cocorize*. Shortly afterwards, the police stopped the *rak* and arrested the *phobes*.

새로운 단어의 의미나 공백에 적합한 어휘를 유추하기 위한 전략은 다음과 같이 정리할 수 있다.

① 새로운 단어의 요소들(어간, 접미사, 접두사)을 알고 있는 다른 단어의 요소들과 대조한다(compare the parts of a new word with similar parts of other words you already know).
② 구조적 단서를 활용하여 문장에서 그 단어의 기능을 유추한다(guess what function the word serves in the sentence).
③ 단락의 내용과 상황을 근거로 단어의 의미를 유추한다(guess from the situation what the words may mean).
④ 특정 어휘는 여러 의미가 있음을 유의한다(be aware that a given word may have more than one meaning).

정보전이(information transfer)활동은 제공된 정보의 형태를 변경하는 활동으로 글의 형태를 그림이나 도표로 혹은 그 반대로 변경하는 것, 광고문을 서술문으로 변경하는 것, 글을 요약하는 것 등이 여기에 속한다. 이러한 활동은 학습자가 글의 중요 부분에 관심을 두도록 하여 글의 요지 파악과 읽기 후 활동에 도움을 주기 위한 것으로 이야기(story)나 사실적 정보(factual information)를 주는 글의 학습에 유용하며 글의 요지 파악을 용이하게 해준다.

3) 읽기 후 활동

읽기 후 활동(post-reading activity)은 글의 내용에 관한 가설을 검증하고 이해를 확인하며 읽기 활동의 결과를 쓰기나 말하기 등의 다른 기능의 학습활동에 활용하는 것(follow-up)이다. 다시 말하면 자료를 읽은 후에 이해여부를 파악하고 다른 활동에 응용하거나 차후 다른 자료를 읽을 때 필요한 능력을 배양하는 활동이다. 예를 들면 모범적으로 작성된 글을 읽는 것은 쓰기에 도움이 되므로 글의 내용 종합, 요약 등을 통해 읽기와 쓰기의 통합적 활동을 할 수 있다. 듣기활동은 읽기 전이나 후에, 말하기 훈련은 글에 관한 토론, 역할 극 등을 통해서 가능하다. 또한 글의 내용에 따라 다음과 같은 활동을 할 수 있다.

(1) 언어적 요소의 학습

문법, 어휘, 구조 및 담화의 특성 등에 대해 정리하고 학습한다.

(2) 토론 혹은 역할극(role play)

읽은 글의 내용에 근거하여 쟁점에 관한 토론과 역할극을 할 수 있다.

(3) 요약

글을 요약함으로 글의 전반적인 이해와 쓰기 능력의 신장에 기여할 수 있다. 글을 요약하기 위해서는 필수적이지 않은 사항이나 잉여적인 정보는 생략한다. 또한 주제문을 파악하되 주제문이 없는 경우는 주제에 해당되는 문장을 만들고 하위어(hyponym)를 상위어(superordinate)로 대치한다. 아울러 보다 포괄적인 문장을 사용한다. 다음 예에서 (a)의 세 문장을 문장(b)로 요약할 수 있다.

예) (a) ⓐ Brown left her house.
ⓑ He drove to the store.
ⓒ He got out of his car.
(b) Brown went to the store.

(4) 재생

단서(prompt)를 주고 자료의 내용을 재생한다.

(5) 읽은 내용을 듣기

읽은 자료와 동일한 내용을 듣게 하여 읽기와 듣기 훈련을 통합적으로 실시할 수 있다.

(6) 문제의 해결과 판단

문제를 주고 해결하든가 의견을 제시하게 한다.

읽기에는 전략이 필요하며 학습자에게 이 전략에 대한 체계적인 지도를 하는 것이 효과적이다. 읽기 전략을 전문적인 도움전략, 명료화와 단순화 전략, 일관성 지시전략, 확인전략으로 나눌 수 있다(Sarig, 1987 참고).

(1) 전문적인 도움전략

읽기이해에 도움을 얻고자 하는 전략으로 국부적인 수준의 해독에 유용하다. 예로 끊어읽기, 글의 주된 요소 쓰기, 글의 일부에 표시하기, 가장자리에 단락을 요약하기, 주석 사용하기 등에 해당된다.

(2) 명료화와 단순화 전략

글의 내용을 명확히 하거나 단순하게 하여 이해를 쉽게 하기 위한 전략으로 대치하기, 환문하기, 완곡한 표현, 동의어 이용하기 등이 해당된다.

(3) 일관성 전략

글을 일관성 있게 파악하여 이해하려는 전략을 의미한다. 예를 들면 글의 내용을 예측하기 위해 내용선험지식구조와 형식선험구조의 효과적인 사용, 글의 의미를 누적적으로 해독하기, 글에 나타난 요약에 의존하기, 글의 초점을 밝히기 등이 해당된다.

(4) 확인 전략

초인지적으로 의식적이든 무의식적이든 글의 내용에 대한 적극적인 확인을 하는 전략으로 주어진 과업의 수행, 읽기 속도의 융통성, 지속적인 이해여부의 평가 등이 해당된다.

읽기 활동에 직접적인 영향을 줄 수 있는 구체적인 읽기 전략을 제시하면 다음과 같다.

(1) GCO 전략

글 전체의 내용을 예측하면서(guess it), 세부사항을 확인하고(confirm it), 글 전체의 내용을 조직하는(organize it) 전략을 말한다.

(2) ABCD 전략

글은 문단 단위로 이루어지는데 문단 단위로 글을 읽을 경우 ABCD 전략을 사용할 수 있다.[103)]

103) '문단(paragraph)'이라는 개념은 Greek 시대의 교사들이 독자와 학습자의 편의를 위해 글에서 새로운 내용이 시작되는 부분마다 '시작(para)'의 '표시(graph)'를 하게 되어 현재의 'paragraph'가 되었다.

A: 문단 내용의 핵심파악하기(abstract)
B: 문단 내용의 전개 골격인지하기(bone structure)
C: 전개된 내용의 요약(content)
D: 연결된 문단과의 내용 연결(devices of connecting paragraph)

문단에는 대부분 하나의 중심 내용이 있고 그 중심 내용과 그 위치에 따라 문단 전개 구조가 다양하므로 문단의 핵심을 파악·요약한 후 그 내용을 다른 문단과 연결하는 훈련이 필요하다.

(3) SQ3R 전략

SQ3R은 survey, question, read, recite, review를 의미한다. 독해 제1단계는 'survey'와 'question'인데 우선 'survey' 단계에서 목차, 문단의 처음과 끝 부분, 제목과 부제, 그림, 도표 등을 훑어보는 단계로 'pre-reading', 'preview', 'overview' 등으로도 칭해진다. 'question' 단계는 읽는 이가 자기 나름의 의문을 제기하는 단계이다. 그 다음은 읽는 단계이고 제 4 단계인 'recite'는 밑줄 긋기나 노트하기 등 정보를 자기 것으로 만들려는 것이며 제 5 단계인 'review'는 그 동안의 읽기 과정을 점검하고 작가의 의도를 확인하는 단계이다. 이 전략에 관해 Miller 등(1976)은 다음과 같이 요약하여 설명하고 있다.

> The first step - SQ for Survey-Question will bring to light the topic and the main ideas. The second step - R for Read - will reinforce those main ideas and fill in the supporting details.... you may notice that the skill of "Skimming" is similar to the Survey step here. However, the SQ3R method asks you to skim more systematically and extensively. (p. 177)

이 기법과 유사한 것으로 OK5R(Overview, Key Idea, Read, Record, Recite, Review, Reflect), S4R(Survey, Read, Recite, Record, Review), PQ5R(Preview, Question, Read, Record, Recite, Review, Reflect)등을 들 수 있다(Devine, 1986, p. 157 참고).

논의된 전략을 토대로 EFL 상황에서 읽기지도에 유의할 사항을 정리하면 다음과 같다.

① 낭독의 경우를 제외하고는 소리 내지 말고 눈으로만 읽게 한다.
② 한 번에 여러 단어를 보게 한다.
③ 내용을 예측하고 새로운 어휘의 의미는 추측하게 한다.
④ 글의 목적에 따라 읽는 속도를 조절하게 한다.
⑤ 문단의 내용을 요약하고 다른 문단과의 내용을 연결하게 한다.

13장 표현기능의 지도

표현기능은 자기의 의사를 표현하는 능동적(active) 기능이며 말하기와 쓰기가 여기에 해당된다. 표현을 하기 위해서는 이해기능인 듣기와 읽기가 필요하지만 읽기와 듣기를 잘 한다고 말하기와 쓰기를 잘한다는 보장은 없다.

우리나라 영어교육에서는 이해기능에 비교하여 표현기능의 지도는 관심을 덜 받아 왔다. 그 이유는 상급학교 입시나 취업을 위한 시험에서 표현기능에 대한 평가는 이해기능에 비하여 출제비율이 적고, 있다고 하더라도 평가의 객관성을 갖기에는 한계가 있기 때문이다. 또한 일반적으로 영어교사가 표현기능의 능력에는 한계가 있어 수업이 주로 독해력과 약간의 듣기교육 중심으로 이루어지는 경향이 있다. 그러나 학습자의 영어의사소통능력을 신장시키기 위해서는 이해기능의 지도뿐만 아니라 표현기능의 지도도 필수적임은 당연한 사실이다.

제13장에서는 표현기능인 말하기와 쓰기의 유형과 특징 및 지도에 관하여 논의하고자 한다.

13.1 말하기 표현의 지도

말하기능력은 외부로 나타나기 때문에 목표어의 전반적인 능력으로 간주되기도 한다. 예를 들면 영어의 전반적인 능력을 'Can you speak English?'라고 묻기도 한다. 또한 말하기는 학습자의 표현을 교사가 직접 들을 수 있으므로 지도가 용이한 면도 있으나 모국어 음의 간섭현상이나 학습자의 억제심리로 다른 기능의 지도보다 더 어려울 수가 있다.

13.1.1 말하기의 특징과 유형

말하기는 표현기능으로 청자에게 특정한 내용을 전달하거나 설득하기 위한 의도된 언어 행위이다. 일상생활에서 말하기의 주요 특징을 정리하면 다음과 같다.

① 말하기는 매체의 도움이 없으면 '현재 여기서(here and now)'에 국한된다.

② 말하기에는 분절음의 발음뿐만 아니라 강세, 리듬, 억양 등의 부차 언어적인 (paralinguistic) 요소들이 중요하다.

③ 정보의 교환을 위해서는 정보의 공백(information gap)이 있어야 하고 토론이나 의견교환을 위해서는 의견의 차이(opinion gap)가 있어야 한다.

④ 말하기에는 상호성(reciprocity)이 있어 상호작용(interaction), 의미의 협상(negotiation)[104], 차례 교환(turn-taking), 확인하기, 명료화하기(clarification), 수정 (repair)등이 있다.

⑤ 반복되거나 화자가 중복(overlap between one speaker and another)될 수도 있다.

⑥ 다양한 실언(失言; slip of tongue)이나 휴지(休止; pause), 망설임 등의 수행상의 변수가 있다.[105] 이러한 수행상의 변수들은 조음과정이 의사소통의 목적과 조

---

104) 협상(negotiation)은 대화에서 화자들이 성공적인 의사소통을 하기 위해 행하는 것으로 다음의 예를 들 수 있다.

(1) 이해여부나 대화지속희망 알려주기(indicating that they understand or do not understand, or that they want the conversation to continue)

(2) 의사표현도와주기(helping each other to express ideas)

(3) 교정해주기(making corrections when necessary to what is said or how it is said)

105) 실언(slips of tongue)은 말하는 과정에서의 실수를 말하며 다음과 같은 형태가 있다.

(1) 뒤에 올 발음이 앞에 온다(anticipations).
　　예) take my bike → bake my bike

(2) 앞에 온 발음이 뒤에 오는 발음에 첨가된다(perseverations).
　　예) pulled a tantrum → pulled a pantrum

(3) 앞뒤의 발음이 서로 바뀐다(reversals, spoonerism).
　　예) Katz and Fodor → Fats and Kodor

(4) 발음이 서로 합쳐진다(blends).
　　예) grizzly + ghastly → grastly (non-existent word)

또한 휴지는 말하는 과정에서 잠시 동안의 그침을 말하며 다음과 같은 유형이 있다.

(1) 침묵휴지(silent pauses): 말을 하지 않고 시간을 끄는 휴지

화가 이루어지지 않기 때문이다. 즉 계획과 수행을 동시에 하려다가 차질이 발생되었기 때문이다.

⑦ 말하기의 단위는 일반적으로 절(clause)이하이다.

⑧ 말하기는 일반적으로 비언어적(non-verbal)수단이 병행된다.

말하기는 사전에 계획되어 지는 경우도 있고 사전계획 없이 순간적으로 이루어지기도 한다. 말하기의 과정을 제시하면 다음과 같다.

① 의사소통의 목적(communicative goal)을 설정한다.

② 발화의 성격을 결정한다(discourse planning).

③ 문장의 종류를 결정한다(sentence planning).

④ 문장의 구성요소를 결정한다(constituent planning).

⑤ 조음(articulatory) 프로그램을 작성하고 실천한다.

능숙한 화자는 하위과정이 자동적으로 되기 때문에 상위과정(idea, 의미, 의도의 변화)의 변화에 대처할 수 있다. 그러나 능숙하지 못한 화자는 하위 과정에 관심을 집중하기 때문에 유창성을 상실하게 된다.

말하기는 목적과 참여자의 수에 따라 다음과 같은 유형이 있다.

(1) 의사교환을 위한 말하기와 상호작용을 위한 말하기

의사교환을 위한 말하기(transactional function)에는 묘사하기, 지시하기, 설명하기, 토의하기 등이 해당되며 상호작용을 위한 말하기(interactional function)에는 인터뷰나 사회적인 관계를 유지하기 위한 말 등이 해당된다.

(2) 혼자 말하기와 둘 이상이 말하기

혼자 말하기에는 독백이나 연설이 포함되며 둘 이상이 말하기에는 일상적인 대화, 토론 등이 해당된다.

13.1.2 말하기 지도

말하기 지도는 형식에 초점을 두는(form-focus) 방향에서 전달하는 내용에 초점을 두

---

(2) 채우기 휴지(filled pauses): 'uh', 'well', 'I mean'과 같은 말을 첨가하든가 어휘를 반복하는 것

는(message-focus) 방향으로 변천하여 정확성보다는 의사 전달의 성공여부에 초점을 두게 되었다. 다시 말하면 '정확하게 말하기'에서 '실제 상황에서 적절한(appropriate) 말하기'로 지도의 목표가 변화되어 왔으며 교실 내에서도 실제 혹은 가상의 의사소통의 경험을 주는 활동을 중시하게 되었다. 말하기 지도의 방향을 의사소통중심교수법의 테두리 내에서 정리하면 다음과 같다.

① 학습자가 말해 보려는 동기를 유발하고 다양한 역할을 주어 언어의 사회적 적절성(appropriateness)을 알게 한다. 이러한 목적을 위해서는 역할극이나 가상극(simulation)이 바람직하다.
② 의사소통은 목적과 결과가 분명해야 한다. 따라서 말하기 학습활동에서는 메시지가 분명하게 전달되어 그 결과를 확인할 수 있는 활동이 바람직하다. 문제해결 활동(problem-solving through negotiation)이나 길 안내 등이 효과적이다.
③ 말하기 연습을 위해서는 정보차(information gap)나 의견차(opinion gap)가 있는 활동이나 정보전이(information transfer) 활동이 바람직하다.
④ 교사의 말하는 시간(teacher talk time, TTT)은 가능한 줄이는 것이 바람직하다.
⑤ 학습자의 억제심리(inhibition)를 줄이기 위해 부드러운 학습 분위기가 필요하며 학습자가 골고루 말할 수 있는 기회를 주어야한다.
⑥ 말하기는 절(clause) 단위로 지도하는 것이 바람직하다.

> ... oral communication practice may offer an antidote to the 'clause- down' approach. One way it might do this is by exercising learners in the business of accessing chunks, constituting them correctly, combining them and modifying them efficiently, at a sufficient low level of ambiguity for communication to take place. (Bygate, 1988, p. 65)

Ur(1996, p. 120)은 다음과 같이 말하기 학습활동의 조건을 제시하고 있다.

① Learners talk a lot.
② Participation is even.
③ Motivation is high.
④ Language is of an acceptable level.

말하기 지도는 목적과 교사의 통제 정도에 따라 통제연습, 유도연습, 의사소통연습으로 나눌 수 있다.

1) 통제연습

통제연습(controlled practice)에서는 교사의 통제 하에 정확한 발화를 훈련하며 학습자의 임의적 선택이 없으므로 오류를 범할 위험은 거의 없다. 모방 연습(mim-mem practice), 암기 표현(recitation), 직접 제시(straight presentation) 등이 통제연습에 해당된다. 직접제시는 대상물이나 상황을 직접 제시하고 학습자가 말하게 하는 기법으로 끌어내기(elicitation)에 비해 시간이 덜 걸리며 학습자는 교사의 지시에 따라 말하면 됨으로 부담감이 적다.

예) Teacher: (pointing to watch) Look - this is my watch. Watch. Can you say it?
Students: Watch.
Teacher: Repeat after me - watch, my watch, this is my watch.

2) 유도연습

유도 연습(guided practice)은 교사가 의미 있는 상황을 제시하거나 말하기의 범위를 제한해 주고 말하게 하는 연습활동이다.

(1) 확대

확대 기법은 다른 화자의 말의 전부 혹은 일부를 모방한 후에 거기에 첨가하여 말을 하게 하는 연습을 말한다(imitating, part of, another speaker's utterance and adding to it).

예) T: I went to market and bought a bag.
S1: I went to market and bought a bag and a purse.
S2: I went to market and bought a bag, a purse and ....

(2) 단서주기

단서주기는 학습자에게 단서나 선택할 수 있는 항목을 제시해주고 말하게 하는 방법을 말한다.

예) (a) T: What did you bring to class?

S: I ....
T: bring, brought
S: I brought my books.
(b) T: What subjects did you study yesterday?
S: ....
T: I studied English yesterday. I learned English, mathematics and history yesterday. I studied English, French, mathematics, and geography yesterday.
S: I studied history and English yesterday.

(3) 이끌어내기

이끌어내기(elicitation)는 정보, 언어, 생각 등을 교사가 제공하지 않고 학습자로 부터 이끌어내어 말하게 유도하는 기법으로 학습자의 관심을 집중시키고 생각하게 할 수 있다.

> Eliciting means drawing out information, language, ideas, etc. from the students rather than having the teacher give them. (Scriverner, 1994, p. 99)

> [Eliciting] involves the class by focussing students' attention and making them think. (Doff, 1988, p. 160)

이 기법은 학습자가 전체를 혹은 부분적으로 알고 있는 선험 지식을 이끌어내어 표현하게 할 수 있으며 교사는 학습자의 특정 부분에 대한 지식소유 여부를 파악할 수 있으므로 효과적인 말하기 지도기법 중의 하나이다. 시간의 부족 등 현실적인 제약이 있으면 직접제시 기법과 혼용할 수 있다. 이 기법에는 짧은 응답 끌어내기와 긴 응답 끌어내기가 있는데 학습자의 수준에 따라 단계별로 지도하는 것이 바람직하다.

① 짧은 응답 이끌어내기

짧은 응답 이끌어내기(short-answer elicits)는 학습자에게 질문을 하고 한 두 단어로 응답하게 하여 초급단계에서 쉽게 말할 수 있게 하는 방법이다. 일상생활에서는 짧은 응답이 더 자연스러운 경우가 많은데 다음의 두 예에서 A의 질문에 B의 (a)와 같은 완전한 문장의 응답보다는 (b)와 같은 짧은 응답이 더 자연스럽고 일반적이다.

예) (a) A: What time do you get up?
B: a. I get up at six o'clock.
b. At six.

(b) A: What is there on the table?
B: a. There is a book on the table.
b. A book.

이러한 방법은 학습자의 부담감과 억제심리를 줄일 수 있는 장점이 있다. 짧은 응답을 하게 하기 위해서는 학습자에게 yes-no 질문, 진위 말하기, 선택 질문하기, 짧게 답할 수 있는 WH질문 등을 제시하면 된다.

예) (a) Can you play golf?
Do you come to school on Saturdays?

진위 말하기는 주어지는 문장이나 담화의 진위에 대하여 비언어적 의사소통 행위나 진위(眞僞, true/false)로 응답하게 하는 기법으로 듣기 훈련을 위해 손이나 머리의 동작으로 진위를 표현하게 할 수도 있다. 초급자에게 유용하며 상식적인 내용이나 무의미한(nonsense) 내용도 다룰 수 있다. 예를 들면 다음과 같은 문장을 들려주고 'true/false'로 답하게 할 수 있다.

예) Cows eat grass and give milk.
Most Chinese speak fluent Korean.

선택 질문(Choice Questions, 'Or' question, alternative questions)은 선택할 내용이 주어지는 질문이다. 완전한 문장의 응답은 필요가 없고 질문에 나와 있는 단어나 구절 중에 선택하여 답하면 된다.

예) A: Do you prefer tea or coffee?
B: coffee.

짧게 답할 수 있는 WH 질문(WH short-answer question, information question)은 Why, What, What for, When, Where, Whose, How를 사용한 질문을 말하며 정보를 얻기 위한 것이 목적이며 일반적으로 짧게 답하는 것이 자연스럽다.

예) (a) A: Where did she study?
B: In Australia.(She studied in Australia.)
(b) A: What do you have for breakfast?

B: Rice and kimchi. (I have rice and kimchi for breakfast.)

(c) 다음과 같이 영화를 보았는지 질문을 하고 평가에 대해 답하게 한다.

Have you seen? How did you like it?

Name of film	Tick if seen	Check
		good, satisfactory, bad, very bad

② 긴 응답 이끌어내기

긴 응답 이끌어내기(longer-answer elicit)는 질문에 완전한 문장으로 답하게 하는 기법이다. 다음 예(a)와 같이 완전한 문장으로 답하기를 요구하거나 (b)와 같이 길게 답하게 할 수도 있다.

예) (a) T: Answer with a complete sentence. What time do you get up?

S: I get up at six.

(b) What do you do in the morning?

Tell me about your family.

이러한 유형에는 다음의 예(a)와 같은 간접의문문이 포함된 질문하기, (b)와 같은 WH질문하기 (c)와 같은 단서주기 등이 있다.

예) (a) Explain how the burglar got into the house.

Can you tell me what you think of ....

Can you explain to me how/why ....

(b) What had happened in the road outside?

What did you do during the winter vocation?

(c) Tell me about ...

Say what happened after/before ...

단서 주기(speech prompts)는 질문의 형태는 아니지만 단서를 주어 학습자가 길게 답할 수 있게 할 수 있는데 이 기법은 다소 난해하므로 텍스트를 충분히 연습한 후에 적용하는 것이 바람직하다.

학습자가 유추하거나 창조적인 답을 할 수 있는 질문(inferential question)을 줄 수도 있다.

예) What is the attitude of your parents to …?
Could something like that happen in this country?
How was life different in the olden days?
What is you opinion about …?

그림에서 끌어내기(eliciting from picture)는 그림의 내용에 관해서 질문하여 학습자가 알고 있는 어휘를 사용하여 응답하게 한다.

예) 다음의 그림을 보고 'planting', 'rice', 'machine', 'row'를 사용하여 답할 수 있는 질문을 하고 학습자가 답하게 한다.
Teacher: What are these people doing?
Student: (They're) planting rice.
Teacher: Are they using machines?
Student: Yes, (they are planting it) by machine.

Teacher: How are they planting the rice? (Are they planting it just anywhere?)
Student: (No,) They're planting it in rows.

3) 의사소통 활동을 통한 말하기 연습

의사소통 활동(communicative activities)을 통한 말하기 연습은 언어의 정확성보다는 성공적인 의사소통에 초점을 두는 활동으로 말하기와 듣기를 동시에 연습할 수 있다. 교실

활동을 실생활의 언어활동같이 하게 하면 인위성(artificiality)을 없앨 수 있고 말할 이유를 주고 유의미하게 의사를 교환하게 할 수 있다. 따라서 학습자에게 실제적인 의사소통의 경험을 갖게 할 수 있다. 이러한 상호작용활동에는 역할극, 가상활동, 연극, 토론과 토의, 정보차 활동, 문제해결활동 등이 있다.

(1) 역할극

역할극(role play)은 학습자가 각각 다른 역할을 맡아 행하는 활동이다. 이에 관한 논의는 14.2.3에서 다루어진다.

(2) 토론과 토의

토론이나 토의는 일종의 의견차(opinion gap)활동으로 언어형식과 내용의 선택은 자유이며 역할과 주제를 학습자의 경험 내에서 설정하는 것이 바람직하다. 또한 상황, 역할, 사용할 수 있는 언어 혹은 대화의 구조가 적힌 역할카드(role card)를 사용할 수도 있다.

(3) 가상 활동

가상활동(simulation)은 학습자에게 수행할 과업을 주든가 실생활의 문제를 가상으로 설정해 주고 해결해보게 하는 상호작용 활동(interaction activity)을 말한다. 상황과 역할에 대해 역할 활동보다 세부적인 내용이 요구되며 본인이 아닌 다른 인물의 역할을 가상하여 하지 않는다는 면에서 드라마와는 다르다. 이 활동은 중상이나 상급의 학습자에게 적합한 활동이다.

4) 구연

구연(口演, story-telling)은 동화, 만담, 야담 등을 말로 들려주는 활동을 의미한다. 구연은 영어말하기훈련에 유용하며 몸짓, 영상자료, 배경음악 등과 병행하면 더욱 효과적일 수 있다. 주제는 학습자의 연령수준에 적합해야 하며 다양한 소재의 내용을 다소 변경하여 사용할 수도 있다. 구연은 학습자가 글을 써서 실행한다면 쓰기, 말하기, 듣기의 통합적 활동에 속한다고 본다. 구연에는 이야기의 장소, 시간, 주인공 등의 상황, 주제, 구성(plot)의 세 요소가 있어야 한다.

5) 스피치

스피치는 연설이나 제시(presentation) 등을 말하며 자기의 주장이나 의견을 관중 앞에서 발표하는 활동을 말한다. 다양한 매체를 활용하면 효과적이다. 스피치 훈련은 학습자의 억제심리(inhibition)를 줄일 수 있고 영어의 발음과 억양의 연습에도 유용하다.

13.2 쓰기표현의 지도

영어교육에서 쓰기 지도의 비중은 역사적으로 많은 변화를 해왔다. 문법·번역중심 교수법에서는 문법의 숙지 여부를 검증하는 과정으로 문장 수준의 쓰기 활동을 하기도 하였으나 쓰기지도에 초점이 있지는 않았다. 1930년대의 직접 교수법과 상황 교수법 및 1950년대와 1960년대의 청화중심 교수법에서는 쓰기가 거의 무시되어 왔는데 그 이유는 문어를 이차적인 것으로 간주하고 구어체의 지도에 중점을 두었기 때문이다. 1980년대의 의사소통중심 교수법에서는 학습초기부터 듣기, 말하기, 읽기, 쓰기 네 기능의 통합지도를 제안하고 있다. 쓰기를 외국어교육의 핵심으로 보고 구체적인 쓰기교수 방법을 제시한 교수법은 거의 없었다.

우리나라에서는 1980년대에 영어교육의 방향이 문법이나 읽기 위주에서 말하기와 듣기 중심으로 전환되면서 자연히 쓰기 교육은 소홀히 되어 오다가 교육과정의 6차 개정 이후 의사소통중심교수법이 각광을 받으면서 중요시되게 되었다. 또한 인터넷을 통한 국제간 의사소통의 필요성이 높아짐에 따라 쓰기지도가 점점 더 관심을 받게 될 것으로 판단된다.

13.2.1 쓰기의 특징과 유형

쓰기(writing)는 다양한 의미로 사용되고 있는데 쓰기의 의미를 결과물, 과정, 사회적 행위의 관점에서 논의하면 다음과 같다.

1) 결과물로서의 쓰기

결과물로서의 쓰기(writing as a product)는 다음 예문에서와 같이 쓰기의 결과물을 말한다. 다시 말하면 쓰기 행위는 글쓴이로부터 장소나 시간상으로 떨어진 종이에 나타난 결과물을 의미한다.

예) Show me your writing.
found Kim's writing rather flowery.

결과물로서의 쓰기에 대한 학습은 모범적인 글을 모방하기, 베껴 쓰기, 변형하여 쓰기

활동 등으로 주로 문장단위로 이루어진다.

> Product-oriented approaches to the development of writing favour classroom activities in which the learner is engaged in imitating, copying and transforming models of correct language. This usually occurs at the level of the sentence. (Nunan, 1991b, pp. 86~87)

1960년대와 1970년대에 교사들은 학습자가 문단 단위의 글을 쓰기 전에 문장 단위의 쓰기를 익혀야 된다고 보고 문장작성과 문법연습에 치중하였다. 또한 쓰기 결과물의 문법적 정확성, 글 구조의 짜임새를 근거로 학습자의 쓰기능력을 평가하고 오류를 교정해주는 것을 쓰기지도로 간주하였다. 이러한 입장은 구조주의의 관점과 유사하다고 할 수 있다.

2) 과정으로서의 쓰기

과정으로서의 쓰기(writing as a process)는 글을 쓰는 과정 즉 생각을 글로 옮기는 과정으로서의 쓰기를 말한다. 쓰기 과정의 요소는 다음과 같이 세 가지로 나눌 수 있다(Flower and Hayes, 1981 참고).

① 글 쓰는 이의 선험지식: 언어형식과 내용에 대한 선험지식구조
② 과업 환경(task environment): 예상되는 독자와 관련 자료
③ 과정 계획: 계획하고 초고(draft)를 쓴 후에 수정을 하는 과정의 계획

여기서는 글을 쓰는 과정에 관심을 가지며 한번에 글을 완료하지 않고 여러 번의 수정을 거치며 글을 쓰기 전에 소집단 활동을 통해 아이디어를 모을 수도 있다. 따라서 이러한 의미의 쓰기활동은 귀납적인 접근이라고 볼 수 있다.

3) 사회적 행위로서의 쓰기(writing as a social activity)

사회적 행위로서의 쓰기(writing as a social activity)는 쓰기를 개인적인 행위가 아니라 사회에 영향을 주는 행위로 보는 관점이다. 쓰기활동은 글쓴이와 읽는 이 사이의 의사소통이므로 공유된 지식(shared knowledge)과 문맥을 고려하여야 하며 사회적 구조와 사회의 규범 및 기대에 부응해야 한다.

쓰기는 언어의 네 기능 중에서 가장 늦게 접하게 되며 학습하기 어려운 기능이다. 쓰기가 어려운 이유를 쓰기의 특징과 관련지어 알아보면 다음과 같다.

① 의미의 전달이 문자언어에만 의존한다. 구어에서는 억양, 음조, 표정, 몸짓언어 등의 도움을 얻어 의미가 전달되지만 쓰기에서는 그렇지 않다.
② 쓴 글을 읽을 대상이 한정되어 있지 않다. 말은 방송매체 등을 통한 말하기를 제외하고는 대부분의 경우에 구체적인 대상이 있으나 쓰기는 편지 등을 제외하고는 구체적인 대상이 없다.
③ 쓰기 기능의 숙달에는 많은 시간이 걸린다.
④ 쓰기에는 구어보다 더 많은 정보를 내포한다. 따라서 글은 논리적이고 체계적이어야 하며 문장이 비교적 복잡하다.

이러한 쓰기의 어려움이 있는 반면에 글은 수차에 걸친 수정이 가능하며 다른 언어기능의 학습에 긍정적인 영향을 주고 학습자에게 언어활동에 대한 성취감과 자신감을 줄 수 있다.

쓰기에는 다음과 같은 유형이 있다.

(1) 제도적 쓰기 와 개인적 쓰기

제도적 쓰기(institutional writing)는 공식적이고 사무적인 쓰기로 보고서, 실무편지 등의 작성을 말한다. 개인적인 쓰기(personal writing)에는 일기, 개인적인 편지 등이 해당된다.

(2) 학술적 쓰기와 창조적 쓰기

학술적 쓰기는 학업을 수행하거나 연구 활동의 일환으로 쓰는 것을 말하며 읽으면서 노트하기, 요약하기, 연구논문 쓰기 등이 있다. 창조적 쓰기에는 문학작품 쓰기 등이 해당된다.

13.2.2 쓰기지도

쓰기지도에 대한 접근법은 글을 쓰는 목적에 따라 텍스트 중심, 의사소통중심, 글 쓰는 이 중심으로 나눌 수 있다.

1) 텍스트 중심 접근

텍스트 중심 접근(구조 중심 접근, text-based approach)은 쓰기의 목적을 언어습관의 강화로 보며 어휘와 문장의 구조적 요소를 중시하는 접근법이다. 이러한 접근법은 주로 구술교수법(oral approach)과 청화중심 교수법(audio-lingual approach)에서 사용되어온 것으로 언어구조에 대한 통제 연습을 하고 단편적인 언어구조의 학습을 강조함으로 내용보다는 정확성에 치중하는 경향이 있다. 또한 다른 언어기능 즉 듣기, 말하기, 읽기를 연습한 후에 쓰기를 마무리 단계에서 평가의 형태나 숙제로 다룬다. 다시 말하면 쓰기를 다른 기능의 시녀처럼 대우한다고 볼 수 있다.

> Except for students who intend to continue their studies in their second language, writing should be considered the handmaid of the other skills, not the major skill to be developed. (Rivers, 1981, p. 293)

텍스트 중심 접근법에는 문장을 연결하여 완성하기, 빈칸 채우기(gap-filling), 모방해서 글쓰기 등의 통제 작문이나 유도작문이 해당된다. 그러나 1960년대 후반에는 담화분석의 발달로 쓰기에 대한 문장 단위의 접근에 한계를 느끼게 되고 문단(paragraph) 형태에 관심을 갖게 됨에 따라 화제문(topic sentence)만들기나 문단 구성연습(paragraph development exercises)과 같은 통제된 완성형의 연습을 중시하게 되었다. 이렇게 언어구조의 학습에 초점을 둔 글쓰기 연습은 필요는 하지만 실제 글쓰기능력의 신장에는 효과가 제한적이다.

2) 의사소통 중심 접근

쓰기에 대한 의사소통 중심 접근(communication-based approach)은 메시지의 전달과 생각을 정리하는데 초점을 두고 언어구조의 학습보다는 메시지 전달의 훈련에 목적이 있다.

> Composing means expressing ideas, conveying meaning. Composing means thinking. (Raimes, 1983a, p. 261)

또한 쓰기를 담화(discourse)를 창조하고 생산하는 과정으로 보고 학습자가 초고를 어휘단계, 구 단계, 문장단계로 계속 수정하는 순환적 과정으로 간주한다.

쓰기에 대한 의사소통 중심 접근법에서는 다음과 같은 사항을 중시한다.

① 글을 통한 의사소통의 필요성 설정
② 상황에 적절한 쓰기활동
③ 위험 감수하기(risk-taking)
④ 통합적인 연습

이러한 접근법에는 정보차 활동, 의견차 활동, 정보 전이활동, 정보와 의견의 교환에 근거하여 리포트 작성, 짝 활동이나 소집단활동, 이야기 쓰기, 역할극 시나리오 쓰기 등이 포함된다.

교사역할은 학습자가 실행 가능한 전략을 발전시키는 것을 도와주는 것이며 쓰기의 단계는 주제 찾고 구성계획을 세우기, 초고 쓰기, 수정하기, 편집하기이다.

3) 글 쓰는 이 중심 접근

1970년대에 이르러 텍스트보다는 글 쓰는 이(writer)에게 관심을 두게 되었다. 글 쓰는 이 중심 접근법(writer-based approach)은 글을 쓰는 사람의 목표설정, 아이디어, 배경지식을 중시하는 방향이다. 또한 지도의 중점이 과정인지 결과물인지에 따라 과정접근(process approach)과 산출기저 접근(product-based approach)으로 나눌 수 있다. 과정접근은 작문하는 과정, 작문과 독서의 상호작용, 글 쓰는 이의 창조적 아이디어를 중시하며 다음의 네 단계를 거쳐 글쓰기가 완성된다고 본다.

① 글쓰기 전 단계: 자료의 수집
② 글의 구성단계(composing): 글을 쓰는 단계
③ 수정 단계(revision): 문법, 철자 등에 대한 단순한 수정보다는 주제, 주장, 글의 조직, 추가적인 정보 등을 순환적으로 수정하는 단계
④ 글쓰기 후 단계: 글을 쓴 후에 전체적으로 점검하는 단계

산출기저 접근은 기존의 다양한 글을 분석한 후에 그 분석을 토대로 글쓰기를 연습하는 것을 말한다. 작문을 하는 학습자의 의견이나 생각보다는 교사의 의견이나 기존의 글을 토대로 작문을 연습하는 것으로 일종의 유도작문이며 직선형 과정(linear process)이다.

쓰기지도는 지도방법에 따라 다양하다. 'Brick-to-House approach'는 문장, 짧은 문단에서 시작하여 전체 글을 쓰게 지도하는 방법이고 'programmed approach'는 해결할 과제를 주고 계획된 연습문제를 풀면서 글을 쓰게 하는 방법이다. 또한 'language experience approach'는 학습자의 경험을 담아내는 글을 쓰게 하는 방법이고 'cognitive approach'는 사고과정을 중시하는 방법이다.

쓰기훈련에는 베껴 쓰기, 받아쓰기, 통제작문, 유도작문, 자유작문이 있다. 표 13.1에서와 같이 오른쪽으로 갈수록 유창성 중점의 방향이라 할 수 있다. 다시 말하면 베껴 쓰기가 가장 정확성을 요구하며 자유작문이 가장 유창성을 추구한다.

표 13.1 쓰기활동의 유형과 유창성 중점의 정도

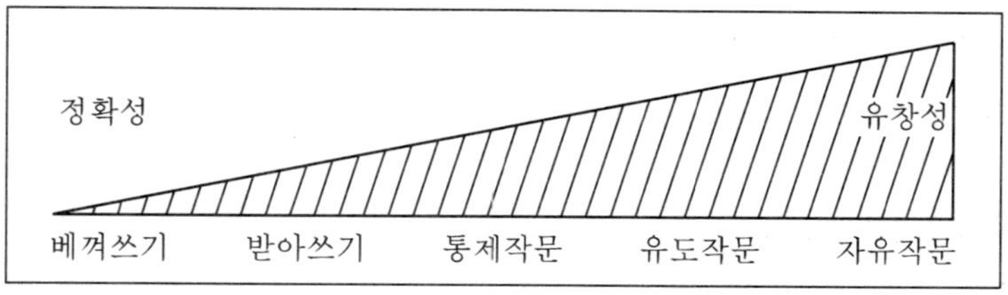

1) 베껴 쓰기

베껴 쓰기(copying)는 주어진 글을 그대로 베껴 쓰는 것으로 가장 통제된 쓰기 활동이다. 그러나 기계적(mechanical)이어서 학습자가 지루함을 느끼기 쉬우므로 다음과 같은 보다 유의미한 기법을 사용하는 것이 바람직하다.

(1) 윤곽 제시해 주기

초급의 학습자에게는 윤곽(outline)을 주고 일부만 베껴 쓰게 할 수 있다. 예를 들면 문장 'Younhee goes to school by bus.'를 베껴 쓸 때 다음과 같은 방법을 사용할 수 있다.

① 문장의 일부만 남기었다가 학습자가 쓰게 한다(Leave out part of sentence for students to write themselves).

예) Younhee by bus.
Younhee goes to school.

② 윤곽을 제시하고 학습자가 쓰게 한다(Write only the outline on the board).

예) Younhee - school - bus

③ 주어진 문장을 토대로 자신에게 맞는 유사한 문장을 쓰게 한다(Write the sentence on the board and ask students to write a similar true sentence about themselves).

④ 문장의 일부분을 그림으로 제시하고 쓰게 한다(Draw a picture to replace part of the sentence). 그림을 제시하면 학습자가 의미를 알고 베껴 쓸 수 있으므로 유의미 활동을 할 수 있다.

예) Younhee goes to school  __________.

Younhee goes to school by bus.

(2) 기억해서 베껴 쓰기

교사가 칠판에 짧은 문장을 썼다가 학습자가 읽은 후에 지우고 학습자가 기억해서 쓰게 하는 기법(delayed copying)으로 카드를 이용 할 수도 있다.

(3) 수정하고 베껴 쓰기

학습자가 문단의 세부 사항을 수정한 후에 베껴 쓰는 기법을 말한다. 예를 들면 'I'를 'she'로 대치하여 글을 고친 후 베껴 쓰게 하는 방법이다.

(4) 선택하고 베껴 쓰기

지시에 따라 선택하고 베껴 쓰게 하는 방법으로 학습자가 내용을 이해하고 쓰게 하는 방법 중의 하나이다.

예) (a) 내용이 사실인 문장을 선택하여 베껴 쓰십시오.

a. A dog has four legs.
b. A bird has four legs.
c. A rabbit has a long nose.
d. An elephant has a long nose.
e. A cat has two legs.

(b) 다음의 그림과 일치하는 내용을 선택하여 베껴 쓰십시오.

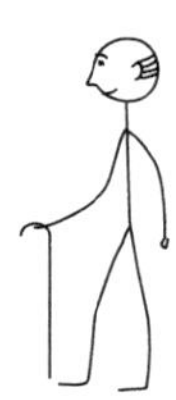

a. This man is carrying a stick.
b. This man is running.
c. This man is playing baseball.
d. This man is wearing a hat.

(5) 연결하고 베껴 쓰기

관련되는 항목을 연결하고 베껴 쓰게 하는 방법으로(jigsaw sentences, Cross, 1991, p. 272) 학습자가 내용을 이해하여야 할 수 있으므로 유의적 활동이다.

예)

A	B
Teachers	get to visit many countries
Ski enthusiasts	profit from long holidays
Animal lovers	often go to beach resorts
Bird watchers	enjoy game park safaris
Tourists	enjoy the countryside
Hotel owners	prefer winter holidays
Air crews	work through holiday periods

(6) 분류하고 베껴 쓰기

해당 항목별로 분류하고 베껴 쓰게 한다.

예) tiger, cat, horse, pig, wolf, cow, lion, dog, chicken, bear, monkey

farm animal	
wild animal	

2) 받아쓰기

받아쓰기(dictation)는 교사가 문장이나 단락을 적절한 속도로 불러주면 학습자가 받아 쓰는 방법으로 언어지도와 평가에 이용될 수 있다. 이 기법은 정확성과 언어형태에 초점을 맞춘(accuracy-focussed, form-focussed) 방법이며 듣기와 쓰기를 동시에 향상시켜 주는 통합적인 방법 중의 하나로 1980년대부터 관심을 받게 되었다. 받아쓰기에서 불러주는 속도는 분당 130~160 단어가 적절하며 의미단위로 불러주어야 한다. 또한 받아쓰기는 평가 기법으로 이용될 수도 있는데 다른 테스트와 상관관계가 높다. 받아쓰기의 장점을 정리하면 다음과 같다.

① 학습자가 집중할 수 있게 하는 활동이다.
② 교사가 학급을 통제하기가 쉽다. 그러므로 다인수 학급의 지도에 효과적으로 활용할 수 있다.
③ 받아쓰기는 쓰기 뿐 아니라 듣기능력도 동시에 신장시킬 수 있다.

그러나 다음과 같은 문제점이 있으므로 유의해야한다.

① 단어별로 틀린 부분을 일일이 교정하려면 시간이 많이 걸린다.
② 쓰기 훈련 보다는 철자연습이 될 가능성이 있다.
③ 느린 속도로 불러주면 단어별 듣기가 되어 일상생활의 듣기와는 다른 비현실적인 활동이 될 수 있다.
④ 학습자가 이해를 못하고 기계적으로 받아쓰게 될 수도 있다.
⑤ 채점이 어렵다.
⑥ 평가 방법으로서의 받아쓰기는 어순(word order)에 대한 평가가 안 되고 분절음을 못 들었어도 상황 속에서 유추할 수 있기 때문에 분절음 듣기에 대한 평가는 안 된다.

이러한 문제점을 보완하기 위해 다음과 같은 변형된 형태를 사용하는 것이 효과적이다.

(1) 소음 포함 받아쓰기

일정한 간격이나 전반적으로 소음이 포함된 자료를 받아쓰게 한다.

(2) 듣고 받아써서 원본 구성하기

듣고 받아써서 원본 구성하기(dictogloss)는 정상적으로 읽는 내용을 듣고 들은 내용을 합쳐서 원본에 가까운 글을 쓰는 활동을 말한다.

(3) 빈칸 채우기 받아쓰기

듣고 빈칸을 채우게 한다(cloze dictation).

(4) 그림 받아쓰기

듣고 들은 내용을 그림으로 그린다.

(5) 부분받아쓰기(partial dictation, slot dictation)

문장이나 글 전체를 받아쓰게 하는 대신 특수한 목적에 따라 필요한 부분만 받아쓴다.

(6) 단서(prompt)제시하기

일부의 내용어를 미리 제시한 후 받아쓰기를 한다. 단서제시하기의 예를 들면 다음과 같다.

예) 아래의 단서를 활용하여 다음을 듣고 받아쓰십시오.

Mr Kim decided to spend the day fishing. He went to his friend's house and they took a bus to Soyong river. There, they sat down under a tree and began fishing. After a few minutes, Mr Kim caught a small fish.

단서: Mr Kim - fishing, friend's house - bus - river, tree - fishing
a few minutes - small fish

3) 통제작문

통제작문(controlled writing)은 학습자의 오류를 줄이고 쓰기를 보다 쉽게 하게 하기 위하여 초급 혹은 중급 단계에서 사용하는 방법이다. 표보고 쓰기, 대치, 제시된 글을 일관성 있게 만들기, 재배열하기 등이 여기에 속한다.

(1) 표보고 쓰기

표를 제시하고 표에 의거하여 글의 공백을 메워 완성하게 하는 방법이다.

예) My Sister

Name	Age	Hight	Eye color	hair color	Hobby
Kim Young Sun	19	short(1.5m)	black	black	swimming

I have a sister. Her name is (   ). She is (   ) old. She is (   ) and pretty. She has (   ) eyes and (   ) hair. She likes to (   ).

(2) 대치

대치(substitution)는 글의 골격은 유지하고 일부 내용을 다른 내용으로 변경하여 쓰게 하는 기법이다.

예) *Write a true sentence like this about yourself.*
Brown enjoys playing football and reading adventure stories.

(3) 일관성 있는 글 만들기

주어진 문장을 합쳐서 일관성(cohesion)있는 문단을 쓰게 하는 기법이다.

예) *Combine the following sentences and make a cohesive paragraph.*

Tom Brown was a shepherd.	He was poor.
He was solitary.	He lived in the mountains.
The mountains were barren.	They were in southern Germany.
Tom had a love of nature.	He had an incredible idea.
During his life he planted thousands of acorns.	
The acorns grew into a forest of oak trees.	
The forest made the countryside rich and fertile again.	
He died when he was 87.	

Tom Brown was a poor, solitary shepherd, who lived in the barren mountains of southern Germany. His love of nature gave him an incredible idea. During his life he planted thousands of acorns. These grew into a forest of oak trees, which made the countryside rich and fertile again. Tom died when he was 87.

4) 유도작문

유도작문(guided writing)은 자유작문의 전 단계로 간단한 문단을 견본으로 제시한 후에 그와 유사한 내용의 문단을 쓰게 하든가 쓰기 내용을 말로 미리 준비해주는 방법으로 교사의 통제를 줄이고 어느 정도는 학습자가 스스로 결정하여 쓰게 하는 방법이다.

(1) 텍스트를 견본으로 제시하기

간단한 텍스트를 견본으로 제시하고 학습자가 내용을 다소 변경하여 쓰게 하는 방법이다.

예) *Read the following text as a model and write about Chun Chon city.*

Jopley is a small town in the north of England. It is on the River Ouse, not far from Leeds. The town has a wide main street, with a stone church, the town hall and a cinema. There is a large supermarket in the town centre, and many smaller shops and cafes. Most people in Jopley work in the local factory, which produces farm machinery.

(2) 구두준비

구두로 글쓰기를 준비시켜 주는 방법으로 학습자나 교사가 주제와 관련되는 내용에 관하여 질문하면 교사나 학습자가 답을 제시하고 그 답이나 윤곽 혹은 핵심표현을 칠판에 적고 이 내용을 바탕으로 글을 쓰게 하는 기법이다. 예로 서울에 관한 글쓰기 준비를 위한 질문과 그에 대한 가능한 답은 다음과 같으며 학습자는 이를 바탕으로 서울에 관한 글을 쓸 수 있다.

예) What is Seoul? How is it special? (the capital of Korea)
Where is it? In the north? In the south? (in the middle west)
And it's on ... which river? (the Han river)
What can tourists see? (Mt, Nam, Duksukung, etc.)
What are the best things to buy? (clothes)
What's the biggest problem? (traffic jam)

(3) 요약하기

문단이나 전체 글의 내용을 요약하는 활동을 말하며 방송이나 강의를 듣고 내용을 요약하기나 요점을 메모하기, 이야기를 읽거나 듣고 요약하기 등이 여기에 해당된다.

(4) 그림이나 몸짓단서주기

특정한 상황을 나타내는 일련의 그림(situational picture)을 주거나 몸짓으로 단서를 주고 글을 쓰게 유도할 수 있다.

5) 자유 작문

자유 작문(free composition)은 일정한 주제에 대해서 제한 없이 자유롭게 글을 쓰는 활동이다. 자유작문의 지도에서는 아이디어나 내용에만 관심을 갖고 의사전달에 지장이 없는 한 오류에 관심을 적게 둔다.

> ... and another encouraging totally free writing which would be discussed only in terms of its ideas and content, with no reference to formal errors except where they impeded communication. (Brumfit, 1984, p. 86)

자유 작문의 지도에서 유의할 사항을 정리하면 다음과 같다.

① 영어작문에서는 요점을 빙 둘러 표현하는 동양어권과는 달리 논리적인 전개방식과 간결한 표현이 선호된다.

② 앞에 쓴 문장의 문법적 정확성 여부를 점검하기 위해 도중에 되돌아가서 교정하지 않고 글을 완료한 후에 점검하게 한다. (Keep going forward; don't stop; don't go back to change anything.)

③ 글의 일관성(coherence, structural unity of paragraphs)을 유지하게 한다.[106]

④ 의사 전달에 지장을 주는 전반적인(global) 오류만을 교정하며 학습자에게 자신감과 성취감을 주도록 한다.

⑤ 글의 전반적인 체제는 전통적인 방법(traditional method)이나 현대적 방법(modern method) 중에 하나를 택하게 한다. 전자는 각 문단의 첫 문장은 2~5타 들여 쓰는 방법(들여 짜기; indentation)이며 후자는 문단 사이에 한 줄의 공백을 두는 방법이다.

표 13.2 글의 전통적인 체계와 현대적인 체계

전통적인 글 체계　　　현대적인 글 체계

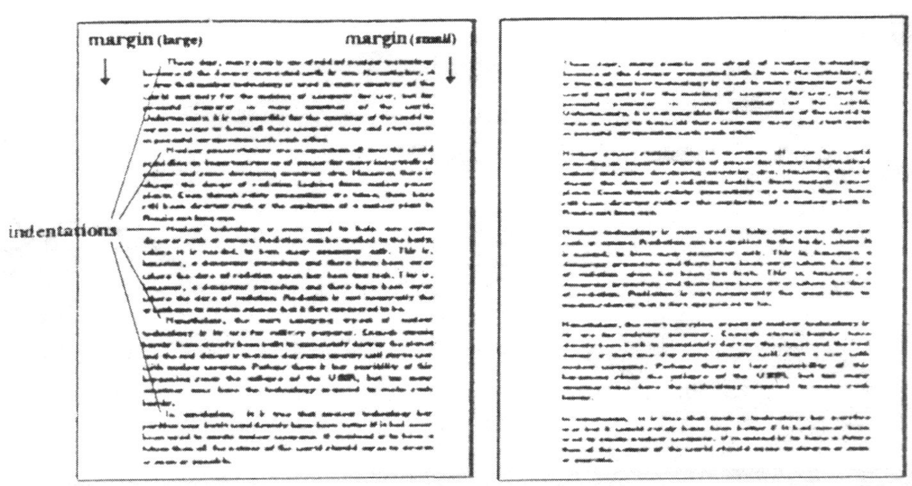

⑥ 한 문단은 일반적으로 화제문, 설명, 요약문의 세 부분으로 이루어지게 한다. 화제문은 문

106) 글의 일관성은 전반적인 일관성(global coherence)과 부분적 일관성(local coherence)으로 나누어지는데 전자는 글 전체 내용의 일관된 흐름(what the essay is about)이며 후자는 하나의 문장이 다른 문장 혹은 담화 주제와의 일관된 관계(how sentences build meaning in relation to each other and the overall discourse topic)를 말한다.

단의 주된 내용을 나타내는 것이며 설명 부분에서는 주제문을 설명하기 위하여 예(examples), 증거(evidence), 세부사항 등을 제시한다. 또한 요약문에서는 문단을 요약하여 제시한다.

표 13.3 문단의 구성 형태

화제문(topic sentence) . . . .
. . . . 설명(examples, evidence, supporting arguments, additional detail)
. . . .
. . . . 요약문(summary sentence) . . . .

⑦ 글 전체는 소개(introduction), 본문(body), 결론(conclusion)으로 이루어지게 한다.

표 13.4 글의 구성 형태

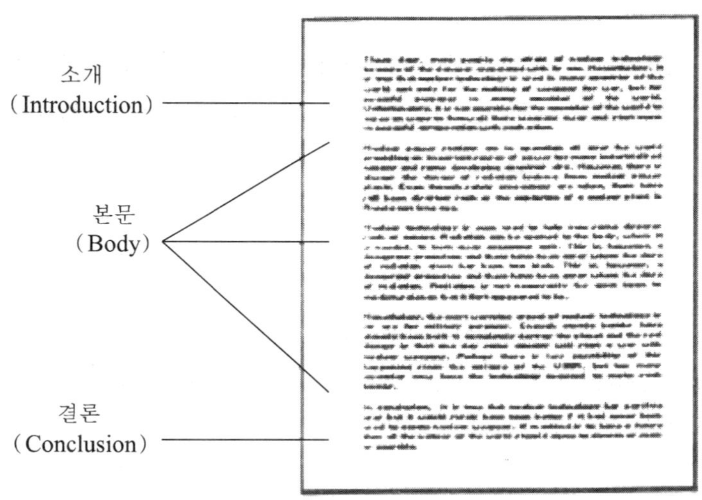

⑧ 분철(分綴)하지 않게 하며 한 줄 당 10~12단어를 쓰게 하는 것이 일반적이다.

자유작문을 쓰는 단계는 다음과 같다.

① 쓰기 전에 주제와 관련되는 정보들을 수집하고 논의(brainstorming)한다.

② 주제와 관련되는 정보를 서로 연결(clustering)시킨다. 이를 위해서는 목록작성

혹은 '사고연결지도(mind map)' 그리기 등이 이용될 수 있다.

③ 글의 대체적인 흐름을 그려본다(sketching).

④ 주제에 대하여 스스로 전략적인 질문(strategic question)을 해 본다. 예를 들면 유학에 관한 글을 쓴다면 'What do you think of studying abroad?'라는 질문을 하고 자신의 답을 구한다.

⑤ 초고를 쓴다. 초고작성 단계에서는 문법, 철자, 구두법에 얽매이지 않고 머릿속에 떠오르는 것을 글로 옮긴다.

⑥ 수차례 수정하고 편집하여 글을 완성한다.

13.2.3 쓰기활동의 오류교정

쓰기활동 중에서 베껴 쓰기, 받아쓰기, 통제작문에서는 정확성의 신장을 목적으로 하고 유도작문과, 자유작문에서는 정확성보다는 유창성을 추구한다. 따라서 유도작문이나 자유작문에서는 학습자가 오류를 범할 가능성이 더 많다. 학습자들의 쓰기오류는 문법적 정확성, 어휘, 내용, 담화구조의 결합성과 일관성 등에서 나타날 수 있다.

과정중심의 쓰기지도를 할 경우에 편집단계에서 오류를 수정하는 것이 바람직하다.

오류를 알려주고 교정을 하도록 지도하기 위해서는 다음과 같은 약어표시나 수정부호(revision mark)가 사용된다.

표 13.5 오류표시 약어

잘못된 어순(word order) WH	부적절한 표현 (inappropriate language) IL
구두법(punctuation) PU	누락된 단어(missing word) MW
의미의 불분명 (unclear meaning) UM	

표 13.6 오류수정 부호

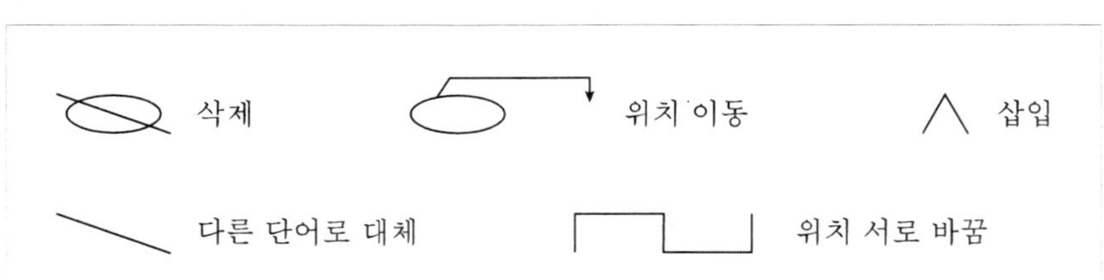

14장 문화와 문학의 지도

언어는 해당 문화와 불가분의 관계에 있으며 언어의 제반 요소 속에는 해당언어를 사용하는 사회의 문화가 담겨 있다. 또한 인간의 성취문화 중의 하나인 문학은 언어로 표현되어 있으므로 문학의 감상이라는 측면은 물론이고 언어의 학습이라는 측면에서도 중요한 비중을 차지하고 있다. 따라서 영어과 교과교육학에서 영어권문화와 영미문학에 대한 심도 있는 논의가 필요하다.

14.1 문화의 지도

14.1.1 문화의 개념과 유형

문화는 인간사회의 모든 양상 즉 개인의 태도, 사고, 행동양식, 가정, 사회적 관계, 도덕, 사회 규범, 예술, 문학, 언어 등을 포함하며 이러한 양상을 단순하게 합친 것 이상의 개념이다. 다시 말하면 문화는 물질세계, 인간의 정신적 세계, 사회적 관계를 포괄하고 사회에서 공유되고 있는 모든 양상(all aspects of shared life in a community, River, 1981)이다. 또한 각 요소들이 체계적으로 통합된 것이고 인간의 모든 행동을 조정한다.

> It [culture] is a system of integrated patterns, most of which remain below the threshold of consciousness, yet all of which govern human behavior just as surely as the manipulated strings of a puppet control its motions. (Condon, 1973, p. 4)

또한 문화는 특정한 시기에 특정한 집단에 속하는 사람들의 특징을 나타낸다. 따라서 문화의 이해는 성공적인 의사소통에 필수적인 요소 중의 하나이다.

문화는 다음과 같이 사실적 문화, 행동문화 및 성취문화로 분류할 수 있다.

(1) 사실적 문화

사실적 문화(informational culture, factual culture)는 평균적인 학식과 교양을 가진 원어민화자가 소속된 집단의 사회나 역사, 지리 등에 대하여 일반적으로 알고 있는 사실에 관한 문화를 말한다.

> the information or facts that the average educated native knows about his society, the geography and history of his country, its heroes and villains, and so on. (Hammerly, 1982, p. 513)

(2) 행동문화

행동문화(behavioral culture)는 실제 행동이나, 태도, 가치 등에 관한 문화로 예를 들면 신발을 신고 집안 생활을 하는 생활습관 등이 여기에 해당된다.

(3) 성취문화

성취문화(achievement culture)는 전통적인 문화에 관한 개념으로 예술이나 문학의 성과(artistic and literary accomplishments)를 말한다.

또한 문화는 C문화(big C culture)와 c문화(little c culture)로 분류할 수 있다(Brook, 1975 참고). C문화는 문학, 고전음악, 무용, 예술, 건축, 정치제도, 경제 등 보다 큰 틀 속의 문화를 말한다. c문화는 일상생활에 나타나는 행동양식, 태도, 가치체계 등 인간생활의 모든 면을 포괄한다. c문화가 개인의 의사소통능력과 더 많은 관계가 있으므로 1960년대 이후 외국어교육에서 중요한 목표 중의 하나가 되고 있다.

한 사회의 문화는 다른 문화권과의 접촉을 통하여 서로 영향을 주고 변화해가며 문화권마다 그 특징이 다양하다. Hofstede(1986, pp. 307~8)는 50개국의 문화를 연구하여 다음과 같은 4개의 기준을 제시하고 있다.

① 집단주의(collectivism) 사회와 개인주의(individualism) 사회
② 권력의 거리(power distance): 관용될 수 있는 불평등의 정도
③ 불확실성의 회피(uncertainty avoidance)정도

④ 남성우위 문화권과 여성우위 문화권

미국문화는 한국에 비하여 개인주의, 사적 자유(privacy), 평등성이 강하며 다양한 문화가 혼재하여 있어 도가니(melting pot) 문화로 칭해지며 특히 1970년대 이후는 모자이크(mosaic)의 시대라고 한다.

14.1.2 문화와 언어

언어는 문화 속에 깊이 자리 잡고 있어서 문화와 언어는 불가분의 관계이며 언어는 그 언어를 사용하는 사회의 문화를 반영한다.

Language is a key component of culture. (Saville-Troike, 1976, p. 45)

따라서 외국어나 제2언어를 배운다는 것은 그 언어를 사용하는 집단의 문화를 배운다는 말을 내포한다. 다시 말하면 외국어 교육의 목적은 언어와 문화를 통합(the integration of culture and language)하여 익히는데 있다고 본다. 예를 들면 한국식생활 문화에서는 '쌀'이 주된 식량이므로 '모, 벼, 쌀, 쌀밥, 이밥' 등의 다양한 어휘가 있다. 또한 눈이 내리지 않는 Zaire에는 '눈'이라는 단어 자체가 없으며 에스키모인의 생활에서는 '눈(snow)'이 중요하므로 falling snow, snow on the ground, fluffy snow, wet snow 등의 의미를 지닌 어휘들이 별도로 있다. 또한 동일한 언어를 사용하는 사람들 간에도 세대, 지역, 교육수준이나 직업 등에 따라 문화적 차이가 있으며 이에 따라 사용하는 언어가 다소 차이가 있을 수 있다.

언어는 지시적(referential) 의미와 함축적(connotative) 의미를 지니는데 전자는 문화 간의 차이가 많지 않으나 후자는 명시적 의미 이상을 내포하므로 문화 간의 차이가 있을 수 있다. 예로 "She is in mourning."이라는 말에는 이탈리아인에게는 검정 색의 의복을 입는 것이, 한국인에게는 흰 옷(소복)을 입는 것이 포함된다. 그러나 문화가 변하면서 한국인에게도 검정 옷을 입는 것을 의미할 수도 있게 되었다. 또한 'breakfast'는 'the first meal in the morning'이라는 지시적 의미는 같으나 영국에서는 '비교적 다채로운 음식' 미국에서는 '가볍게 혼자서 먹는 음식'이라는 의미가 내포되어 있다.

말로 하는 언어보다 비언어적 의사소통행위(non-verbal communication)가 더 문화에 따라 서로 다르다. 예로 미국인은 대화할 때 시선이 마주치게 하지만 한국인은 그렇지 않다. 상급자와 대화할 때 상대방의 눈을 똑바로 처다 보는 행위는 한국에서는 무례하다고 인식된다. 촉각의 사용도 문화에 따라 다양한데 한국인들은 대화할 때 친근감을 나타내기 위해서 상대방의 어깨, 등, 팔을 만지는 경우가 있는데 미국인들은 일반적으로 그렇지 않다.

언어와 인간의 사고(思考)도 밀접한 관련이 있다. Sapir와 Whorf의 언어 상대성 가설(hypothesis of linguistic relativity)107)은 언어가 인간의 사고에 영향을 준다는 것으로 각 언어는 그 사용자들에게 특정한 세계관을 부여한다는 것이다. 완곡어법(euphemism)은 금기어(taboo)를 피하고 다음과 같이 언어를 좀 더 미화하여 말하는 것을 의미하는데 이러한 금기어에서도 인간의 언어에 문화와 사고가 포함되었음을 알 수 있다.

예) toilets → rest rooms
slums → substandard dwellings
garbage man → sanitary engineer

또한 어휘 단계에서 보면 O-O라는 그림에 'eyeglasses'라고 써 놓으면 O⌒O(안경)로, 'dumbbells'라고 꼬리표를 붙이면 O═O(아령)로 기억하게 된다(Carmichael, Hogan & Walter, 1932 참고). 아울러 다음 예문(Loftus, 1976)에서 정관사를 쓴 (a)의 경우 피 실험자가 보든 안보든 'broken headlight'가 있다고 믿게 되어 긍정의 응답을 할 가능성이 높다. 그러나 (b)와 같이 부정관사를 쓰면 중립적인 질문이 되어 긍정적인 응답이나 부정적인 응답이 모두 가능하다.

예) (a) Did you see the broken headlight?
(b) Did you see a broken headlight?

다음 예문에서는 'any'가 사용된 (a)는 일반적인 의문문이지만 'some'이 사용된 (b)는 긍정의 대답을 기대하는 질문이다.

예) (a) Did you see any people watching the accident?
(b) Did you see some people watching the accident?

또한 문화에 따른 금기어(cultural taboo)가 있는데 예를 들면 영국인이나 미국인에게 연령, 소득, 물건구입가격에 관하여 묻는 것은 바람직하지 못하다.

---

107) 언어 상대성 가설은 'Sapir-Whorf hypothesis', 'the Whorfian hypothesis', 'linguistic relativity', 혹은 'linguistic determinism'라고도 한다.

14.1.3 외국어학습의 사회 문화적 요인

외국어의 학습은 목표언어를 의사소통의 한 방법으로 배운다는 것만 의미하지 않고 목표어권의 문화를 익히는 것이므로 문화 장벽을 극복하는 것이 중요하다. 영어권 문화의 학습에 영향을 주는 요소들은 문화적 고정관념, 영미문화에 대한 태도, 문화내용, 사회적 거리 등이다.

(1) 문화적 고정관념

고정관념(stereotypes)은 특정 집단을 너무 단순화시켜 전반적인 판단을 하는 것을 말한다.

> a stereotype - an oversimplification and blanket assumption (Brown, 2000, p. 179)

다른 면에서 보면 고정관념은 정보나 접촉의 부족으로 특정한 집단에 대해 가지고 있는 다소 과장된 믿음이다. 따라서 해당 문화권의 특징이나 대표적인 사물의 인식에는 정확할 수 있으나 특정한 부분이나 인물의 묘사에는 상당히 부정확할 수도 있다.

문화적 고정관념은 다른 문화권을 전반적으로 이해하고 그 문화와 자기의 문화 차이의 인식에는 긍정적인 역할을 할 수도 있다. 그러나 한 문화권의 모든 사람들이 하나의 범주에 속한다고 단정하게 되어 특정인의 묘사에는 오류를 범할 수도 있다. 예로 금발머리를 가진 사람은 지능이 낮아 보인다던가 유태인은 부유하다고 인식하는 것을 들 수 있다. 또한 미국인이 전반적으로는 부유하고 친절하며 물질주의적이라고 볼 수는 있지만 모든 미국인이 다 그러한 것은 아니다.

과 단순화(oversimplification)해서 형성된 고정관념이 잘못될 수도 있는데 학습자가 문화적 차이를 이해함으로써 타 문화권의 사람들과 그들의 문화를 과잉 존경하거나 경멸하지 않도록 해야 한다.

(2) 문화에 대한 태도

태도(마음가짐: attitude)는 인간의 다른 정서적 요인과 마찬가지로 비교적 어린 시절에 형성되며 외국어 학습에서는 목표 문화에 대한 태도가 학습동기와 밀접한 관련이 있다. Gardner and Lambert(1972)에 의하면 언어학습과 태도의 관계, 동기와 태도의 관계가 밀접하여 목표어의 원어민 화자들에 대한 긍정적인 태도를 가지게 되면 높은 통합적 동기로 학습하는 경향이 있다. 예를 들면 영어사용집단에 대해 긍정적 태도를 가진 영어학습자는 유창도가 높아진다(Oller 등, 1977 참고). 부정적 태도는 소수민족집단의 학습자가 이중문화에서 느끼는 불안정감(bicultural ambivalence)이나, 목표언어에 대한 혐오감, 불충분한 지식, 잘못된 고정관념, 민족중심주의 등에서 생기며 학습동기를 약화시킨다. 교사는 학습자가 잘못된 고정관념에서 생기는 부정적 태도를 버리도록 지도할 필요가 있다.

(3) 문화변용

문화변용(문화동화; 문화이식; acculturation)은 새로운 문화를 이해하고 그 문화에 적응해 가는 과정(process of becoming adapted to a new culture)을 말한다. 영어 사용 사회에서 제2언어로 영어를 배우는 경우는 새로운 문화권에서 생존하기 위해 목표언어를 배우므로 영어가 사용되지 않는 사회에서 외국어로 영어를 배우는 경우보다 문화변용이 용이하다.

문화충격은 제2문화권에서 제2언어를 배우는 사람의 문화적응 과정에서 일어나는 현상으로 사회적 접촉을 하는데 공통적으로 느끼는 가벼운 불안감이나 심리적 공포를 말한다. 다시 말하면 문화충격은 제2문화에 적응하기 시작함에 따라 새로운 집단에 가입하는 일에 대한 불안감과 더불어 혼돈상태(anomie) 즉 자국문화와 단단히 결속되어 있지 않고 제2문화에 완전히 적응되어 있지 않은 정신적인 무질서 상태를 말한다. Brown(2000)은 문화변용의 네 단계로 흥분시기(period of excitement and euphoria), 문화충격의 시기(culture shock), 점진적 회복단계(gradual recovery), 준 혹은 완전한 회복단계(near or full recovery)를 제시하고 있다. 여기서 언어적 발달과 문화적 발달이 균형 있게 발달하는 점진적 회복단계의 초기가 외국어 학습에 적합한 시기이다.

한국과 같은 EFL상황에서는 문화적 항목은 배울 수 있으나 실제로 문화변용이 일어나기는 쉽지 않다. ESL 상황에서는 충분한 영어 입력이 있고 영어가 의사소통 수단으로 사용됨으로 문화변용이 일어나기 용이하다. 그러나 ESL상황에서도 상황과 개인에 따라 문화변용의 정도에 차이가 있다.

4) 사회적 거리감

사회적 거리감(social distance)은 개인이 접촉하는 두 문화간의 인지적, 정서적 거리(cognitive and affective proximity)를 말하며 '거리(distance)'는 추상적으로 두 문화의 차이점을 의미하며 개인마다 차이가 있을 수 있다. Shumann(1976b)에 의하면 두 문화 사이에 사회적 거리와 심리적 거리가 크면 클수록 학습자가 제2언어를 배우는데 어려움이 크다고 주장하고 있다. 심리적 거리가 크면 학습자는 입력(input)을 흡입(intake)으로 전환하지 못하기 때문이다. 또한 Acton(1979)은 사회적 거리가 너무 멀어도 외국어 학습에 불리하지만 너무 가까워도 도움이 되지 않는다고 보았다. 다시 말하면 외국어 학습에서 가장 효과적인 두 문화권의 거리인 '최적거리(optimal distance)'가 존재한다는 견해이다.

14.1.4 문화의 지도

외국어 교육의 궁극적인 목표는 문화 간의 이해와 교류를 통하여 세계평화와 인류복지에 기여하는데 있다. 이를 위해서는 외국어를 배울 경우에도 언어적 의미를 학습하는 것만으로는 부족하고 언어의 사회적 사용을 알아야 한다. 언어의 사회적 사용을 안다는 것은 언어의 용인성(acceptability)과 적합성(appropriateness)을 안다는 것을 의미한다. 다시 말하면 언어와 사회 문화의 관계를 이해하는 것이며 그렇지 않으면 문화적 차이 때문에 화자나 글쓴이의 의도와는 다르게 해석할 수 있다. 또한 목표어권의 문화에 대한 이해와 통찰은 목표어를 학습함으로 부수적으로 얻어질 수도 있으나 대부분의 경우는 자동적으로 배워지지 못하고 분명한 목표를 가지고 지도와 학습이 이루어져야 가능하다. 아울러 문화의 인식과 적응에도 언어학습과 같이 개인차가 있을 수 있다.

언어의 습득과정은 사회 문화적 지식의 습득과정과 밀접하게 연결되어 있다(Ochs & Schiefflin, 1984).

> Children's strategies for encoding and decoding information, for negotiating meaning, and for handling errors are socially organized in terms of who does the work, when, and how. Further, every society orchestrates the ways in which children participate in particular situations, and this, in turn, affects the form, the function, and the content of children's utterances. Certain features of the grammar may be acquired early, in part because their use is encouraged and given high priority. In this sense, the process of language acquisition is part of the larger process of socialization, that is, acquiring social competence.

외국어 학습에서 목표 문화에 대한 이해는 필수적이며 두 문화의 차이를 인정하고 이해하면서 비교 평가함으로 불필요한 고정관념(stereotype)을 갖지 않는 것이 바람직하다. Hanvey(1987)는 타 문화의 인식정도를 다음의 네 단계로 나누고 있는데 고정관념을 극복하는 두 번째 단계에 도달하여야 언어학습에 지장이 없다.

(1) 제 1 단계

표면적인 고정관념(superficial stereotype)의 단계로 이해의 부족으로 고정관념을 갖는다.

(2) 제 2 단계

최소한의 이해(shallow comprehension) 단계로 다소의 미묘한 문화적 차이를 이해한다.

(3) 제 3 단계

심오한 이해(in-depth comprehension) 단계로 영어원어민의 관점에서 문화를 이해한다.

(4) 제 4 단계

문화적 동화의 단계로 원어민과 감정이입(empathy)이 가능하다.

목표문화를 이해하는데 있어 자기 문화의 관점에서 목표문화를 해석하고 평가하는 것을 자기민족 중심(ethnocentricism)의 접근방법이라 한다. 자기민족중심적인 접근을 하면 학습자가 목표어권의 문화에 대한 그릇된 고정관념을 갖기 쉽다. 자기문화와 타문화의 차이를 인정하고 타문화를 이해하고 평가하는 비교에 의한 접근(comparative approach)이 보다 더 바람직하다.

목표 문화와 관련하여 외국어 학습의 상황을 분류해 보면 다음과 같다.

① 목표 문화권에서 실제적으로, 심리적으로 거리가 먼 경우
② 목표 문화권에서 실제적으로는 거리가 멀지만 심리적으로는 가까운 경우
③ 목표 문화권에 속해 있는 경우

영어가 사용되지 않는 사회에서 영어를 학습하는 경우에는 영어문화권 문화를 직접 경험할 수 없으므로 문화적 정보를 다양한 방법으로 전해 주어 간접적으로 목표 문화에 접촉하게 할 수 있다. 그러나 문화에 대해 너무 분석적이고 명시적으로 지도하는 것은 학습자에게 불필요한 선입관이나 고정관념을 줄 수 있으므로 바람직하지 못하다.

다음과 같이 문화에 관한 자료를 제시하거나 활동하게 하여 학습자 스스로 영어권 문화를 익히도록 하면 효과적이다.

(1) 교실환경 조성

교실 장식, 게시판, 포스터, 만화, 지도, 실물(영화 표, 버스 시간표 등)을 통해 목표문화

를 접할 수 있는 교실환경을 조성한다.

(2) 문화 정보의 제공

그림, 잡지, 신문, 영화, 녹화 영상 자료, 노래와 춤, 경험담 등을 통해 목표문화에 대한 정보를 제공한다.

(3) 문화 주머니

문화 주머니(culture capsules)는 상황별로 특유한 행동을 나타낸 그림이나 사진, 실물들을 모아 놓은 것을 말하며 관련된 문화주머니를 2개 이상 모아 놓은 것은 문화 다발(culture clusters)이라고 한다.

예) 식사에 대한 문화주머니
(a) how to set the table
(b) how to behave at table
(c) the family together at table

(4) 문화문제 풀기

문화적으로 중요한 상황을 제시하고 문제를 풀게 하는 방법이다. 예를 들면 예법이나 관습에 관한 문제를 주고 풀게 할 수 있다.

(5) 환상체험

환상체험(fantasy experience)은 학습자가 목표문화권에 놓인 것처럼 간접적이지만 생생하게 경험하도록 하는 방법이다. 영어사용권 사회로 가상의 여행을 하면서 가상의 체험을 하게 하는 활동을 예로 들 수 있다. 또한 축제, 명작읽기, 시청각 교재 등을 이용할 수도 있다.

(6) 문화에 맞게 연속행동하게 하기

TPR기법을 문화지도에 적용한 것으로 일련의 연속행동을 하게 명령한다.

예) 레스토랑에서 적절한 행동: 들어가기(entering), 앉기(sitting), 주문하기(ordering), 먹기(eating), 지불하기(paying the bill), 나가기(leaving)

(7) 극화(dramatization)

목표문화권에 대한 경험이 없는 학습자들에게 역할극(role play), 단막극, 인형극 등을 통하여 유용하고 생생한 간접경험을 하게 한다.

(8) 문학

문학작품의 감상도 문화지도의 방법으로 이용될 수 있다. 그러나 학습자가 문학작품을 통하여 목표문화에 간접적인 접촉은 가능하지만 주인공의 고정관념, 작가 특유의 관점 등으로 인해 잘못된 고정관념을 갖게 할 우려도 있고 문화의 내용도 매우 제한적일 수 있다.

> Literature is very restricted as a source of information about second cultures. (Hammerly, 1982, p. 532)

14.2 문학의 지도

전통적으로 문학은 언어교육의 수단이고 동시에 목적으로 간주되어 왔으며 문학작품은 바람직한 글, 문화, 인생의 심오한 성찰을 제공해주는 교양기능으로 인식되어 왔다.

주요 외국어 교수법에서 문학지도에 관한 입장을 정리하면 문법·번역 교수법에서는 문학작품의 이해와 번역을 외국어 지도의 목표로 하고 있다. 따라서 문어지도에 치중하고 문학 작품을 모범적인 글의 본보기, 문법규칙 설명을 위한 예문으로 이용하였다. 구조주의 언어학에 근거한 교수법에서는 구어의 지도에 중점을 두고 어휘와 언어구조의 난이도 조정이 중요한 관건(關鍵)이었으므로 외국어의 지도 자료로 문학작품의 사용은 환영받지 못하였다. 기능·의미중심 접근법(functional-notional approach)과 의사소통중심 교수법에서도 실제적이고 효과적인 의사소통의 훈련에 역점을 두고 실생활에서 사용할 수 있는 언어능력의 신장 즉 즉각적인 환불효과(surrender value)에 초점을 맞추었으므로 문학 지도는 다소 등한시되었다. 그러나 최근에 문학지도가 목표문화를 이해시키고 학습자가 문학적 체험을 할 수 있게 하는 방법 중의 하나로 인식되고 있다.

14.2.1 문학지도의 필요성과 문제점

외국어교육에서 문학지도는 문학적 체험과 다양한 언어유형의 제공, 동기유발, 독해력의 증진, 목표어권 문화의 이해 등에 유용하다. 문학지도의 유용성을 정리하면 첫째로 학습자가 문학 작품을 읽고 즐거움과 만족감을 얻거나 작품에 정서적, 지적 참여(involvement)를 함으로 문학적 체험(literary experience)을 하고 교양을 넓힐 수 있다. 또한 상상력과 창의력을 신장시킬 수 있다.

... the primary and immediate aim in the teaching of literature is to help students realize as fully as possible the literary experience inherent in each selection - the experience of some facet of our culture, in other words, that has been immobilized in the poem, the story, or the drama. (Scott, 1965, p. 294)

그러나 이 목표를 성취하기 위해서는 학습자가 적절한 언어능력을 갖추고 있어야 한다. 둘째로 문학지도는 학습자의 언어능력을 개발하는데 기여할 수 있다.

Literature will increase all language skills because literature will extend linguistic knowledge by giving evidence of extensive and subtle vocabulary usage, and complex and exact syntax. (Povey, 1972, p. 187)

셋째로 문학작품을 원어로 읽고 감상하는데 관심이 있는 학습자는 문학지도를 통하여 영어학습동기를 유발할 수 있다.

넷째로 문학지도는 다독을 통하여 독해력을 신장시킬 수 있다.

다섯째로 문화적 내용과 여러 언어기능을 통합하여 제시하고 지도할 수 있다. 촌극 혹은 연극의 대본을 교사가 학습자들과 함께 쓰고 공연하고 관람한다면 쓰기, 말하기, 듣기 능력도 동시에 발전시킬 수 있으며 언어의 다양성과 여러 문체의 차이를 알게 될 수 있다. 또한 영시를 통하여 강세, 리듬, 억양 등을 지도할 수 있고 언어의 비유적 의미를 파악하게 할 수도 있다.

여섯째로 문학지도의 중요한 목적 중의 하나는 학습자가 문학작품을 통하여 목표문화를 이해하게 하는데 있다. 이 점에 대하여 Allen(1975)은 다음과 같이 논하고 있다.

Literature is a facet of a culture. Its significance can be best under- stood in terms of its culture, and its purpose is meaningful only when the assumptions it is based on are understood and accepted.

Mckay(1982)도 다음과 같이 문학지도가 영어교육에 주는 이익을 언어능력의 신장, 동기유발, 독해력신장, 문화의 이해, 창의력신장으로 제시하고 있다.

Literature offers several benefits to ESL classes. It can be useful in developing linguistic knowledge, both on a usage and use level. Secondly, to the extent that students enjoy reading literature, it may increase their motivation to interact with a text and thus, ultimately increase their reading proficiency. Finally, an examination of a foreign culture through literature may increase their understanding of that culture and perhaps spur their own creation of imaginative works. (p. 531)

그러나 초급이나 중급 학습자 대상의 문학지도는 다음과 같은 문제점이 있다.

① 읽기능력의 신장에는 도움을 줄 수 있지만 듣기, 말하기, 쓰기 능력 등의 개발에는 공헌도가 적다.

② 작가나 작품에 따라 표준영어나 품위 있는 영어가 사용 안 된 경우도 있다. 또한 비교적 어려운 어휘가 사용되고 구문이 복잡하여 외국어교재로는 적합하지 못하다. 외국어능력의 신장을 위해서는 문학작품보다는 논설문이나 시사문제를 다룬 글이 더 적합하다. 글의 전개가 논리적이고 주제가 현실적이기 때문이다.

To present someone with a set of extracts and to require him to read them not in order to learn interesting and relevant about the world but in order to learn something about the language being used is to misrepresent language use to some degree. (Widdowson, 1978, p. 80)

③ 현대 문화의 이해에 별로 도움이 안 될 수도 있다. 문학작품에 나타난 문화는 일반적으로 전통적인 문화일 수 있고 문학작품이 문화를 있는 그대로 반영하지 않을 수도 있기 때문이다. 다시 말하면 고전 문학작품은 현대 문화와 현대 생활양식을 담고 있지는 못하다.

Students need to be aware that what they read in fiction does not necessarily depict in faithful detail the reality of life for every individual in the foreign country. The ordinary life of an average citizen rarely provides the specific elements sought by the writer of a novel, play, or short story. (Rivers, 1981, pp. 336~7)

④ 문학작품은 문체가 일상생활에 사용하기에는 부적절하고 사용되는 언어가 실용성이 적어 학습자의 직업적 목표나 목표 언어권의 실생활 적응에 도움이 안 될 수도 있다.

14.2.2 문학의 지도

외국어 교육의 궁극적인 목표 중의 하나는 문학적인 체험의 제공이지만 EFL 상황의 중등학교 수준에서 학습자가 영어로 쓰인 문학작품을 읽고 이해하는 데는 한계가 있다고 본다. 물론 문학과 언어 지도가 상호 관련을 갖도록 해야 하지만 문학은 학습자가 어느 정도의 수준을 갖춘 후에 강화(reinforcement)를 하기 위한 방법으로 이용되는 것이 바람직하다.

성공적인 문학지도가 되기 위해서는 학습자에게 적합한 문학교재가 있어야 하며 교재의 선정 기준은 다음과 같다.

① 언어적 난이도와 문체가 적합한 작품
② 적당한 길이의 작품
③ 학습자에게 흥미를 주고 문화적으로 내용이 적합한 작품
④ 학습자가 주제를 이해할 수 있는 작품
⑤ 문학사적으로 의의 있는 작품
⑥ 가능한 현대의 문학작품

문학작품에 따라 언어적 난이도가 다양한데 이러한 문제를 해결하기 위해서는 다음과 같은 방법을 활용할 수 있다.

(1) 단순화

단순화(simplification)는 문학작품의 어휘나 언어구조를 쉬운 것으로 대치하여 교재를 다시 작성하는 것을 말한다. 전달내용이 왜곡될 수 있고 결합성(cohesion)이 훼손될 수도 있어 바람직하지는 않다.

(2) 이독성 이용

이독성(readability)은 어휘와 문장의 길이 등을 고려하여 독해의 난이도를 예측하는 것으로 이독성이 낮은 교재를 학습자에게 제시하여 언어적 난이도 문제를 해결할 수도 있다. 그러나 구성(plot)이나 문화적 차이 같은 부분의 난이도를 예측하기는 쉽지 않다.

(3) 청소년을 위한 작품의 사용

주제가 청소년(young adult)에게 적합해야 한다. 또한 짧으며 문체가 비교적 단순해야 한다.

문학이 교사의 자세한 설명을 통하여 이루어지면 학습자에게 문학적 체험을 주기가 어렵다. 또한 평가를 목적으로 한다면 암기나 정형화된 답을 요구하게 되므로 문학지도의 목적과는 거리가 멀게 된다. 따라서 문학의 지도방법은 가능한 토론을 거치는 것이 바람직하다.

> The major justification for inclusion of literature at all levels of language instruction is that it can prompt class discussion better than almost anything else. (Power, 1981, p. 8)

14.2.3 드라마기법의 활용

문학을 영어수업에 활용하는 방법 중에는 드라마기법이 가장 유용하고 실제로 초·중등학교에서 많이 사용되고 있으며 학습자의 의사소통능력의 신장에 효과적이다. 드라마 기법[108]은 기능획득(skill-getting) 단계와 기능사용 단계(skill-using)의 가교적 역할을 하며(Rivers, 1987 참고) 그 예는 역할놀이(role play), 연극(drama), 가상연기(simulation), 무언극(mime), 즉흥극(improvisation) 등이다. 또한 영어수업에서 이러한 드라마기법의 활용은 다음과 같은 효과가 기대된다.

① 행동을 수반하므로 활동적이고 학습자의 참여를 높이며 학습동기를 유발할 수 있다. 따라서 역동적인 수업활동이 가능하다.
② 가상의 상황에서 가상의 역할을 하게 함으로 학습자의 상상력을 개발할 수 있다. 가상의 상황이라도 실제 상황에 토대를 둠으로 의사소통 능력의 신장에 기여할 수 있다.
③ 제스처나 얼굴표정 등의 비언어적 의사소통활동을 익히게 할 수 있다.
④ 일상생활의 구어체와 다양한 어휘에 익숙하게 할 수 있다. 또한 완곡한 표현이나 상황에 적절한 표현을 해보고, 감정표현을 할 수 있는 기회를 주므로 사회언어적 능력과 전략 능력을 기를 수 있다.
⑤ 발음, 억양 등을 훈련할 수 있다.
⑥ 상황 속에서 언어연습을 할 수 있으므로 그 자체가 학습의 대상이며 학습과정이

---

108) 언어교육에 활용되는 드라마에 대해서는 다음과 같은 용어들이 사용되어 왔다: school drama, educational drama, drama techniques, drama in teaching(DIT), the theater arts, learning through drama, creative drama, drama game, role play. 또한 한국어 용어로는 교육연극, 학교연극, 역할놀이 등이 사용되고 있다.

될 수 있다.

⑦ 목표어권 사회의 문화를 이해하고 간접 경험을 할 수 있고 문화대응 전략(coping strategies)을 기를 수 있다.

⑧ 언어의 기능(function)을 이해하고 듣기와 말하기 능력을 신장시킬 수 있다.

또한 드라마기법은 교재를 재구성하여 사용할 수 있고 수행평가로 활용할 수도 있다. 영어수업에서 활용할 수 있는 문학적인 활동을 정리하면 다음과 같다.

1) 역할놀이

역할놀이(역할극; role play)는 상호작용 활동(interaction activity)의 일종으로 가상의 상황 속에서 가상의 역할을 맡아 실연하는 학습활동이며 실제적인 대화나 특정한 언어기능을 연습할 수 있다.

> The role play has provided practice in particular language functions within a narrow situation. (Sturtridge, 1981, p. 126)

> Role plays are exercises where the student is assigned a fictitious role from which he has to improvise some kind of behavior toward the other role characters in the exercises. (Paulston & Bruder, 1974, p. 70)

역할놀이는 비교적 단순하고 짧으며 즉흥성(improvisation)과 가상적 역할(fictitious role)이 있다는 면에서 일정한 대화를 암기하여 실연하는 대본에 의한 연극과는 다르다. 역할놀이의 장점은 다음과 같다.

① 다양한 역할을 통하여 학습자가 다양한 경험을 하게 할 수 있다.

② 학습자가 적극적으로 참여하게 하여 다양한 상호작용이 일어나게 할 수 있다.

③ 학습자에게 흥미를 줄 수 있다.

또한 역할놀이의 유형은 다음과 같다.

(1) 모델을 제시하는 역할놀이

모델을 제시하고 학습자가 자신에 맞는 어휘를 사용하여 하는 역할극을 말하며 초보단계에서 유용하다.

예) Shopkeeper: Good morning. Can I help you?
Customer: Yes, please. I'd like a *bottle of milk*.
Shopkeeper: Here you are.
Customer: How much is that?
Shopkeeper: *Seventy cent*. Thank you.
Customer: Goodbye
Shopkeeper: Goodbye.

위의 예에서 'a bottle of milk'와 'seventy cent'는 학습자가 변경하여 말하게 한다.

(2) 단서가 제공되는 역할놀이

단서가 담긴 카드를 주고 학습자들이 카드에 근거하여 역할을 나누어 하는 역할놀이를 말한다. 단서는 학습자의 수준에 적합한 것을 제시해 준다.

예)

Learner A	Learner B
You meet B in the street.	*You meet A in the street.*
A: Greet B.	B: Greet A.
A: Ask B where he is going.	B: Say you are going for a walk.

(3) 상황이 제공되는 역할놀이

다음의 예와 같이 가상의 상황을 제공하고 학습자가 창안하여 역할극을 하게 할 수도 있다.

예) (a) Student A: You arrive at a small hotel one evening. In the foyer you meet the manager and ask if there is a room vacant. Ask the price, including breakfast.
Student B: You are the manager of a small hotel that prides itself on its friendly, homely atmosphere. You have a single and a double room vacant for tonight.
(b) You are in a restaurant. Order a drink from the waiter.

2) 무언극

무언극(몸짓극, 마임, mime)은 몸짓으로만 하는 연극을 말하며 혼자 혹은 여러 명이 어울려 할 수도 있다. 다시 말하면 무언극(pantomime)은 대사가 없이 제스처나 표정 등의 비언어적인 표현을 통하여 하나의 이야기나 메시지를 관중에게 전하는 극 활동이다. 이 무언극은 비언어적인 의사소통행위이며 상황 및 목적에 따라 적절한 얼굴표정과 몸짓, 자세, 태도를 통하여 하나의 이야기를 관중에게 전하는 활동이다. 이 극은 학습자의 사회언어적 능력을 신장시킬 수 있다. 또한 무언극이 끝난 후에 다른 학습자들에게 내용을 설명하게 한다면 구술능력의 신장에도 유용할 수 있다. 예를 들면 교사가 다음과 같은 다양한 상황을 제시하면, 소집단이나 쌍(pair)별로 논의하여 그 상황을 몸짓이나 표정으로 표현하고, 다른 쌍이 그 내용을 알아내는 방법이 있다.

예) 활동제목: What are we doing?
무언행동 (a) A hairdresser cutting a customer's hair
(b) Two people quarrelling over which TV channel to watch
(c) Two people moving a piano

3) 교육연극

교육연극(drama in teaching, DIT)은 언어교육을 목적으로 하며 일반적인 연극과 달리 촌극이나 소극(mini-drama, skit)을 말한다. 다시 말하면 외국어학습을 위하여 교실에서 최소한의 무대장치를 준비하고 쉽게 할 수 있는 극적 활동이다. 교육연극은 대본에 의하여 실시된다는 점에서 역할놀이와는 다르다. 초급단계에서는 교과서 내용을 토대로 하고, 중·고급단계에서는 교과서나 기타 쉽게 써진 문학작품을 이용한 교육연극이 바람직하다. 또한 교육연극은 쉽고, 짧고, 재미있어야한다. 연극의 실행은 대본작성, 토의, 대본수정, 연습, 발표, 평가의 단계로 이루어지므로 언어의 네 기능을 모두 연습할 수 있다.

4) 가상연기

가상연기(simulation)는 학습자에게 수행할 과업을 주든가 실생활의 문제를 가상으로 설정해 주고 해결해보게 하는 상호작용 활동(interaction activity)을 말한다. 다른 인물을 가상하지 않는다는 면에서 드라마와는 다르며 정해진 장면(setting)에서 어떤 문제의 해결을 위해 토의하고 수행한다는 점에서 역할극과 다르다. 가상연기에서 역할극을 포함할 필요는 없으며 중상이나 상급의 학습자에게 적합한 활동이다.

예) (a) 특정도시에 관한 정보를 주고 새로운 도시 계획 세우기(the production of a plan for a new town)
(b) 외국의 자매학교와 공동축제를 계획하기

5) 즉흥극

즉흥극(improvisation)은 우리의 실제 상황을 소재로 하되 교육연극과는 달리 준비된 대본에 따르지 않고 약간의 틀에 따라 느낀 대로 말하고 행동하게 하는 극적 활동이다. 따라서 이러한 즉흥극은 창조적 언어활동과 순발력을 키우는데 유용하다.

15장 영어교재와 교수도구

학교교육은 학습자와 교사, 교육환경 및 교재의 상호작용에 의해 이루어진다. 교사가 사용하는 교수법이 교수의 방법(how to teach)에 해당된다면 교재(teaching material)는 학습내용(what to teach)에 관계된다. 또한 다양한 교수도구는 학습자의 이해와 표현을 도와주고 학습동기를 유발할 수 있다. 따라서 영어과 교과교육학에서는 교수법과 더불어 교재와 교수도구에 관한 논의가 필요하다.

15.1 영어교재

교재는 넓은 의미에서 볼 때는 유형·무형의 입력을 총칭하며, 상황(context), 환경(environment)들이 모두 포함된다. 보다 좁은 의미로는 언어자료와 상황을 말한다. 가장 좁지만 널리 이해되는 교재는 교과서(textbook)와 교구(teaching aids)를 통해 입력되는 언어자료를 말하며 다매체(multi-media)자료도 포함된다.

교과서는 교육과정상의 목표를 구현하기 위하여 학교에서 사용되는 주된 교재를 말한다. 다시 말하면 교과서는 가르칠 과목의 내용을 실어 펴낸 책으로 교육과정의 구현체이다.

> Textbook is one type of text, a book for use in an educational curriculum. (Brown, 2001, p. 141)

우리나라와 같은 EFL상황에서의 영어수업에서 목표를 달성하기 위해 영어교과서가 차지하는 비중은 매우 크다.

15.1.1 영어교재의 내용구성

영어교재의 내용은 영어 교육에 관한 이론과 목표, 학습자의 수준과 배경 등에 따라 다를 수 있는데 일반적으로 바람직한 영어교재의 내용은 다음과 같다.

① 학습자에게 지적 관심과 흥미를 줄 수 있는 내용으로 이루어져야 한다.
② 사회적 적합성과 언어적 적합성이 있어야 한다.
③ 내용이 진정성(authenticity)[109]이 있고 명확해야 한다. 또한 담화가 결합성과 일관성이 있어야 한다.
④ 학습자의 의사소통능력을 효율적으로 개발시킬 수 있는 자료가 포함되어야 한다.
⑤ 영어권 사회의 풍속이나 문화를 담고 있어야한다.
⑥ 실용적 효율성과 지도상의 효율성이 있어야한다.
⑦ 영어교육의 현실에 부합되어야 한다. 다시 말하면 교수배당시간, 교수법, 교사의 언어구사력, 학습자의 수준 등을 고려해야 한다.

영어 교재의 내용은 언어관과 교육관 및 교육과정에 따라 다르게 구성된다. 1920년대와 1930년에는 어휘가 교재의 주요한 요소였으며 그 이후 문법, 구조, 상황, 기능 등으로 교재의 중요한 내용이 변화되어 왔다.

교재의 내용구성은 크게 분석적이고 과정 지향적인 내용구성과 종합적이고 결과 지향적 내용구성으로 나눌 수 있다.

(1) 분석적 · 과정 지향적 내용 구성

언어의 각 구성요소들이 서로 분리되어 제시된다. 구조중심, 상황중심, 기능 · 의미 중심, 화제 중심의 내용구성이 여기에 해당된다.

(2) 종합적 · 결과 지향적 내용구성

언어입력이 한 덩어리로 제시되며 학습자가 언어규칙을 추론하게 구성된다. 절차중심, 과제중심의 내용구성이 여기에 해당된다.

여기서는 교재의 중점에 따라 문법중심, 구조중심, 상황중심, 기능 · 개념중심, 자연적, 과업중심, 주제중심, 문화중심, 통합적 내용구성으로 분류하여 논의하고자 한다.

---

109) 진정성(authenticity)은 언어 교육 자료가 실생활에서 사용되는 언어를 포함한 정도를 말한다. the degree to which language teaching materials have the qualities of natural speech or writing. (Richards 등, 1985, p. 22)

1) 문법중심의 내용구성

문법중심의 내용구성은 문법을 기준으로 영어교재의 내용을 구성하는 것을 말하며 Palmer가 문법에 관심을 갖고 A grammar of spoken English(Palmer and Blandford, 1939)를 저술하고 대치표(substitution table)를 제안하여 이 분야의 토대를 마련하였다.

문법사항은 정관사, 부정관사, 명사, 대명사, 동사, 부사, 접속사, 전치사 등으로 나누어 제시되며 개념적 설명, 음운의 구조적 특징 제시, 문법과 어휘의 암기 등을 통한 지적 훈련을 목적으로 한다. 이러한 내용 구성은 일목요연하며 체계적이다. 또한 이러한 유형의 교재를 사용한 경우에 목표어의 언어적 특징을 학습자가 인식하도록 의식상승(consciousness-raising)에 초점을 맞추어 문법지도가 이루어지면 효과적일 수도 있다. 그러나 다음과 같은 문제점이 있다.

① 명시적인 문법 지도(explicit teaching of grammar)에 중점을 두게 되어 학습자가 목표 언어에 노출되는 시간이 적다.
② 주로 문어에만 초점을 맞추게 되고 구어는 등한시될 우려가 있다.
③ 문법적 복잡도와 학습 가능성이 항상 일치하지는 않는다.
④ 대체적으로 의사소통 능력의 신장과는 무관하며 적합성도 결여되어 배운 내용을 실제 상황에 활용하기가 어렵다. 다시 말하면 환불효과(surrender value)가 약하다.[110)]

2) 구조중심의 내용구성

구조적 내용구성에서는 언어의 구조를 간단한 것에서 복잡한 것으로 체계적으로 제시하며 상황적(situational) 의미보다는 구조적 의미를 강조한다. 또한 언어의 구조에 관한 지식이 있으면 해당 언어를 습득한 것으로 간주한다.

청화중심 교수법(audiolingualism)에 근거한 교재의 경우는 대치표(substitution table)와 문형연습을 통한 언어구조의 습관화에 초점을 맞추며 대치, 변형, 확대, 연결 등의 기계

---

110) 환불효과(surrender value)는 보험에서 사용되는 용어로 환불효과가 높으면 투자에 대한 빠른 효과가 있다는 의미이다. 영어교육에서는 지도가 의사소통능력의 신장에 직접적으로 영향을 미치는지 여부를 말한다. 다시 말하면 영어지도가 학습자의 영어 의사소통능력에 직접 영향을 미친다면 환불효과가 높다고 할 수 있다. Wilkins(1979)에 의하면 구조적 교 수요목(structural syllabus)은 환불효과가 낮다. 학습자가 의사소통을 시작하기 전에 충 분한 문법을 습득하기에는 상당한 시간이 걸리기 때문이다.

적 연습을 하도록 구성된다.

Chomsky의 변형·생성문법(transformational-generative grammar), 확대 표준이론(extended standard theory) 등에서는 인지주의적 접근에 의한 연역적 학습 즉 인지습관의 형성에 도움을 주는 영어교육을 목적으로 한다. 인지적 관점의 영어교재 내용구성은 유한한 규칙을 제시하여 무한한 문장을 만들어 내는데 관심을 갖고 영어의 심층구조를 표층구조로 도출하는 과정과 규칙을 내용으로 한다.

문형(sentence pattern)과 상황을 연결(structural-situational approach)하여 내용을 구성할 수도 있고 'be'동사와 진행형을 함께 제시하는 등으로 구조를 묶어 제시할 수도 있는데 일반적인 언어구조의 제시 순서는 다음과 같은 다양한 기준으로 할 수 있다.

(1) 단순성 기준(simplicity)

간단한 구조에서 복잡한 구조의 순서로 제시한다. 그러나 간단한 구조와 복잡한 구조를 명확하게 구분하기는 용이하지 않을 수도 있다. 일반적으로 문장을 단문, 중문, 복문, 혼합문의 순서로 제시한다.

(2) 사용빈도(frequency of occurrence)

사용되는 빈도의 순서에 따라 제시한다.

(3) 유용성(utility)

유용성의 순서에 따르는데 예를 들면 'What's this?'는 실생활보다는 교실상황에서 유용성이 높으므로 먼저 제시하는 것이 효과적이다.

3) 상황중심의 내용구성

상황 중심 내용구성은 상황에 따라 사용되는 언어가 다를 수 있다고 보고 예상되는 상황에서 사용되는 언어자료를 교재의 내용으로 한다. '은행에서', '비행장에서', '병원에서' 등과 같은 한 상황이 하나의 단원이 되고 학습 단원은 문법적 분류에 의하지 않는다. '상황'은 상황(situation)과 화장(話場, setting)으로 구분되며 상황은 언어 외적인 개념으로 보다 넓은 의미이고 화장은 대화가 이루어지는 현장을 지칭한다. Richterich(1972)는 화장의 구성요소를 행위자, 시간, 장소의 세 가지로 보고 있다.

상황중심 내용구성의 문제점은 상황을 난이도에 따라 등급화하기가 쉽지 않다는데 있다. 하나의 상황에 단문, 중문, 복문 및 다양한 문법사항이 제시될 수 있기 때문이다. 따라서 문법사항을 반복하여 복습할 수 있게 나선형으로 교재를 구성하는 것이 바람직하다.

4) 기능 · 개념중심의 내용구성

기능 · 개념 중심 내용구성은 언어가 수행하는 기능 범주와 개념 범주를 중심으로 교재의 내용을 구성하는 것을 말한다. 이러한 내용구성은 입문단계 목록(threshold level type of inventory)에 근거하고 학습자의 필요를 분석하여 작성되며 문법형태에 대한 관심보다는 화용론적 목적을 강조한다. 입문단계는 유럽의회 현대영어 프로젝트가 개발한 외국어 학습의 목표로 목표언어 집단의 일원으로서 의사소통 상황에서 적절하게 기능을 발휘할 수 있도록 하는 최소한의 단계를 말한다.

> [Threshold level is the] lowest level of foreign-language ability to be recognized (Van Ek, 1975, p. 5)

이 입문단계는 단원/이수체계(unit/credit system)를 위한 기초가 되며 1,100~1,500개의 어휘항목과 최소한 120~200시간의 교육이 필요하다. 이 단계에서 공통핵심(common core)을 위해 Van Ek(1975)는 기능의미 중심 교수요목과 관련되는 목록을 제시하였다. 공통핵심은 전공분야, 개인적인 욕구, 상황, 특정 주제 등과 관련 없이 모든 학습자들이 공통적으로 알아두어야 할 언어 목록을 말한다.

그러나 입문단계가 일부 성인에게는 성취하기 어려운 단계이므로 입문단계의 목표에 이르는 중간단계에 입문 전 단계 영어(문전통로영어, waystage English)단계를 설정하였다. 예를 들면 긴박한 외국어 상황에 대처할 수 있는 기본 능력의 배양 등을 들 수 있다. 여기서는 언어적 목표보다 언어수행목표 즉 행동 목표를 설정한다.

> Goals that specify the observable outcomes of instruction are called performance objectives. Performance objectives are also frequently referred to as behavioral or instructional objectives. (Valette & Disick, 1972, p. 10)

동일한 기능도 여러 구조에 의해 표현될 수 있다. 다음 예들은 여러 구조에 의하여 (a)는 충고, (b)는 경고를 나타낸다.

예) (a) a. I think you'd do better ....
    b. You ought to ....
  (b) a. Be careful ....
    b. Don't do that ....
    c. If you do that, then ....

기능(function)은 진술하기, 허락 구하기, 요청하기, 사과하기, 권유하기, 명령하기 등 언어행위를 통해서 성취하고자 하는 목적을 말한다. 기능의 분류는 관점에 따라 다소 다르지만 교육과정과 교수요목을 계획하고 교수내용을 구성할 때 학습자의 요구와 수준, 사회적 배경, 교육상황 등을 고려하여 언어기능을 선택하여 배열해야 한다. 기능의 분류를 보면 다음과 같다.

(1) Wilkins(1976)의 분류

양상(modality): 필요, 확신, 의무, 의지 등
도덕률과 평가(moral discipline and evaluation): 판단, 찬성 등
권고(suasion): 설득, 추천, 예상 등
논의(argument): 사실과 견해의 교환, 동의, 반대 등
이성적 탐구(rational inquiry and exposition): 함축, 결론, 증명, 설명 등
개인적 감정(personal emotion): 긍정적 및 부정적 개인의 정서
정서적 관계(emotional relations): 인사, 아첨 등
대인관계(Interpersonal relations): 공손함 및 문체 등

(2) Finocchiaro & Brumfit(1983)의 분류

개인적(personal) 기능: 희로애락, 좋아하거나 싫어함 등
대인적(interpersonal) 기능: 인사, 소개, 초대, 약속, 사과, 칭찬, 변명 등
지시적(directive) 기능: 제안, 요구, 설득, 격려, 지시 등
참조적(referential) 기능: 묘사, 정의, 예약, 비교, 가능성, 능력, 보고, 평가 등
상상적(imaginative) 기능: 창조적 재구성

(3) 우리나라 초등학교 영어교육과정상의 의사소통기능

친교활동: 인사, 소개, 감사, 주의 끌기, 칭찬 · 축하 · 감탄, 약속, 기원, 음식권유 · 응답
사실적 정보 교환: 사실적 정보, 사실 확인, 사실 묘사, 습관, 경험, 계획, 비교
지적 태도 표현: 동의나 반대, 제의 · 초대, 제안, 가능 · 불가능, 확신하기, 허락, 지시 · 금지, 의견 표현
감정 표현: 좋아함 · 싫어함, 희로애락, 원하는 것, 동정
도덕적인 태도 표현: 사과 · 변명
설득과 권고: 요청, 경고
문제 해결: 길 안내, 물건사기, 되묻기, 전화하기 및 받기

개념(의미: notion)은 존재, 시간, 빈도, 양, 질, 무게, 차원, 위치, 관계 등을 나타내며 추상적이다. 이 개념은 언어형태 즉 문법과 어휘로 구현된다. Van Ex & Alexander (1975)에 의하면 개념은 일반적인 개념(general notion)과 특수 개념(specific notion)으로 나눌 수 있다. 일반적인 개념에는 존재, 공간, 시간, 양, 질, 관계 등이 있으며 특수 개념에는 일상생활, 여가, 날씨, 여행, 건강, 교육 등을 예로 들 수 있다.

기능과 개념중심의 내용구성에서 제시순서는 사용빈도와 유용성을 기준으로 한다. 또한 언어를 의사소통목적으로 바로 사용할 수 있으므로 환불효과(surrender value)가 문법적 혹은 구조적 내용구성보다 높으며 학습자의 동기 유발이 쉽다. 그러나 기능 · 개념 중심의 내용구성은 다음과 같은 문제점이 있다.

① 기능항목이나 개념항목의 등급화가 어렵다.
② 한 가지 기능에 대한 표현이 다양하다.
③ 기능 · 개념 중심의 내용구성은 언어기능과 예시문을 나열하게 되는데 이러한 구성이 학습자의 의사소통능력 신장과 직접관련이 있는지는 불확실하다. 수업의 구체적인 방법에 대한 연구가 있어야 한다.

5) 자연적 내용구성

자연적 내용구성은 교재의 내용을 기본적 개인 의사소통 기능과 학문적 학습기능으로 분류하고 우선 기본적 의사소통 기능의 개발에 초점을 두고 이를 바탕으로 학문적 학습기능을 습득할 수 있게 구성된다. 또한 이해기능이 표현기능에 앞서 제시된다. Krashen & Terrel(1983)은 텍스트의 구성 기준은 적합한 수준의 복잡성과 흥미라고 제시하고 있다. 여기서 언어적 복잡성은 어휘, 구문, 의미와 관계된다.

> A text is appropriate for a reader if it meets two criteria. First, it must be at an appropriate level of complexity. Second, the reader has to find it interesting.

이 관점에서의 교재내용은 어휘와 구문 및 의미의 복잡성이 이해 가능한 수준이며 흥미있는 소재로 구성된다.

6) 과업중심의 내용구성

과업(task)중심 내용구성은 실생활에서의 필요에 대한 요구분석(need analysis)을 토대로 목표어로 행해지는 활동 혹은 실행 과업으로 교재의 내용이 구성된다. 다음의 예와 같이 교실 밖의 일상생활에서 이루어지는 과업을 제시할 수도 있다.

예) 편지 부치기, 비행기표를 예약하기 위한 전화하기, 이력서 쓰기, 물건 바꾸기.

이러한 내용구성은 과업 중심 지도법(task-based teaching)과 최근의 의사소통중심교수법에서 사용되는 교재들의 특징이다. 과업 중심 내용 구성의 예로 Prabhu(1987)의 절차교수요목(procedural syllabus)을 들 수 있다.

7) 주제중심의 내용구성

주제(theme, topic)중심의 내용구성은 학습자의 필요에 부합되는 적절한 주제를 선정하고 그 주제에 따라 교재의 내용을 구성하는 것을 말한다. 일상생활의 일반적인 주제를 선정할 수도 있고 특수목적의 영어교육(ESP)에 적합한 특정한 주제를 선정할 수도 있다.

8) 문화중심의 내용 구성

교재를 문화내용을 중심으로 구성할 수 있으며 이러한 교재는 동화적(assimilation) 동기를 지닌 학습자에게 적합하다. 그러나 문화를 등급화 하거나 문법적 난이도와 문화항목을 연결하기가 용이하지 않다.

9) 통합적 내용 구성

통합적으로 구성된 교재는 어느 한 가지 유형의 교수요목에만 토대를 두지 않고 두 개

표 15.1 Brumfit(1981)의 통합모형

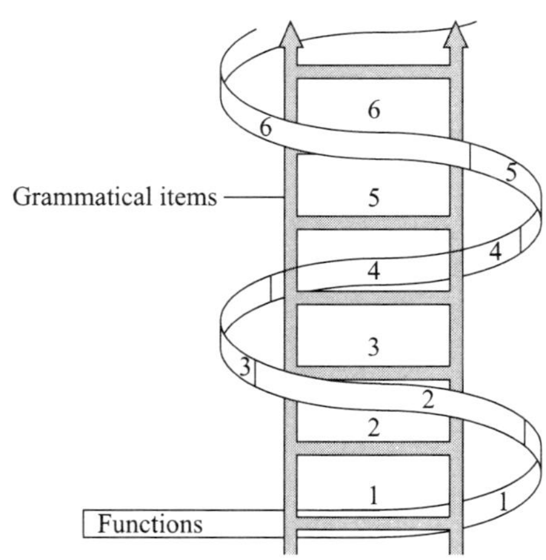

나 그 이상의 교수요목유형이 통합되어 구성되어 진다. Brumfit(1981, p. 50)은 표 15.1과 같이 통합모형을 제시하고 있다.

위의 통합교수요목에서는 사다리로 표시된 문법항목의 둘레에 기능의 띠가 둘려있는 형태로 제시되어 있다. 이는 특정한 문법항목이 제시된 후에 그 문법항목을 활용하여 수행할 수 있는 기능이 연결되도록 구성되어 있다. 다른 각도에서 보면 언어기능을 사다리로 하고 띠를 문법항목으로 구성하도록 제안할 수도 있다고 본다.

15.1.2 영어교재의 언어유형

인간의 모국어습득은 부모의 말, 또래집단의 말, 돌보아 주는 사람(caretaker)의 말, 주위에서 들려오는 말을 통해 이루어지지만 외국어 학습은 교사나 교재 및 매체에 의한 인위적, 형식적 환경에서 제공되는 언어입력을 통해서 이루어진다. 따라서 외국어 학습에서 교재의 언어사용은 매우 신중해야 한다.

영어교재에서는 다양한 언어적 변이형이 고려되어야 한다. 즉 방언과 표준어, 화역, 문체 등에 대한 검토가 있어야 한다. 화역(register)은 특별한 목적을 위해 사용되어지는 언어의 변이형으로 계급방언이나 지역적 방언과는 다르다. 특히 구어체 교재의 언어는 화역을 고려해야 한다.

언어유형은 영어교육 목적, 글의 분야, 대상과도 관련이 있다. 예를 들면 운동에 관한 보고서에서는 능동태, 과학논문에서는 수동태 구문이 자주 사용된다.

문체(style)는 넓은 의미로는 특별한 효과를 나타내기 위한 작가 나름의 어법적 특징을 말하며 보다 좁은 의미로는 시간, 장소, 환경, 교과 등에 따라 사용되는 언어의 형태를 말한다. 형식성에 따라 웅변체(oratorical or frozen style), 공식체(deliberative or formal style), 상담체(consultative style), 일상체(casual or informal style), 친밀체(intimate style)로 분류된다(Joos, 1967 참고).

의사소통을 중시하는 교재에는 다양한 문체와 다양한 언어부차적 요소(paralinguistic element) 및 비언어적 의사소통 행위가 포함되는 것이 바람직하다.

15.2 영어교수도구

영어교육에서 교수도구는 주 교재를 보다 효과적으로 지도하기 위한 보조적인 교육자료를 말한다. 원어민과 상호작용의 기회가 적고 실제 영어를 사용할 기회가 제한적인 EFL

상황에서의 영어지도에는 학습자에게 영어에 노출될 기회를 주고 자기주도적인 학습을 하게 하기 위하여 다양한 교수도구의 활용이 바람직하다. 다시 말하면 영어교육의 효과를 극대화하기 위한 교수방법들을 다양한 교수매체의 도움을 받아 실시하는 교육공학적 접근이 필요하다.

15.2.1 시청각도구

시청각 도구는 의미 있는 발화와 상황을 시각적이나 청각적으로 제시하는 언어지도의 도구를 말한다. 시청각도구의 활용은 형태 심리학(Gestalt psychology)에 근거하며 언어지도를 전체적인 상황 파악으로부터 특정한 언어구조의 지도 순서로 진행한다. 즉 언어적 분석을 하지 않고 다매체에 나타난 전체 상황을 이해하고 전체적으로 몰입할 수 있게 할 수 있다. 또한 이론적 측면에서는 학습자들이 교사로부터 지식을 얻는 것이 아니라 학습활동에 직접 참여하여 언어지식을 스스로 구성해 나간다는 구성주의 이론에 근거한다. 이러한 시청각매체를 활용하는 교수법을 '시청각 교수법(audiovisual method)'이라고도 하지만 하나의 교수법이라기보다는 교사의 교수행위를 보조하므로 교수도구로 다루어지는 것이 옳다고 본다. 이는 모든 교수법에서 시청각 매체를 사용할 수 있기 때문이다.

> The term 'audiovisual' ... cannot be identified with one specific method. (Rivers, 1968, pp. 174~75)

시청각 도구의 체계적인 사용은 17세기 Comenius의 Orbis Pictus부터라고 볼 수 있으며 어휘와 구조를 지도하기 위해 사물(혹은 이미지)과 음(sound)을 연결하는 기법은 직접식 교수법에서부터 유래되었다. 시청각 도구 활용의 장점을 정리하면 다음과 같다.

① 개별화 학습, 학습자 중심의 학습, 원격학습에 유용하다.
② 학습자의 흥미를 끌 수 있어 동기유발에 유용하다.
③ 원어민의 다양한 목소리를 접할 수 있고 교사의 발음을 보완해 줄 수 있다.
④ 저장이 용이하고 반복기능이 있으며 복사가 용이하다.
⑤ 학습자들에게 구체적인 경험을 할 수 있게 해주며 화면과 소리가 동시에 제공되므로 목표어의 발화와 의미가 직접 연결되어 모국어의 사용을 줄일 수 있다.
⑥ 학습자가 의미 있는 의사소통 중심의, 상호작용적인 영어를 매체를 통하여 접할 수 있다.

⑦ 상황에 따라 일제수업, 소집단별 수업, 수준별 수업, 개별학습에 용이하게 이용되고 학습자의 수준에 맞출 수 있다.
⑧ 다인수 학급에서도 효과적으로 이용될 수 있다.
⑨ 정해진 수업시간을 계획적이고 다양하며 효율적으로 활용할 수 있다.
⑩ 비언어적 의사소통과 목표어권의 문화를 학습시킬 수 있다.

과학 기술의 발달과 언어학적, 심리학적, 교수 방법적 통찰의 변화, 교육목표와 교육과정의 변동 등의 요인으로 시청각도구는 계속 발달되고 다양화되고 있다.
시청각 매체 사용 시 고려해야할 사항을 정리하면 다음과 같다.

① 정보전달 수단이 청각, 시각 혹은 시청각인지를 결정해야 한다.
② 사용목적이 단순한 언어 제시나 반복연습에 있는지 혹은 테스팅에 있는지를 결정해야 한다.
③ 사용 목적이 학습자의 동기 유발인지, 효과적인 정보전달인지 혹은 영어에 노출될 기회의 제공인지를 고려해야 한다.
④ 구입의 용이성, 대용가능성 등을 고려해야 한다.
⑤ 학습대상에 대한 고려를 해야 한다.

시청각 매체에는 청각 매체, 시각 매체, 시청각 매체 등이 있는데 정리하면 다음과 같다.

(1) 청각 매체

청각매체(auditory media)는 청각을 이용하여 영어를 이해하고 경험을 얻게 하는 매체로 라디오, 녹음기 등이 해당된다. 라디오방송은 대부분 화제 중심이고 실제 생활에 사용되는 언어를 사용함으로 진정성(authenticity)이 높다. 녹음기는 반복기능이 있어 듣기 훈련에 유용하다.

(2) 시각 매체

시각매체(visual media)는 시각적으로 영어의 의미를 보여줄 수 있다. 따라서 모국어로 번역해줄 필요가 없고 교사의 말(teacher talk)을 줄일 수 있는 장점이 있다. 그림 카드(picture flash card), 챠트(charts), 그림파일(picture file), 실물 환등기(opaque projector), 투영기(overhead project, OHP), 괘도(wall picture) 접착판(flannel board, magnet board) 등이 해당된다.

(3) 시청각 매체

시청각 매체(audio-visual media)는 음향과 영상으로 언어자료를 상황화(contextualization)할 수 있고 문화를 담을 수 있는 장점이 있다. TV, 비디오, 자동학습기, 영화, 컴퓨터, 다매체 등이 해당된다. TV는 일방적 통신매체(one way communication)이므로 진행속도를 조절할 수 없고 학습자가 수동적인 단점이 있다. 따라서 교육용 TV의 활용이 바람직하다. 비디오는 반복기능이 있는 장점이 있다. 자동학습기(teaching machine)는 프로그램학습(programmed learning)을 위해 사용되는 학습용 기계를 말하며 Pressey형과 Skinner형이 있다. Pressey형은 1920년경 미국에서 개발되었으며 객관식 자동 채점기로 시행착오를 통한 학습을 시도한다. 또한 Skinner형은 1954년 이후에 개발되었으며 Skinner의 학습심리 및 학습이론에 근거로 하고 완성형 시험에 이용된다. 시행착오의 과정이 배제되며 학습 자료를 등급화하고 학습자가 자신의 진도에 맞출 수 있어 자율적 개별학습에 유용하다

외국어 학습에 활용되는 시청각 매체는 다음과 같은 단계로 발전해 왔다.

① 오디오
② 오디오와 비디오의 결합
③ CD-ROM을 이용한 소프트웨어 개발
④ 인터넷을 활용한 외국어 학습 혹은 웹 기반 외국어 학습(web-based instruction)

1990년대 중반이후는 컴퓨터 하드웨어와 소프트웨어 기술이 오디오와 비디오 기술과 결합하여 다매체를 통한 외국어학습에 기여하게 되었다.

15.2.2 컴퓨터

컴퓨터(computer)는 언어교수(computer-assisted language instruction; CALI)와 언어학습(computer-assisted language learning; CALL)에 이용될 수 있다. 1980년대 이전에는 기계적인 문형 및 어휘 학습과 평가에 컴퓨터가 제한적으로 사용되어 왔으나 1980년대 후반 이후 소형 컴퓨터(microcomputer)의 발전과 CD-ROM의 개발로 그 효용성이 더욱 커졌다.

컴퓨터는 행정용(for administration), 평가용(for testing), 교구용(as a classroom aid), 교실 수업용(for direct teaching) 등의 다양한 용도로 사용이 가능하다. 컴퓨터는

1990년까지는 주로 문서의 작성과 보관, 반복연습과 개인교수형 프로그램에 이용되었으나 상호작용적인 연습활동에는 미흡하였다. 그러나 MPEG, JPEG 등의 압축/해제 방식의 발달을 통해 문제해결(problem solving), 시뮬레이션(simulation), 학습용 게임(game), 문법학습, 작문, 구두표현 연습에까지도 통합적으로 이용될 수 있다(Merrill 등, 1992 참고).

컴퓨터를 통한 교육은 학습 진도의 조정이 자유로워 자학자습에 유용하고 특히 쓰기 활동에는 수정이 용이한 장점이 있다. 또한 컴퓨터는 방대한 자료처리능력과 다양한 다매체를 결합하며 인간의 모든 감성을 이용할 수 있으므로 TV나 VCR보다 영어교육에 기여도가 더 크며 학습자가 능동적으로 학습에 참여하게 할 수 있다. 아울러 컴퓨터로 기존의 교재를 변형하거나 재구성할 수 있고 새로운 교재의 제작도 가능하다. 컴퓨터 적용평가(computer adaptive testing)를 활용하여 진단평가나 형성평가를 할 수 있으며 학습자의 수준에 따라 진행속도와 학습자의 숙달정도의 측정이 가능하고 수행평가도 실시할 수 있다. Warschauer, M & Hearley(1998, p. 59)는 컴퓨터의 유용성을 다음과 같이 제시하고 있다.

① multi-model practice with feedback
② individualization in a large class[111)]
③ pair and small-group work on projects, either collaboratively or comparatively
④ the fun factor
⑤ variety in the resources available and learning styles used
⑥ exploratory learning with large amounts of language data
⑦ real-life-building in computer use

컴퓨터를 통한 언어학습(CALI)의 유형은 다음과 같다.

(1) 개인교수형

개인교수형(tutorial mode)은 가장 많이 사용되고 있는 유형으로 컴퓨터가 교사의 역할을 대행하며 개별지도도 가능하다. 새로운 정보에 대하여 학습자가 질의하거나 응답하게 하고 피드백을 준다. 개인의 수준에 따라 학습 속도와 학습소요시간을 조정할 수 있는 장점이 있다.

---

111) 최근 개발이 구체화되어 가는 지능형 컴퓨터 보조 수업(intelligent CAI)에서는 학습자의 수준 측정이 가능해져서 더욱 효과적인 개별화 학습이 이루어 질 수 있다.

(2) 훈련연습형

훈련연습형(drill and practice mode)은 언어의 의미, 개념, 규칙 등을 알려준 후에 연습활동을 통하여 강화시킬 수 있다. 변형, 대치, 빈칸 메우기 등의 연습활동을 반복하여 할 수 있다.

(3) 발견학습형

발견학습형은 (discovery learning mode) 학습자가 저장된 질문을 계속 시청하고 알고자하는 개념, 사실 정보 등을 확인하여 귀납적으로 외국어를 학습할 수 있다.

(4) 모의실연형

모의실연형(simulation mode)은 컴퓨터로 학습자에게 실제 사실에 대한 정보를 제공하면 학습자는 그 정보를 바탕으로 어떤 결정을 내리고 컴퓨터는 이 결정을 분석하여 새로운 사실을 다시 제시하는 절차로 진행된다.

(5) 게임형

게임형(game mode)은 경쟁적 요소를 인위적으로 제시하고 학습자가 능동적으로 참여하고 스스로 결정하게 함으로 학습효과를 높일 수 있는 유형이다.

(6) 문제해결형

문제해결형(problem solving mode)은 학습자가 직접 문제를 해결하고 해결방안을 분석하기 위해 컴퓨터를 활용하는 형태로 실생활의 다양한 문제나 사건을 다룰 수 있다. 실제 상황의 문제를 주는 시뮬레이션형(simulation mode)과 가상적인 상황 속에서 문제를 설정하는 어드벤처형(adventure mode)이 있다.

15.2.3 다매체

다매체(멀티미디어; multi-media)는 컴퓨터에 의해 통합되어 사용되는 다양한 매체들을 말한다. 다시 말하면 다매체란 컴퓨터를 토대로 일반교재, 그래픽, 애니메이션, 음향, 영상 등을 통합한 교육공학적 기술체계 혹은 다양한 매체의 통합적 집합(an integrated collection of different media, Preece, 1993)을 말한다. '시청각 매체'와 혼용되기도 하지만 컴퓨터에 의해 통합되어 사용되는 경우에는 '다매체'라는 용어가 더 선호되고 있다.

다매체에는 파워 포인트, CD-ROM Title, 인터넷, 전자교재(e-text) 등이 있다.

(1) 파워포인트

파워포인트(PowerPoint)는 그림과 음성, 동영상의 자료를 슬라이드로 구성하는 방법으로 교재를 재구성하여 시청각 효과를 줄 수 있다.

(2) CD-ROM Title

대화형 멀티미디어 프로그램의 일종인 CD-ROM은 5.25인치 크기에 백과사전 수십 권 분량의 자료를 영구적으로 수록, 재생할 수 있다.[112] CD-ROM Title은 대용량의 동영상과 음성, 음향이 포함되어 있으며 영어학습용 멀티미디어 교재개발로 유용하게 사용되고 있다.[113] CD-ROM프로그램의 장점을 정리하면 다음과 같다.

① 학습자에게 흥미를 느끼게 하고 동기유발을 할 수 있다.
② 원어민의 음성과 생생한 그림이 동시에 제공되어 유의미학습에 유용하다.
③ 반복학습이 가능하다.
④ 학습자가 원하는 학습정보를 쉽게 찾을 수 있어 수업의 효율성을 높일 수 있다.
⑤ 학습자의 능력에 적합하게 학습수준과 진도를 조절할 수 있어 수준별·개인별 학습에 유용하다.
⑥ 컴퓨터 활용능력이 부족하여도 학습을 할 수 있다.
⑦ 상대가 사람이 아니므로 오류에 대한 두려움을 적게 할 수 있다.

(3) 인터넷

인터넷(internet)[114]은 정보사회의 핵심적인 역할을 하고 있으며 기존의 정보통신 매체(신문, 편지, 전화, TV 등)가 인터넷과 통합되는 과정에 있다. 인터넷을 통하여 상호작용이 가능하고 다양한 실제 자료를 신속하게 얻을 수 있으며 정보의 이동 저장이 가능하

---

112) CD-ROM title은 특정한 주제의 교육 혹은 게임 등을 다루고 소규모이며 코스웨어(교육용 소프트웨어, courseware)는 전체적인 교과과정을 다룬다.

113) 현재 한국에 보급되어 있어 이용이 가능한 대표적인 CD-ROM프로그램은 다음과 같다:
New Dynamic English(미국 Dynamic Education International: DynEd), Active English(미국 Courseware Publishing International: CPI), English Language Learning and Instruction: ELLIS (미국 Computer-Assisted Learning and Instruction: CALI), New English Course(영국 BBC), English Discoveries (이스라엘 Edusoft와 미국 Berlitz와 합작 개발) 등

114) 인터넷(internet)은 1969년 미 국방부(Pentagon) 산하 ARPA(advanced reaearch project)의 ARPANET에서 최초로 시작되어 오늘날 전 세계를 하나로 묶는 거대한 통신망으로 발전되었다.

다. 또한 교실 밖의 영어 입력이 제한되어 있는 EFL상황에서 학습자들이 실제 의사소통 맥락을 통해 영어에 접하고 사용할 수 있는 기회를 줄 수 있다. 아울러 인터넷을 이용하면 어디에서나 수업이 가능하고 학습시간을 학습자가 조절할 수 있다.

인터넷이 언어사용에 미친 영향은 매우 크며 이를 정리하면 다음과 같다.

① 글의 비격식화

글을 말하듯이 씀으로 글의 격식이 많이 없어졌다. 또한 신속하게 의사소통을 하기 위하여 'address → addy', 'through → thru', 'I don't know → Idk' 같은 약어나 두문자어(acronym)가 자주 사용된다.

② 새로운 감정표현 방법

글을 통한 감정표현에는 한계가 있으므로 'I won't tell any one. → -X, stupid → st00pid, grin → 〈g〉같은 기호나 숫자가 사용되기도 한다(Sperling, 1997 참고).

③ 글의 새로운 구조

소리와 동영상이 사용되어 글의 한계를 넘을 수도 있고 글의 구조에 다소의 변화가 있다.

인터넷은 정보검색을 위한 것과 의사소통을 위한 것이 있다. 웹, 고퍼, 파일전송프로토콜[115] 등은 정보검색을 위한 것이며 전자우편, 인터넷전화, 화상회의, 인터넷 중계챗 등은 의사소통을 위한 것이다. 유스넷 뉴스그룹은 양쪽에 모두 해당된다.

영어학습을 위한 정보검색을 위하여 다음과 같이 인터넷을 활용할 수 있다.

(1) 웹 자료의 다운로드

웹(Web)상의 자료를 개인용 컴퓨터에 다운로드(download) 받아 프린트하거나 대형 스크린에 투사하여 사용할 수 있다. 예로 가상이나 실제의 여행계획을 수립하기 위해, 여행희망국가의 관광사무소, 여행사, 여행지의 웹 사이트에서 정보를 수집하고 토론을 통하여 여행 장소, 기간, 여행방법 등을 결정하는 언어활동을 할 수 있다.

---

115) 최근에는 고퍼(gopher)나 파일전송프로그램은 거의 사용되지 않는데 이는 웹이 이들의 기능이나 그 이상의 기능을 가지고 있기 때문이다. 고퍼는 미국 미네소타대학교에서 개발되어 사용되는 인터넷 공간을 말하는데 자료를 주제별 파일형식으로 분류하여 저장하여 자료를 쉽게 찾을 수 있게 구성되어 있다. WWW(World Wide Web) 이전에 가장 널리 사용되던 인터넷 공간이다. WWW는 인터넷에 존재하는 광범위한 정보공간을 말한다.

(2) 웹에 학습자료 구축

웹에 학습 자료를 올려놓는 것을 말하며 다른 교육기관과 공동으로 자료를 개발하여 공유한다면 다양한 자료를 신속하게 공급할 수 있다.

(3) 웹 읽기 과제

특정한 웹 사이트를 소개하고 그 사이트에 가서 필요한 정보를 구하여 읽게 하는 활동으로 'guided browsing', 'web activities', 'web exercises'로 불린다.

(4) 웹진 만들기

웹에 학생들의 글을 올려 하나의 매거진을 만드는 방법으로 학습자의 동기유발과 쓰기 능력 개발에 기여할 수 있다.

인터넷을 다음과 같이 의사소통도구로 활용할 수 있다.

(1) 실시간 의사소통도구

실시간 의사소통은 즉각성(immediacy)이 요구되고 학습자의 빠른 타자속도와 상당한 수준의 언어능력이 필요하다. 그러나 적절한 원어민 대화자의 선정이 어렵고 국제간에 시차문제도 있다.

인터넷 중계챗, 웹챗, MUD/MOO/MUSH을 사용하여 키보드로 자신이 하고자 하는 말을 입력하여 대화를 할 수 있다. 인터넷 중계챗과 웹챗은 참여자들이 주제를 선택하여 자유롭게 의사소통을 하는 것으로 인터넷 중계챗이 웹챗에 비해 정보처리속도가 빠르다. MUD/MOO/MUSH는 참여자가 주어진 상황 내에서 가상의 시나리오를 중심으로 특정 인물의 역할을 해나가면서 문제를 풀거나 글로 의사소통을 하는 것이다. 또한 인터넷 전화와 화상회의(video conference)를 할 수도 있다.

(2) 시간차 의사소통도구

시간차 의사소통도구로는 전자우편(e-mail)이 있는데 이는 기존의 우편물보다는 신속하며 메시지를 쓰거나 키팔(key-pal, 전자우편을 이용한 펜팔)을 할 수 있다. 이 방법은 불안감이 적고 영어실력에 대한 자신감을 갖게 할 수 있는 장점이 있으나 적절한 원어민 상대방을 찾기가 쉽지 않다. 메일링리스트(mailing list)는 인터넷상의 토론그룹이라 할 수 있는데 특정한 분야에 관심을 공유한 사람들이 주제에 대해 의견을 나누는 방법으로 전자우편을 주고받을 수 있는 네트워크를 구성하는 것이다.[116] 메세지(개인의 의견이나 의문사항)를 중앙리스트서브(listserv)에 보내면 리스트에 가입한 모든 회원에게 자동적으로 보내지게 된다. 이 리스트는 정보입력이 많은 장점이 있으나 메시지를 읽는데 많은 시간이 필요하다는 단점이 있다. 유스넷 뉴스그룹(usnet newsgroup)은 전자게시판에 올려진 글을 읽거나 그 글에 대한 의견을 보낼 수 있는 방법이다.

116) 현재 전 세계적으로 가장 많이 사용되는 영어교육관련 메일링리스트는 TESL-L이며 주로 영어교사들이 가입해 있다.

16장 영어교과의 수업

영어교과 수업은 교육과정과 교수요목에 근거하여 실시되며 수업목표와 학습자의 수준에 적합한 교재를 선정해야 한다. 또한 학습자의 다양한 변인을 고려하여 학습자를 조직하고 바람직한 수업모형에 따라 수업을 계획해야 한다. 아울러 교사는 적절한 교수법과 수업언어를 사용해야하며 교육효과를 극대화하기 위해 다매체의 사용도 필요하다.

16.1 영어과 교수요목

교육과정(curriculum)과 교수요목(syllabus)은 동일한 의미로 쓰이기도 하지만 일반적으로는 구별되어 사용되고 있다. 미국에서는 'curriculum'과 'syllabus'가 동일한 의미로 사용되지만 영국에서는 특정교과에 대한 계획 및 교과내용의 상세화와 순서에 관련된 사항을 'syllabus', 정책과 계획, 교재, 교수 및 학습행위 등을 포함하는 전체교육환경을 'curriculum'이라고 한다(Johnson, 1989 참고).

교수요목(syllabus)은 교육과정 내에 제시된 계획을 보다 구체화시킨 것으로 학습항목을 세분화한 전체적인 학습계획 즉 정해진 시간 내의 교수내용을 선정하고 조직하고 순서를 정하여 제시하는 것이다. 교수요목은 대부분 학습 전에 계획되지만(priori syllabus) 학습 후에 기록될 수도 있는데 이는 사후 교수요목(posterior or retrospective syllabus)이라 하며 일종의 기록 혹은 점검표이다. 또한 지도횟수에 따라 직선형 교수요목(linear syllabus)과 나선형 교수요목 (cyclical or spiral syllabus)으로 나눌 수 있다. 전자는 학습내용이 선형적이어서 학습한 내용을 다시 학습하지는 않지만 교재 내용이 다음처럼 누가(累加)되어 제시된다.

A+B+C+ … N

나선형 교수요목은 몇 개의 이질적인 내용으로 된 학습단위가 유기적인 조화 속에 하나의 사이클을 형성하고 그 사이클이 목표를 향해 나선형으로 나가는 체계를 말하는데 수식으로 나타내면 다음과 같다.

(A+B)+(A+B+C+)+(B+C+D+)+(A+D+) …+N

단기기억에서 장기 기억으로 진행되기 위해서는 이 방법이 더 효과적이며 기능 · 의미중심 교수요목과 ESP 교수요목이 여기에 해당된다.

또한 목표에 따라 '언어적 목표를 추구하는 교수요목'과 '행동적 목표(behavioral objectives)를 추구하는 교수요목'으로 분류할 수 있다. 전자는 다음 예와 같은 목표를 설정할 수 있다.

예) By the end of the third year, learners will have mastered the conditional in English.

문법적, 구조적 교수요목(structural syllabus)이 여기에 해당된다. 행동적 목표를 추구하는 교수요목은 다음과 같은 목표를 설정할 수 있다. 기능 · 의미 중심 교수요목과 ESP 교수요목이 여기에 해당된다.

예) By the end of the fourth year, leaners will participate in debates on non-technical subjects.

또한 교수요목은 학습결과 중심(product-oriented)과 학습과정 중심(process-oriented)으로 나눌 수 있는데 전자에는 구조중심, 상황중심, 의미 · 기능중심, 화제중심교수요목이 있으며 후자에는 절차중심과 과제중심이 있다(Robinson, 1991, p. 35 참고). 전통적으로 언어항목은 제시, 연습, 발화의 순서(presentation, practice, production; PPP)로 지도하지만 의사소통중심 교수법에서는 학습자가 의사소통을 먼저 시도하게 하고 그 결과를 분석하여 연습이 필요하면 그 다음에 실시할 수도 있는데 이러한 전략을 'deep-end' 전략이라고 한다(Brumfit, 1978; Johnson, 1980 참고). 이러한 전략의 장점은 학습자가 학습내용을 결정할 수 있고 모험하기(risk-taking)를 훈련할 수 있다는 점이다.

표 16.1 교수요목의 분류

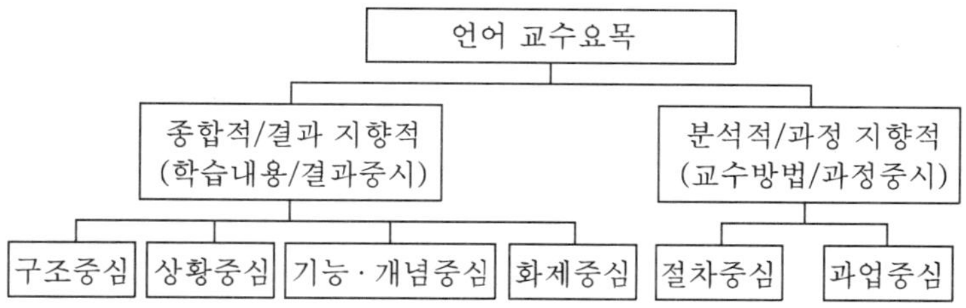

문법적 교수요목이 가장 전통적이며 행동반응 기법(TPR), 청화 중심 교수법 등에서는 어휘와 문법이 언어교육의 중심 내용이 되어 왔다. 또한 기능 · 개념 중심 교수요목과 ESP에서는 학습자의 의사소통 필요(communicative need)를 분석하여 교수요목의 토대로 하고 어휘와 구조를 바탕으로 하는 교수요목(lexico-structural syllabus)을 사용하였다. 이 교수요목은 학습자의 의사소통 능력의 신장을 목표로 하기 때문에 의사소통적 교수요목(communicative syllabus)이라고도 하며 유럽의회 현대영어 프로젝트(The Modern Language Project of the Council of Europe)의 결과와 Wilkins(1976)의 'notional syllabus'에 관한 개념의 정립으로 1970년대에 영국에서 사용되기 시작하였다. 그 후 Widdowson(1978)의 '용법(usage)보다 사용(use)의 강조'와 Canale & Swain(1980)과 Canale(1983)의 '의사소통 능력의 정의'에 영향을 받아 발전되었다.

16.2 학습자 변인과 조직

학습자는 다양한 연령과 수준이 있으며 학습자를 적절하게 조직하여 수업을 진행하는 것은 의사소통 교수 방법론의 성공여부에 중요한 관건 중의 하나이다.

학습자는 어린이와 성인으로 우선 분류할 수 있는데 일반적으로 성인은 사춘기 이후를 말한다. 어린이는 성인에 비해 주의집중 시간(attention span)이 짧고 이해범위가 '여기와 현재(here and now)'에 국한되는 경향이 있으며 다양한 활동을 즐긴다. 또한 개인차는 있지만 억제심리가 적으며 언어형태에 대하여 주변적인(peripheral) 관심만을 갖는다. 나이가 들어감에 따라 인지 능력이 '여기와 현재'의 범위를 넘어설 수 있으며 추상적인 규칙과 개념을 이해할 수 있고 언어형태에 대한 관심이 크다. 또한 성인은 주의집중시간이 비교적 길어 교실상황에서 어린이보다 유리할 수도 있다.

학습자의 수준은 영어학습의 목표가 정확성(accuracy)인 경우 초급(beginning), 중급(intermediate), 고급(advanced)으로 등급을 나눈다. 또한 목표가 유창성(fluency)의 신장인 경우는, 청해 수준, 언어구조의 이해 수준, 최소한의 의사소통 수준, 자유로운 언어사용 수준으로 나누는 것이 일반적이다(Lado, 1982 참고).

학습자를 다음과 같이 나눌 수도 있다.

(1) 구체적 학습자

구체적인 사물이나 사실을 통한 학습을 선호하는 학습자를 말한다.

(2) 분석적 학습자

학습내용의 분석을 통한 학습을 선호하는 학습자를 말한다.

(3) 의사소통적 학습자

원어민이나 교사 및 또래집단과 상호작용을 통한 학습을 선호하는 학습자를 말한다.

(4) 권위의존형 학습자

교사의 설명, 참고서적, 교과서 등을 통한 학습을 선호하는 학습자를 말한다.

학습자의 조직은 다음과 같이 할 수 있다.

(1) 학급전체

학급전체를 수업대상으로 하는 경우는 일반적으로 교사가 앞에 서서(teacher-fronted), 교사중심으로(teacher-centered) 수업이 진행된다. 학습자는 교사의 질문에 답은 하지만 스스로 말을 시작하지는 못하는 단점이 있다. 비디오 시청 등 다매체 활용이 효과적이다.

(2) 소집단(small group)

소집단(small group)은 3~15명의 학습자 집단을 말하며 일반적으로는 8명 미만으로 조직하는 것이 바람직하다. 학습활동에 따라 학생 수를 달리 할 수 있으며 구체적인 과업 수행을 통한 의사소통 활동을 위해서는 3~5명의 소집단이 이상적이다. 소집단활동은 학습자에게 의사소통할 기회를 더 많이 줄 수 있고 필요한 경우에 오류나 실수를 서로 교정해 줄 수 있다. 그러나 학습자들이 부정확한 교실피진(classroom pidgin)을 사용할 우려가 있다.

(3) 자유집단(mingles)

자유집단(mingles)에서는 집단이 고정되지 않고 학습자가 교실을 돌아다니면서 원하는 집단에서 활동한다. 열린 수업에서 선호되어지는 학습자 조직 형태이다.

(4) 짝

짝(pair) 활동은 교사중심 수업의 단점을 보완할 수 있고 의미의 협상(negotiation)과 상호작용의 기회를 가질 수 있는 장점이 있는 반면에 소집단 활동과 같이 부정확한 중간언어(interlanguage)에 과도하게 노출되어 화석화(fossilization)될 수 있는 문제점이 있다.

16.3 수업모형

수업모형(model of instruction)은 수업의 과정을 요약하여 나타낸 것을 말한다. 바람직한 수업모형을 찾기 위해 자연(naturalistic) 환경에서 배우는 경우와 전통적인 교실 수업 및 의사소통 중심의 교실 수업을 비교하면 다음과 같다.

(1) 자연 환경에서 배우는 경우

① 다양하고 미리 선정되지는 않은(unselective)입력이 비체계적으로 제공된다.
② 다양한 원어민과 접촉하며 다양한 목적을 가지고 의사소통을 한다.
③ 일반적으로 오류에 대해 교정해 주지 않는다.

(2) 전통적인 교실 수업

① 학습시간이 제한되어 있다.
② 주의 깊게 선정된 언어자료가 제시된다.
③ 제한된 담화 형태가 제시된다.
④ 정확성을 추구하며 시험 등에 대비해야 하므로 모든 오류를 교정한다.

(3) 의사소통 중심의 교실수업

① 학습시간이 제한되어 있다.
② 목표언어를 통한 의미전달에 목표를 둔다.
③ 다양한 담화 형태가 제시된다.
④ 의사소통에 지장을 주는 오류만 제한적으로 교정한다.
⑤ 입력은 문맥적 단서, 제스처 등을 통해 이해될만하게 한다.
⑥ 정확성보다는 유창성을 강조한다.

학습은 학습자의 역할, 학습자와 교사 및 학습 환경과의 관계에 따라 수용적 학습(receptive learning), 통제적 발견학습(guided discovery learning), 자발적 발견학습

(autonomous discovery learning)으로 나눌 수 있는데 학습자가 말할 내용과 방법을 스스로 정해서 시도해보게 하는 자발적 발견학습이 가장 바람직하다.

영어교과의 수업은 의사소통 중심의 방향으로 진행되는 것이 바람직하며 모형은 교수요목의 유형에 따라 관계중심 수업모형, 비례적 수업모형, 균형적 수업모형으로 분류할 수 있다(배두본, 1990, p. 360 참고).

(1) 전통적 수업 모형

전통적인 수업은 교사중심으로 이루어지며 절차는 수업목표의 설정 - 투입행동 진단 - 학습지도 단계(도입 introduction, 전개 development, 정리 consolidation) - 학습 성과의 평가로 이루어진다. 여기서 투입행동이란 새로운 학습내용이 투입되기 전에 선수학습을 통해 알게 된 내용 혹은 행동 특성을 말한다.

(2) 관계중심 수업모형

언어를 상호작용의 수단으로 보며 상호작용을 통하여 언어의 습득이 가능하다고 보는 이론을 토대로 한다. 이 모형의 목표는 다음과 같다.

① 학습자의 필요와 의사소통 의욕을 조사하여 이를 충족시킨다.
② 학습자의 의사소통과 영어사용의 유창성에 초점을 둔다.
③ 학습자가 유용한 어휘와 표현을 익히게 하며 영어를 사용하는 기회를 많이 주고 상황에 적절한 언어를 구사하게 한다.
④ 학습자가 영어의 구조보다는 기능을 알게 한다.

또한 이 수업모형에서의 수업방법은 다음과 같다.

① 과업을 제시하고 학습자가 활동이나 대화를 통해 해결하게 한다.
② 교사는 학습조력자로서의 역할만 한다.
③ 목표어를 사용하되 학습자가 적합한 어휘를 모르는 경우는 선별적으로 모국어를 사용할 수도 있다.
④ 의사소통의 흐름을 차단하지 않기 위해 오류는 수정하지 아니한다.

(3) 비례적 수업모형

영어교육의 목표를 의사소통에 두며 언어형태와 의사소통 기능의 비율을 수업의 진행에 맞추어 조정한다.

표 16.2 비례적 수업모형

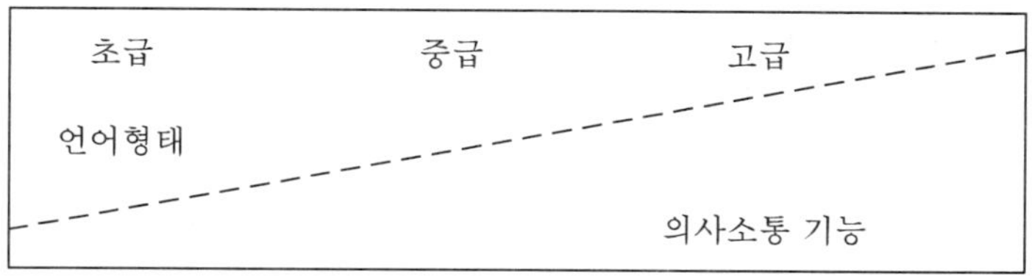

영어 학습의 초기단계에서는 언어의 형태에 많은 비중을 두고 점차 의사소통 기능을 확대하여 영어의 사용에 도달하게 하며 수업의 목표는 다음과 같다.

① 학습자의 필요와 요구를 파악하여 충족시킨다.
② 초기에는 어휘, 구문 등 언어항목에 대한 이해력을 기른다.
③ 정확성에 토대를 두고 유창성을 기른다.
④ 영어사용에 수업의 초점을 둔다.
⑤ 듣기와 말하기 기능이 어느 정도 숙달된 후에 읽기, 쓰기를 지도한다.

언어의 네 기능인 듣기(L), 말하기(S) 읽기(R), 쓰기(W)의 지도순서와 비중에 따른 수업모형은 다음과 같이 나누어 볼 수도 있다.

① (R + W) → (L + S)

읽기와 쓰기를 지도한 다음에 듣기와 말하기를 지도하는 수업모형으로 이 경우는 학습자가 읽기는 잘 하지만 쓰기능력은 부족할 수 있고 듣기와 말하기능력의 신장에는 바람직하지 못하다(Hammerly, 1982 참고).

② (L + S) → (R + W)

듣기와 말하기를 지도한 후에 읽기와 쓰기를 지도하는 수업모형으로 청화중심교수법에서 사용된다. 듣기와 말하기를 우선하지만 듣기는 말하기를 위한 보조수단으로 인식될 수 있다.

③ (L + R) → (S + W)

이해중심교수법과 자연적 교수법에서 주장하는 수업모형으로 이해기능을 먼저 지도하고 후에 표현기능을 다룬다.

(4) 균형적 수업모형

학습을 통해서 영어의 습득이 가능하다고 보는 관점에 이론적 토대를 둔다. 언어의 여러 요소를 균형적으로 지도하며 유창성의 신장은 최소한의 수준을 유지하게 한다. 의사소통에 필요한 최적의 조건이나 상황을 제시해야 한다.

표 16.3 균형적 수업 모형

언어구조중심	의사소통중심	전문영역중심
언어형태	형태적 요소 기능, 담화 및 화술적 요소	특수어형 및 전문교과 영역

기간 ——————————→

이 수업모형의 목표는 다음과 같다.

① 초기 단계에는 학습자가 영어의 구조 및 어휘의 정확한 이해와 지식을 갖도록 한다.
② 정확성을 토대로 유창성을 기른다.
③ 수용기능인 듣기와 읽기 기능을 기르고 표현기능인 말하기와 쓰기 기능을 지도한다.
④ 영어를 사용한 의사소통능력, 사회적 능력, 전문적 영역과 관련된 학습능력 등을 동시에 기르게 한다.

균형적 수업모형에서의 수업방법을 정리하면 다음과 같다.

① 체계적으로 어휘와 구문을 제시한다. 정확성을 강조한 후에 화용적 측면과 상황 제시를 한다.
② 주요 언어항목을 암기시킨다. 이는 언어항목을 즉시 사용하지 않고 미래에 사용하기 위한 것으로 어휘, 구문 용법을 장기기억하게 하고 관련성과 적절성을 강조한다.
③ 초기에 영어의 형태, 구조, 어휘 등을 이해시키고 유창성 신장활동은 최소화한다.
④ 교수언어는 목표어이며 필요한 경우에만 모국어를 혼용한다.
⑤ 의사소통에 지장을 주는 오류는 수정해 주지만 국부적 오류는 가급적 수정하지 않는다.

수업모형은 학습자의 조직형태, 수업활동의 중심, 수업의 목표에 따라 교사중심 전체수업모형, 교사중심 소집단수업모형, 학생중심 소집단 동일과제수업모형, 학생중심 수준별 소집단 수업모형으로 나눌 수 있으며 다음의 표(Byrne, 1992, p. 10 참고)로 나타낼 수 있다.

표 16.4 교실수업활동의 유형

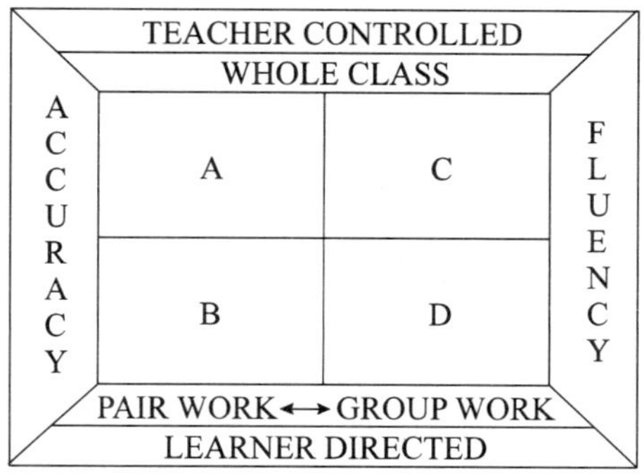

(1) 교사중심 전체수업모형

교사의 통제 하에 전체 학습자들을 대상으로 수업이 진행되며 정확성을 추구한다. 위의 표에서 A형에 해당되며 문법사항의 설명에 유용한 수업형태이다.

(2) 교사중심 소집단수업모형

교사의 통제 하에 전체 학습자들을 대상으로 수업이 진행되지만 유창성을 추구하는 수업형태로 위의 표에서 C에 해당된다. 학습자들의 수준이 비교적 일정한 경우에 효과적일 수 있다.

(3) 학습자중심 소집단 동일과제수업모형

학습자중심으로 짝 활동이나 소집단 활동을 하되 정확성을 추구하며 전체 집단이 동일한 학습 자료를 사용하는 수업형태로 위의 표에서 B에 해당된다. 일정한 대화문을 암기하여 짝이나 소집단별로 연습하게 하는 활동에 사용될 수 있다. 그러나 정확성을 추구하므로 학생들의 억제심리가 작용할 수 있어 의사소통능력의 신장에는 한계가 있다. 언어구조의 학습에는 유용할 수 있다.

(4) 학습자중심 수준별 소집단 수업모형

학습자중심의 짝 활동이나 소집단 활동을 통하여 유창성을 추구하되 짝이나 집단의 수준에 따라 다른 수업자료를 활용할 수 있다. 표 16.4에서 D의 개념과 유사하지만 수준별이라는 개념을 첨가할 수 있다. 이미 학습한 내용을 자신에게 적용하거나 상황에 맞게 활용해보는 수업형태이다. 짝이나 소집단의 수준에 따라 초급, 중급, 고급의 과제를 부과하면 학습자의 흥미를 유발하고 언어사용 능력을 향상시킬 수 있다. 회화시간에 사용가능한 수준별 과제의 예를 제시하면 표 16.5와 같다. 여기서 초급, 중급, 고급수준의 구분은 학급 내의 상대적 비교에 의한 구분이다.

표 16.5 수준별 소집단 수업활동 과제의 예

초급수준	중급수준	고급수준
A: May I help you? B: I want a/n _____. A: What color/size do you want? B: I want a/n _____ one. A: Here you are. B: Thank you.	A: May I help you? B: I want a/n _____. A: What color/size do you want? B: I want a/n _____ one. Oh, it's too _____. Is there any other one? A: How about this one? B: That's good. A: Here you are. B: Thank you.	A: May I help you? B: I want a/n _____. A: What color/size do you want? B: I want a/n _____ one. Oh, it's too _____. Is there any other one? A: How about this one? B: That's good. How much is this? A: It's _____ won. Cash or charge? B: I'll pay in _____. Here you are. A: Thank you.

16.4 수업 계획

수업계획(수업안, 지도안, lesson plan)은 수업전반에 대한 청사진으로 수업모형을 구체화한 것이다. 수업계획에는 교육목표를 달성하기 위해 교육내용과 자료, 방법, 평가 등의 요소가 체계적으로 제시되고 교수와 학습의 양면이 포함되어야 한다. 또한 수업계획은 지도안의 형태로 나타나며 지도안 작성은 단원별 교안(단원별지도안, master plan)과 차시별 교안(차시별 지도안, sub-plan)으로 나눌 수 있는데 단원별 교안은 한 단원의 수업계획을 말하며 다음의 사항들이 포함된다.

instructor, class, text, lesson, goal and objective,[117] allotment of time

차시별 교안은 한 차시의 계획으로 다음의 사항들이 포함된다.

introduction(greeting and roll-call, review, specific aims of this period, presentation of new material), development, consolidation(evaluation, assignment of homework)

지도안 작성에서 가장 중요한 것은 적용가능성이며 유의할 사항을 정리하면 다음과 같다.

① 다양한 교수기법을 사용한다(technique variety).
② 수업진행 순서가 논리적으로 되어야 한다(logical sequence).
③ 한 단계에서 다음 단계로 적절하게 진행되어야 한다(adequate transition from one activity to the next).
④ 시간 배분이 적절하게 되어야 한다(appropriate time allotment).

수업목표에 따른 단원별 지도안을 예시하면 다음과 같다.

(1) 일반적인 단원별 수업지도안

◦ Date/class/unit/period/teaching material/specific aims of this period /teaching aids
◦ Introduction: greeting, review
◦ Development: words, expression, activity(pair work, group work)
◦ Consolidation: comprehension check-up, assignment, closing

(2) 듣기 중심의 단원별 지도안

◦ listening material/objectives
◦ pre-listening activities: presenting topic/brainstorming about the topic /guiding questions
◦ while-listening activities: understanding the text structure/listening activi-

117) 일반적으로 '목적(goal)'은 교수와 학습의 전반적인 목적(overall purpose)을, '목표(objective)'는 목적을 실현하기 위한 구체적이고 단계별, 과(課, lesson)별 성취 목표를 의미한다. 목표는 최종 목표(terminal lesson objective)와 단계별 목표(enabling lesson objective)로 나눌 수 있다.

ties/information transfer
- ◦ post-reading activities: comprehension check-up/word study
- ◦ consolidation: summary/assignment

(3) 읽기 중심의 단원별 지도안
- ◦ reading materials/objectives
- ◦ pre-reading activities: presenting topic/brainstorming about the topic/guiding questions
- ◦ while-reading activities: understanding the text structure/reading strategies/reading activities(silent reading)
- ◦ post-reading activities: comprehension check-up
- ◦ consolidation: summary/assignment

16.5 수업언어

영어교과 수업에서는 가능한 영어를 사용하는 것이 효과적이지만 EFL상황에서 한국인 교사에 의해 영어를 지도하는 우리나라의 교육현실에 비추어 볼 때 영어만을 사용하여 영어수업을 하는 것은 쉽지 않고 학생들의 이해에도 한계가 있을 수 있다.

여기서는 영어수업에서 교사언어의 특징, 목표어의 사용과 모국어의 사용, 교실영어로 나누어 논의하고자 한다.

1) 교사언어의 특징

교사언어(teacherese or teacher talk)는 수업에서 교사에 의해 사용되는 언어를 말하는데 특징을 정리하면 다음과 같다(Chaudron, 1988, p. 85 참고).[118]

---

118) Curtain & Pesola(1994, pp. 56~7)는 교사언어의 특징을 다음과 같이 정리하고 있다.

(1) somewhat slower rate of speech
(2) more distinct pronunciation
(3) shorter, less complex sentences
(4) more rephrasing and repetition
(5) more frequent meaning checks with the hearer to make sure he or she is understanding
(6) use of gesture and visual reinforcement

① 말하는 속도가 비교적 느리다.
② 휴지(休止)가 비교적 많고 시간이 길다. 이는 화자가 더 계획적으로 말한다는 의미이다.
③ 발음이 과장되거나 단순화되는 경향이 있다.
④ 기본적인 어휘가 사용된다.
⑤ 종속문이 적다.
⑥ 질문보다는 진술문이 더 많다.
⑦ 반복하여 말하는 경우가 많다.

2) 목표어의 사용과 모국어의 사용

영어수업에서 영어만을 사용하는 경우와 한국어만 사용하는 경우, 영어와 한국어를 혼용하는 경우가 있을 수 있다.

'영어를 통한 영어수업'이 영어사용 분위기를 조성하며 학습자가 보다 자연스러운 영어에 노출될 기회를 주기 위해 바람직하다. 또한 목표어를 사용하여 설명하면 학습자가 듣기 훈련을 할 수 있고 목표어가 분석의 대상이 아니고 의사소통에 사용되는 언어라는 점을 인식시킬 수 있다. 그러나 영어만을 사용하여 영어를 지도하는 것이 더 효과적이라는 구체적인 증거는 아직은 제시되지 못하고 있다. 따라서 이 경우에는 수업의 목표, 학습자의 이해수준, 교사의 교수경험과 영어구사능력 등을 고려해야 한다.

교사는 효과적으로 영어수업을 영어로 진행하기 위하여 다음과 같은 능력이 요구된다.

① 수업진행과 관련된 영어를 정확성에 바탕을 두고 유창하게 구사할 수 있는 능력
② 학습자의 수준에 적절한 영어를 사용할 수 있는 능력
③ 표정이나 제스처 등의 비언어적 표현을 적절하게 사용할 수 있는 능력
④ 학습자의 오류를 영어로 수정해 줄 수 있는 능력
⑤ 예상하지 못한 상황에 대처할 수 있는 능력

최근에 영어수업에서 모국어를 사용하는 것은 교육효과가 없다고 인식되는 경향이 있다. 다시 말하면 문법번역중심교수법, 독해중심교수법(reading method)을 제외한 대부분의 외국어교수법에서는 대부분 모국어사용을 피하고 있다. 특히 직접교수법, 청화중심교수법, 과업중심교수법(task-based learning) 등에서는 모국어를 덜 사용하면 할수록 더 효과적이라고 보고 있다.

외국어 수업에서 학습자가 목표어에 가능한 많이 노출되게 하기 위해서 목표어의 사용이 바람직하지만 학습목표나 학습자의 능력과 언어의 복잡성에 따라 모국어로 하는 설명이 효과적일 수도 있다.

> However, there are many occasions when it is best to use the students' own language - either because the language needed is too complex, or because it is easier, quicker and more convenient. (Doff, 1988, p. 228)

다시 말하면 난해한 문법사항의 설명, 학습자가 수행할 과업의 설명, 추상적인 개념의 제시 등에는 모국어의 사용이 효율적일 수 있다고 본다. 모국어를 사용하면 더 쉽고 빠르고 간단하게 설명할 수 있고 남는 시간은 연습활동에 할애할 수 있기 때문이다.

3) 교실영어

교실영어수업에서 지도와 학습, 상호작용을 위해 반복적으로 사용되는 영어를 '교실영어(classroom English)'라고 하며 교실영어는 소개와 인사, 분위기 조성영어, 수업운영영어, 설명 영어 및 질문의 네 가지 유형으로 나눌 수 있다.

(1) 소개와 인사영어

소개영어는 수업의 첫 시간이나 외부강사의 소개 등에, 인사영어는 수업의 시작과 끝에 사용되는 영어를 말한다.

예) Hi, class. How are you this morning?
See you again.
Let me introduce myself.
I'd like to introduce Mr. Brown.

동일한 문장을 반복하여 사용하기보다는 다양한 표현을 사용하는 것이 바람직하다. 예로 다음 A에 대한 B의 응답은 여러 가지로 이루어 질 수 있다.

예) A: How are you?
B: Fine thank you./Good./Great./Couldn't be better./So so.
/Not too bad./OK./All right.

(2) 분위기조성 영어

분위기조성 언어('social' language, small talk)는 교과내용의 학습으로 들어가기 전에 학습자들의 관심사에 대해 가벼운 대화(chatting)를 하는 것을 말하며 이것은 목표어의 실제 사용과 교실에서 영어 사용분위기의 조성에 효과적이다. 또한 학습자의 긴장을 해소하고 학습을 준비시켜 줄 수 있다. 영어를 사용하는 학습 분위기를 조성하는 것이 목적이므로 학습자의 오류에는 크게 관심을 둘 필요가 없다.

① 교사가 일반적인 사항에 대하여 질문하고 학생들이 간단하게 답하게 한다. 이 방법은 초급수준의 다인수 학급에서 유용하다.

예) T: Did you all enjoy the weekend? (Did you have a good weekend?)
Ss: Yes.
T: Did you? Yes, I enjoyed it, too. I went on a picnic with my family. Did you go on a picnic? Anyone?
S: Yes.
T: Who did you go with?
(and so on)

② 교사가 학생들에게 그들이 한 일에 대하여 좀 더 많이 말하게 단서(prompt)를 제공해 준다.

예) T: What did you do? Did you go out?
S: Yes, I went to a party.
T: A party? That's nice. A birthday party?
S: Yes, my friend's birthday.
T: Ok, tell us ... what happened? What did you do at the party?
(and so on)

(3) 수업운영영어

수업운영 언어(class managing language)는 수업을 운영하기 위해 필요한 언어를 말한다. 여기에는 출석점건, 수업의 시작과 종료, 교재 펴기와 덮기, 지시하기, 지명하기, 다 매체 활용하기, 격려하기 등이 해당된다. 이러한 영어는 초급수준의 학습자에게는 다소 어려울 수 있으나 반복해서 사용되므로 학습자들이 점차적으로 그 의미를 이해할 수 있다고 본다.

예) Now, let me call the roll. Now let me check if everyone is here.
Let's start. It's time to start now. Let's start our English lesson now.
Open your books to page 36. Please turn to page 10 in your textbook.
Now turn to Section 3 on page 34. Let's start with page 13.
How about going over it again? What was the last lesson about?
Let's review the last lesson. Let's go over it again, shall we?
Now practice the dialogue in pairs. Repeat it, please.
Say it again. Once more. Again please. Speak up. Say it louder.
Attention, class. Could I have your attention, please?
Pay attention now. Look at me.
Turn on (off) the cassette player. Turn it on/of.
Is the volume all right? Turn up (down) the volume.
I'll hand out the copies. Two students share one sheet.
Take one and pass the rest to the back, please.
Don't worry. Take it easy. Go on. Have a try. Try it again. You can do it.
Time's up now. That's all for today. It's time to stop/quit.

(4) 설명과 질문영어

수업에서 필요한 사항을 설명할 때는 가능한 짧고 간단하며, 학습자가 알아듣기 쉬운 영어를 사용해야 한다. 또한 학습자의 이해여부를 확인하고 상호작용(interaction)과 의사소통을 활성화하기 위해 수업 중에 질문을 할 수 있다. 질문은 전시질문(display question)과 참조질문(referential, genuine question)으로 나누어진다.

① 전시질문

사실적인 정보(factual information)에 관한 질문으로 응답을 예측할 수 있으며 교실 수업에서 언어형태를 익히게 하기 위해 교사가 자주 사용하지만 실생활에서는 거의 사용되지 않는다.

예) Is this a pencil? (when a teacher holds up a pencil and ask)
Are you a student?

② 참조질문

질문자가 응답을 예측할 수 없는 질문으로 학습자가 더 길고 복잡한 구조의 언어를 사용하게 유도할 수 있다.

예) What do you think of ...?
What's your opinion on ...?

또한 질문의 형태에 따라 진위질문(yes-no question), 선택형 질문(alternative question), wh-질문(wh-question)이 있다. 부가의문문은 혼동의 우려가 있으므로 교실에서 사용하지 않는 것이 바람직하다. 일반적으로 질문하고 답을 기다리는 시간(wait time)은 학습자가 준비하여 질 높은 응답을 하도록 3~5초 정도가 필요하다(Nunan, 1991b, p. 193 참고). 또한 끌어내기(elicitation)를 통하여 듣고 말하기 훈련을 하고 자연스런 목표어 사용 기회를 주면 반복훈련의 지루함을 줄일 수 있다.

17장 영어능력의 평가

영어교육에서의 평가는 '영어교육에 관한 전반적인 평가'와 '학습자의 언어능력 평가'로 나눌 수 있다. '평가(evaluation)'라는 용어는 교육과정(curriculum)의 평가, 학습·지도법의 효과에 대한 평가, 교육환경의 평가, 교육이론의 평가, 학습자의 진보평가 등을 모두 포함하는 넓은 의미로 사용된다. 이러한 평가에 관해서는 제19장에서 논의되어 진다. 제17장에서는 학습자의 언어능력의 평가(측정, testing, assessment)[119]만을 다루고자 한다. 언어능력의 평가는 학습자의 적성 및 성취도를 측정하여 강점과 약점을 파악하는데 목적이 있다. 또한 평가를 통하여 학습자에게 학습의 요점을 알려주며 학습동기를 부여하고 학습자에게 자신감과 성취감을 줄 수 있다. 아울러 교수방법과 교육환경에 대한 평가에 참고할 수 있다.

학습자의 영어능력평가는 의사소통능력의 측정에 초점을 맞추어야 하며 평가의 중요성을 정리하면 다음과 같다(Savignon, 1983 참고).

① Tests serve first of all to measure student progress.

② Tests serve as a powerful motivating factor. They let learners know what is really important.

---

119) 'test'와 'examination'은 다소 다른 의미로 사용되기도 하는데 전자는 대상이 제한되어 있지 않고 요구에 의해 행하여지며 후자는 특정한 교육기관에 한정되어 실시되는 것을 의미한다.

Tests tend to be open and on demand; examinations tend to be closed and restricted to particular educational systems. (Johnson and Johnson, 1998, p. 350)

또한 측정은 관찰한 사실을 객관적으로 수치화하는 것을 말하며 목적과 교육적 가치를 고려하지 않는다. 그러나 평가에서는 교육목적과 교육적 가치를 중요시 한다.

③ Tests tell us what learners can really do with the language they are learning.

④ Tests of communicative competence offer the best assurance that we are preparing learners for the real world.

17.1 외국어능력평가의 변천

외국어 능력의 평가방법은 과학이전 시대, 정신측정이론・구조주의 시대를 거쳐 통합적・사회언어학 시기와 자연적・윤리적 전통의 시대로 변천해 왔다(Spolsky, 1978 참고).[120]

1) 과학이전 시대

과학이전 시대(pre-scientific period)는 1950년대 초반 이전을 말하며 평가에 관한 과학적이고 체계적인 연구가 미흡한 시기였다. 이 시기에는 대체적으로 전통적인 문법・번역 교수법과 독서중심 교수법에 근거하여 외국어 지도가 이루어 왔으며 평가문항은 주로 경험에 의존하여 제작되고 이론적인 근거가 미약하였다. 또한 언어지식과 번역 능력에 대해서 평가가 되었으며 의사소통을 위한 구어의 중요성은 무시되었다.

2) 정신측정이론·구조주의 시대

정신측정이론・구조주의 시대(psychometric-structuralist period)에는 1950년대 전반부터 1960년대 후반이 해당된다. 이 시기에는 대조분석방법(contrastive analysis)과 구조주의 언어학, 행동주의 심리학의 영향으로 언어교육에 과학적이고 분석적 방법이 사용되었다. 또한 문장을 단위로 한번에 한 요소씩을 평가하는 분리평가(discrete-point testing) 방법이 사용되었다.

discrete-point testing: the testing of one element at a time, item by item (Hughes, 1989, p. 16)

---

120) Spolsky(1978)는 언어능력평가의 역사를 과학이전시대, 측정이론·구조주의시대, 통합적·사회적 시대로 구분하였는데 여기에 Chapelle & Douglas(1997)는 자연적·윤리적 전통의 시대를 첨가하였다.

분리평가에서는 듣기, 말하기, 읽기, 쓰기 각 기능 안에 언어의 다양한 계층적 단위인 음운, 형태, 어휘, 통사와 그 하위범주를 나누어 평가한다. 또한 분리평가는 초보단계에서 주로 객관식 평가이며 문장단위나 문장 이하 단위를 평가하여 통계적으로 처리하였다. 그 결과로 외국어/제2언어 학습의 성공 여부를 예측하는 언어 적성검사가 생기게 되었다. 분리평가는 어휘력, 언어 구조, 발음 등의 세분화된 기초 언어능력을 측정하는 신속한 진단(diagnostic)평가이고 능률적이고 객관적인 평가가 가능한 장점이 있다. 또한 이렇게 언어의 각 요소들을 분리하여 측정한 후에 종합하면 언어의 전반적인 실력을 가늠할 수 있다는 주장을 다차원적 언어능력 모델(skill-by-component multi-demensional framework)이라고 한다.

분리평가는 학습자의 언어적 정확성 신장에는 다소 도움이 되었지만 의사소통능력개발에는 공헌하지 못했다고 본다. 또한 평가를 위해 인위적인 상황이 조작될 가능성이 많고 학습자의 체계적이고 고차원적인 능력의 측정에는 한계가 있다.

3) 통합적·사회 언어학적 시대

통합적 · 사회 언어학적 시대(integrative-sociolinguistic period)에는 1960년대 후반부터 현재까지 해당되며 실제 상황에서 언어는 네 기능이 통합되어 사용되므로 평가도 통합하여 측정하는 통합평가(integrative test)가 바람직하다고 본다. 또한 의사소통 행위를 언어의 구성 요소들을 결합시킨 것이 아닌 통합된 전체로 인식하고, 언어에 관한 분석적인 지식보다는 종합적인 의사소통 능력을 측정하게 되었다.

> The whole of the communicative event was considerably greater than the sum of its linguistic elements. (Clark, 1983, p. 432)

예를 들면 규칙 빈칸 채우기(cloze procedure), 받아쓰기(dictation), 읽고 쓰기, 읽고 말하기, 읽고 듣기, 듣고 쓰기, 듣고 빈칸 채우기, 면담(interview), 자유작문 등이 통합평가에 해당된다. 특히 규칙 빈칸 채우기는 문법, 어휘, 전체 글의 의미파악 등의 언어의 전반적인 면을 동시에 측정할 수 있는 기법이다. 또한 Oller(1979)는 분리평가에 반대하여 언어 구사력을 단일한 개념으로 보고 개인은 하나의 심층의 언어능력을 가지고 있으며 하나의 테스트로 평가할 수 있다는 단일능력 가설(unitary competence hypothesis, UCH)[121]을 제시한 바 있다. 그러나 최근 언어 평가는 문어든 구어든 언어구사력을 언어

---

121) 단일능력가설(UCH)의 반대개념으로 능력분리가능가설(divisible competence hypothesis)

의 세부능력이 서로 연관되어 구성되는 다요인적인(multi-componential) 성격으로 파악하는 경향이다. 따라서 초급단계부터 통합평가가 바람직하다고 본다.

운전면허 시험을 예로 들면 교통규칙이나 응급조치 요령, 자동차의 기계적 구조에 대한 지식이 많더라도 실제로 운전을 할 수 없으면 시험에 통과할 수 없다. 그러나 교통규칙이나 응급조치 요령을 모른다면 실제 운전에 많은 지장이 있을 것이다. 외국어의 경우에도 실제로 의사소통의 능력이 없으면 세부적인 언어 항목에 대한 지식은 무용지물이라고 본다. 또한 언어에 관한 지식이 다소 부족하더라도 의사를 소통할 수 있으면 외국어 학습의 성과가 있다고 볼 수 있다. 따라서 언어의 전반적인 능력을 통합적으로 평가하는 통합평가가 바람직하다.

4) 자연적·윤리적 전통의 시대

평가에 관하여 현대를 자연적 · 윤리적 전통(naturalistic-ethnical tradition)의 시대라고도 한다(Chapelle & Douglas, 1997 참고). 여기서 '자연적'이란 말은 언어평가가 자연적(natural)언어와 진정한(authentic)언어를 측정한다는 의미이다. 또한 '윤리적'이란 평가가 소중한 경험을 제공하고 가치 있는 활동이며 공정하고 중요하다고 느끼게 하여 학습에 긍정적인 영향을 주어야 한다는 의미이다. 자연적이고 윤리적인 평가에서는 인간적인 측면을 강조하고 단순화된(simplified) 언어는 사용하지 않으며 진정성(眞正性) 있는 과제를 주고 의사소통을 통해 실제 상황에서의 언어사용능력을 측정한다. 다시 말하면 평가의 귀환효과(washback effect)는 물론 사회적 영향과 책무가 고려되어야 한다는 것이다.

요약하면 외국어의 평가는 언어의 세부 요소를 분리하여 측정하는 분리평가에서 언어능력을 통합적으로 평가하는 방향으로 변천해 왔다. 언어능력은 다양한 요소에 대한 지식과 능력들이 상호 연관되었다고 보게 되었기 때문이다. 통합평가에서는 언어의 세부적인 사항을 무시할 수도 있으나 고급단계로 진보하기 위해서는 언어의 구조나 문법 등에 관한 지식도 필요하다. 또한 분리 평가는 언어 요소 사이의 체계적인 관계를 무시할 위험이 있다. 그러므로 두 유형의 평가를 적절한 비율로 안배하여 적용하는 것이 바람직하다.

이 있다. 이 가설은 인간은 각각 다른 언어기능에 다른 수준의 숙달도를 가졌다는 주장이다. 예를 들면 말은 잘하나 쓰기를 못할 수도 있다는 것이다.

17.2 영어능력평가의 원리

효과적인 평가를 하기 위해서는 학습자에게 준비의 기회를 주고 평가의 결과가 학습에 긍정적인 영향을 줄 수 있게 해야 한다. 또한 목표언어를 통해 학습자의 의사소통능력을 평가하는 것이 바람직하다. 외국어 평가의 원리를 제시하면 다음과 같다.

1) 준비 지도

학습자가 평가에 대비하여 준비를 할 수 있게 다음과 같은 사항에 관하여 평가실시 전에 지도할 필요가 있다.

① 전반적인 체제의 제시(Provide information about the general format of a test.)
② 문항의 형태에 관한 사전 정보 제공(Provide information about types of items that will appear.)
③ 문항의 해결 연습 기회제공(Give students opportunities to practice certain item types.)
④ 자료의 복습을 권유(Encourage a through review of material to be covered.)
⑤ 평가 준비전략 지도(Offer advice on strategies for test preparation.)

2) 귀환효과의 최대화

평가는 추후 학습에 긍정적인 영향 즉 귀환효과(歸還効果: washback)[122]를 주도록 문항을 제작하여 실시되어야 한다. 다시 말하면 교수·학습과 평가는 상호 관련성이 높으므로 평가 자체의 목적보다는 평가의 분석을 통한 학습 효과와 지도 방법의 진단, 교수요목의 발전에 더 많은 관심을 두어야 한다는 것이다. 또한 평가는 다른 형태의 학습방법이라고 할 수 있다. '알아야 할 것'과 '학습해야할 방향'이 제시되기 때문이다. 아울러 학습자의 성취 정도를 측정하고 학습자를 격려하며 학습자의 오류를 발견하여 시정해 주어 내적 동기 유발에 기여해야 된다. 그러나 평가가 교과과정의 목적을 잘못 반영하면 부정적인 귀환효과를 줄 수도 있다. 긍정적인 귀환효과를 얻기 위한 방안을 정리하면 다음과 같다.

---

122) 귀환효과란 테스트가 학습과정과 교수과정에 미치는 영향을 말하며 언어교육이 언어평가에 미치는 영향은 역귀환효과(역파급효과: reverse washback effect)라고 한다. 또한 귀한효과(파급효과, 역류효과)에 대하여 Hughes(1989, p. 1)는 'backwash', Brown (2001, p. 386)은 'washback'이라는 용어를 사용하고 있다.

① 평가 결과에 근거하여 학습자를 등급화 하는 것보다는 학습자에게 평가 결과에 대해 자세하게 언급해주어 그들이 추후 학습에 참고할 수 있도록 지도한다.
② 신장시키고자 하는 언어항목을 집중적으로 평가한다.
③ 광범위하게 샘플링하고 예측 가능하게 한다.[123)]
④ 직접평가와 표준관련(criterion-referenced) 평가를 한다.

3) 의사소통능력의 평가

외국어의 평가는 의사소통 능력을 평가하고 평가문항은 실제 언어사용과 직접 관련이 있어야 한다. 다시 말하면 문법, 어휘, 발음 등에 초점을 두었던 전통적인 평가보다는 언어 기능 및 사회 언어적인 적합성에 관한 지식을 측정하는 평가가 바람직하다. 그러나 의사소통능력은 객관적으로 측정하기가 쉽지 않다.

의사소통 능력을 측정하는 평가의 특성은 다음과 같다(Savignon, 1983 참고).

① Tests of communicative competence assess the dynamic negotiation of meaning between two or more persons or between one person and an oral or written text.
② Tests of communicative competence include measures of both written and spoken language, as well as paralinguistic and nonverbal features of communication.
③ Test of communicative competence are context-specific.
④ Although there is a theoretical difference between competence and performance, only performance is observable and therefore provides the bases for making inferences about a person's underlying competence.

또한 의사소통적 평가(communicative test)의 바람직한 방향은 다음과 같다.

---

123) Hughes(1989)는 테스트의 샘플링을 너무 예측 가능하게 하면 교수와 학습이 예측 가능한 내용에만 집중된다고 주장한다.

Whenever the content of a test becomes highly predictable, teaching and learning are likely to concentrate on what can be predictable. (pp. 44~45)

그러나 외국어 상황에서는 측정내용을 예측 가능하게 하여야 학습자가 사전 준비를 할 수 있는 면도 있다.

(1) 통합평가를 한다.

의사소통능력의 평가를 위해서는 통합적 평가가 바람직하다. 통합평가(integrative test)는 담화(discourse)단위로 다양한 언어요소를 결합하여 평가하며 기대문법(expectancy grammar)을 활성화한다.[124] 통합적인 숙달도 평가에는 규칙 빈칸 채우기(cloze test), 받아쓰기(dictation), 인터뷰 등이 있다.

(2) 직접평가를 한다.

직접평가(direct test)는 'know', 'usage'보다 'can do', 'use'를 평가한다. 다시 말하면 실제 상황에서의 언어수행능력을 직접 평가한다. 예로 역할극, 강의 듣고 요약하기, 전화를 듣고 메모하기 등을 들 수 있다. 대체적으로 통합평가는 직접평가이지만 규칙 빈칸 채우기평가의 경우는 간접평가이다. 또한 직접평가는 표현기능의 평가에 유리하며 긍정적인 귀환효과가 있다.

직접평가가 이상적이긴 하지만 현실적인 제약으로 간접적으로 학습자의 언어능력을 평가할 수도 있다. 간접평가(indirect test)는 목표상황에서 언어수행능력을 예측할 수 있다고 판단되는 언어요소를 분리해서 평가한다. 예로 TOEFL이나 진위(T/F)형 문법테스트 등을 들 수 있으며 직접평가와 상관관계가 평가 유형에 따라 다르다. 간접평가는 다양하게 문항을 샘플링 할 수 있으므로 평가결과를 일반화할 수 있다는 면에서 직접평가보다 유용한 면도 있다.

> Indirect testing is superior to direct testing in that its results are more generalisable. (Hughes, 1989, p. 16)

(3) 기준참조식 평가를 한다.

평가는 기준참조식과 평균참조식으로 나눌 수 있는데 외국어평가에서는 전자가 더 바람직하다. 기준참조식 평가(준거지향평가, criterion-referenced test)는 특정목표나 기준에 도달여부를 평가하며 합격 혹은 불합격(pass or fail)으로 평가할 수 있다. 운전면허시험을 예로 들 수 있다. 자동차에 관한 세부적인 지식의 측정이 아니라 운전을 할 수 있는지 여부가 평가의 기준이기 때문이다. 절대평가라고도 하며 1970년대에 완전평가(mastery

---

124) 기대문법(expectancy grammar)은 Oller(1979)가 사용한 용어로 특정한 문법체계로서가 아니라 내재화된 언어체계의 심리적 실재(psychological reality)에 관련하여 사용된 용어이다. 인간은 메시지를 기대와 연결시켜 이해하며 기대(expectancy)에는 문법적인 기대와 화용적 기대가 있다.

learning)의 개념이 도입되어 널리 사용된 바 있다. 평균참조식 평가(규준지향평가, norm-referenced test)는 다른 학습자의 언어수행 능력과 비교하여 백분 분포상의 수준을 알아보기 위한 평가로 학습자의 상대적 비교에 목적을 두기 때문에 일반적으로 상대평가라고 한다. 외국인과 무역상담이나 영어사용권 국가로 유학 등의 특정한 목적이 있을 경우 목표를 설정하기가 용이하다.

4) 목표어를 통한 평가

외국어 평가에서 학습자의 수준을 고려하여 질문을 목표어로 제시하고 학습자가 목표어로 답하게 하는 방법이 바람직하다.

모국어를 사용하여 평가하는 것도 장점이 있을 수 있다. 예를 들어 독해력 평가에서 학습자가 모국어로 답할 수 있게 하면 지문을 더 자세히 검토해야 하는 경우도 있다. 독해문제에 대하여 모국어로 답하게 하는 방법의 장점에 관해 Nuttall(1998)은 다음과 같이 논하고 있다.

> It is quite possible that students who are permitted to use their L1 in responding will explore the text more accurately and thoroughly than those who are restricted to target language responses. (p. 187)

듣기의 경우에도 모국어로 문제를 주고 모국어로 답하게 하는 방법도 유용하다(Hughes, 1989 참고). 실제 상황에서 외국어를 듣고 모국어로 설명해야 하는 상황도 있을 수 있기 때문이다.

이러한 평가방향을 토대로 하여 학습자의 의사소통 능력을 효과적으로 측정할 수 있는 방안을 제시하면 다음과 같다(Bachman, 1991, p. 678 참고).

① 정보의 공백(information gap)을 채우게 한다.
② 과제(task)를 주고 해결하게 한다.
③ 주어진 담화영역 내에서 평가 과제와 내용을 통합한다(integration of test tasks and content with in a given domain of discourse).
④ 사회 언어적 적합성 등 보다 포괄적인 범위의 언어 구사력을 측정한다(attempt to measure a much broader range of language abilities).
⑤ 목표어를 사용하여 평가한다. 그러나 효과적이라고 판단되는 경우에 한하여 모국어를 사용한다.

17.3 영어평가문항의 제작과 분석

영어평가 문항은 측정목적, 평가방법, 수험자의 수준, 범위 등을 고려하여 작성하여야 한다. 또한 학습자의 언어 능력을 타당하게 평가하기 위해서는 문항 제작에 다음의 사항들을 고려해야 한다.

① 총괄 질문(global question)과 특정 질문(specific question)을 구분하고 전체적인 내용의 파악을 묻는 총괄 질문에 중심을 두어야 한다. 총괄 질문은 학습자의 글 전체에 대한 중심적인 내용의 이해 여부를 묻는 질문이다. 특정 질문은 세부적인 특정 사항을 묻는 질문이며 분리 평가에 해당된다.
② 질문의 난이도와 듣기나 읽기에서 요구되는 속도를 학습자의 수준에 적합하게 한다.
③ 자연스러운 질문이 되도록 하고 문항이 언어사용능력의 평가에 적절한 지를 검증한다.
④ 다양한 소재를 선정해서 배경지식의 유무가 수험 결과에 미치는 영향을 최소화하는 것이 바람직하다. 예로 생물에 관한 영어지문만으로 독해 문제를 제작하면 생물학에 관한 지식이 평가의 결과에 영향을 줄 수 있으므로 바람직하지 못하다.
⑤ 다양한 형태의 평가문항을 제시하여 문항형태에 익숙한지 여부와 관계없이 상관없이 동일한 결과가 나오게 한다.

아울러 평가문항은 타당성, 실용성, 신뢰성, 진정성이 있어야 하며 소재와 수사구조의 면에서 다양하고 학습자에게 홍미 있는 내용이 바람직하다.

1) 타당성

타당성(validity)이란 평가 항목이나 평가 내용이 측정하려는 목적에 일치하며 측정하고자 하는 내용을 실제로 정확히 측정하고 있느냐의 여부(the extent to which a test measures what it is supposed to measure)를 말한다. 예를 들어 영어 듣기능력을 측정하는 경우에 실제로 영어를 듣고 이해할 수 있는 능력을 충실하게 측정할 수 있다면 그 평가는 타당성이 있다고 할 수 있다. 타당성은 내용 타당성, 외관적 타당성 및 구성개념 타당성으로 분류할 수 있다.

(1) 내용 타당성

내용 타당성(content validity)은 학습된 내용과 측정하려는 내용의 일치 여부를 의미한다. 다시 말하면 타당성이란 내용관련성(content relevance)과 내용포괄성(content coverage)을 뜻한다. 평가는 특정 기능이나 특정 학습의 내용의 이해를 측정하는 것이 목적이므로 측정의 대상이 되는 기능 혹은 내용의 면밀한 분석에 토대를 두어야 하고 평가문항은 측정 대상의 요소를 타당하게 대표하는 것이라야 한다. 다시 말하면 평가내용이 학습된 내용이나 측정 분야의 내용에 근거를 두어야 한다. 예를 들면 독해력 평가에서는 실제로 학습자의 독해 능력이 평가되어야 하며 문법이나 단순한 어휘 암기의 평가가 되면 그 평가는 내용 타당성이 낮다고 할 수 있다. 전반적인 독해능력을 타당하게 평가하기 위해서는 학습된 내용 중에서 다음과 같은 요소들을 측정할 수 있어야 한다.

① 특정한 사항을 찾아내는 능력
② 글쓴이의 관점(point of view) 혹은 견해를 파악하는 능력
③ 적절한 제한시간 내에 문제에 답할 수 있는 능력
④ 생소한 어휘를 문맥을 보고 추론할 수 있는 능력
⑤ 본문의 문장 또는 문단 사이의 관련성을 파악하는 능력
⑥ 연결사(connective)의 이해를 통해 논리전개방향을 파악하는 능력
⑦ 글쓴이의 주장을 평가·비판하고 자신의 입장을 피력할 수 있는 능력

영어 평가에서 내용 타당성을 높이기 위해 고려되어야 할 사항을 정리하면 다음과 같다.

① 듣기, 말하기, 읽기, 쓰기 등의 언어기능별로 성취기준을 나눈다.
② 의사소통 기능별로 성취 기준을 나눈다.
③ 기능별로 지필 평가, 녹음기 이용, 인터뷰 등의 평가도구와 방법을 적절하게 선정한다.

(2) 외관적 타당성

외관적 타당성(액면타당성; face validity)은 수험자, 시험관, 교사에게 평가문항이 어떻게 보이는가와 평가할 내용을 제대로 측정한다고 판단되는지의 여부를 말한다. 다시 말하면 평가는 한 눈에 타당성이 있어 보여야 한다. 평가가 외관상 적절하지 못하면 학습자의 동기를 유발하기가 어렵고 피험자들이 진지하게 평가에 임할 수 없다. 또한 외관적 타당성으로 내용타당성을 확인할 수도 있다.

(3) 구성개념 타당성

구성개념 타당성(구인타당성, construct validity)은 측정하려는 내용이 이론적 배경을 반영하는 정도를 말한다. 청화중심 교수법에서 분리평가를 실시하는데 의사소통 능력의 측정이라는 관점에서 볼 때 구성개념 타당성이 약하여 적합하지 않다.

2) 신뢰성

신뢰성은 평가 신뢰성(test reliability)과 채점자 신뢰성(scorer or rater reliability)으로 나눌 수 있다. 평가 신뢰성은 평가의 일관성과 안정성을 말한다. 다시 말하면 시험 간의 시간 간격, 평가문항의 길이, 난이도, 배당시간, 평가형식의 변화, 평가환경과 관계없이 평가결과가 일관됨을 의미한다. 예를 들면 동일한 대상에 대해 동일한 조건 하에서 재평가를 해도 통계적으로 차이가 없어야한다. 1차 평가와 재시험 사이에 상관계수(coefficient)가 1에 가까울수록 신뢰도가 높다. 채점자 신뢰성은 둘 또는 그 이상의 채점자에 의한 채점상의 일관성을 말한다. 채점에 있어 너무 주관적인 방법을 사용한다면 채점자 신뢰성에 문제가 있을 수 있다. 시험점수의 신뢰도는 pearson ɣ로 계산될 수 있는데 .0을 기준으로 완전한 부정적 상관관계인 －1.0에서 완전한 긍정적인 상관관계를 나타내는 ＋1.0 까지 범위의 분포를 보인다.

3) 실행가능성

실행가능성(실용성, practicality)은 평가의 경제성과 소요시간 및 관리와 채점의 용이성을 말한다. 다시 말하면 적절한 시간 내에 수행될 수 있고 적절한 시간 내에 채점이 가능해야 한다. 또한 채점 결과 산출과 그 결과의 해석, 평가의 신뢰성과 타당성에 관한 정보 수집·판단의 신속성 정도도 이 개념에 속한다.

4) 진정성

진정성(眞正性; 신빙성; authenticity)은 평가에 사용된 언어가 자연스럽고 사회에서 쓰이는 그대로의 언어인지 여부를 의미한다.

문항분석(item analysis)은 평가의 문항들이 얼마나 적합한가를 검증 분석하는 것으로 그 목적은 다음과 같다.

① 학습효과를 평가한다.

② 개인 및 집단의 학습수준을 파악한다.

③ 적합하지 않은 문항을 찾아 수정하거나 대체시킴으로 테스트의 질을 높인다.

문항분석을 거쳐서 만들어진 테스트가 그렇지 않은 테스트보다 더 신뢰성(reliability)이 높으며 문항분석은 문항난이도, 문항변별도, 답지의 능률성의 세 가지 내용을 포함한다.

1) 문항 난이도

문항 난이도(item difficulty)는 한 문항의 어려운 정도와 수험자가 정답을 제시할 확률을 말한다. 예를 들면 수험자의 80%가 옳게 답할 문항도 있고 30%만이 옳게 답할 것으로 예상되는 문항도 있다.

2) 문항 변별도

문항 변별도(item discrimination)는 문항이 능력의 상하를 얼마나 정확하게 변별해주는가를 알아보기 위한 것으로 시험문항의 타당성을 측정하는 방법 중의 하나이며 우열 분석법이 사용된다. 이 방법은 수험자를 상위집단과 하위집단으로 나눈 다음 각 집단이 각 문항에 통과한 비율을 산출해서 비교하는 것이다. 상위집단의 정답제시 비율이 하위집단보다 일정한 수준 이상으로 크면 변별력이 있고 상하 두 집단에 의의 있는 차이가 없거나 하위집단의 정답제시비율이 크면 그 문항은 변별력이 없는 것으로 판별된다. 문항변별도가 낮은 문항은 측정으로서의 의미를 상실하기 때문에 삭제하거나 수정해야 한다.

3) 답지의 능률성

문항의 답지들이 본래 의도한 대로의 기능을 제대로 발휘하고 있는가를 말한다. 예를 들면 선택형 문제에서 효과적인 선택지(選擇肢)의 제시가 여기에 해당된다.

17.4 영어능력평가의 유형

평가는 목적, 평가내용, 문항의 형태와 평가방법, 빈칸 만들기 방법에 따라 유형을 분류할 수 있으며 각 유형은 상호 중첩될 수도 있다.

17.4.1 평가목적 관련 유형

외국어의 평가는 학습자의 능력을 진단하며 이를 토대로 적합한 학습 자료를 선정하고 적합한 프로그램을 제시하기 위한 것이며 목적에 따라 다음과 같은 유형들이 있다.

(1) 배치평가

배치평가(placement test)의 목적은 학습자를 적합한 수준의 프로그램 혹은 수준별 학습 집단에 배치하는데 있으며 언어 능력 테스트, 진단평가, 학력평가의 결합 형태라고 할 수 있다. 또한 학습자의 수준을 평가하여 적합한 학습자료를 선정하기 위한 평가도 배치평가에 해당된다. 배치와 교재적합성여부판단을 위한 평가에는 주로 규칙 빈칸 채우기(cloze test)가 이용되며 약 70%의 정답률이 있으면 적절한 교재로 판단하는 것이 일반적이다.

(2) 진단평가

진단평가(diagnostic test)는 언어의 특정한 면을 진단하기 위한 평가유형으로 학습자의 강점과 약점을 판별하는데 도움을 주고 특정영역이나 기능에 대한 지도 목표를 결정하는데 중요한 정보를 제공한다. 따라서 이러한 평가는 학습자와 교사 양자에게 중요한 길잡이가 될 수 있다.

> It should serve a twofold instructional purpose: as a guide to the students and a guide to a teacher. The test should help the students by confirming what they do know, while revealing areas of weakness which need special effort and possibly relearning .... Well-designed tests are also a guide to the teacher revealing areas in which the teaching has not been effective .... (Rivers 1981, p. 353)

이 목적을 위해 기존의 숙달평가나 표준화 시험문제, 변동비율에 의한 규칙 빈칸 채우기(rational cloze) 등을 활용할 수도 있다. 그러나 진단평가는 샘플링이 포괄적이지 못하면 개략적일 수밖에 없는 단점이 있다.

(3) 적성평가

적성평가(aptitude test)는 개인이 외국어 학습에서 성공할 능력이 있는지 여부를 측정하는 평가이다. 예로 미국의 MLAT(Modern Language Aptitude Test)나 PLAB(Pimsleur Language Aptitude Battery)를 들 수 있다. 이 평가는 특정한 하나의 외국어에만 해당되지 않고 어떠한 외국어의 학습에서도 성공여부를 예견할 수 있다. 적성평가는 외국어 학습의 성공 가능성을 예언하고 목표 달성의 기간을 판단하는데 이용될 수 있다. 또한 영어 학습에 곤란을 느끼는 학생들을 파악하고 바람직한 영어학습의 유형을 찾는데도 사용될 수 있다. 영어학습의 진보에 대한 정보를 제공할 수 있으므로 학습자의 배치(placement)에도 잠정적으로 이용될 수 있다.

> Although some progress has been made, these [aptitude] tests have not as yet been perfected as prognostic tests. Rather, they provide a chart of predicted strengths and weaknesses which may serve as a guide in placing students in faster-moving or slower-moving groups. (Rivers, 1981, p. 347)

그러나 최근에는 다음과 같은 이유로 적성평가에 대한 관심이 약화되었다.

① 언어적성의 측정이 목표이지만 학습자의 일반적인 지적 능력이나 학문적인 능력을 측정하게 되는 경우가 많다.
② 적성평가가 학습자의 미래의 성공여부를 예언하는데 정확하지 못하다.
③ 적성검사의 결과에 대하여 학습자와 교사가 편견을 갖게 되어 학습에 부정적인 영향을 줄 수도 있다.

(4) 성취평가

성취평가(학력평가; achievement test)는 특정한 기간 내에 학습한 내용에 한정하여 교수목표에 대한 개인 혹은 집단의 성취도를 측정하는 평가를 말하며 학교에서 실시되는 중간고사, 기말고사가 여기에 해당된다. 성취 평가는 형성평가(formative test)와 총괄평가(summative test)로 분류된다. 형성평가는 특정 단원이나 과정이 진행되는 중에 수시로 학습자의 이해 정도를 측정하고 교수기법과 진도를 점검하기 위한 평가이다. 또한 학습된 내용만을 다루며 진도, 보충자료의 필요 여부 등을 판단하는 자료로 이용된다. 형성평가에는 질문지법이나 관찰법이 이용될 수 있으며 손을 들게 하기, 퀴즈 등의 간단하고 비공식적인 평가와 중간평가와 같은 공식적인 평가가 있다.

총괄평가는 특정 단원이나 과정이 끝난 후에 실시되는 평가로 학습자의 성취도를 종합적으로 측정한다. 또한 총괄평가는 교육과정의 운영에 관한 평가 자료로도 이용된다.

(5) 숙달도 평가

숙달도 평가(능숙도 평가; proficiency test)는 교재의 내용이나 학습내용에 제한을 두지 않고 절대적인 기준에 근거하여 전반적인 언어능력을 측정하는 평가로 학습자의 능력이 진학, 취업 등의 특정한 목적에 적합한지 여부를 판단하기 위한 것이다. TOEFL(Test of English as a Foreign Language)이나 TOEIC(Test of English for International Communication)과 같은 표준화 검사가 여기에 해당된다. TOEFL은 미국의 1,000여 고등교육기관에서 장차 영어로 학술적 일을 수행할 수 있는 학습자의 능력의 측정을 위한 시험이다. TOEIC은 TOEFL보다는 실용적이고 실무적인 언어능력을 평가하는 시험으로 ETS(Education Testing Service)에서 주관하고 있다.

숙달도 평가는 목표에 도달 여부를 알아보는 표준관련평가이며 구성개념 타당성이 중요시된다.

17.4.2 평가내용 관련 유형

평가내용에 따라서 어휘능력 평가, 읽기와 듣기평가, 말하기와 쓰기평가, 수행평가가 있으며 상호 간에 평가내용이 중첩될 수도 있다.

(1) 어휘 능력의 평가

어휘평가는 내용어(content word)중심의 평가가 효과적이며 철자, 의미이해, 어휘쓰임새, 표현기능에서의 어휘사용능력 등을 다룬다. 문맥에서 분리하거나 포함시켜 평가할 수 있다. 초급단계에서는 전신반응기법(TPR), 그림이나 사진, 실물 등의 다양한 매체를 이용할 수 있으나 초급 이후 단계부터는 문법 및 문맥 파악 능력과 통합하여 평가하는 것이 바람직하다. 다시 말하면 어휘는 독립적으로 사용되지 않고 다양한 의미 중에서 문맥 속에서 정확한 의미가 정해지므로 문맥이 있는(context-embedded) 상황에서 평가되어야 한다. UCLES의 FCE(First Certificate in English)와 CPE(Certificate of Proficiency in English)에서는 어감상의 차이나 함축적 의미에 대한 이해력까지도 평가한다.

다음의 예에서 (a)와 같은 동의 표현선택하기 문항은 학습자가 문맥의 파악보다는 어휘 암기로 문제를 풀 수 있으므로 지엽적인 어휘력만을 평가할 우려가 있는 분리평가의 일종이다. (b)와 같은 빈칸 채우기는 전후 문맥을 파악해야 하므로 더 효과적이라고 할 수 있다.

예) (a) Choose the word or phrase which would best keep the meaning of the original sentence if it were substituted for the italic word.

ⓐ It is *odds-on* that she won't come.

a. shy b. happy c. likely
d. genuine e. unknown

ⓑ It was his daughter who pointed out the *absurdity* of the sign on the corner that read: Go Children Slow. That doesn't make sense.

a. difficulty b. nonsense c. cleverness
d. difference e. heaviness

(b) Choose the word or phrase that best completes the sentence.

ⓐ Mr. Brown is very (　　). He says, "Break a mirror, and you'll had bad luck."

a. ambitious b. optimistic c. superstitious
d. courteous e. unhappy

ⓑ My sister is a nurse. She can (　　).

a. help sick people b. make clothes c. fly an airplane
d. write a novel e. teach students at school

(2) 읽기와 듣기 평가

읽기와 듣기 평가는 전체적인 내용의 파악을 강조하는 방향으로 변해오고 있다. 다시 말하면 읽기는 하향식 읽기과정, 듣기는 거시적 듣기과정의 평가에 중점을 두고 있다[125). 읽기와 듣기 평가에는 주제파악, 대의파악, 세부내용파악, 논리적 유추, 전후문맥유추, 작가나 화자의 태도와 어조파악 등이 있다. 또한 그림이나 사진의 적절한 묘사를 선택하기, 특정한 상황묘사와 일치하는 그림이나 사진의 선택하기, 그림이나 지도를 제시하고 읽거나 들으면서 길 찾기 등이 있다.

듣기평가는 1982년 11월에 중등학교에서 방송을 통한 듣기시험이 처음으로 실시되고 1993학년도부터 실시된 대학 수학능력 고사에서 듣기시험이 포함되게 되었다.

여기서는 읽기와 듣기평가를 사실적 이해의 평가, 추론적 이해의 평가, 통합적 이해의 평가로 나누어 논의해 보고자 한다.

① 사실적 이해의 평가

주어진 지문에 있는 사실적인 사항의 이해여부를 묻는 평가로 학습자가 지문에서 직접 답을 찾을 수 있다.

---

125) 듣기능력은 미시적 청해(micro-listening)능력과 거시적 청해(macro-listening)능력으로 나눌 수 있는데 전자는 개별음이나 단어 등의 각 언어요소에 대한 식별능력이며 후자는 의미단락으로 듣고 이해하는 능력이다.

예) (a) Read the following passage and choose the phrase that best completes the sentence.

> Taekwondo is a science of unarmed self-defence and counterattack. It is a sort of 'weapon in an empty hand.' In many U. S. cities thousands of young people are developing their minds as their bodies by learning Taekwondo.

In this passage we learn that Taekwondo ____________.

a. is used to start a fight
b. can remove a weapon from someone's hand
c. and training for the mind are both being taught
d. is being taught to many young American

(b) 다음을 읽고 질문에 답하십시오.

> Mr. Kim delivers the mail in Hongcheon Area. A van cannot cope with the country tracks, so he travels from one village to the next by bike, covering 150 kilometers in the course of five day a week. He has been doing the same job for thirty years, since he was twenty. He will be retiring in ten years' time.

ⓐ Where does Mr. Kim deliver the mail?
ⓑ How does he travel from one village to the next?

위의 지문을 이용하여 'His age is (   ).'의 괄호 속에 나이를 쓰게 한다면 이는 추론적 이해의 평가에 해당된다.

② 추론적 이해의 평가

학습자가 전후 문맥을 파악하고 지문에 명시적으로 나타나 있지 않은 사항을 추론을 통해 예측하는 능력에 관한 평가로 사실적 내용을 묻는 항목보다 더 효과적일 수 있다.

예) (a) 다음 글에서 'this man'의 직업으로 가장 알맞은 것은?

It is important for this man to be honorable and to write about both sides of a problem. If he explains only one side of a story, he is not being just. *This man* must never change facts to please any person or any group. It is also important for *this man* to remember that his duty is to serve his readers. Some of his readers may not like him or may even be angered by his stories. However, it is not necessary for him to please everyone. If his facts are true, that is all that counts.

a. poet b. judge c. journalist
d. account e. novelist

(b) 다음의 대화를 듣고 두 사람의 관계를 유추하십시오.

A: I'm not sure, but I'm afraid I have broken my finger.
B: I'm afraid the doctor is not available right now. He's out to lunch. He told me he'd be back in about 30 minutes. Can you wait?
A: Well, I think I've got no other choice.

a. friend - friend b. teacher - student c. doctor - nurse
d. nurse - patient e. doctor - waitress

③ **통합적 이해의 평가**

통합적 사고를 요하는 평가로 글이나 듣기자료를 종합적으로 판단하는 능력을 측정한다. 글의 요약, 주제, 대의, 제목, 글쓴이의 심정, 태도나 판단에 관한 사항 등을 묻는 문제가 이에 해당된다. 지문의 내용과 평가 형태에 따라 다음과 같은 질문을 제시할 수 있다.

예) (a) What is your opinion of A's behavior?
(b) How would you have felt if you were B?
(c) Do you sympathize with the writer's argument?
(d) Which is the best summary for this passage?
(e) Which is the best title of this passage?

통합적 이해를 측정하는 평가문항의 예는 다음과 같다.

예) (a) Read the following passage and choose the phrase that best complete the sentence.

> There is a famous story about George Washington, the first President of the United States. As a boy, George cut down one of his father's favorite trees. His father was very angry. "Who cut down my tree?" he shouted. "I will find the person and punish him!" Young George was afraid, and he wanted to blame another boy for the mischief. But instead, he said, "I must tell the truth, Father. I cut down your tree."

In this story, George Washington was ____________.

a. miserable　　b. foolish　　c. honest

d. embarrassed　　e. proud

(b) 다음 글을 쓴 목적으로 가장 적절한 것은?

> Displaying a new sense of boldness in dealing with Germany's staunchest postwar ally, Chancellor Gerhard Schroeder warned President Bill Clington on Thursday not to start another arms race with a proposed new national missile defense system.
>
> Washington's proposal to build a system that could knock down incoming nuclear weapons represents for many Germans the most serious split in thinking with the United States since the end of the Cold War has forced the allies to redefine their relationships. (Korea Times, June 2, 2000)

a. to report　　b. to praise　　c. to advice

d. to complain　　e. to advertise

(c) 다음 글에서 글쓴이의 심정을 한마디로 표현할 때 가장 적합한 것은?

> We walked down the path to the well, attracted by the fragrance of the flowers. Someone was drawing water and my teacher placed my hand under the spout. As the cool stream gushed over one hand she spelled into the other the word water, first slowly and then rapidly. I stood still, my whole attention fixed upon the motions of her fingers. Suddenly I felt a misty consciousness as of something forgotten. The mystery of language was revealed to me. I knew then that "w-a-t-e-r" word meant something that was flowing over my hand. That living word awaken my soul, gave it light, hope, joy, set it free! As we returned to the house every objects which I touched seemed to quiver with life. ('The Most Important Day of My Life' by Helen Keller)

a. attentive b. afraid c. nervous
d. surprising e. delightful

(3) 말하기와 쓰기 평가

구두표현의 평가는 가능한 길게 하는 것이 바람직하다. 대체적으로 최소한 15분~30분 이상은 되어야 한다. 구두표현능력은 객관적으로 평가하는데 한계가 있으므로 기준을 정하여 측정하는 방법이 일반적이다.

① FSI의 말하기 평가기준

말하기 평가의 기준으로 FSI(The Foreign Service Institute)의 OPI(Oral Proficiency Interview)가 전 세계적으로 많이 이용되고 있다. FSI의 말하기능력평가에 대한 전체적인 판단기준을 다음과 같이 제시하고 있다.

표 17.1 FSI 구두 능숙도 평가기준

Level 1	able to satisfy routine travel needs and minimum courtesy requirements.
Level 2	able to satisfy routine social demands and limited work requirements
Level 3	able to speak the language with sufficient structural accuracy and vocabulary to participate effectively most formal and informal convertsations on practical, social, and professional topics
Level 4	able to use the language fluently and accurately on all levels normally pertinent to professional needs
Level 5	speaking proficiency equivalent to that of an educated native speaker

② ILR의 말하기 평가기준

ILR(interagency language roundtable)은 FSI 평가기준을 모체로 미국 정부기관, 미국 교육 평가원(Educational Testing Service), 응용 언어학자, 외국어 교육학자들이 공동 개발한 외국어 사용능력의 평가기준을 제시하였다. 외국어 사용능력이 전혀 없는 경우는 0, 교육받은 목표어 원어민 수준의 사용능력을 5로 하되, 0부터 4까지는 + 수준을 설정하여 전체 11단계로 체계적인 등급화를 하고 있다. 또한 형태 심리학의 영향으로 통합적 평가 방식으로 언어수행정도를 평가한다. 사회와 직장생활에서 필요한 언어 사용능력을 측정하는 기준으로 사용될 수 있다.

③ ACTFL의 말하기 평가기준

ACTFL(American Council on the Teaching of Foreign Language)에서는 ILR

을 토대로 말하기평가기준을 1982년에 개발하였다가 1986년에 개정하였다. 여기서는 학교교육을 통하여 외국어능력 ILR의 3+ 이상을 기대할 수 없다는 판단에 따라 최고 성취수준을 하향 조정하여 학교교육에 초점을 맞추고 있다. Novice - Low는 구두 표현이나 읽기가 분리된 단어로 이루어지며 개별 문자를 쓰는 정도를 말하고 Superior는 ILR의 3~5단계에 해당되며 공식적, 비공식적 대화와 다양한 글을 이해하는 수준을 말한다.

표 17.2 ILR의 말하기 평가 기준

S-0	NO PROFICIENCY
S-0 +	MEMORIZED PROFICIENCY
S-1	ELEMENTARY PROFICIENCY(Basic Level)
S-1 +	ELEMENTARY PROFICIENCY(Higher Level)
S-2	LIMITED WORKING PROFICIENCY(Basic level)
S-2 +	LIMITED WORKING PROFICIENCY (Higher Level)
S-3	GENERAL PROFESSIONAL PROFICIENCY(Basic Level)
S-3 +	GENERAL PROFESSIONAL PROFICIENCY(Higher Level)
S-4	ADVANCED PROFESSIONAL PROFICIENCY(Basic Level)
S-4 +	ADVANCED PROFESSIONAL PROFICIENCY(Higher Level)
S-5	FUNCTIONAL NATIVE PROFICIENCY

쓰기능력에는 기계적 능력(orthography, punctuation), 어휘력, 문법실력, 적절한 어휘선택(collocation), 구성력, 일관성(coherence)과 응집력(cohesion), 적합성(appropriateness), 수사법, 논리성, 문체 등으로 나눌 수 있다(Raimes, 1983b 참고). 따라서 쓰기의 평가에서는 이러한 요소들에 대한 측정을 하고 평가의 목적과 학습자의 수준에 따라 적절한 시험의 형태를 선택하여야 한다. 자유작문은 중등학교에서 일부 우수한 학생들을 제외하고는 난이도가 높아 변별력이 떨어지므로 통제작문이나 요약의 형태가 적절하다고 본다. 또한 쓰기평가의 채점에는 전체적인 채점(holistic scoring, impressionistic scoring)과 분석적(analytic) 채점방법이 있다.

(4) 수행 평가

수행평가(遂行評價; performance assessment; performance-based testing)는 학습자가 학습과제를 수행하는 과정이나 결과를 토대로 학습자의 언어수행능력을 측정하는 평가 방법으로 '대안적(alternative) 평가[126], 실제 상황에서의(authentic) 평가, 직접적인

(direct) 평가, 실기(performance-based) 평가, 자료모음 평가(portfolio), 과정중심의 평가 등의 주요 특징을 모두 포괄하는 의미'(한국교육과정 평가원, 1999, p. 5)로 사용되고 있다. 또한 수행평가는 평가의 다양성과 투명성을 추구한다.

수행평가의 특징을 정리하면 다음과 같다.

① 평가의 교육적 목적: 평가의 목적은 선발, 등급화, 배치에 있지 않고 지도, 조언, 개선에 있다.
② 정답의 구조화된 제시: 정답은 수험자가 선택하는 것이 아니고 스스로 구성하여 제시한다.
③ 실제성(authenticity): 학습자는 실생활에서 일어나는 유의미한 교실활동에 참여한다.
④ 통합적 평가: 수행평가는 종합적 언어 능력을 평가하며 내용영역의 기술(skill)과 지식을 통합한다.
⑤ 과정과 산출: 학습자가 알고 있는 지식의 측정이 아니고 기능을 실제 적용할 수 있는 능력과 그 과정을 평가한다.
⑥ 깊이와 넓이: 다양한 범위에 대한 깊은 지식과 높은 수준의 사고력을 요구한다.

또한 수행평가의 유형을 정리하면 다음과 같다.

① 서술형

전통적인 선택형 시험은 단순한 지식이나 요구되는 정보의 습득 여부에 대한 측정은 되지만 창의성, 문제해결 능력, 지식의 현장 적용능력 등에 관한 평가는 안 되므로 서술형이 바람직한 수행평가의 한 유형이 될 수 있다. 여기에는 관용적 표현 이해하기, 간단한 담화나 토론의 주제 이해하기, 간단한 글의 세부내용이해하기, 글의 전개방식 등이 해당된다(한국교육과정평가원, 1999 참고).

② 논술형

개인의 생각이나 주장을 창의적이고 설득력 있게 조직하여 작성해야 함을 강조하며 글을 읽고 요약하기, 글에 관한 의견 제시하기, 정보전이 활동, 유추하기(새로운 어휘의 의미파악, 전후로 연결되는 내용), 규칙 빈칸 채우기(cloze test), 토론, 어휘퍼즐 풀기

126) 대안적 평가란 한 시대의 주류를 이루는 평가체계와 성격을 달리하는 평가 방식을 의미한다. 또한 대안적 평가의 주요 목적은 특정영역에서 학습자가 실제 생활의 과업에 대한 접근, 처리, 완성에 대한 증거를 수집하는 것이다.

등이 해당된다.

③ **구술시험**

자신의 의견을 발표하게 하고 학생의 준비정도, 이해력, 표현력, 판단력, 의사소통능력, 예상하지 못한 상황에 대처하는 능력 등을 평가하는 직접 평가 방식의 하나이다.

④ **토론**

토론에서는 준비의 충실성, 논리성, 토론 진행방법 등이 중요하다. 다인수 학급에서는 진행에 문제가 있을 수 있다.

⑤ **면접법**

실제 면접을 통하여 언어능력을 측정한다.

⑥ **시각자료 제시형**

읽기평가에서는 글을 읽고, 듣기 평가의 경우는 듣고, 내용과 관련되는 도형, 모형, 그림, 도표를 그리도록 한다.

⑦ **집단 수행평가**

소집단별로 공동으로 문제를 해결하는 유형을 말한다.

⑧ **일기쓰기평가**

일기(diary)를 쓰게 하고 그 결과를 평가한다.

⑨ **자료모음 평가**

자료모음 평가(portfolio)는 학습자 자신이 쓰거나 만든 작품을 지속적이고 체계적으로 모아 둔 개인별 작품집 혹은 서류철 등을 통한 평가를 말한다. 학습자의 활동 일람표나 서류철, 읽은 도서 기록, 의문사항 기록, 관심 있는 주제 기록 등을 이용할 수 있다. 결과가 나오게 된 과정을 중시하며 학습자의 변화와 발달 과정을 종합적으로 평가할 수 있다.

바람직한 수행평가를 위해서는 다음의 사항들이 필요하다.

① 평가 목표의 명료화
② 준거 및 기준체계의 설정
③ 평가절차의 정형화
④ 합리적인 운영체계

다음은 수행평가의 질문, 예시답안, 채점기준, 유의사항, 과제부여 등의 예이다.

예) (a) 다음을 읽고 물음에 답하십시오.

> I spent much time wondering what it (the present) would be. The boys I played with had baseball gloves and bicycles and ice skates, and I was so eager to acquire any one of these that I convinced myself that my benefactor intended choosing from among them.('The Present' by James A. Michener)

질문: What do them indicate here?

예시답안: They are gloves, bicycles and ice skates

채점기준: 상 - 3 개의 답을 정확히 쓴 경우

중 - 2 개나 하나만 쓴 경우

하 - 답을 쓰지 않은 경우나 무관한 답을 쓴 경우

유의사항

제한시간: 1분 이내로 한다.

답지의 철자 상의 오자는 감점하지 않는다.

사전의 사용은 허용하지 않는다.

(b) Write the main idea of the following passage.

> Aside from all its other problems London's weather is very strange. It can rain several times a day; each time the rain may come suddenly after the sun is shining brightly. The air is damp and chilly right through July. On one March afternoon on Hampton Heath last year it rained three times, there was one hail storm, and the shone brilliantly - all this within two hours' time!

예시답안: London's weather is very strange.

채점기준: 상 - 예시답안과 같거나 철자상의 오류만 있는 경우

중 - London 기후 특징을 나열한 경우

하 - 무 응답 혹은 전혀 다른 내용을 쓴 경우

(c) 다음과 같은 상황(situation)을 제시하고 과제(task)를 부과한다.

상황: You have invited Mr. Kim, one of your friends, to dinner. He hasn't been to your house before so you go to his office to tell him

where you live. He isn't there so you decide to leave him a message.
과제(task): Write a short note to Mr. Kim giving him a clear set of instructions so that he can get from work to your house for dinner.

17.4.3 평가문항의 형태와 평가방법 관련 유형

평가문항의 형태나 평가방법에 따라 다양한 평가유형이 있는데 사실적 정보는 진위형 혹은 단답형, 추론을 필요로 하는 사항은 구두 답변이나 기술형, 정보에 대한 평가를 요구하는 문제는 토론이나 기술형으로 하는 것이 효과적이다. 어떠한 평가형태를 사용하더라도 언어의 네 기능을 통합하여 평가하는 것이 바람직하다.

(1) 행동 반응이나 그림을 이용한 평가

행동이나 그림, 도표 등을 이용한 과제(task) 수행을 통해 읽기를 지도하고 평가할 수 있다. 과제의 유형에는 읽고 행동으로 반응하기(read and do), 지시문 읽고 만들기나 색칠하기, 읽고 모형배치하기, 읽고 그림의 순서 맞추기, 문장과 그림 연결하기, 읽고 도식화하기, 도표를 보고 문제풀기 등이 있으며 학습자의 수준을 고려하여 적절한 과제를 제시해야 한다.

예) (a) 다음을 읽고 적절한 행동을 하시오.

a. Point to the door.
b. Give a book to your friend.
c. Raise your right hand.
d. Put your hands on your head.

(b) 다음의 지시문에 따라 행하시오.

Put two books on your desk. Put a notebook beside the books and open your notebook. Draw a horizontal line. Draw your friend's face.

(c) 다음 그림을 나타낸 문장을 선택하십시오.

a. They are playing soccer.
b. They are playing baseball.
c. They are playing football
d. They are playing tennis.

(d) 사전에 제시된 정의에 해당되는 도형을 선택하십시오.

0. solid or hollow body shaped like a pole or log
0. cylinder-shaped chamber (in an engine) in which gas or steam works a piston

a. b. c. d. e.

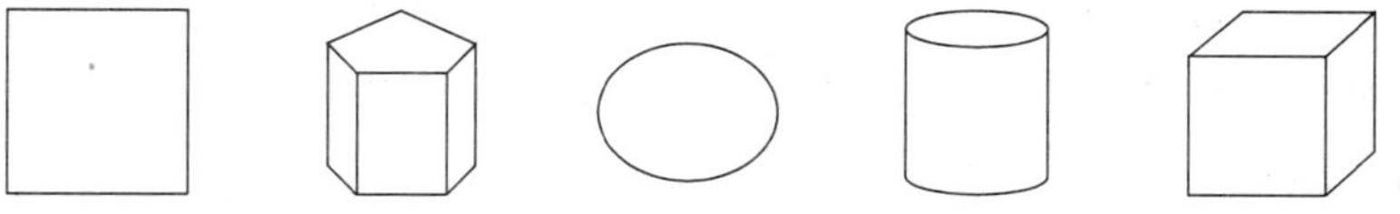

(e) 다음 도표는 한 컴퓨터 대리점의 연도별 판매량을 나타낸 것이다. 도표의 내용과 다른 것을 선택하시오.

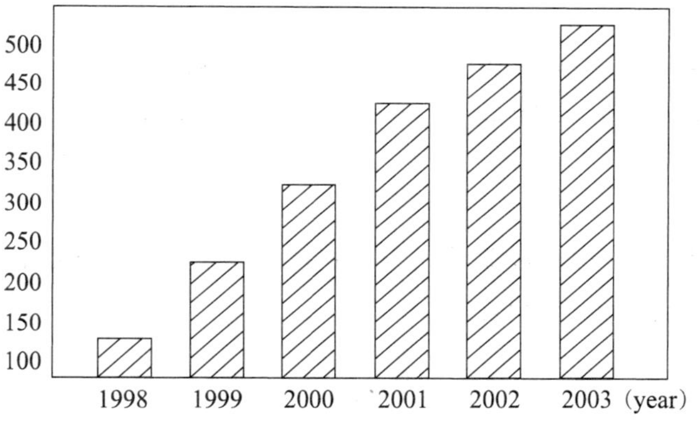

a. The number of computer sales was continuously increasing.
b. In 2003, five times more computers were sold than in 1998.
c. Computer sales in 2001 had increased by 75% compared to 2000.
d. From 2000 to 2002 computer sales doubled.
e. The increase in computer sales was the greatest during the 1998 ~99 period.

(f) Read the table and answer the questions.

Airline	Flight number	Destination	Departure Time
Asiana	613	New York	10:05
KAL	903	Hong Kong	10:15
JAL	309	Osaka	10:25
CAL	737	Peking	11:00

a. When does Flight 903 take off?
b. Which airline is flying to New York?
c. When does the fight for Hong Kong take off?

(2) 진위형

진위형과 기술형은 수업의 성과를 측정하기 위한 수시 평가에 주로 사용되는데 기술형은 채점 시간이 비교적 길고 채점의 객관성에 문제가 있을 수 있다. 이해도 만을 측정할 때 진위형의 평가도 효과적이다. 진위형은 제작과 채점이 비교적 용이하다. 그러나 우연히 정답을 맞출 확률(chance factor)이 많으므로 진(T)과 위(F)에 'don't know'나 'not stated' 항목을 첨가라는 것이 바람직하다. 이 유형에는 글의 내용에 토대를 둔 문제와 다음 예와 같이 일반적 사실에 관한 진위형 문제가 있다.

예) (a) The sun rises in the west. (T, F, don't know)
(b) England is as large as Austria. (T, F, don't know)

(3) 완성형

공백을 채워 문장을 완성하게 하는 평가유형으로 주로 문법테스트에 사용되며 단답형이나 다지선다형으로 할 수 있다.

예) Brown is (   ) his dinner.
a. ate   b. eat   c. eats   d. eaten   e. eating

(4) 기술형

기술형은 한 단어로 답하기, 몇 단어로 답하기, 문장으로 답하기, 작문 등으로 분류할 수 있으며 자료에 나와 있는 내용을 질문하는 것(straightforward comprehension)이 일반적이지만 자료에 직접 언급되지 않은 내용을 묻고 학습자가 경험, 상상력, 의견이나 느낌으로 답할 수 있게 할 수도 있다.

(5) 다지 선다형

다지 선다형(선택형; multiple-choice items)은 선택할 항목을 제시하고 수험자가 옳은 항목을 선택하게 하는 방법이다. 읽기능력의 평가인 경우에 지문 길이는 글의 난이도와 내용에 대한 학습자의 친숙 정도에 따라 차이는 있지만 대체적으로 100~250 단어 정도(고등학교 학생의 경우)가 적합하고 다양한 내용별 주제와 양식으로 구성되는 것이 바람직하다.[127] 다지 선다형은 작문시험의 일부 단점을 보완할 수 있고 다양한 언어기능을 측정할 수 있으며 비교적 채점이 용이하다. 또한 번역 문제는 가능한 제외하고 문제에 해결의 명확한 단서가 있어야 하고 정답선택에 있어 애매함이 없어야 한다. 우연히 정답을 맞힐 확률을 줄이기 위해 5～6개의 선택 항목을 제시하는 것이 바람직하다. 선택형은 채점이 신속하고 비교적 용이할 뿐 아니라 본문 이해능력과 식별능력을 측정할 수 있는 장점이 있다.

> Reading comprehension alone is more validly tested by selection of the correct answer from multiple-choice items in the foreign language which have been based on the reading passage. In this case the student shows ability to comprehend not only the reading passage but also the fine distinctions between the choices offered. (Rivers, 1981, p. 364)

그러나 이러한 유형은 출제자에게 많은 시간이 필요하고 출제자가 원어민 화자가 아닌 경우 선택문항 제작에 상당한 주의가 요구된다. 또한 피험자가 극히 수동적인 입장이므로 다양한 사고의 평가에는 적합하지 않다. 아울러 학습자의 오답이 글의 이해 부족 때문인지 질문의 이해 부족에 그 원인이 있는지 판단하기 어려운 경우도 있을 수 있다. 또한 부정적인 귀환효과가 생길 수 있으며 선택형 문제 풀이의 능력은 연습에 의해 향상시킬 수도 있는데 이는 근본적인 언어 능력의 향상이라 볼 수는 없다.

(6) 정보전이

정보전이(information transfer)는 읽기나 듣기 중 활동으로 유용하게 사용될 수 있으나 평가 기법으로도 이용될 수 있다. 이 활동은 도표, 그림 등의 정보를 글로 변경시키거나 그 반대로 하는 활동으로 연대기적 순서, 제품의 공정과정, 원인과 결과, 분류, 비교와 대조 등의 글에 사용될 수 있다. 또한 이 평가방법은 표현기능에 대한 요구가 적다는 장점이 있다.

예) Draw the diagram of a nuclear family consisting of a man and a woman, their two sons and one daughter. Use the following schemes: ○ (female),

---

127) Harris(1969)에 의하면 약 100 단어로 된 문단에서 4개의 문항을 질문하는 것이 바람직하며 문단의 길이는 100～250단어가 적당하다. 또한 정길정 등(2000, p. 185)에서는 정독 능력의 평가를 위한 개략적인 읽기 지문의 길이를 초보수준은 50～100단어, 중급 수준은 200～300단어, 상급 수준은 400～600단어로 제시되고 있다.

◇ (male), = (be married).

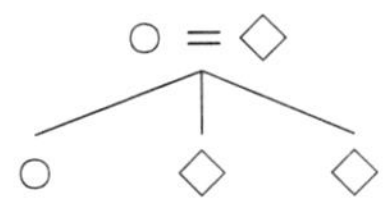

(7) 항목 재배열

항목 재배열(scrambled texts)은 처음 2~3 문장은 그대로 두고 지문의 나머지 부분의 순서를 변경하여 놓고 본래의 순서로 재배열하게 하는 유형의 문제이다. 이 유형은 어떤 과정의 단계나 연속적인 이야기의 순서의 이해와 글의 논리전개 구조 파악 능력의 측정에 효과적이지만 하나의 잘못된 선택이 또 다른 잘못된 선택을 하게 할 수 있으므로 항목의 신뢰도를 저하시킬 우려가 있다.

예) 다음 글을 순서에 맞게 재배열하십시오.

There are many stories about George Washington. Here is one famous story.

(a) When George's father came home, he saw that his favorite cherry tree had been cut down. He was very, very angry. "Who cut down my cherry tree?" he shouted.

(b) When George Washington was a little boy, his father gave him an ax for his birthday. George wanted to practice with his ax, so he cut down a tree near his house.

(c) Today many people eat cherry pie on Washington's birthday and tell this story to children.

(d) "My son," said George's father. "I am sad that I have lost my cherry tree. But you are given me something better. You told the truth. That makes me a very happy father." He hugged and kissed George and did not punish him.

(e) George was very afraid. He was sure that his father would punish him. But he did not tell a lie. "Father," said George, "I cannot tell a lie. I cut down your cherry tree with my new ax."

(8) 회상평가

회상평가(free recall test)는 학습자가 자료를 읽은 후에 자료를 보지 않고 그 내용을 회상하여 말하거나 쓰게 하는 평가이다. 주어진 자료를 의미단위(idea unit)로 나누어 채점하며 말로 회상하게 할 경우는 녹음기를 이용할 수 있다. 읽은 후 시간이 많이 경과된 후에 평가를 하면 기억력 테스트가 될 우려가 있으므로 읽은 후 곧바로 실시하는 것이 효과적이다.

(9) 요약평가

요약평가(summary test)는 주어진 글을 듣거나 읽고 요약하는 활동으로 글의 요점의 이해, 중요부분과 중요하지 않은 부분의 구별 능력을 측정하는 평가 기법 중의 하나이며 쓰기 능력의 평가도 될 수 있다. 긴 글에서는 요약 능력, 짧은 글에서는 중요한 세부사항의 선택 능력을 평가한다. 채점은 의미단위로 나누어 하며 보다 요점파악 능력을 객관적이고 효과적으로 측정하기 위해 요약 빈칸 채우기(gapped summary)를 실시할 수 있다. 이 방법은 글의 요약한 글에서 핵심 어휘들(key words)을 생략하고 학습자가 글을 읽은 후 빈칸을 채우게 하는 방법이다.

(10) 받아쓰기

받아쓰기(dictation)는 학습자에게 읽어주거나 말해주고 받아쓰게 하는 방법으로 일종의 교수기법으로 사용될 수도 있다. 전체 받아쓰기(full dictation)와 부분 받아쓰기(spot dictation)가 있으며 듣기와 쓰기능력을 동시에 평가할 수 있다.

(11) 오류 지적형

오류 지적형은 문장 중에 틀린 부분을 지적하는 유형으로 신뢰도는 낮은 편이지만 TOEFL 등에서 문법과 어휘능력을 평가하기 위해 사용된다.

예) 다음에서 어법에 어긋나는 부분을 선택하십시오.

While he was in the army, he learned both Korean as well as Russian.
A B C D

17.4.4 빈칸 만들기 방법 관련 유형

문항의 빈칸을 만드는 방법에 따라 빈칸 채우기와 규칙 빈칸 채우기로 나눌 수 있다.

(1) 빈칸 채우기 평가

빈칸 채우기(gap-filling)는 지문의 1~2 부분을 삭제하여 빈칸을 만들고 학습자가 적합한 어휘나 구절, 문장으로 채우게 하는 평가 방식으로 사실적 이해, 추론적 이해, 종합적

이해, 적용력 등의 다양한 독해능력과 청해능력을 측정할 수 있다. 지문의 여러 부분을 일정한 규칙에 의하거나 무작위로 삭제하고 채우게 하는 규칙 빈칸 채우기는 빈칸 채우기의 특수한 예라 할 수도 있다. 이러한 평가는 기술형이나 선택형으로 할 수 있으며 빈칸이 지문의 앞부분, 중간, 뒷부분에 있게 할 수 있고 중요어구, 중요 연결사 채우기나 문맥 유추 빈칸 채우기 등으로 분류할 수 있다. 전후 문맥 유추 빈칸 채우기는 다음의 예와 같이 글의 요지를 파악 후 전후 문맥을 통해 유추할 수 있는 논리적 능력을 평가하는 것으로 전반적인 독해 능력을 측정한다.

예) (a) Which is the most suitable for the blank?

> It is harder to learn some things when you get older. Your brain does not work as quickly. That is why we sometimes say,
> "______________________________"
>
> a. You can't teach an old dog new tricks.
> b. What is done cannot be undone.
> c. Bad news travels quickly.
> d. A watched pot never boils.
> e. Whatever is, is right.

(b) Fill in the blank with an appropriate connector.

> In fact the two Koreas have become quite different in many respects. The South has made great economic achievements, while the North may not have done so. The South has seen many presidents, and values individual freedom highly. (   ), the North, ruled by one chief of state and his son for over the past fifty years, does not seem to believe in individual freedom. For the people of the South, the North is more or less an isolated island.

상황을 제시하고 내용이 연결된 연속적인 문장들의 빈칸을 채우게 하는 방법도 있다.

예) situation: It is an advantage to have a room of your own where you can study. To convert a room into a study, remember the following points:

(a) If you can choose which room to study in, choose one which is not near the ( ), kitchen, or the front door.
(b) If you can use the room for study only. If you live in a bed-sitting room and have to use if for other purposes such as sleeping or eating, it is sometimes difficult to study there. If the room has a bed, you may be ( ) to study lying down.
(c) Get some basic furniture. You should have a large table or desk, a desk lamp and a small bookcase for ( ) books.
(d) Tell your friends which evenings you will be studying so that they do not visit your home and ( ) you.

효과적인 빈칸 채우기 평가 문항을 작성하기 위해서는 다음의 사항에 유의할 필요가 있다.

① 빈칸을 지문의 다양한 부분에 만들 필요가 있다. 빈칸이 지문의 뒷부분에만 있는 경우에는 지문의 끝 부분부터 읽고 나서 정답을 정할 수 없을 때 앞부분으로 되돌아가서 읽기 시작하는 비정상적인 읽기를 할 우려가 있다(오준일, 1999, p. 100 참고).
② 수험자가 문서외적 읽기 전략, 문서 의존적 전략, 문서의 어휘와 관련된 보상적 읽기 전략을 다양하게 사용하여 문제를 풀 수 있게 하는 것이 바람직하다.
③ 전체의 글을 읽고 유추하여 빈칸을 채울 수 있는 문항이 효과적이다. 빈칸이 포함된 문장만 읽고 정답을 제시할 수 있는 문항은 바람직하지 못하다.

(2) 규칙 빈칸 채우기 평가

규칙 빈칸 채우기(cloze procedure)는 영어가 모국어인 학습자를 대상으로 산문(prose)의 읽기 난이도를 측정하기 위해 Taylor(1953)가 고안한 평가도구로 학습자의 내재화된 문법 지식 체계를 전반적으로 평가하는 통합적인 언어능력 평가기법(integrative test)이며 지도기법으로도 이용될 수 있다. 이 기법은 학습자 수준에 적합한 산문을 선택하여 첫번째 두 문장 내외는 그대로 두고 그 다음 문장부터 5~7번째의 단어를 규칙적으로 생략하고 수험자가 적절한 단어로 채우도록 하는 방법으로 영어 원어민의 독해력 평가뿐만 아니라 ESL/EFL의 전반적인 능력 평가와 언어교수 기법이나 읽기 자료의 난이도 측정에도 사용될 수 있다. 빈칸에 알맞은 단어를 선택하기 위해서는 어휘, 문법, 담화에 관한 능력과 일반적인 이해능력 등의 복합적인 능력을 필요로 하므로 빈칸 채우기 평가방법은 독해력과 청해력 측정의 효과적인 기법 중의 하나이다.

'cloze'라는 용어는 형태 심리학의 원리(Gestalt principle of closure)에서 착안한 것으로 'closure'에서 역성(back formation)에 의해 파생되었으며 인간은 대체적으로 불완전한 원 또는 삼각형을 완전한 형태로 보려는 경향이 있는 것처럼 언어에서도 불완전한 부분을 채우려는 심리가 있다고 보는 것이다. Taylor(1953)는 이 기법을 다음과 같이 정의하고 있다.

> A method of intercepting a message from a "transmitter"(writer or speaker), mutilating its language patterns by deleting parts, and so administering it to "receivers"(readers or listeners) that their attempts to make the patterns whole again potentially yield a considerable number of cloze unit. (p. 415)

규칙 빈칸 채우기를 위한 지문은 이해하기 쉽도록 전문적인 지식이 필요하지 않은 내용을 다루되 학습자의 언어적 수준에 맞고 흥미가 있는 글이 바람직하다. 또한 고유명사, 숫자, 전문용어가 많은 글은 적합하지 않다. 빈칸이 매 다섯 번 이하가 되면 잉여적 정보가 적어 너무 난해해지고 문항이 변별력을 잃게 되어 평가의 타당성이 상실될 우려가 있다. 일반적으로는 빈칸 간격은 5~7이며 40~50개 정도의 빈칸들이 있는 것이 적당하므로 전체적으로 250개 내외의 단어로 구성된 본문이 적합하다. 또한 문단의 중간 혹은 끝 부분이 처음 부분의 빈칸에 단서를 줄 수도 있으므로 수험자가 빈칸을 채우기 전에 전체 글을 최소한 한번은 읽게 하는 것이 바람직하다.

이 기법은 다른 유형의 평가 방식과 상관관계가 높다. 예를 들면 Hinofotis(1987, p. 413)는 TOEFL과의 상관관계를 .70 이상으로 제시하고 있고 Pike(1973)은 구두 인터뷰 및 작문시험과 높은 상관관계가 있다고 주장하고 있다.

규칙 빈칸 채우기는 읽기나 듣기 후 활동으로 이용할 수 있고 문항 작성과 채점이 비교적 용이하다. 이 기법의 장점을 정리하면 다음과 같다.

① 규칙적으로 n번째 단어를 삭제하기 때문에 문항 작성이 용이하다.

② 동일단어 채점방법(exact-word scoring method)이나 선택형을 채택할 경우 채점이 비교적 용이하다.

③ 표준화 시험과 비교하여 적은 노력과 경비로 실시할 수 있으므로 경제적이다. 전반적인 언어 능력 평가를 위해 주로 TOEFL이 사용되지만 문항제작에 많은 노력과 비용이 든다.

④ 비교적 타당성과 신뢰성이 있으므로 전반적인 언어능력 평가와 배치시험(placement test)및 수업 실시 후 성취평가(achievement test)로 용이하게 이용될 수 있다.

⑤ 수업 중 학습자가 제시하는 어휘에 대한 토의가 가능하고 학습자가 알고는 있지만 활용이 제대로 안 되는 어휘에 대해 이끌어내기(elicitation)를 할 수 있다.[128)]

⑥ 학습자가 지적인 추론(intelligence guess)을 할 수 있다.

⑦ 학급당 학습자의 수와 관계없이 시행할 수 있다.

그러나 이 유형의 평가는 전반적인 독해능력이나 추론, 연역 능력보다는 통사, 어휘 또는 문장 수준의 분리평가가 될 수 있으므로 그 타당도에 의문이 제기될 수도 있다.

빈칸 메우기 평가의 유형은 어휘 삭제 방법, 문항제작과 문제해결방법, 채점방법에 따라 분류된다.

어휘삭제방법에 의한 분류는 다음과 같다.

① 고정비율 방법

고정비율 방법(pure cloze, fixed-ratio method)은 문맥이나 문법, 어휘의 중요성을 고려하지 않고 5~7번째의 어휘를 규칙적으로 생략하는 형태로 삭제된 어휘의 길이와 관계없이 일정한 길이의 빈칸을 만든다. 이 방법은 언어의 특정 기능을 측정하기보다는 전반적인 언어능력을 평가하는 기법이다.

② 변동비율 방법

변동비율 방법(variable-ratio method, rational cloze)은 내용어(content word)나 기능어(function word) 중에서 한 가지 유형만을 선택적으로 삭제하는 유형이다. 전반적인 이해력을 측정하기 위해 주제에 관련되는 어휘만을, 혹은 담화표지나 대용어(anaphora)같은 결합관계를 나타내는 어휘(cohesive devices)만을 삭제하고 채우도록 할 수도 있다.

문항제작과 문제 해결 방법에 의한 유형 분류는 다음과 같다.

① 선택 빈칸 채우기

선택 빈칸 채우기(multiple-choice cloze)는 선택 항목을 주고 적합한 것을 선택하도

---

128) 이끌어내기(elicitation)는 학습자의 생각이나 제안, 이미 알고 있는 사항을 제시하게 하거나 새로운 단어를 유추하게 하여 학습자가 적극적으로 말이나 쓰기의 표현을 할 수 있게 하기 위해 교사가 사용하는 수업기술들을 말한다(techniques which a teacher uses to get learners to actively produce speech or writing).

록 하는 형태로 다인수 학급에서 채점의 편의를 위해 사용될 수 있다. 선택할 빈칸의 1.5배 정도의 어휘를 묶어서 전체적으로 제시하고 선택하도록 하는 방법(banked cloze)을 취할 수도 있다.

② **일부 빈칸 채우기**

일부 빈칸 채우기(semi-cloze procedure)는 첫 번째 철자나 마지막 한 철자 혹은 첫 번째와 마지막 철자를 동시에 남겨 놓고 빈칸을 채우게 하는 방법으로 철자 단서를 제공하므로 난이도가 비교적 낮아 초급 학습자에게 효과적이다.

예) Let's be food detectives

> Your health depends on the foods you eat. To make smart choices about foods, you have t_____ find out what is in them. A good f_____ detective learns to read the labels on food p______. These labels can tell the facts about what i______ in foods. Such facts are very important clues a food detective.
> Labels tell you lots of o______r things, too. These other things are not so i______t for food detective to know.

이러한 유형 중에는 규칙 빈칸 채우기의 변형으로 다음 예문과 같은 C 평가(C-test) 기법이 있다. 이 방법은 지문의 두 번째 문장부터 매 두 번째 단어의 후반부 절반을 생략하고 학습자가 채우게 하는 것으로 학습자의 심리적 부담을 낮출 수 있다. 지문은 일반적으로 5~6개의 짧은 문장으로 구성되며 채점은 동일단어 채점방법이 사용된다(Klein-Braley & Raatz, 1984 참고).

예) It is normal to leave the first sentence intact. Thereafter t___ second ha___ of ev___second wo___is del___and h___to b___ restored b___ the rea___.

다음의 예문과 같이 동일한 철자로 시작되는 단어를 생략하여 제시하면 단어 선정에 단서를 주므로 학습자가 보다 더 용이하게 빈칸을 채울 수 있다.

예) Fill in the blanks with words starting with the letter 'b.'
I know a (b) man whose name is (B). He lives in B( ). He is a (b) and likes (b). Usually he eats (b) and drinks (b).

③ **요약 빈칸 채우기**

요약 빈칸 채우기(summary cloze procedure)는 내용을 삭제하지 않은 지문을 읽게 한 후 그 내용을 정리·요약하여 빈칸을 채우게 하는 방법으로 비교적 난이도가 높으므로 상급수준의 학습자에게 적용할 수 있다. 이러한 유형은 일종의 정보전이(information transfer)활동이며 학습자의 쓰기 능력의 부담을 덜어 줄 수 있다.

④ **괄호 넣기와 받아쓰기 결합 방법**

괄호 넣기와 받아쓰기 결합 방법(combined cloze and dictation)은 완전한 자료를 들려주고 학습자가 공백을 채우도록 하는 방법이다. 단어만이 아니라 단어의 일부분, 연속된 단어, 문장 등을 생략할 수 있다.

⑤ **구두 괄호 넣기**

구두 괄호 넣기(oral cloze procedure)는 녹음된 자료나 교사의 육성으로 들려주고 공백 부분을 학습자가 채워서 말하게 하는 기법을 말한다.

규칙 빈칸 채우기의 채점은 문항 작성 방법에 따라 다소 차이가 있을 수 있는데 일반적으로 다음과 같이 네 가지 방법이 있다.

① **동일단어 채점방법**

동일단어 채점방법(exact-word scoring method)은 빈칸에 사용한 단어가 원문의 단어와 정확히 일치했을 경우를 정답으로 인정하는 방법으로 보다 객관적이고 채점이 용이하다.

② **용인 가능단어 채점방법**

용인 가능단어 채점방법(acceptable-word scoring method)은 응답이 원문의 어휘와 정확히 일치하지는 않더라도 문맥상 허용될 만한 어휘라고 인정되면 정답으로 처리하는 방법이다. 채점자가 원어민 화자가 아닌 경우에는 채점과정이 다소 어렵고 객관성이 결여될 가능성이 있다.

③ **규칙 빈칸 빈도수 채점방법**

규칙 빈칸 빈도수 채점방법(clozentrophy scoring method)은 원어민을 대상으로 실시한 예비 조사에서 나타난 어휘 사용의 빈도수에 의해 채점하는 방법이다. 학습자가 빈칸에 채운 어휘와 원어민의 사용빈도를 비교하여 비율로 처리한다. 컴퓨터 프로그래밍을 이용할 수도 있다.

④ **선다형 채점방식**

선다형 채점방식(multiple-choice scoring method)은 선택 빈칸 채우기를 채점하는 방법으로 채점이 가장 간편하고 객관적이다.

위에서 언급된 네 가지 채점 방법 중 일반적으로 사용되는 방법은 동일 단어와 용인가능단어를 기준으로 채점하는 방법이다. 원어민 화자에게는 일반적으로 동일단어채점방법이 더 효과적이라는 것이 학자들의 일치된 견해이지만 외국인 학습자에 관해서는 상반된 의견이 제시되고 있다. Brown(1980)은 네 가지 채점방법의 타당도, 신뢰도, 문항의 용이성, 문항 변별도, 실시와 채점의 편리성을 비교하여 용인가능 단어 채점방법이 가장 효과적이라고 입증하고 있다. 그러나 이 방법은 최소한 두 명 이상의 채점자가 필요하고 채점자가 원어민 수준의 영어실력을 가져야하며 또한 채점시간이 더 소요되므로 우리 교육현장에서 사용하기에는 쉽지 않다. 선택형이나 다소 융통성 있는 동일 어휘채점 방법을 채택하는 것이 바람직하다. 또한 동일단어 채점방식과 용인가능 채점방식의 상관관계는 여러 연구에서 높게 나타나 있으므로(Irvine 등, 1974, p. 94; Stubbs & Tucker, 1974, p. 97; 전병만, 1985, p. 94) 동일단어 채점방법을 이용하여도 무방하다고 할 수 있다.

18장 영어교육학의 연구와 분석방법

외국어로서의 영어(EFL)교육에 관한 연구는 다양한 관련분야에 대한 종합적인 논의를 토대로 이루어져야하고 사회와 교육현실에 대한 충분한 고찰이 있어야한다고 본다. 이러한 관점에서 영어교육학이 하나의 학문 영역으로 정립될 필요가 있다.

영어교육학은 언어학, 심리학, 교육학, 사회학 등과 연관된 종합학문이며 실용적 상황을 염두에 둔 응용학문으로 '내용이 되는 영어의 구조 및 기능에 관한 지식의 습득, 그 지식의 적합한 사용과 적용능력을 가르치는 방법의 이론적 절차, 적용 및 평가를 다루는 학문분야'(배두본, 1990, p. 33)이다. 또한 영어교육학은 교사와 교육자료 및 학습자의 상호작용을 관찰하여 기술하고 설명할 수 있어야 하며 바람직한 영어교육의 방향을 제시할 수 있어야 한다.

EFL학습자가 의사소통능력을 신장하게 하고 영어교육이 바람직한 성과를 얻기 위해서는 '한국에서의 영어교육학'이 체계적으로 연구되어 정립되어야 한다. 또한 영어교육담당자들이 스스로 개인의 영어구사능력과 지도기법을 향상시키기 위해서도 영어교육에 대한 연구와 논의가 요구되고 있다.

18.1 영어교육학의 연구

18.1.1 영어교육연구의 원리

외국어교육에 관한 연구는 교육사조와 교육여건의 영향을 받는다. 또한 연구의 중점은 언어 중심에서 인간 중심, 학습자 중심으로 전환되어 가고 있는 추세이다.

영어교육에 관한 연구의 일반적인 원리를 정리하면 다음과 같다[129].

① 독창성이 있어야 한다. 질문지, 연구자료, 지도방법, 자료 분석 방법 등이 독창적이고 이론의 정립과 적용이 창의적이어야 한다.

② 체계적이고 관련된 자료의 분석에 토대를 두어야 한다. 연구에 필요한 데이터는 대표적인(representative) 것을 수집(sampling)하거나 대표적이지는 않지만 수집 가능한 것들을 다양하게 모아 사용할 수도 있다. 또한 자료를 광범위하게 수집하는 방법과 세부적인 자료를 집중적으로 수집하는 방법이 있는데, 최근에는 후자의 방법이 선호되는 경향이다.

③ 객관성과 타당성이 있어야 한다. 주관적인 판단은 배제되는 것이 바람직하고 이론적 타당성이 있어야 한다.

④ 연구절차가 효과적이고 타당해야 한다. 연구의 절차가 복잡하면 연구수행이 효율적이지 못하다. 또한 연구의 결과가 인정되기 위해서는 관찰의 타당성과 과정적 타당성이 있어야 한다.

⑤ 다시 연구해도 동일한 결과를 가져오고 일반화할 수 있어야 한다. 동일한 주제에 대하여 동일한 여건 하에서 실시된 연구는 동일한 결과를 가져와야 그 결과를 일반화시킬 수 있다.

⑥ 유용성(utility)이 있어야 한다. 이론적인 연구보다는 현장연구가 교사들에게 유용하다. Ellis(1994)는 다음과 같이 이론적인 연구가 교사들에게 유용성이 적다고 지적하고 교사에 의한 현장연구의 필요성을 논하고 있다.

> Furthermore, some educationalists might feel that research undertaken by professional researchers will always be of limited value to language teachers and that a more worthwhile and exciting approach is action research, where teachers become researchers by identifying research questions important to them and seeking answers in their own classes. (p. 689)

---

129) McDonough & McDonough (1997, pp. 41～42)는 다음과 같이 연구(research)의 원리를 제시하고 있다.

- There must be originality.
- Research must systematic and is based on data.
- Research must be objective and valid.
- Research must be replicable and generalizable.

18.1.2 영어교육학의 연구방법

연구의 방법은 이론을 정립하고 조사연구를 할 수도 있고(theory-then-research), 자료를 조사・연구하고 그 데이터를 토대로 이론을 정립(research-then-theory, data-first)할 수도 있다. 연구 자료로는 질문지(questionnaire), 면담(interview)자료, 사례(case), 교실관찰, 시험결과 등을 이용할 수 있다. 연구의 일반적인 절차는 다음과 같다.

(1) 연구주제의 선정

연구를 시작하기 전에 '무엇을(what)', '왜(why)', 얼마만큼(how much)'을 정하는 절차이다. 주제는 참신성과 연구할 가치 및 결과도출의 가능성이 있어야 한다.

(2) 문헌고찰

문헌고찰은 선행연구를 알아보는 것으로 관련 자료의 목록작성, 문헌읽기와 평가 및 비판적 사고, 종합정리의 과정이다.

(3) 가설의 설정

가설을 설정하고 연구의 방향을 정하는 과정을 말한다. 가설은 변인들 간의 관계나 연구의 결과에 대한 잠정적인 결론이나 추측을 의미한다.

(4) 연구의 설계

연구의 설계는 연구진행에 대한 구체적인 계획을 말한다. 연구대상의 선정, 실험의 과정, 실험도구의 결정, 결과의 분석 등이 포함된다.

(5) 연구의 마무리

연구결과를 가설과 비교하여 분석한 후에 결론을 맺고 글로 작성하는 연구의 마지막 단계이다.

영어교육에 관한 연구유형은 자료수집과 분석방법, 연구절차와 시점에 따라 분류할 수 있다.

1) 자료수집과 분석방법에 따른 연구유형의 분류

자료수집과 분석방법에 따라서 일차적인 연구와 이차적인 연구로 분류된다(Brown, 1988, Johnson, 1992 참고). 일차적인 연구방법은 직접 자료를 근거로 연구하는 방법이며,

이차적인 연구는 다른 연구의 결과를 토대로 한 연구를 말한다. 이차적인 연구에는 문헌연구가 해당된다. 문헌연구(library study)는 서적, 학술지, 서평, 관련자료 등의 문헌에 기록된 내용을 수집하여 정리·분석하고 연구주제에 관한 역사적 경향, 연구현황 등을 알아봄으로 문제해결의 방향을 모색하기 위한 연구이다. 또한 과거의 사실이나 연구 결과에 대한 조사와 분석을 통해 현재의 연구과제와 관련성을 찾아 이를 일반화하는데 주로 사용된다.

이차적인 연구방법은 영어교육학의 연구와 관련하여 영어교육의 발달과 변천, 영어과 교육과정의 변천, 영어 교과서의 변천, 영어 교재의 현황과 발달 등을 연구하고자 할 경우에 사용되어 질 수 있다. 또한 일반적으로 보고서나 논문의 서론 부분, 전개부분에 포함되어진다.

최근 영어교육에 관한 연구방법은 이차적인 방법인 문헌연구보다는 일차적인 연구방법이 더 관심을 받는 경향이다. 일차적인 연구방법은 수량적(quantitative) 연구와 정성적(qualitative) 연구로 분류되며 수량적 연구보다는 정성적 연구방법이 선호되는 추세이다(김진완, 2000, p. 364 참고). 그러나 수량적 방법과 정성적 방법을 구분하여 연구하는 것보다 두 방법을 연계하여 연구하는 것이 보다 더 바람직하다.

(1) 수량적 연구

수량적 연구는 실증주의적(positivistic) 철학에 뿌리를 두고 있으며 객관적인 실체가 사실을 통해 추구된다. 또한 연구자가 연구 상황과 분리되어 객관적으로 연구를 진행할 수 있는 방법으로 가설검증(hypothesis-testing)연구라고도 할 수 있다. 이 연구방법에서는 통계적인 논리가 중요시되며 가설의 설정, 표본수집, 통계적인 방법 및 절차결정, 통계적인 계산, 가설의 검증, 통계결과의 해석의 단계로 진행된다. 여기에는 상관관계연구, 조사연구, 관찰연구, 실험연구 등이 해당된다.

① 상관관계의 연구

상관관계(correlation)의 연구는 변인들 간의 관계를 찾기 위한 것으로 변인들 간의 관련정도가 수량적인 상관계수로 측정되며 다변인 상관관계연구가 더 합리적이라고 인정된다. 상관관계란 두개나 그 이상의 변인 사이에 관계가 있는지를 알아보기 위해 크기나 빈도 등을 비교해보는 통계 장치를 말한다. 그러나 긍정적인 상관관계가 있다고 하여 한 요소가 다른 요소의 원인이 되지는 않는다. 예로 숙제하는 시간과 학업성취는 상관관계가 있다고 할 수 있으나 숙제하는 시간이 많다고 학업성취도가 높은 것은 아니다. 상관관계의 연구는 집단을 연구하기 때문에 개인에 대한 심도 있는 연구결과는 제공하지 못한다는 단점이 있다.

② 조사연구

조사연구(survey research)는 비교적 큰 집단을 대상으로 필요한 정보와 자료를 얻기 위해 사용되는 방법으로, 모집단(母集團) 또는 전집(populations)을 대상으로 하는 전집조사와 전집에서 일부분을 추출해서 조사하는 표집조사(표본조사, sampling survey)가 있다. 일반적으로 확률적 표본추출 즉 무작위 표본(random sample)과 층위표본(stratified sample)이 선호되는데 표본이 모집단을 얼마나 정확하게 대표할 수 있는지를 명시할 수 있기 때문이다. 다양한 현실적인 제약 때문에 일반적으로 표본조사에서 얻어진 자료나 정보를 전체 대상에 적용하여 일반화하는 방법이 사용된다.

조사연구에는 관찰(observation), 면접(interview), 질문지(questionnaires) 등이 사용된다. 관찰과 면접은 보편적으로 사용되는 방법이긴 하지만 객관성이 결여될 우려가 있다. 동일한 관찰내용이나 면접내용도 담당자에 따라 다르게 해석할 수 있기 때문이다. 또한 면접법은 면담자와 피면담자 간의 공감대 형성과 신뢰감이 전제되어야하며 시간상의 제약으로 대상자 선정에 한계가 있을 수 있다.

질문지법은 조사자가 일정한 양식과 내용 등을 기술한 검사지를 제시하고 그 결과에 의해 필요한 자료를 얻는 방법이다. 이 방법은 다수를 대상으로 조사할 수 있어 객관성이 높고 비교적 간편하며 조사대상자의 실명을 밝히지 않으면 솔직한 답변을 얻을 수 있는 장점이 있다. 그러나 대체적으로 인과관계를 찾기가 쉽지 않고 과정에 대한 기술을 충분하게 할 수 없다는 단점이 있다. 따라서 파악할 내용의 성격과 응답자의 수준 등을 고려하여 질문내용을 제시해야 한다.

③ 관찰연구

관찰연구(classroom observation)는 조사연구의 일종으로 교실의 분위기, 교실에서의 교사의 제반활동, 학습자의 참여도 등 교실에서의 모든 면(what goes on in the classroom)을 관찰하여 제3자에 의하여 일정한 수치로 표기하거나 교사가 직접 본인의 수업을 녹음이나 녹화하여 자기평가를 하는 연구를 말한다. 또한 외국어 학습과 지도의 특정한 면에 대해서만 관찰연구를 할 수 있는데 Allwright(1975)는 학습자의 오류와 오류교정의 유형만을 집중적으로 관찰하여 연구한 바 있다.

④ 실험연구

실험연구(experimental research)는 특정 변인의 역할이나 효과, 변인간의 상관관계(correlation)를 알아보기 위한 과학적 연구 방법의 하나이다. 하나 혹은 그 이상의 변인만 체계적으로 변하게 하고 다른 변인은 통제를 한 후 가설을 설정하고 그 가설을 교육현장에 적용한 다음에 결과를 과학적으로 분석해 보는 절차를 말한다. 실험연구는 실험의 타당성이 보장되면 문제해결 및 교육기법의 개선에 유용하다.

실험연구는 진 실험과 준 실험 등으로 나누어 볼 수 있다. 진 실험(true or genuine experiment)에서는 실험 대상자들을 통제집단(control group)과 실험집단(experimental group)으로 나누고 각 집단에 사전검사(pretest)를 실시하여 두 집단 간의 차이를 알아낸다. 그 다음 실험집단에는 특별한 조치를 하고 통제집단은 원래의 상태로 두든가 종래의 교수법을 적용한 후에 사후검사(post-test)를 실시하여 그 결과와 사전검사의 차이 및 두 집단의 차이를 분석한다. 실험집단은 한 요소만을 통제집단과 다르게 하는 것이 이상적이다.

진 실험은 실제상황에서 행하여지기가 쉽지 않고 윤리적인 문제가 수반될 수 있는 제한점이 있다. 예를 들면 A반에는 높은 성과가 예상되는 교수기법을 사용하고 B반에는 상대적으로 문제가 있는 교수기법을 도입하여 두 반의 교육성과를 비교한다면 B반 학생들은 불이익을 감수해야 하기 때문이다.

준 실험(quasi-experiment)은 통제 집단이 구성되지 못한 경우에 실험집단 만을 대상으로 수차에 걸쳐 사전검사와 사후검사를 실시하여 그 결과를 비교 분석하는 실험이다. 실험집단에 대해 사전검사를 실시한 후 일정간격을 두고 한번은 특정한 조치를 취하고 한번은 특정한 조처를 취하지 않는다. 다시 사후검사를 실시하고 그 결과를 비교·분석한다. 결과를 여러 번 비교·분석할 수도 있다.

(2) 정성적 연구

정성적 연구는 자연주의적(naturalistic)철학에 근거하며 모든 지식에 상대적이고 주관적인 요소가 있다는 것을 전제로 한다. 또한 통계적 수치보다는 사례, 개인적인 경험, 면담, 관찰, 상호작용 및 시각자료 등의 다양한 경험적 자료를 사용한다. 여기에는 사례연구, 민족문화기술연구, 다중현장연구 등이 해당된다.

① 사례연구

사례연구(case study)는 연구자가 현장에 참가하여 사례를 직접 관찰하거나 면접을 통한 현장연구(fieldwork)를 말한다. 일회의 사례연구(one-shot case study)와 학습자들을 일정한 기간 동안(longitudinally) 관찰하는 연구가 있다. 분석단위인 사례는 한 개인, 하나의 단체, 하나의 지역사회 등으로 다양하며 연구의 핵심은 특정한 사례에 대한 면밀하고 전체적인 관찰에 있기 때문에 사례의 수는 소수로 제한된다. 사례연구의 예로 유아의 언어습득에 관해 1년 동안 관찰한 연구들과 영어를 배우는 성인 스페인어

화자를 10개월간 관찰하고 분석한 Shumann(1978)의 연구를 들 수 있다.

사례연구는 교실실행연구(classroom action research), 학교사례연구 및 영어 우수 학습자나 지진아에 관한 연구로 많이 사용되고 있다. 그러나 관찰자나 면담자의 주관적 판단이 들어가므로 자료의 수집에 객관성이 결여될 수 있어 그 결과를 일반화하기에는 한계가 있을 수도 있다.

② 교실실행연구

교실실행연구(classroom action research)는 사례연구의 일종으로 영어교육담당자의 지도에 대해 사례를 중심으로 조사해 보는 연구이며 실제 경험을 토대로 한다. 이 연구방법은 교수기법의 개선을 목적으로 하며 실험적 상황이 아니라 자연스런 상황에서 하는 연구이다. 따라서 그 결과는 교육현장에 가장 적용가능성이 높다고 할 수 있다. 그러나 겉으로 들어나는 사항은 쉽게 관찰 가능하지만 심층적인 면이나 학습전략 등의 연구에는 한계가 있다.

> Strict observation in language learning classrooms does not reveal language learning strategies or specific techniques other than fairly obvious indicators. (Naiman 등, 1978, p. 99)

교실실행연구의 주제는 교사설명의 명확성 정도, 목표문화의 소개 정도, 비언어적 의사소통적 지도의 효율성, 교사의 칭찬과 격려의 방법, 교사의 목표언어사용 정도, 학습자의 목표언어사용 정도, 학습자의 수업참여도와 반응, 오류교정의 빈도와 교정하는 오류의 종류 등이 될 수 있다.

③ 민족문화기술연구

민족문화기술연구(민족지학적 연구, ethnography)는 한 집단의 의사소통행위를 포함한 문화적 행위를 기술하고 해석하기 위한 연구로 인류학과 사회학 분야의 연구전통을 이어 받았다고 할 수 있다. 이 연구에서는 실험적 상황보다는 자연스러운 상황을 탐구하고 조사하는 현장연구(field research)가 선호된다. 또한 연구자가 다른 문화권에 들어가 직접적인 체험을 통해 그 문화를 이해하고 연구대상 집단을 기술하는 연구로 현장조사(fieldwork), 관찰, 질문지, 면담 등이 사용된다. 특정한 사회나 국가의 영어교육을 파악하기 위해 직접 교육현장에 들어가 현장을 관찰하고, 지도기법을 알아보고, 학습자와 교사의 상호작용과 행동을 기록하고, 설명을 시도한다면, 이 연구는 민족문화기술연구에 속하는 방법이다.

이 연구는 미리 설정된 가설의 검증이 아니므로 현장연구를 통해 얻은 자료를 검토하고 문제점을 선정하고 가설을 설정, 이에 적합한 자료를 수집하여 영역별로 분석하고 기록하는 과정을 순환적으로 진행한다. 그러나 이 방법은 그 결과를 일반화하거나 다른 연구자가 동일한 결과를 도출하기에는 한계가 있다. 이러한 문제점을 보완하기 위한 방법으로 구성적 민족문화기술연구(constitutive ethnography)가 있다(Mehan, 1977; Long, 1983). 이 방법에서는 자료를 수집하여 필름이나 비디오로 녹화하고 순서와 등급에 따라서 상호 연관성이 있게 자료를 분석·정리함으로 자료의 분석이 타당성을 가질 수 있다. 또한 이 방법은 녹화된 자료를 사용함으로 반복하여 볼 수 있고 상호 연관적인 관점에서 자료를 분석함으로써 교실 상황에서 일어나는 학습자들의 행동을 이해하는데 도움이 될 수 있다.

2) 연구의 절차 및 시점에 의한 연구유형의 분류

연구의 절차 및 시점에 의해서 연구방법을 종적 연구와 횡적 연구로 나눌 수 있다.

(1) 종적 연구방법

종적 연구(종단적 연구: longitudinal research)는 한 사람 혹은 한 집단을 대상으로 일정한 시간의 간격을 두고 특정한 부분을 반복하여 측정함으로써 필요한 자료와 정보를 얻는 방법이다. 연구대상이나 기간, 자료수집의 횟수 등에 대한 원칙은 없으나 연구기간은 일반적으로 4개월에서 18개월 정도로 한다. 이 연구방법은 모국어 습득과 외국어 학습의 과정과 발달 등을 조사하는데 사용될 수 있으며 연구대상자를 장기간에 걸쳐 관찰, 기록, 측정하므로 신뢰도와 타당도가 높다. 그러나 적절한 대상자의 선정이 쉽지 않고 대상자를 중간에 변경할 수도 없다. 또한 자료의 수집도 장기간이 걸리는 문제점이 있다.

(2) 횡적 연구방법

횡적 연구(횡단적 연구: cross-sectional research)는 언어발달의 특정한 시기에 특정한 언어학습자의 언어행동을 조사한 자료를 통하여 언어발달에 관한 정보를 얻는 방법이다. 이 방법은 비교적 다수의 영어학습자들을 대상으로 하는데 일반적으로는 24~1,200명을 연구대상으로 한다. 횡적 연구의 예를 들면 초보 학습자의 어순 습득에 관한 연구를 할 경우에 초등학교 3, 4학년에서 각 120명씩을 대상으로 하고 학년별로 비교·분석하여 학습자의 단계에 따른 어순 습득과 발달 정도를 알아볼 수 있다.

횡적 연구는 종적 연구에 비해 실시가 쉬우며 대상의 변동이 적고 환경적, 심리적 영향을 덜 받는다. 그러나 연령층이 상이한 집단에 대해 1회 실시하게 되므로 신뢰도에 문제가 있을 수 있다.

18.2 영어교육학 연구의 분석방법

언어자료를 분석하여 외국어 교육에 적용하기 위한 방법으로 대조분석, 오류분석, 담화분석, 언어수행분석이 있다.

18.2.1 대조분석

대조분석(contrastive analysis; CA)가설은 모국어와 목표어(target language)의 언어구조를 대조 · 분석하면 학습이 어려운 외국어의 구조를 예측하고 두 언어의 차이점을 중점적으로 지도할 수 있어 긍정적인 학습효과를 얻을 수 있다는 주장이다. 다시 말하면 외국어학습의 방해요소를 모국어로 보고 목표어와 모국어를 비교·분석하여 방해요소를 제거하면 효과적이라는 것이다. 이 가설은 행동주의 심리학과 구조주의 언어학에 이론적 배경을 두고 1960년대에 많이 연구되어 외국어 지도자료와 지도 순서의 연구에 많은 영향을 주었다.

대조 분석에 관해 체계적으로 연구한 Lado(1957)는 구조주의 언어학의 방법을 사용하여 음운, 문법, 어휘의 비교 절차를 제시하고 이러한 대조분석이 교수요목, 방법론, 테스팅에 유용하다고 주장하였으며 비교의 대상을 문화부분까지 확대하였으나 음운 비교를 제외하고는 성공적이지 못했다고 본다. 또한 Greenberg(1963)는 구조상의 차이와 유사성을 이용하여 언어를 범주화하는데 대조분석법을 사용하고 언어 보편성(language universals)을 연구하였다.

이 가설의 심리학적 기초는 먼저 이루어진 학습의 결과가 다음의 학습에 영향을 준다는 것이다. 다시 말하면 외국어 학습자는 모국어의 습관을 외국어에 전이(transfer)시킨다는 것이다. 또한 목표어의 언어 요소가 학습자의 모국어와 유사하면 배우기 쉽고, 차이가 나면 어렵다는 것이다. 즉 두 언어가 유사점이 많으면 긍정적인 전이(positive transfer)로 목표어의 습득이 비교적 쉽지만 두 언어의 구조가 다르면 부정적 전이(negative transfer) 즉 모국어 간섭(interference)에 의해 목표언어 학습에 오류가 많아지고 어려움이 커진다고 본다. 예로 다음과 같은 말을 한다면 이는 한국어의 어순인 SOV가 영어에 부정적인 영향을 미친 것이다.

예) *I hamburger like.
나는 햄버거를 좋아한다.

따라서 제2언어학습에서 두 언어 체계간의 간섭을 극복하는 것이 중요하다고 주장한다. 대조분석의 절차는 다음과 같이 4단계이다.

(1) 기술(description) - 두 언어를 형식문법을 사용하여 명확히 기술한다.
(2) 선택(selection) - 비교할 특정한 언어형태를 선택한다. 두 언어의 모든 면을 대조할 수는 없기 때문이다.
(3) 대조(contrast) - 선택된 두 언어의 체계를 대조한다.
(4) 예측(prediction) - 앞에 언급한 세 절차를 바탕으로 학습자의 오류나 어려움을 예측한다.

모국어와 외국어의 차이와 그에 따른 난이도의 등급은 다음과 같으며 0단계가 가장 쉽고 5단계가 가장 어렵다(Prator, 1967 참고). 난이도는 문법적 사항과 음운적 사항에 모두 적용된다.

(1) 제 0 단계(전이)
두 언어의 차이가 없는 경우에 학습자는 모국어의 음, 구조, 어휘를 목표어에 전이(transfer)시킬 수 있으므로 난이도가 가장 낮다. 외래어의 사용에서 그 예를 볼 수 있는데 'bus', 'coffee', 'computer', 'ice cream', 'printer' 등은 한국어에서도 그대로 통용되므로 영어학습자들이 이러한 어휘의 학습과 사용에 어려움을 느끼지 않는다.

(2) 제 1 단계(합체)
합체(coalescence)는 모국어의 두 가지 언어항목이 목표언어에서는 한 가지 항목인 경우이다. 예를 들면 영어의 /r/과 /l/은 한국어나 일본어에서는 /r/로 합체되며 한국어의 '밥', '쌀', '벼'는 서로 다른 어휘이지만 영어에서는 'rice'라는 한 단어로 나타난다.

(3) 제 2 단계(과소구별)
과소구별(구별부족; underdifferentiation)은 모국어에는 있으나 목표어에는 없는 항목을 말한다. 예를 들면 한국어에서 주격, 목적격 등을 나타내는 조사가 영어에는 없다. 또한 영어에 있는 /θ/, /ð/, /f/는 한국어에는 없다.

(4) 제 3 단계(재해석)

재해석(reinterpretation)은 특정한 문법구조나 음운, 어휘 등이 모국어나 외국어에 모두 존재하지만 외국어를 배울 때 새로운 형태나 분포로 다시 해석해야 되는 경우를 말한다. 예를 들면 소유격은 영어나 한국어에 모두 있으나 한국어는 소유격 조사인 '의'가 사용되지만 영어에서는 's'나 전치사 'of'가 사용된다.

(5) 제 4 단계(과다차이)

과다차이(과잉구별: overdifferentiation)는 모국어에는 존재하지 않는 언어항목이 외국어에 존재하는 것으로 과소구별과 정반대의 경우를 말한다. 예를 들면 관사의 용법이나 완료시제가 한국어에는 없으나 영어에는 존재한다.

(6) 제 5 단계(분리)

분리(split)는 모국어의 한 언어항목이 목표어에서 두 가지 또는 그 이상으로 분리되는 경우이다. 예를 들면 한국어 /ㄹ/은 영어에서는 /r/과 /l/이다.

대조분석은 모국어와 외국어의 차이에서 발생하는 난이도의 등급에 따른 교재의 개발과도 연관성이 있다. 이와 관련하여 Fries(1945)는 대조분석의 목표는 교재의 개발에 있다고 다음과 같이 주장하고 있다.

> The most effective materials [for foreign language teaching] are those that are based upon a scientific description of the language to be learned carefully compared with a parallel description of the native language of the learner. (p. 9)

이러한 입장을 Lado는 *Linguistics across cultures*(1957)에서 지지하고 대조분석에 근거한 교육과정을 제안하고 있다.

대조분석은 1950년대와 1960년대에는 많은 관심을 받아 왔지만 1970년대 이후에는 영향력이 거의 없어졌다. 그 원인을 정리하면 다음과 같다.

① 구조주의적 관점이 Chomsky 언어학의 도전으로 쇠퇴했다. 특히 습관형성(habit formation)에 의한 언어습득에 대한 의문이 제기되었다.

② 목표어의 음운적 구성요소는 어느 정도 예측할 수 있으나 통사, 의미, 어휘적 간섭의 예측은 쉽지 않다. 또한 대조분석에서 예측된 난점이 실제로 발생하지 않는 경우도 있다.

③ 절차가 지나치게 단순하여 음성, 음운, 문법적 측면의 미묘한 차이를 심도있게 비

교하기에는 한계가 있다.

④ 두 언어의 구조 차이에서 발생하는 오류(interlingual error)보다는 다른 원인에 의해 생기거나 다음의 예와 같은 언어 내적 오류(intralingual error)가 많다.

예) *No understand.
*Yesterday I meet my teacher.
*The girl comed yesterday.

⑤ 난이도의 판단은 주관적이다.

⑥ 대조분석에 의해 만들어진 자료를 외국어교수 프로그램이나 교수법에 적용하는 것에는 많은 문제점이 있다. 또한 다른 원칙에 의해 만들어진 교재보다 더 효과적이라는 증거도 없다.

⑦ 한국이나 일본 등과 같은 EFL상황에서 영어를 지도하는 원어민 교사들은 학습자의 모국어를 모르기 때문에 대조분석을 수업에 적용하기가 어렵다.

최근에 대조분석이 언어교육에서는 주목을 받지 못하지만 대조화용론(contrastive pragmatics), 담화분석, 대조수사학(contrastive rhetoric hypothesis)등에서는 다시 관심의 대상이 되고 있다.

요약하면 대조분석 가설은 모국어와 목표어를 대조하여 그 차이점을 파악하면 외국어학습자의 오류나 어려움을 예측할 수 있고, 그 차이점을 집중적으로 지도하면 효과적이라고 보는 분석 방법이다.

18.2.2 오류분석

오류분석(error analysis; EA)은 외국어 학습과정에서 나타나는 오류를 분석하여 학습자의 과도기적 언어능력(transitional competence)이나 학습과정을 밝히려는 시도이며 생성문법주의와 이성주의 심리학에 기초하여 1950년대 말부터 제기되기 시작했다. 오류분석은 외국어학습을 학습자가 의식적으로 가설을 설정한 후 검증을 통하여 어떠한 언어체계를 구성하는 창조적 과정이다. 다시 말하면 이 분석 방법은 학습자의 오류 중 상당한 부분이 모국어의 영향으로 발생하는 것이 아니고 언어 자체에서 생긴다고 보며 외국어학습자는 자기 특유의 중간언어(interlanguae) 혹은 학습자 언어(learner language)를 형성하는데 이 언어를 분석해서 그들의 언어체계를 알기 위한 것이다. 예를 들면 모든 학습자는 언어를 제2언어 환경에서 배우든 외국어 환경에서 배우든, 혹은 지도를 받든 안 받든 다음의 네 단계를 거쳐서 부정(negation)을 배우게 된다(Nunan, 1991b, p. 147 참고).

제 1 단계: 'no + verb'	No work/No understand
제 2 단계: 'don't + verb'	I don't like/He don't can swim
제 3 단계: 'auxiliary + negative'	She can't go/He don't stay
제 4 단계: analysed don't	He didn't stay

오류가 모국어와 목표언어의 차이 때문에 발생한다면 대조분석에 의해 예견될 수 있으나 그러한 차이에서보다는 목표어의 속성에서 오류가 발생한다고 본다. 또한 오류는 경우에 따라서는 진보의 표시일 수도 있다. 다음의 예(b)와 같은 오류를 범하는 경우는 영어 동사의 과거 규칙변화를 습득하는 과정이므로 진보하고 있다는 표시일 수도 있다.

예) (a) I bought a bus ticket.
(b) *I buyed a bus ticket.

수용성과 적절성 중에 한 가지에 문제가 있으면 오류라고 볼 수 있다. 예를 들면 수용 가능하지만 상황에 적절하지 않으면 오류로 본다(Corder, 1981 참고).

표 18.1 오류분석에서 수용성과 적절성의 관계

수용성	적절성	오류판단
수용 가능함	적절함	오류가 아님
수용 가능함	적절하지 못함	오류
수용 가능하지 못함	적절함	오류
수용 가능하지 못함	적절하지 못함	오류

또한 오류분석은 다음의 다섯 단계로 진행된다(van Els 등, 1984 참고).

① 오류의 인지(identification of errors)
② 오류의 기술(description of errors)
③ 오류의 설명(explanation of errors)
④ 오류의 평가(evaluation of errors)

⑤ 오류의 교정(correction of errors)

오류분석은 학습자의 오류를 찾아 분석하고 교정해 줌으로써 학습자의 언어체계를 파악하고 진보할 수 있게 해준다. 또한 대조분석에서는 무시되었던 학습자의 오류분석을 통하여 모국어의 전이현상 이외의 오류의 다른 원인을 찾고 그에 따른 학습자의 언어 발달 단계에 관한 통찰력을 줄 수 있다. 그러나 다음과 같은 문제점이 있을 수 있다.

① 실수(mistake)와 오류(error)를 구분하기에 쉽지 않은 경우가 있다.
② 너무 오류에만 관심을 두기 때문에 자유로운 의사소통의 중요성을 간과할 가능성이 있다.
③ 표출 데이터 즉 학습자의 발화나 쓰기의 결과는 분석할 수 있지만 이해능력에 관한 데이터는 찾아내기가 쉽지 않다.
④ 학습자가 자신이 없는 언어항목은 회피전략(avoidance)을 쓸 수 있으므로 오류가 없다고 원어민과 같은 언어능력이 있다고 속단할 수는 없다.

18.2.3 담화분석

담화분석(discourse analysis)은 기능주의에 입각한 것으로 문장이상의 단위를 분석대상으로 하여 전체의 문맥, 문장과 문장의 상호관련성, 언어형태와 기능 간의 관계, 언어수행에서의 언어기능 등을 분석한다. 순수 언어학적인 담화 분석보다는 실제 상황 속에서의 언어사용을 포함한 화용론적 담화분석이 외국어교수・학습에 더 많은 통찰력을 준다. 예를 들면 'I don't like the drama.'라는 문장은 형식이 부정문이지만 전체 언어상황에 따라 동의, 반대, 비판, 논쟁, 불평, 단순한 언급 등의 다양한 기능을 나타낼 수 있다.

담화(discourse)란 하나 이상의 발화(utterance)로 구성된 언어사용의 단위를 말하며 글의 일부분이거나 연속된 문장의 발화, 독백 혹은 두 사람 이상의 언어교환(대화, talk-exchange)을 말한다. 다시 말하면 담화(discourse)는 하나 이상의 문장들이 결합성(cohesion)과 일관성(coherence)있게 구성되어 일정한 내용을 표현하는 글과 말의 단위를 의미한다. 담화에는 다양한 유형(genre)이 있는데 편지, 일기, 강의, 설교, 연설, 이야기, 농담, 논쟁, 면담, 상담, 대화, 광고, 소설, 시 등을 예로 들 수 있다. 특정한 유형이 다른 유형과 중첩되기도 하고 다른 유형의 일부일 수도 있는데 예를 들면 농담(joke)은 이야기일 수도 있고 이야기의 일부분일 수도 있다. 원활한 의사소통을 위해서는 담화유형의 인지가 필수적이다.

대조분석이나 오류분석은 미시언어학적(microlinguistic) 분석인 반면 담화분석은 문장 간의 조직과 담화연구를 통합하려는 거시언어학적(macrolinguistic) 분석이다. 또한 담화분석은 의사소통중심의 교수법(CLT)에 많은 영향을 주었으며 담화능력(discourse competence)은 언어적이든 비언어적이든 의사소통의 모든 요소를 망라하는 능력으로 인정되고 있다.

일반적으로 담화분석에서는 문법관계인 결합성, 의미관계의 일관성, 대화의 분석, 외국인에게 하는 말의 분석 등이 다루어진다.

1) 결합성

결합성(cohesion)은 언어 요소들 간의 문법적, 어휘적 관계를 말한다.

> the grammatical and/or lexical relationships between the different elements of a text(Richards 등, 1985, p. 45)

> the linguistic marking of the links between a sequence of grammatically distinct sentences that make these sentences hang together (Johnson & Johnson, 1998, p. 55)

다시 말하면 글의 문법적 형태에 초점을 둔 글의 연결성을 의미한다. 다음 예문 (a)에서 'Seoul'과 'there,' (b)에서 'securing the lives, property, and well-being of the governed'와 'this'가 일치해야 문장으로 성립한다.

예) (a) If you are going to *Seoul*, I can give you the address of a good hotel *there*.
(b) Government becomes an instrument for *securing the lives, property, and well-being of the governed*, and *this* without enslaving the governed in any way.

또한 결합성은 다음 예문들과 같이 글의 문장 단위를 넘어서 혹은 대화에서도 요구되며 이러한 관계가 명확해야 담화로서 성립한다.

예) (a) We found *our boxes and baskets of berries* and walked across the fields to the *barn*. When we got *there*, Mr. Gunby counted *them* and paid us the money we had earned. ('The Strawberry Season' by E. Caldwell)

(b) Then where did *this myth* about the spiritual East and the material West come from? *It* has its roots in a sort of truth, and this truth can be simply stated: People in the East like to enjoy life. ('East and West' by Pearl Buck)

(c) Wash and core *six cooking apples*. Put them into a fireproof dish.

(d) A: Is *Mary* coming to the party?
B: Yes, *she* is.

(e) A: Will you tell me the way to *Kangwon National University*?
B: All right. Turn left at the next corner. You'll see *it* ahead. You can't miss *it*.

Halliday & Hasan(1976)은 텍스트의 특질을 'texture'라고 하고 그 개념을 다음과 같이 정의하고 있는데 여기서 'texture'는 결합성과 유사한 개념이다.

> A text has texture, and this is what distinguishes it from something that is not a text. It derives this texture from the fact that it functions as a unity with respect to its environment .... If passage of English containing more than one sentence is perceived as a text, there will be certain linguistic features present in that passage which can be identified as contributing to its total unity and giving it texture. (p. 2)

이러한 결합성에는 대형식(pro-form), 생략(ellipsis), 어휘적 결합성(co-referring expressions, lexical cohesion) 등이 해당된다(Halliday, 1994 참고).

(1) 대형식

글에는 일반적으로 독자의 이해를 돕기 위해 일정한 잉여성(redundancy)이 있기는 하지만 불필요한 반복을 줄이기 위해 대형식(pro-form)이나 생략(ellipsis)이 사용된다. 대형식에는 대치와 지칭이 해당되는데 지칭은 대용어(代用語: anaphora)와 역행 대용어(逆行代用語, cataphora)로 분류할 수 있다. 대용어는 다음 예의 (a)와 같이 앞에 사용된 단어나 구를 뒤에서 다시 지시하게 되는 단어나 구를 말하며, 역행 대용어는 (b), (c)에서와 같이 지칭 받는 어휘가 뒤에 오는 경우를 말한다.

예) (a) Tom likes *ice cream* but Bill can't eat *it*.
(b) Nobody seemed to know where *they* came from, but there *they* were in the forest: *Kango and Boby Roo*.
(c) *It* never should have happened. *Mrs. Kim went out and left the baby unattended.*

또한 총괄적 대용어는 the former, the latter, the problem, the case, the affair, the idea, the business, the process, so 등 앞에 제시된 내용을 총괄적으로 대신하여 사용되는 어휘를 의미한다.

예) (a) The heart of all innovative conceptions lies in the borrowing from, adding to, or changing of old ideas. If creation is accomplished by accident, people might call it luck. Do it intentionally and people regard it as creative. All of us have the ability to create ideas, but to formulate good and useful ideas, we must understand *the process*.
(b) A: Does she say there is going to be a lecture?
B: Yes, she says so.

(2) 생략

불필요한 반복을 줄이기 위해 생략(ellipsis)이 사용되는데 생략은 다음 예문의 (a), (b)와 같은 동사 생략(verbal ellipsis), (c)와 같은 명사 생략(nominal ellipsis), (d)와 같은 대명사 생략(pronominal ellipsis), (e)와 같은 구의 생략 등이 있다.

예) (a) The days are hot and the nights ∧ cool.
(b) John brought some mangoes, Mary ∧ some apple.
(c) I looked everywhere for apples but I couldn't find any ∧.
(d) John and Sue talked about ∧ getting married.
(e) I wanted to tell her how nice-looking they were, but I did not dare to ∧.

(3) 어휘적 결합성

어휘적 결합성(lexical cohesion)은 담화에 사용된 어휘 간의 일정한 연결성과 사용 순서를 말한다. 담화가 되기 위해서는 어휘적 결합성이 있어야 한다. 다음 예문에서 'house'와 'little dwelling'은 동일한 대상물을 지칭하므로 어휘적 결합성이 있다.

예) *The house* stood at the end of a quiet neat street. *The little dwelling*, however, looked neglected and cheerless.

일반적으로 담화에서 하위어가 쓰인 다음에 상위어가 사용된다. 다시 말하면 특정한 어휘에서 포괄적인 어휘의 순서로 사용되는 것이 논리 전개상 자연스럽다. 예로 'dog'가 나온 후에 'animal', 'creature'가, 'Sonata' 후에 'car', 'vehicle' 등이 제시된다. 예문 (b)와 같이 'Mrs. Hill'과 'the woman'의 순서가 변경되면 논리 전개상 혼란이 온다.

예) (a) Mrs. Hill came in slowly. The woman looked tired, I thought.
(b) (?) The woman came in slowly. Mrs. Hill looked tired, I thought.

2) 일관성

일관성(통일성, coherence)은 담화나 문장들 간의 의미를 연결해주는 관계를 말한다.

> the relationships which link the meaning of utterances in a discourse or of the sentences in a text. (Richards 등, 1985, p. 45)

> the quality of meaning unity and purpose perceived in a discourse. (Johnson & Johnson, 1998, p. 55)

다시 말하면 글이나 말의 논리 정연한 흐름을 의미한다. 이 관계는 맥락(context)에 근거하는데 맥락은 화자 사이에 혹은 저자와 독자간에 공유한 지식(shared knowledge), 상황, 문화, 일반 세계, 참여자간의 역할, 의도, 관계 등이다. 그러므로 일관성은 구조적 의미(signification)보다는 맥락의미(value)에 관계되는데 맥락의미는 배경지식과 논리적 추론에 의해 이해되는 의미로 절대적인 것이 아니고 상황에 따라 달라질 수도 있다. 다음 A와 B의 대화에서 문장 간에 문법적으로나 어휘관계에서 어떤 연결성도 없지만 A의 집과 B의 동생 집의 방향이 다르다는 공유된 지식이 대화자 상호간에 있으면 이 대화가 일관성을 지니고 하나의 담화를 이룬다.

예) A: Could you give me a lift home?
B: Sorry, I'm visiting my younger brother.

다음 예문의 대화도 일관성을 지니는데 이는 A와 B 사이에 공유된 지식과 세상지식이 있기 때문이다. 다시 말하면 (a)에서 A의 제안에 대해 B가 바쁘다고 응답하는 것은 제안에 대한 거절임을 A와 B가 공통으로 알고 있으며, (b)와 (c)에서는 B가 A의 질문에 부정적인 답을 하고 있음을 세상지식을 통해 이해할 수 있다.

예) (a) A: Can you go to the movies tonight?
B: I'm busy.
(b) A: Can you go to Jeju Island tomorrow?
B: The flight attendants are on strike.
(c) A: Will you be at the meeting?
B: My daughter is in performance tonight.

독자나 청자는 세상지식을 통해서 대화나 글에 일관성을 부여하여 이해할 수 있다. 다음의 예문 (a)에서 B가 어떤 약속에 늦지 않으려고 A의 제의에 망설인다면 이 대화는 일관성이 있으므로 담화로 성립된다고 할 수 있다. 또한 (b)에서 독자는 세상지식을 통하여 둘째 문장이 첫 문장의 원인을 제시하고 있다고 이해할 수 있다.

예) (a) A: I'd love a cup of coffee.
B: It's half four already.
(b) The picnic was ruined. No one remembered to bring a corkscrew.

다음 (a)의 대화를 할 경우에는 (b)와 같이 일관성을 부여하여 이해할 수 있다.

예) (a) A: That's the telephone.
B: I'm in the bath.
A: Okay.
(b) A: That's the telephone. Could you answer it, please?
B: No, I'm sorry. I can't answer it because I'm in the bath.
A: Okay, I'll answer it.

다음 예문은 결합성은 있다고 보지만 일관성이 없어 담화로 성립하지는 못한다.

예) I bought a Ford. A car in which President Wilson rode down the Champs Elysees was black. Black English has been widely discussed. The discussion between the presidents ended last week. A week has seven days. Every day

I feed my cat. Cats have four legs. The cat is on the mat. Mat has three letters. (Brown and Yule b, 1983, p. 197)

따라서 결합성은 텍스트가 일관성이 있게 되기 위해 반드시 필요한 것도 아니고 충분하지도 않다.

다음 예문 (a)에서는 'screaming'이 위험과 연관된다는 글쓴이와 독자 사이에 공유된 세상지식이 있으므로 일관성이 있는 담화로써 성립한다. 그러나 만일 그 다음의 내용이 (b)와 같이 홍길동이 단검을 빼서 주위에 있는 바위에 그의 이름을 새겼다는 내용이면 일반적인 상식과 배치되므로 글은 일관성을 잃고 유머를 나타낸다.

예) (a) Suddenly from the dark road ahead came a terrible screaming. Honggildong's hand tightened on his dagger.
(b) Honggildong took out his dagger and carved his name on a rock.

다음 예의 세 문장은 결합성과 일관성이 부족하여 담화를 이루지 못한다.

예) (a) A man put a Swiss watch into a drawer.
(b) Brown forgot about a Swiss watch.
(c) A man bought a watch for Mrs. Brown.

그러나 다음과 같이 변경하여 담화로 만들 수 있다.

예) One day Brown bought a Swiss watch for his wife.
However, he put the present into a drawer and forgot about it.

3) 대화의 분석

대화도 일종의 담화이다. 따라서 글에서와 마찬가지로 문장간의 관계에 대한 이해 없이는 대화가 이루어 질 수 없다. 문장 수준의 표층구조만을 고려하면 화자의 의도를 아는데 한계가 있다. 예를 들면 다음의 문장이 동의인지, 반대의견의 제시, 비판, 논쟁, 불평, 사과, 단순한 진술인지 등을 이해하기 어렵다.

예) I didn't like that prawn.

일상적인 대화를 분석해 보면 다음과 같은 순서로 이루어지며 모든 성인 원어민 화자가 이러한 대화순서를 이해하고 있다.

(1) 관심 끌기

관심 끌기(attention getting)는 화자가 발화의 목적을 성취하기 위해서 듣는 이의 주의력을 집중시키는 것을 말한다. 어린이와 부모의 의사소통은 주로 상대방의 주의를 모으는데 역점을 두며 그 다음에 특정한 사물과 사건에 역점을 두게 된다. 외국어 대화에서는 억제심리 때문에 관심 끌기가 잘 안될 수도 있다.

영어교육에서 'Excuse me.', 'Say.', 'Well, I'd like to ask you something.' 등의 말이나 몸짓, 눈 맞춤 등의 비언어적인 관심 끌기 방법을 지도할 필요가 있다.

(2) 화제지정

화제지정(화제 설정; topic nomination)은 대화에서 화제를 정하는 것을 말한다. 일반적으로 대화에서 인사말을 나눈 후에 관심 있는 특정한 화제를 유도할 수 있는 진술이나 질문을 함으로써 말을 시작하며 화제를 정하게 된다.

(3) 화제 발전과 유지

대화에서는 화제가 유지되고 발전하거나 화제를 바꾸게 된다. 대화가 유지되고 진전되기 위해서는 화자가 자기의 차례를 포착(turn-taking)하여 서로의 의견을 나누게 된다. 이러한 차례포착능력은 화용적 의사소통능력(pragmatic competence)의 일종에 속한다. 차례가 중첩되면 언어적 혹은 비언어적 방법으로 조정하게 된다. 또한 대화의 유지에는 화제의 선명화(clarification), 전환(shifting), 회피(avoidance), 개입(interruption) 등이 사용된다. 또한 대화를 유지하기 위해서는 다음과 같은 원칙이 필요하다(Grice, 1971 참고).

① 의사소통을 하는데 필요한 만큼 만 말한다(quantity).
② 진실한 것 만 말한다(quality).
③ 관계된 것 만 말한다(relevance).
④ 명확한 방식으로 말한다(manner).

또한 언어적 능력이 부족할 경우에 대처할 수 있는 전략능력도 필요하다.

(4) 화제 종료

화자가 대화나 화제를 종결(topic termination)하기 위해서는 언어적이거나 비언어적 신호를 보내게 된다. 대화를 끝내기 위해 바쁜 듯이 시계를 보기, 공손한 미소 등의 비언어적 방법이나 'Well, I have to be going now.' 같은 둘러말하기가 필요하다.

4) 외국어 화자의 언어 분석

초급단계의 외국어 화자는 단순화된 말을 사용하는 경향이 있다. 예를 들면 be동사나 do동사의 생략을 들 수 있다.

예) (a) You jealous?
(b) She know about it?

초급수준 학습자의 영어를 분석하면 영어교육에 중요한 시사점을 얻을 수 있다. 일반적으로 외국어화자는 다음과 같은 전략을 사용한다(Arthur 등, 1980 참고).

(1) 형태구조론적 전략(morphosyntactic strategies)

◦ Avoid subordinate/embedded clauses, passive construction, SV inversion in interrogatives.
◦ Omit function words.
◦ Simplify category system of negation: pronominal system.
◦ Make discontinuous elements continuous.
◦ Produce well-formed utterances by avoiding, false start, unfinished sentences, hesitation phenomena, etc.
◦ Produce short sentences.

(2) 어휘 전략(lexical strategies)

◦ Restrict the diversity of vocabulary by avoiding.
◦ Repeat words for phrases.
◦ Reformulate words by using easier synonyms, circumstances.
◦ Use words which belong to the native stock.

(3) 음운 전략(phonological strategies)

◦ Speak slowly by using many and long pauses.
◦ Speak with exaggerated pronunciation.
◦ Speak with exaggerated intonation.

18.2.4 언어수행분석

언어수행 분석(performance analysis)은 학습자의 언어능력(competence)을 언어수행(performance)능력의 분석을 토대로 파악하는 것이다. 이 분석은 일종의 절차적 분석(procedural analysis)으로 특정한 시점에서의 학습자의 언어수행의 전반적인 과정을 연구하며 다음과 같은 사항을 파악할 수 있다.

① 학습자의 언어발달 정도
② 언어발달단계에 나타나는 어휘, 발음, 문법, 형태소 등의 특징
③ 언어항목의 학습 순서

학습자의 영어수행능력은 듣기, 말하기, 읽기, 쓰기의 수행능력을 분리하여 평가하고 분석할 수도 있고 통합하여 분석할 수도 있는데 통합적인 분석이 보다 더 효과적이다. 또한 학교현장에서 수행평가의 결과를 분석하여 학습자의 영어능력을 파악하고 추후 학습지도에 참고할 수 있다.

언어수행을 분석하면 언어학습자는 진보만 하는 것이 아니고 정체 혹은 퇴보하기도 하고 일정한 시점이 되면 화석화(fossilization)현상이 나타나기도 한다.

19장 영어교육의 평가와 정책

'한국에서의 영어교육학'을 정립하고 영어과 교과교육의 발전을 위해서는 영어교육전반에 대한 체계적인 분석과 평가가 필요하다. 또한 이러한 분석과 평가를 바탕으로 영어교육을 개선해 나가고 영어교육정책을 수립하여 실시해야 한다고 본다.

제19장에서는 영어교육의 이론 및 제반 관련요소들에 관한 평가와 영어교육정책에 관하여 논의하고자 한다.

19.1 영어교육의 평가

영어교육을 전반적으로 분석하여 교육정책에 반영하기 위해서는 다음의 분야에 관한 평가가 이루어져야 한다.

① 영어교수이론과 방법에 관한 평가
② 영어과 교육과정에 관한 평가
③ 영어교재에 관한 평가
④ 영어교사에 관한 평가

이외에도 교육환경에 관한 평가, 다매체의 활용에 관한 평가 등이 필요하다.

영어교육전반에 관한 평가의 기준은 다음과 같다.

(1) 일치성

영어교수이론은 개념적 타당성과 설명력이 있고, 이론과 설명하려는 현상이 일치해야 한다. 또한 지도방법과 교재 및 교구의 활용이 학습자의 수준과 교육이론에 부합되어야 하며 교사양성과 연수에 관한 정책이 영어교육의 목적 실현에 부응해야 한다.

(2) 논리성

부분과 전체가 논리적으로 연계되고 평가결과에 대하여 이해 가능한 설명을 제시할 수 있어야 한다.

(3) 실행가능성

이론과 교재, 교수법 등이 현장에 적용가능성이 있고 교실상황에서 실현될 수 있어야 한다.

19.1.1 교수이론과 교수법의 평가

영어학습자의 수준 및 학습과 지도의 여건이 다양하므로 모든 학습자와 상황에 적합한 교수법을 찾기는 쉽지 않다. 그러므로 기존의 교수법을 평가하여 그 장점과 단점을 분석하고 교육여건과 학습자의 수준에 적합하게 수정하든가 다른 교수법과 절충하여 적용하여야 한다.

적합한 교수법의 선정에는 다음과 같은 요소를 고려해야 한다.

① 학습자의 수준(depth of language mastery)
② 학교의 유형(type of school)
③ 학습시간(time devoted to learning)
④ 수업에서 학습자의 역할(role of individual in the learning process)
⑤ 수업에서 교사의 역할(role of teacher in the learning process)

교수법은 언어이론 및 교수이론에 토대를 두어야 하며 교수이론과 교수법은 내용중심과 과정중심, 학습자중심과 교사 중심, 현장적용가능성의 관점에서 평가할 수 있다.

첫째로, 특정한 교수이론이 학습내용 중심인지 학습과정 중심인지를 평가해야 한다. 교수이론은 학습내용 즉 교수요목의 개발과 학습·교수과정의 두 측면에서 발전하여 왔다. 구조상황교수법, 개념의미중심 교수법, ESP 등은 교수내용에 초점을 두고, 침묵교수법, 상담학습, 전신반응기법, 자연교수법 등은 학습과 교수과정에 초점을 두고 발전한 교수법이다. 전신반응기법을 예로 들면 불안감을 제거하고 신체동작과 연관시켜 지도하는 것이 효과적이라는 교수・학습이론에 근거한 교수법이다. Curran(1972)의 상담학습법은 미리 정해진 교수요목이나 언어자료는 없으며 내용보다는 과정에 초점을 둔 교수법으로 내용중심의 교수법과 결합시킬 수 있다.

둘째로, 교수이론이나 교수법이 학습자 중심인지 교사 중심인지를 평가해야 한다. 일반적으로 학습자중심의 교수방법이 이상적이긴 하지만 다인수 학급이나 설명 위주로 빠르게 진도를 나갈 필요가 있는 경우는 교사중심 교수법이 효율적일 수도 있다. 문법・번역중심 교수법은 대표적인 교사 중심 교수법이다.

셋째로, 학습자와 교사에게 요구되는 사항이 무엇인지가 평가되어야 한다. 특정한 교수법이 학습자들의 영어수준 이상의 활동을 요구하거나 교사에게 과중한 부담을 준다면 바람직하지 못하다. 예를 들면 문법・번역중심교수법은 학습자에게 많은 암기를, 청화중심교수법은 과도한 반복연습을 요구하므로 비효과적이다. 또한, Lozanov(1979)의 암시교수법, Gattegno(1972)의 침묵교수법을 사용하게 하기 위해서는 교사에 대한 특별 훈련이 필요하다.

넷째로, 교육현장에 적용 가능성의 관점에서 교수이론을 평가해야 한다. 이러한 기준이 가장 우선적인 평가기준이며 교육시설, 학습과 교수 시간, 목표언어에 노출되는 기회, 교육과정 등이 고려되어야 한다.

19.1.2 교육과정의 평가

영어과 교육과정은 영어교육의 목표와 내용을 국가적인 차원에서 정하여 각급학교가 실행하도록 정하여 고시하는 것으로 영어교육의 성패를 좌우하는 관건이 된다. 따라서 교육과정은 심도 있는 평가를 통하여 제정되고 개선해 나가야 한다. 교육과정의 평가의 초점은 영어교과가 의도한 총괄목표의 성취 여부와 효율성에 있다.

> *Evaluation* refers to procedures gathering data on the dynamics, effectiveness, acceptability, and efficiency of a language program for the purposes of decision making. Basically, evaluation addresses whether the goals and objectives of a language program are being attained, that is, whether the program is effective. (Richards & Rodgers, 1986, p. 158)

> *Evaluation* is the systematic collection and analysis of all relevant information necessary to promote the improvement of a curriculum, and assess its

effectiveness and efficiency, as well as the participants' attitudes within the context of the particular institutions involved. (Brown, 1989, p. 223)

다시 말하면 교육과정의 평가는 다음의 사항들을 위해 필요하다.

① 특정한 교육기관의 목표 달성 여부 파악
② 영어과 교육과정의 개발 및 개선
③ 영어과 교육과정의 설계와 실제 수행결과의 차이 분석

교육과정의 평가는 총괄평가(summative evaluation)와 형성평가(formative evaluation)로 나눌 수 있다. 총괄평가는 단원이나 과정이 끝난 후에 목표 도달 여부와 프로그램의 계속여부 결정 및 프로그램의 개선을 위해 실시되는 평가이다. 또한 형성평가는 과정이 진행 중에 학습자의 이해도와 프로그램의 실행과정을 점검하기 위한 평가로, 질문지법이나 관찰법 등을 통해 수시로 실시할 수 있다.

19.1.3 교재의 평가

교재의 평가는 교재 및 다매체 교구의 적합성여부를 판단하거나 새로운 교재의 제작에 참고하기 위해서 필요하다. 또한 교과서가 검인정제인 경우에 적절한 교과서의 선택을 위하여 교육내용과 교육내용의 조직, 교수방법에 대한 분석과 평가가 필요하다.

영어교재의 작성과 선정을 위해서는 교재의 외형적인 면을 평가하는 외형적 평가와 교재 내용을 분석하고 평가하는 내용적 평가가 필요하다. 외형적 평가는 다음과 같은 사항이 고려되어야 한다.

① 교재의 설계(layout)
② 어휘목록과 색인의 포함여부
③ 시각적 자료의 효율성

또한 내용적 평가에서는 사용된 언어, 정의적 기준, 교수적 기준, 학습자의 이해, 문화적인 면 등의 관점에서 평가할 수 있다.

① 언어적 기준: 사회적 수용성(표준영어), 문체, 지역성(미국영어, 영국영어), 사용된 어휘 등

② 정의적 기준: 학습자의 동기유발
③ 교수적 기준: 교수법, 교구의 이용
④ 학습자 활동: 난이도, 연습문제의 다양성, 유의적 훈련, 의사전달 훈련
⑤ 문화적인 면: 문화적인 편견의 존재여부
⑥ 색인과 목록의 포함여부와 효율성
⑦ 교사용 지침서의 효율성 등도 중요한 평가 기준이 될 수 있다.

일반적으로 각 항목에 5단계의 척도를 사용한 다음과 같은 점검표를 통해 평가할 수 있다.[130]

① 실용성의 정도: 실제 생활에서 사용가능여부	1	2	3	4	5
② 효과적인 설계(layout): 교재 내용의 배열, 디자인 등	1	2	3	4	5
③ 활동: 다양한 연습활동, 학생 중심 활동 등	1	2	3	4	5
④ 기능: 실생활에 필요한 언어기능	1	2	3	4	5
⑤ 언어형태: 실생활의 언어사용 여부	1	2	3	4	5
⑥ 내용: 학습자의 필요에 부응하는 내용, 내용의 다양성	1	2	3	4	5
⑦ 지침서: 지침서의 효율성 여부	1	2	3	4	5

또한 다매체 교구의 평가기준은 다음과 같으며 이 기준에 따라 5단계의 평가척도를 활용할 수 있다.

① 교육과정상의 적합성
② 프로그램의 적합성
③ 표현상의 적합성
④ 교수-학습의 적합성
⑤ 평가방법과 내용
⑥ 녹음자료와 화면

130) Sheldon(1988)은 교과서의 평가기준으로 'rationale,' 'accessibility,' 'layout,' 'ease of use'를 제시하고 있다.

19.1.4 교사의 평가

영어교사의 자질은 영어교육의 성패를 좌우하는 가장 중요한 요소 중의 하나이다. 유능한 교사는 자료의 부족이나 교육여건의 미비 등을 보완하여 효과적인 영어교육을 할 수 있기 때문이다. 따라서 교사평가를 통하여 영어교사의 자질을 향상시킬 수 있고 영어교사 양성 및 선발의 기준 및 연수의 방향을 제시할 수 있다고 본다. 아울러 평가기준의 제시를 통하여 교사 스스로 본인의 능력을 향상시키는데 참고하게 할 수도 있다.

교사에 대한 평가는 타율적인 평가와 자율적인 평가가 있을 수 있는데, 자율적인 평가가 더 바람직하다. 교사 자신이 자율적인 평가를 통하여 자질을 향상시킬 수 있기 때문이다.

외국어 교사평가의 평가기준을 설정하기 위해서는 교사에게 필요한 자질에 관한 논의가 이루어져야 한다. MLA(The Modern Language Association of America)에서는 중등학교 외국어교사 능력사정 규정(qualifications of secondary school teachers of modern foreign languages)을 다음과 같이 제시하고 있다.

① 외국어 교육의 지도목표를 이해한다.
② 보통속도로 말하는 외국어를 이해할 수 있다.
③ 적절한 어휘와 문장을 사용하여 상대방이 알아듣도록 외국어를 말 할 수 있다.
④ 외국어를 번역하지 않고도 즉각적으로 이해하며 읽을 수 있다.
⑤ 분명하고 정확하게 외국어를 쓸 수 있다.
⑥ 자기나라 문화와 외국 문화에 대한 올바른 지식을 가지고 서로 간의 차이점을 안다.
⑦ 학습자를 이해하고 학습심리를 안다.

또한 김충배와 신명신(1988, p. 254)은 훌륭한 영어교사가 되기 위한 조건을 다음과 같이 제시하고 있다.

① 개성적인 면: 교직의 적성 및 사명감, 지적 정서적 성숙성 등
② 전공지식적인 면: 목표언어의 구사력, 분석력, 문화의 이해, 외국어 학습, 교수이론의 터득 등
③ 기술적인 면: 효율적인 학습지도와 수업운영기술, 실라버스의 창의적 조작 등

위의 기준들은 다소 막연하여 구체적이지 못하므로 여기서는 보다 더 구체적으로 영어교사에게 필요한 능력을 제시하면 다음과 같다. 교사로서의 일반적인 자질은 생략한다.

① 영어교사는 영어를 잘 듣고, 말하고, 읽고, 쓸 수 있어야 한다. 다시 말하면 일정 수준 이상의 의사소통능력을 갖추어야 한다. 그러나 '일정한 수준'이 어느 정도를 말하는지에 대한 기준이 없고 이에 대한 논의도 충분하지 못한 실정이다. TESOL (Teachers of English to Speakers of Other languages)에서는 다음과 같은 기준을 제시하고 있다.

Demonstrate proficiency in spoken and written English at a level commensurate with his role as a language model. Whether he is a native-language or second-language speaker of English, his command of the language should combine qualities of accuracy and fluency; his experience of it should include a wide acquaintance with writing in it.

그러나 이 기준이 우리의 현실에는 너무 높고 막연하다고 본다. 따라서 김덕기 등 (1992, p. 39)을 참고로 하여 다음과 같이 영어교사로서의 언어 숙달도 기준을 제시해 볼 수 있다.

(ㄱ) 영어원어민이 일반적인 화제에 관해서 조심스럽게, 분명히 하는 말을 듣고 응답할 수 있다.
(ㄴ) 준비된 내용을 영어원어민이 알아들을 수 있는 발음으로 5분 이상을 말 할 수 있다.
(ㄷ) 일반적인 화제에 관한 간단한 글을 번역을 통하지 않고 분당 100 단어 이상의 속도로 읽고 대의나 요지를 파악할 수 있다.
(ㄹ) 한 단락 이상의 글을 비교적 정확하게 쓸 수 있다.

② 영어사용권 사회의 문화와 지역의 특성을 알고, 문학작품의 배경을 이해하며, 감상할 수 있어야 한다. 특히 영미문화에 대한 올바른 이해와 지도를 할 수 있는 능력이 있어야 한다.
③ 현대영어를 이해하기 위하여 일정한 수준의 언어학적 지식과 영어형성 및 발달에 대한 지식이 있어야 한다. 영어교사는 영어의 효율적인 지도 방법을 창의적으로 개발하기 위하여 언어학적인 지식을 필요로 한다. 또한 현실적으로 시험문제를 작성하고 분석하기 위하여 기초적인 언어학의 지식이 필요하다.
④ 영어교사는 영어교수이론을 이해하고 학습자의 수준과 학교 현장에 적합하고 효

과적인 영어지도기법을 사용할 수 있어야 한다. 또한 영어교육의 문제점과 바람직한 방향을 이해하고 이에 적절하게 대응할 수 있어야 한다.

⑤ 영어를 통하여 영어를 지도할 수 있어야 한다. 다시 말하면 영어를 모국어로 번역하여 지도하기보다는 몸짓, 그림 및 다양한 매체의 도움을 받아 영어를 사용하여 영어를 지도할 수 있는 능력을 갖추어야 한다.

⑥ 외국어평가에 대한 이론과 방법을 터득해야 한다. 여기서 평가(evaluation)는 수업 및 교수법, 교육과정, 교수법 , 학생의 능력 등에 대한 평가를 모두 포함하는 개념이다.

19.2 영어교육정책

영어의 교육은 사회와 국가의 요구와 필요 및 경제, 국제적인 관계 등을 고려하여 실시되므로 국가교육정책의 영향을 받는다. 또한 한 교육기관의 교육과정, 학습시간, 주당영어교육시간, 영어교육시작연령, 영어교육기간, 교재, 교수법 등도 교육정책에 의해 결정된다. 아울러 바람직한 영어교육정책의 수립과 실행은 영어교육의 성패를 좌우하는 중요한 요소 중의 하나이며, 이를 통하여 한국의 여러 여건에 적합한 '한국형 영어교육'을 실현할 수 있는 방안을 모색해야 한다.

영어교육정책의 수립에 고려되어야 하는 사항들은 다음과 같다.

(1) 사회적 요인

사회적 요인은 국가와 사회의 요구, 사회적 여론이나 자녀교육에 대한 학부모의 기대 등을 말한다.

(2) 정치·재정적 요인

정치적 요인은 국가의 국제적인 관계 및 상행위 등에서 국제공용어인 영어의 필요성을 말하며 재정적 요인은 학습시설이나 교구 등에 대한 국가의 재정적 지원을 의미한다.

(3) 교사요인

교사요인은 한국인 영어교사의 자질, 양성과 선발 및 원어민 교사의 채용기준과 활용방안 등을 말한다.

(4) 학습자요인

학습자요인에는 학습자의 영어와 영어권 문화에 대한 태도, 학습자의 영어학습의욕, 영어학습에 대한 학습자의 개인적 목적과 목표 등이 포함된다.

영어교육의 목표는 학습자의 의사소통능력의 신장에 있지만 우리나라 교육현실에서 실제 학습자의 필요는 대부분 상급학교 진학이나 취업에 있으므로 이상과 현실 사이에 괴리(乖離)가 있을 수 있다.

또한 영어교육과 관련된 정책의 수립에 다음과 같은 사항들이 준수되어야 한다.

① 영어교육정책의 수립을 위해서는 전문적이고 체계적인 연구가 선행되어야 한다. 모든 교과목의 교육과 마찬가지로 영어교육정책은 국가백년대계이며 학습자들의 미래에 지대한 영향을 줌으로 단편적이고 이론적 토대가 약하면 교육효과를 기대하기 어렵다. 따라서 영어교육전문가와 영어교육관계자 및 영어교사들과의 충분한 협의를 통하여 영어교육정책이 수립되어야 한다.
② 영어교육정책은 지속성이 있어야 한다. 다시 말하면 신중한 논의와 연구를 통해 지속적으로 적용될 수 있는 정책을 개발해야 현장의 혼란을 극소화할 수 있다.
③ 영어교육정책은 교사의 입장에서 자율성이 있어야 한다. 교육과정의 실제 운영은 교사에 의해 이루어지므로 이상적인 이론을 적용하고 정책을 수립한다고 하더라도 교사의 자율성과 창의성이 무시되면 교육효과를 기대하기 어렵다.

현재 우리나라 영어교육은 학습자의 '영어의사소통능력 향상'을 최종 목표로 하고 실용영어교육 강화, 영어 사교육비 경감, 영어교육 격차 해소를 정책 기조로 하여 실시되고 있다. 또한 이러한 정책을 실현하기 위한 정책 수단으로 영어교사 역량 강화, 교육과정의 개선, 초등학교 영어수업시수 확대, 중등학교 수준별 수업의 확대, 국가영어능력평가 시험의 도입,[131] 교육여건의 개선, 방과 후 학교 활성화, 교육방송의 활용도 제고, 정부초청영어봉사정학생(TaLK)사업,[132] 방학 중 집중 영어캠프 운영, 원어민 원격화상 강의 등을 추

131) 국가영어능력평가시험은 듣기 · 읽기 · 말하기 · 쓰기의 네 기능을 모두 포함하여 평가하며 해외 영어시험에 대한 의존도를 낮추고 영어로 의사소통하는 능력의 신장을 목적으로 하고 있다. 이 시험은 3개 급으로 개발되며 1급은 대학 2-3학년 수준으로 졸업시험 · 취업 · 해외 유학 등에 황용하고, 2-3급은 고등학교 학생용으로 개발하여 입시 등에 활용하게 된다(교육과학기술부, 2008b 참고).

132) TaLK(Teach and Learn in Korea)제도는 영어를 모국어로 사용하는 국가의 재외동포 및 한국에 관심이 있는 외국인 대학생 등을 영어 교육 봉사 장학생으로 선발, 초청하여 한국 대학생과 짝을 이뤄 농산어촌 초등학교 방과 후 과정에서 영어를 가르치고 (Teach), 한국문화 체험 활동, 한국어 학습 등을 통해 한국을 배우게 하는 (Learn) 프로그램이다.

진하고 있다.

여기서는 교육과정 정책, 교사정책, 조기영어교육정책, '영어로 진행하는 영어교육(TEE) 정책, 영어교과 교실 정책, 집중영어학습장에 관한 정책에 대해 논의하고자 한다.

19.2.1 교육과정 정책

교육과정은 국가기관에서 제정하여 고시하는 교육계획으로 교육기관에서 실현시킬 교육의 목표와 내용, 교수방법, 평가 등을 모두 포함한다. White(1988)는 교육과정을 다음과 같이 정의하고 있다.

> the totality of content to be taught and aims to be realized within one school or educational system. (p. 4)

따라서 교육과정에 관한 정책은 교육정책의 근간을 이룬다고 볼 수 있다. 또한 교육과정의 구체적인 실현을 위한 계획은 교수요목(syllabus)이라고 하며 교육담당자에 의해 마련된다. 바람직한 교육과정의 개발을 위해서는 상황의 분석(situation analysis), 학습자의 요구분석(needs analysis), 수행과업분석(task analysis), 목적과 목표 설정, 학습활동의 선정과 조직, 평가(evaluation)에 관한 논의가 필요하다. 다시 말하면 교육과정은 다음 표(White등, 1991, p. 169)와 같이 목표, 내용, 방법, 평가의 4가지 요소를 고려하여 개발되는데 목표설정을 위해서는 학습자의 요구를 분석할 필요가 있다.

표 19.1 교육과정 개발 모형

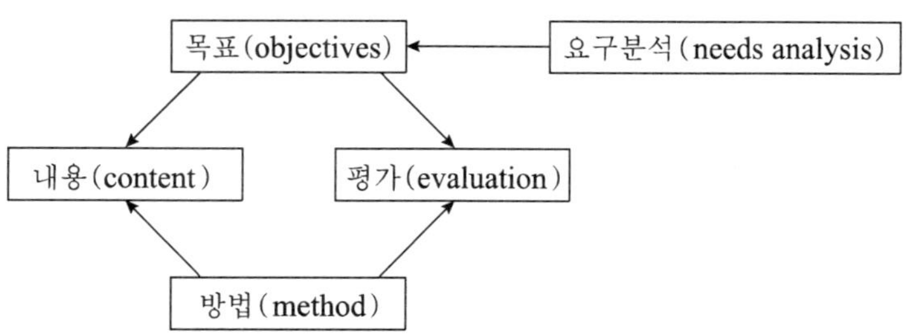

유사하게 Brown(1995, p. 20)은 다음과 같은 교육과정 개발모형을 제시하고 있다. 이 모형에서는 교육과정의 평가(evaluation)와 학습평가(testing)를 구별하고 있다.

표 19.2 Brown(1995)의 교육과정 개발모형

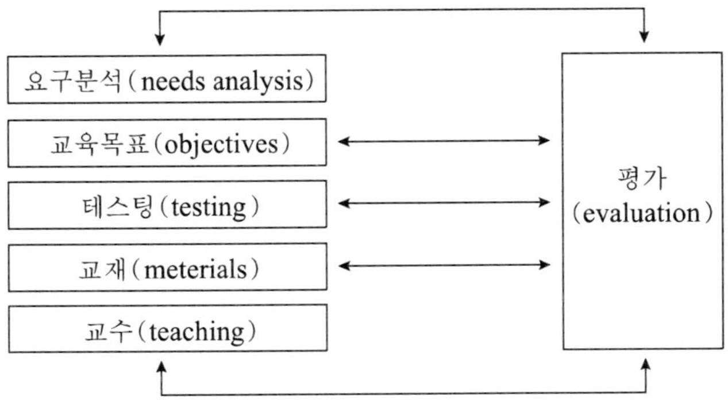

영어과 교육과정은 7차에 걸쳐 개정되었으며 교사중심, 결과중심의 교육과정에서 탈피하여 학생중심, 과정중심의 교육과정으로 변해 왔다.[133] 또한 교육과정 수시 개정 체재에 따라 영어과 수준별 교육과정은 2006년에 개정 고시되었고 초등학교 영어 수업 시수 확대에 따른 영어과 교육과정은 2008년에 개정 고시되었다

2007년 개정 교육과정은 제7차 영어과 교육과정 시행의 문제점을 개선하기 위함이며 개정의 방향은 다음과 같다 (교육과학기술부, 2009, p. 100 참고).

(1) 학생중심의 교육과정 구현
(2) 학습내용의 연계성 강화
(3) '의사소통기능' 및 '문화'와 관련된 교육 내용의 구체화 및 강화
(4) '교수 · 학습 방업' 및 '평가' 관련 내용의 개선

또한 주요 개정 내용은 다음과 같다(교육과학기술부, 2009, p. 100 참고).

(1) 초등학교 영어 수업시수를 3 · 4학년의 경우 주당 1시간에서 2시간으로, 5 · 6학년은 2시간에서 3시간으로 확대하였다.

---

133) 학생중심 교육과정의 특징에 대하여 Nunan(1988, p. 3)은 다음과 같이 제시하고 있다.
(1) To provide learners with efficient learning strategies
(2) To assist learners identify their preferred ways of learning
(3) To develop skills needed to negotiate the curriculum
(4) To encourage learners to set their own objectives
(5) To encourage learners to adapt realistic goals and time frames
(6) To develop learners' skills in self-evaluation

(2) 문자 언어 도입 시기를 초등학교 4학년에서 3학년 2학기로 조정하였다.
(3) 성취 기준을 전반적으로 하향 조정하고 심화・기본과정으로 구분된 내용을 통합하였다.
(4) 표현 기능(말하기, 쓰기) 성취 기준을 교육여건을 고려하여 현실에 적합한 수준으로 조정하였다.
(5) 수준별 수업과 관련된 내용을 명료화하고 활동내용을 구체화하였다.
(6) 교수・학습 방법에 있어 정보 통신 기술(ICT) 활용을 강조하였다.
(7) 평가에 있어서 초・중등학교에 공통적으로 적용될 수 있는 '평가지침'고 더불어 초・중등학교급으로 구분된 '평사상의 유의점'을 제시하였다.

영어과 교육과정의 제정 및 개정은 전반적인 교육정책과 관련되고 시대와 사회의 요구에 부응해야 하므로 심도 있는 검토가 필요하다. 또한 목표의 현실적인 정립, 목표를 달성하기 위한 구체적인 방안이 제시되어야 한다.

19.2.2 교사 정책

영어교사의 양성과 선발 및 연수는 국가나 지방자치단체의 교육정책에 의하여 결정되고 실행된다. 또한 원어민 교사의 채용과 활용정책은 국가적인 지원 하에 학교단위의 정책에 의해서도 일부 결정된다.

1) 영어교사의 양성 정책

교사의 양성과 선발, 배치는 영어교육의 성패를 좌우하는 가장 중요한 요인이라고 본다. 교사는 교육의 구체적인 실행을 담당하며 교사의 능력이 우수하면 교육여건의 미비한 점을 보완할 수도 있기 때문이다. 영어교사양성에 대한 정책을 논의하기 위해서는 교사양성기관 영어교육과의 교육과정에 대한 검토가 필요하다. '교사양성대학에서 어떠한 교사를 어떻게 기를 것인가를 결정하는 것은 교사양성대학의 교육과정에 달려있기(정태범, 1985, p. 3)' 때문이다. 또한 영어교육과의 교육과정에 관한 연구는 초・중등학교 영어교육과의 연계성을 강화하고, 영어교사임용을 위한 전형의 기준설정을 위해서도 필요하다. 그러나 대학의 교육과정은 대학의 자율적인 판단에 의하여 정해지므로 대학마다 차이가 많고 일부 영어교육과의 교육과정은 교사의 전문성을 기르는데 미흡한 면도 있다고 본다. 따라서 국가차원에서 교사양성대학 교육과정의 표준화문제를 논의할 필요가 있다.

사범대학 영어교육과 교육과정에 나타난 교과목의 분야별 분포 비율에 관하여 김덕기 등(1992)의 제안, 박용헌 등(1994)의 제안, 김용철 등(2000)의 제안 및 32개 대학 영어교육과의 교과목편성비율의 평균(2004학년도)을 표로 보면 다음과 같다(신길호, 2005, p. 259 참고).

표 19.5 사범대학 영어교육과 교육과정의 교과목 편성비율

구분	김덕기 등(1992)	박용헌 등(1994)	김용철 등 (2000)	32대 평균	평균
영어사용능력	25%	35%	27%	28%	29%
영어학	29%	17%	27%	24%	24%
영문학	7%	22%	17%	27%	18%
문화	4%	13%	3%	3.2%	6%
교과교육	32%	9%	23%	20%	16%
실용영어	4%	4%	3%	3%	2.5%

위의 표에서 실용영어는 실용문, 토익, 토플에 관한 교과목을 말하며 평균은 32대학의 평균과 3개의 제안을 평균 낸 수치이다. 아울러 배두본(2004, p. 140)은 개인적 언어기능 30%, 영어교육학 35%, 영어학 20%, 영미문학 15%의 편성비율을 제안한바 있다.

영어교육과 교육과정의 편성 방향을 제시하면 다음과 같다(신길호, 2005 참고).

① 모든 교과목은 유능한 영어교사의 양성이라는 목표를 구현할 수 있게 구조화되어야 한다. 다시 말하면 모든 교과목은 교과교육학적인 요소를 포함해야 한다.

② 교사양성대학은 목적형 대학이므로 교육과정이 표준화되어야 하고 표준교육과정에는 기본이수영역을 두고 나머지 과목은 대학별 특수성을 고려하여 자율적으로 편성해야 한다.

③ 전공과목은 종래의 교과내용학과 교과교육학의 구분을 지양하고 교과교육 위주의 교과목으로 편성해야 한다.[134] 다시 말하면 교과내용학이라고 하더라도 교과교육학

134) 일반적으로 사범대학의 전공과목을 교과내용학과 교과교육학으로 분류하고 있지만 이 구분은 바람직하지 못하다고 본다. 예를 들어 영미드라마 관련 교과목에서 드라마에 대하여 강의를 하고 이 교과내용과 중등학교 영어교육을 연계하여 지도한다면 이 과목이 교과내용학인지 교과교육학인지를 구분하는 것은 불필요하고 무의미하다.

적인 요소가 가미되는 것이 바람직하다. 또한 전공과목이 영어학과 영문학으로 분류되어 있는데 이는 순수 학문중심대학의 학문체계이며 이러한 교과목의 분류를 토대로 양성된 영어교사는 교육현장에서 지식중심의 교육을 할 가능성이 크다. 아울러 '영어학이나 영미문학 분야에서 학습하는 내용은 영어교과지도의 내용에 직접 포함되지 않으므로 그 영역의 역할과 필요성에 관해 재고하여야 한다'(김용철 등, 2000, p. 168). 특히 문학작품에 나타난 문화나, 어휘, 문체 등은 일반적이 아닌 것들이 있을 수 있으므로 영어교사 양성과정에서 영문학의 지도에는 보다 신중한 접근이 필요하다.

④ 영어를 듣고, 읽고, 쓰고, 말할 수 있는 영어능력을 갖추게 하는데 일차적인 목적을 두되, 각 언어기능들을 연계하여 통합한 교육과정이 바람직하다.

⑤ 일반교육학과 영어교과교육학의 연계가 필요하다. 예를 들면 '교육공학'을 '멀티미디어 영어교육' 혹은 '영어학습자료의 제작' 등과 연계하면 효과적이라고 본다.

⑥ 영미문화의 이해와 지도에 관하여 최소한 2개 이상의 교과목을 편성하는 것이 바람직하다. '중국을 비롯한 많은 유럽 대학 영어관련학과의 경우 10% 내지 20% 정도의 교과목이 문화와 관련된 교과목임'(이병민, 2003, p. 107)을 참고할 필요가 있다.

⑦ 실제영어지도에서 번역의 필요성을 감안하여 통역·번역의 이론과 실제에 접할 수 있는 교과목을 편성하거나 읽기와 번역을 연계시키는 방안을 강구해 볼 수 있다. '유럽이나 중국 대학들은 전체 개설 교과목의 3% 내지 10% 정도를 번역과목에 할애하고 있음'(이병민, 2003, p. 107)을 참고할 필요가 있다.

2) 영어 원어민 보조교사 활용정책

영어교사의 영어구사능력을 보완하고 교수활동을 보조하기 위하여 1995학년도 2학기부터 EPIK(English Program in Korea) 정책에 의해 영어원어민보조교사를 채용하여 영어교사와 함께 협력수업(team teaching)을 하게하고 있다.

EPIK제도의 목적은 '영어교육을 듣기 · 말하기의 회화중심 교육으로 혁신하고 초 · 중 · 고 학생들의 영어의사소통능력 신장, 영어 교사에 대한 영어회화연수 강화, 영어교재 개발 및 영어교수기법의 개선을 통하여 우리나라 영어 공교육의 강화에 공헌함과 동시에 문화교류를 통한 국제적 이해증진 및 외국인들의 한국에 대한 이해를 제고'(국립국제교육원 2008, p. 3)하기 위한 것이다.

또한 원어민영어보조교사의 임무는 다음과 같다(원어민영어보조교사 관리업문 지침 제4조 참고).

(1) 단위학교 배치 원어민영어보조교사는 반드시 한국인 교사와 협력수업을 실시한다.
(2) 영어 수업 관련 자료를 제작한다.
(3) 영어 교육 관련 교육 자료의 개발을 보조한다.
(4) 방학 중 초·중등학생 영어캠프, 영어회화 교육 등 각종 영어프로그램을 포함한 고용자가 지정하는 기타의 업무를 수행한다.
(5) 학교 영어교육활동 및 기타 특별활동(영어말하기 대회 심사, 영어듣기자료 녹음 등)을 지원한다.
(6) 교육청 산하 교사 및 학생에 대한 영어회화 교육을 실시한다.
(7) 교육감이 지정하는 기타의 업무를 수행한다.

원어민 교사의 활용은 영어교사의 영어구사능력의 보완, 영어사용분위기의 조성, 학습자들의 억제심리(inhibition) 완화, 학습자들의 영어원어민과의 접촉 확대 등의 긍정적인 효과가 있다고 본다. 따라서 원어민 영어교사의 채용과 활용은 우리나라 영어교육을 한 단계 높일 수 있는 방안 중의 하나이다. 그러나 다음과 같은 다양한 현실적 문제가 있어 심도 있는 논의와 정책적 판단이 필요하다.

① 영어원어민 교사의 자격기준에 대한 논의가 필요하다. 자격에 대한 충분한 논의 없이 무분별하게 교사로 채용하는 것은 다양한 문제를 일으킬 가능성이 있을 수 있다. 이러한 자격기준은 공교육기관 뿐 아니라 사교육기관에도 적용되어야 한다고 본다.
② 영어원어민 교사에 대한 일정한 교육이 필요하다. 최소한 '한국의 전통과 문화의 이해,' '외국어교수이론과 교수기법,' '한국에서의 영어교육의 목적과 목표', '한국어의 특징과 구조' 등에 대한 기본적인 교육은 실시되어야 한다. 일정한 기간 동안 적절한 교육을 받은 후에 '한국에서의 영어교사 자격증'을 취득하게 하고 영어지도에 임하게 할 수 있는 방안에 관한 논의가 필요하다.
③ 원어민 교사의 배치는 지역적 안배가 필요하다. 대부분의 원어민 교사가 생활여건이 비교적 좋은 대도시 근무를 희망하기 때문에 농어촌이나 소도시에서는 원어민교사를 확보하기가 쉽지 않다. 따라서 지역에 따라 영어교육의 격차가 더 벌어질 개연성(蓋然性)이 있다. 일정한 기간에 농어촌지역, 소도시, 대도시를 순환하여 근무하게 하는 방안을 모색해야 한다.

3) 영어교사 연수 정책

영어교사 대상 연수는 다른 교과목 담당교사의 연수에 비교하여 다음과 같은 특성과 필요성이 있다.

(1) 영어는 우리나라에서 사용되지 않는 외국어이므로 유능한 영어교사라고 하더라고 일정한 기간 동안 영어를 사용하지 아니하면 영어 사용능력이 급속히 떨어지고 이러한 능력저하 속도는 다른 교과목에 비해 크다. 따라서 영어교사에 대한 주기적인 연수가 필요하다.
(2) 비원어민 교사에 의한 외국어 교육의 경우에 이상적인 교수 이론은 있을 수 없고 있다하더라고 실제로 현실에 부합되는 예는 드물다. 따라서 영어교사는 다양한 외국어 교육이론을 이해하고 학생들의 특성과 능력 및 학교의 특성에 적합한 지도기법을 개발하거나 선택하여 실행할 수 있는 능력이 있어야 하고 이러한 면에서 타 교과보다 교사연수의 필요성이 더 크다.
(3) 영어교과의 학력차이는 다른 교과목에 비해 크고 학력이 떨어진 이후에 회복하기가 쉽지 않다. 따라서 이러한 학력격차를 해소시킬 수 있는 '수준별 수업', '기초학력의 신장방안' 등에 대한 심도 있는 논의가 필요하다.
(4) 교육공학의 발달로 다매체(multi-media)를 활용한 영어교육의 필요성이 높아지고 있으며 원격교육 및 인터넷을 통한 교육이 보편화되고 있다. 따라서 영어교사는 지속적으로 다매체 활용능력을 신장할 필요가 있다.

또한 영어교사 연수의 개선 방향을 제시하면 다음과 같다.

(1) 초등학교, 중학교와 고등학교의 영어교사에 대한 연수를 분리하여 실시하는 방안이 효과적이다. 각 학교의 교육목표와 내용 및 효과적인 교수기법이 다르기 때문이다.
(2) 주제별(혹은 연수집중분야별)로 나누어 연수를 실시하는 것이 이상적이다.
(3) 영어교사는 연령에 따라 연수내용에 대한 요구가 다를 수 있으므로 30대 이하, 40대 이상 등으로 나누어 실시해야 한다. 경우에 따라서는 50대의 교사가 20대의 교사와 함께 연수를 받는 경우가 있는데 이러한 경우에 연수중점 분야의 결정이 쉽지 않다.
(4) 교원양성기관의 교육과정과 연계하여 교사연수가 이루어지는 것이 효과적이다.

사범대학과 교육대학의 교육과정 및 강의운영방식에는 많은 변화가 있어 왔고 최근 졸업생들의 영어의사소통능력은 상당한 수준에 이른다. 따라서 최근 임용된 영어교사에 대한 연수와 교육경력이 많은 교사의 연수에 대해서는 다른 접근이 필요하다. 또한 교원양성기관의 교육과정에 대한 검토를 하고 교사연수와 연계하는 것이 바람직하다고 판단된다.

직무연수 등의 단기연수인 경우에 짧은 기간에 다양한 주제를 다루는 것보다는 주제별로 집중적인 연수모형을 개발하는 것이 바람직하다. 다음과 같은 영역별로 세 가지 연수모형을 준비하고 일정한 기간 동안 번갈라 연수의 기회를 주는 방안을 고려해 볼 수 있다.

(1) 영어교사의 능력 개발 모형

이 연수모형에서는 교사의 능력개발에 초점을 두고 다음과 같은 주제별 연수를 기획할 수 있다.

- 최근 외국어교육이론의 연구
- 영어로 진행하는 영어수업 (TEE)능력의 신장
- 영어교사의 의사소통능력 및 영어표현능력 신장

(2) 영어수업능력향상 모형

이 연수모형에서는 교사의 수업능력신장에 초점을 두고 다음과 같은 주제별 연수를 기획할 수 있다.

- 역할극 혹은 촌극을 활용한 영어교육
- 영어독해력을 신장시킬 수 있는 수업기법
- 말하기 지도 기법
- 쓰기 지도기법
- 언어 4기능의 통합적 교육기법
- 놀이와 게임을 통한 영어지도

(3) 매체활용능력개발 모형

이 연수모형에서는 매체활용능력에 초점을 두고 다음과 같은 주제별 연수방안을 모색한다.

- 영상매체 혹은 멀티미디어 활용
- 다양한 교육자료의 제작과 활용

영어교사 장기심화연수의 경우에도 교육과정의 편성과 운영 등에 대한 심도 있는 논의가 필요하다. 심화연수는 '영어로 진행하는 영어수업능력의 향상'에 초점을 맞추되 "내용중심(content-based)으로 접근"하는 방안이 바람직하다. 내용중심 접근법은 다양한 내용의 글을 읽거나 듣고 서로 의견을 나누는 방법을 말하며 '영어를 통해 다양한 지식을 습득'하게 하는 접근법이라고도 할 수 있다. 또한 텍스트의 내용 파악과 메시지 전달능력 신장에 치중하며 과업중심(task-based)교수법도 여기에 속한다고 할 수 있다. 이 접근법은 몰입학습프로그램(immersion program)으로 발전할 수 있다. 아울러 수업운영기술부분은 4기능(듣기, 말하기, 읽기, 쓰기)의 통합지도기법에 중점을 두는 것이 이상적이다.

19.2.3 조기영어교육 정책

어릴수록 외국어교육에서 효과를 얻기 쉽다. 어린이는 억제심리가 약하고 상황 속에서 언어를 학습하기 때문이다. 또한 제5장에서 논의된 뇌신경학적, 신경운동학적, 인지적, 정의적, 언어학적인 고려를 해보면 학습자의 임계연령이전에 외국어를 학습하는 것이 효과적이라고 본다.

임계연령은 사춘기 무렵으로 추정하는 것이 일반적이며 그 시기 이후에는 원어민과 같은(nativelike) 악센트를 습득하는 것이 불가능하다고 본다. Asher & Garcia(1969)에 의하면 영어사용국가에서 생활하기 시작한 연령을 기준으로 1~6세에 미국에 정착한 사람들의 68%, 7~12세에 정착한 사람들의 41%, 13~19세에 정착한 사람들의 7%가 원어민에 가까운 발음을 구사하게 되며, 외국적인 어조(foreign accent)는 1~6세에 도착한 사람들은 거의 사용하지 않고 7~12세에 정착한 경우는 16%, 13~19세에 미국에 도착한 경우는 66%가 사용한다.

어린이가 어른보다 외국어/제2언어 학습에 있어 더 성공적이라고 보는 이유를 정리하면 다음과 같다.

① 어린이는 자기중심적이며 한 번에 한 가지 일에 집중한다.
② 인간은 성숙해지면서 반구가 편중화되고 좌반구가 우반구보다 더 우세해져 성인은 외국어/제2언어 학습에서 너무 분석적으로 임하게 된다.
③ Piaget의 균형(equilibration)개념에서 볼 때 14~15세 사이에 형식적 조작기가 끝나므로 모든 인지발달이 조성되고 인지상의 모호성에 대한 관용이 적어진다. 다시

말하면 구체적 조작기에서 형식적 조작기로 넘어오는 과도기가 외국어학습을 시작하는 적령기라고 할 수 있다. 이 때는 모국어습득에 영향을 최소화하고 외국어를 학습할 수 있다고 보기 때문이다.

④ 어린이의 언어 연습과 모방은 유의적 활동이므로 더 자연스럽고 어른의 외국어/제2언어 학습은 일반적으로 교실에서 이루어지는 기계적 학습이다.

따라서 많은 나라에서 다음 표(신성철과 박의재, 1987, 배두본, 2004 참고)와 같이 외국어교육을 조기에 실시하고 있다.

표 19.6 국가별 외국어시작연령

3세 - India, 4세 - Hong Kong, Venezuela, 5세 - Bulgaria
6세 - Japan(일부), Australia, Israel, Singapore
7세 - Austria, Russia(일부), Malaysia, Poland
8세 - Greece, Spain, Iraq
9세 - China, Egypt, Norway
10세 - German, Jordan, Russia, Spain
11세 - Brazil, England, Finland, France, Hungary, Italy, Portugal, Sweden, Thailand, Yugoslavia.

목표가 원어민 수준의 언어구사력이라면 임계연령이전에 외국어교육을 시작하는 것이 바람직하다. 그러나 목표가 기본적인 의사소통능력을 갖추는데 있다면 반드시 임계연령이전에 외국어학습을 시작할 필요는 없다고 본다. 또한 성인이 된 후에 외국어를 학습하기 시작하여 상당한 수준의 외국어를 구사하는 사람들도 적지 않다.

조기영어교육(early English education)은 임계연령 이전의 영어교육을 말하며 초등학교 영어교육 및 취학 전 영어교육을 모두 포함할 수도 있고 (이완기, 1997), 취학 전 영어교육만을 의미하기도 한다. 또한 공교육기관에서 영어교육이 시작되는 초등학교 3학년 이전에 실시되는 영어교육을 의미할 수도 있다고 본다. 취학 전 영어교육현상은 계속해서 커져 현재는 대부분의 유치원에서 영어교육이 실시되고 있는 실정이다. 그러나 취학 전 영어교육에 대한 체계적인 조사와 연구는 충분하지 못하고 이에 대한 교육정책도 일관성이 없거나 관심의 대상이 되고 있지 못하며, 공교육기관에 의해 실시되고 있지 않으므로 다음과 같은 다양한 문제점을 내포하고 있다.

① 취학 전 영어교육에 관한 정책이 정립되지 못했다.
② 영어교육전공 학자들에 의한 체계적인 연구가 미흡하다.
③ 영어교사에 대한 자격기준이 없다. 공교육의 테두리 내에 있지 못하므로 영어교사의 양성과 채용 등에 대한 대책이 없다.
④ 교재에 관한 검토가 전무한 실정이다. EFL상황에서 언어입력이 대부분 교사와 교재에 의하여 이루어지는 현실을 감안할 때 교재의 중요성은 매우 크다고 할 수 있다.
⑤ 교육행정당국에 의한 감독과 지도가 이루어지지 못하고 있다.

영어교육은 시작시기를 앞당기는 것보다는 현재 실시되는 교육의 내실화가 더 중요하다고 본다. 그러나 취학 전 영어교육에 관한 사회적 요구가 많고, 충분한 연구와 논의를 통하여 실시하는 것이 효과적이라고 판단이 되면 공교육으로 취학 전 영어교육을 흡수하는 방안을 검토해 볼 수 있다.

19.2.4 '영어로 진행하는 영어교육' 정책

'영어로 진행하는 영어교육'(Teaching English through English: 이하 TEE로 칭함)은 영어교과를 목표언어인 영어를 사용하여 교육하는 것을 의미하며 강한 입장과 약한 입장으로 나눌 수 있다. 강한 입장은 영어교육에서 영어만을 사용하는 방안 (English-only policy)을 말하며 ESL 상황인 경우는 학생들의 모국어가 서로 다를 수 있고 교사들이 대부분 영어원어민이므로 목표언어만 사용하여 지도하게 되는데 이 경우가 TEE의 강한 입장에 해당된다. 약한 입장은 가급적 영어를 사용하여 영어수업을 진행하되 100%를 영어로 진행하기 보다는 필요한 경우는 일정한 비율로 모국어를 사용하는 영어교육에 해당된다.
우리나라는 EFL환경이고 영어교사와 학생들의 모국어가 극히 일부를 제외하고는 동일하며 교사와 학생들의 영어구사력에 한계가 있으므로 TEE에 대한 약한 입장을 취하는 것이 바람직하다고 본다. Auerbach (1993)은 ESL 초기단계에서는 L1의 사용이 필요하고 L1의 사용은 학생들의 정서적 장벽을 낮추어 L2 학습에 좀 더 빠른 진전을 가져 올 수 있다고 주장하고 있다.

> A second benefit of using the L1 is that it reduces affective barriers to English acquisition and allows for more rapid progress to or in ESL. (p. 19)

또한 청화중심교수법(audiolingual method)에서는 모국어 사용을 금기시하고 있지만 의사소통중심교수법(communicative language teaching)에서는 분별 있는 모국어 사용은 용인될 수 있다고 보고 있다.

> Judicious use of native language is accepted where feasible. (Finocchiaro & Brumfit, 1983, p. 91)

현재 우리나라 영어교육에서는 TEE에 대한 개념을 교수 · 학습에 필요한 기본적인 의사소통 (수업진행, 어려운 문법 설명 등을 제외한 내용 설명 등)을 영어로 하는 등 교사 · 학생 간의 영어로 이루어지는 의사소통을 중시하는 영어수업'으로 보는 약한 입장을 취하고 있으며 '일반적으로 수업의 80%이상을 영어로 진행하는 수업으로서 주당 1시간 이상을 영어로 수업 진행을 하는 경우'가 TEE로 간주되고 있다.

TEE에 대한 개념을 보다 포괄적으로 보면 '영어로 가르치고 배우는 영어수업방식(teaching and learning English through English, TLEE)'이라고 할 수 있다. '영어로 진행하는'이라는 문구가 교사의 입장만을 나타낸다고 이해 될 수 있으므로 학생들의 입장도 고려되어야 하고 학생들도 영어를 통하여 영어를 학습해야 한다는 의미도 포함되기 때문이다. 또한 수업에서 사용되는 영어 중에 인사와 소개, 학습 분위기 조성 언어(small talk), 수업활동의 조직을 위한 언어(language for organization)는 영어만 사용하고 설명과 질문 및 피드백에는 필요한 경우에 우리말과 영어를 혼용할 수도 있다.

학생들의 영어 의사소통능력을 신장시키기 위해서는 영어에 노출되고 영어를 사용할 기회를 많이 주어야 소기의 교육효과를 기대할 수 있다는 점에서 TEE는 교육효과가 기대되는 방안이다. 이러한 취지에서 1995학년도부터 원어민영어보조교사제도(EPIK)가 실시되고 있고 2001학년도부터 TEE수업이 권장되어 왔으며 6개월 장기심화연수 등 '교사의 영어수업능력을 신장시킬 수 있는 다양한 연수 프로그램 및 교수 · 학습 자료를 지속적으로 제공하여 학교 중심의 영어교육이 정착되도록 노력하고 있다' (한국교육과정평가원, 2009a, p. 3) 또한 서울시 교육청은 2009학년도부터 중1에서 고1까지 영어성적에 말하기 능력을 10%이상 반영하도록 하고 2012학년도부터 모든 영어교사가 영어로만 영어수업을 진행하게 하는 영어 공교육강화방안을 추진하고 있으며 (서울시교육청, 2009) 이러한 추세는 다른 지역으로도 확산되고 있다. 아울러 TEE수업능력이 있는 교사들에게 TEE인증서를 발급하고 인증을 받은 교사는 영어교사들의 멘토, 교사연수강사, 수업시연 강사로 활동하게 될 예정이다.[135]

---

135) TEE인증제는 영어교사의 경력, 연수실적, 자기계발 실적을 지수화한 TEE연수지수와 TEE

TEE 정책은 EFL상황인 우리나라에서 필요하고 당위성이 있다고 보지만 영어교사의 언어구사능력과 학생들의 이해도에 한계가 있으며 학생들의 수준 차 및 듣기와 읽기 중심의 상급학교 입시문제 출제 경향 등으로 현실과 이상 사이에 아직은 큰 괴리가 있다고 판단된다. 따라서 지속적인 연구와 노력이 요구된다.

19.2.5 영어교과 교실 정책

영어교과 교실을 별도로 마련하면 언어교육에 적합한 교구와 시설을 갖출 수 있고 영어권 사회의 문화를 보여줄 수 있는 환경을 조성할 수 있어 영어교육에 효과적이다. 또한 학교의 일부 공간을 활용하여 영어권 문화공간(English culture island)이나 영어사용지역(English zone)으로 설정하면 학생들이 영어나 영어권 문화에 노출되게 하기가 쉽다.

여기서는 언어실습실, 영어전용교실, 영어특성화 지원형 교과교실에 관해서 논의하고자 한다.

1) 언어실습실

언어실습실(language laboratory, lab)은 음성과 영상을 이용하여 개별 혹은 집단적으로 외국어를 학습할 수 있도록 필요한 설비를 갖춘 실습실을 말하며 1930년에 Ohio 주립대학교의 R. H. Waltz에 의해 최초로 개발되었다. 이러한 실습실은 모방훈련과 반복적인 문형연습을 중시하는 청화중심 교수법이 개발됨에 따라 1950년대부터 1960년대까지 많이 사용되었다. 그러나 1970년대 이후에 일반 언어실습실은 줄어들고 컴퓨터와 교육용 다매체 소프트웨어를 갖춘 다매체 언어실습실로 발전하게 되었다.[136]

언어실습실은 다음과 같은 유용성이 있다.

① 수준별, 개별화된 수업을 할 수 있다.
② 모방과 반복 강화(reinforcement) 연습 및 집중훈련에 효과적이다.
③ 다인수 학급에서도 효율적인 외국어 수업이 가능하다.
④ 비원어민 영어교사의 언어능력을 보완해 줄 수 있다.

수업능력 등을 종합적으로 판단하여 인증서를 발급하는 제도를 말하며 TEE-A인증서(교육경력 3년 이상, TEE연수지수 30이상인 자), TEE-M(경력 7년 이상, TEE연수지수 80이상인 자)의 두 종류가 있다 (한국교육과정평가원, 2009b, pp. 44-45 참고).

136) 다매체 (multi-media) 언어실습실은 Lab 시설이 컴퓨터에 의해 조정되는 시스템을 갖춘 실습실을 말한다.

⑤ 자율학습과 자기교정에 효과적일 수 있다.

그러나 최근에는 다음과 같은 문제점이 있어 언어실습실의 활용 효과에 대해 의문이 제기되고 있다.

① 유의적(meaningful)이고 자기 발견적(self-discovery) 학습에 효과적이지 못하다.
② 다인수 학급에서는 개인 간의 목표언어를 사용한 직접적인 의사소통에 한계가 있다.
③ 학습활동이 단조로워 학습자가 권태감을 느끼기 쉽다.
④ 언어실습실에서 연습한 언어가 실생활 현장에 적용되기가 쉽지 않다.

2) 영어전용교실

영어전용교실이란 영어 수업이나 관련되는 활동에 필요한 기자재를 설치하고 정규영어 시간에는 수준별 수업이나 교과교실로 사용하고 방과 후에는 영어도서실, 영어학습자료실, 영어교과 관련 활동 등 다목적으로 활용하는 특별교실을 말한다. 이 교실은 영어친화적 교육환경구축 계획의 일환으로 초·중등학교에 설치되어 가고 있으며 전자칠판, 교수학습자료, 학생용 자료검색 컴퓨터, 상황체험 공간 등이 있어 상황별 수업 등이 가능하며 영어수업을 보다 효율적으로 할 수 있는 장점이 있다.

3) 영어특성화 지원형 교과교실

영어특성화 지원형(B-2형) 교과교실제는 획일적 교육체제에서 교사가 이동하여 수업을 하던 방식에서 벗어나 영어교과에 적합하게 특성화된 교실로 학생들이 이동하게 하여 학생의 수준에 맞는 학생 중심의 탄력적 교육과정을 운영하는 제도를 말하며 이 제도의 장점은 다음과 같다.

① 영어친화적 교육환경을 구축함으로 실제에 준하는 상황 속에서 영어의 교수와 학습이 이루어 질 수 있다.
② 어수업시수의 확대 등 영어과 교육과정을 다소 자율적으로 운영할 수 있다.
③ 수준별 이동수업이나 소집단별 수업을 실시하기가 용이하다.
④ 수준별 무학년제를 도입하여 학생 개인에게 적합한 맞춤형 교육을 할 수 있다.
⑤ 하위권 학생들에 대한 특별수업 및 개별지도가 용이하다.

영어과 교과교실에는 다양한 다매체 교구 및 필요한 설비를 갖추게 되며 컴퓨터 활용 수업, 음향장치 및 동영상 활용 수업 등이 가능하다.

19.2.6 집중영어학습장에 관한 정책

집중영어학습장은 영어공교육을 보완하기 위해서 혹은 조기유학의 대안으로서 설치한 시설을 말하며 영어마을 혹은 영어체험학습장 등이 여기에 해당된다.[137)]

집중영어학습장은 교육(education), 체험(experience), 놀이(entertainment)를 통한 자연스러운 일상의 영어생활공간을 말하며, 과업중심(task-based)으로 진행된다.

또한 일정한 기간 동안에 초·중등학생들이 기숙하면서 영어를 익히도록 하고 있다. 영어마을이나 영어학습체험장은 다음과 같은 효과가 기대되고 있다.

① 학습자들이 영어권 문화를 이해하고 체험할 수 있다.
② 학습자들이 영어만을 사용하여 생활하게 함으로 영어의사소통능력과 화용론적 능력, 전략능력 등을 기를 수 있다.
③ 학습자들의 영어학습동기를 유발시킬 수 있고 영어사용에 관한 자신감을 줄 수 있다.
④ 해외연수를 대신함으로 외화절감 등의 경제적 효과가 기대된다.

그러나 다음과 같은 문제점이 있어 신중한 정책적 판단이 요구된다.

① 영어학습장의 설치와 운영에 관한 보다 체계적인 연구 및 이용자들에 대한 만족도 조사가 필요하다.
② 투자되는 비용에 대해 교육효과가 기대만큼 크지 않을 수도 있다. 이러한 학습장의 설치와 운영 대신에 각급학교에 영어원어민교사의 채용을 확대하는 것이 더 효과적일 수 있다.
③ 집중영어학습장보다 초등과 중등학교의 영어교육환경의 개선이 더 시급하다. 영어마을이나 영어체험학습장은 제한된 수의 학생들만이 이용할 수 있지만 공교육은 모든 학생들이 골고루 영어학습의 기회를 가져야 한다는 면에서 학교의 전반적인 영

---

137) 경기도의 경우에는 2003년 8월 안산캠프, 2006년 4월 파주캠프가 개원되었고 2008년 양평캠프가 개원예정이다. 현재 서울 2개, 경기 4개 등 40여개 지방자치단체에서 집중영어학습장을 설치할 계획을 가지고 있다.

어학습환경의 개선이 우선되어야 한다.

④ 집중영어학습장의 목적 중의 하나는 사교육비와 해외연수비의 절감에 있지만 실제적으로 이러한 목적에 부응할 수 있는지는 의문이 있다. 오히려 해외연수 욕구를 부추기는 면도 있을 수 있다고 본다. 또한 영어마을이나 학습체험장이 사교육비를 줄일 수 있다는 근거도 빈약하다.

⑤ 원어민 교사의 자질에 대한 검증이 필요하다.

⑥ 이러한 학습장은 현재까지는 지방자치단체에서 담당하므로 지방재정의 차이에 따라 지역 간의 교육격차가 더 커질 가능성이 있다.

영어집중학습실에 관한 다양한 문제점을 해소하고 소기의 목적을 달성하기 위해서는 심도 있는 연구와 논의를 거쳐 중앙정부의 정책에 따라 설치되어야 하며 지역적인 균형이 유지되어야 한다고 본다.

참고문헌

강명자. (1990). 영어청해력습득을 위한 학습자의 통사오류분석. *영어교육*, 40, 17-38.

국립국제교육원. (2008). *원어민영어보조교사 초청·활용 이렇게 하세요*. 서울:국립국제교육원.

곽종태. (2003). *영어연극만들기*. 서울: 동인.

김덕기·배두본·김임득. (1992). 영어교육과 교육과정모형. *영어교육*, 43, 3-63.

김영숙. (2002). *초등영어어휘론*. 서울: 한국문화사.

김인숙·김석산(1991). *영어사*. 한국방송통신대학 출판부.

권오량. (1990). Monitor Model의 비판론과 영어교사의 입장. *영어교육*, 40, 39-55.

교육과학기술부. (2008a). *초등학교 교육과정 해설 - 외국어(영어)*. 교육과학기술부.

______. (2008b). *보도자료: 국가영어능력평가시험 개선방안 확정, 수능 대체 여부는 2012년에 결정하기로*. 교육과학기술부.

______. (2009). *중학교 교육과정 해설(V)*. 교육과학기술부.

김용철 등. (2000). *국립사범대학표준교육과정*. 국립사범대학 학장협의회.

김정렬. (2002). *21C 영어교육*. 서울: 홍릉과학출판사.

김진완. (2000). 한국의 영어교육연구방법론의 변천과 전망. *영어교육*, 55(4), 345-366.

김충배·신명신 (1988). *영어교육의 제 문제*. 서울: 한신문화사.

김호권·이돈희·이홍우. (1981). *현대 교육과정론*. 서울: 교육출판사.

문 용. (1976). 구한말의 영어교육고. *영어교육*, 12, 1-12.

박경자외 30인. (2001). *영어교육입문*. 서울: 박영사.

박상옥. (1982). 문화교육의 의의와 방법의 문제점. *영어교육*, 23, 33-60.

배두본. (1989a). 영어교육학의 위상 정립. *영어교육*, 38, 25-46.

______. (1989b). *영어과 수업모형: 기본 수업모형의 이론과 실제*. 한국교원대학교 교육연구원.

______. (1990). *영어교육학*. 서울: 한신문화사.

______. (2004). *영어교육학 총론* (2판). 서울: 한국문화사.

신길호. (1998). 선험지식 구조론과 영어 듣기·읽기 교육. *강원인문논총*, 6, 109-37. 강원대학교 인문과학연구소.

______. (1999). 영어의사소통능력의 신장과 영문법교육. *교육연구*, 9. 161-88. 강원대학교 교육 연구소.

______. (2000). *영어독해의 학습과 지도*. 강원대학교 출판부.

______. (2004). *영어교육연구*. 서울: 북스힐.

______. (2005). 사범대학 영어교육과 교육과정의 분석과 제안. *영어영문학연구*, 47(1). 233-265.

______. (2007). *영어어휘연구*. 서울: 한국문화사.

신명신. (1984). 영어교육과 영문학. *영어교육*, 27, 185-204.

신성철 · 박의재. (1987). *영어교수법*. 서울: 한신문화사.

신용진. (1991). *영어교수공학*. 서울: 한신문화사.

안수웅. (1992). EFL환경에서의 영어조기교육. *영어교육*, 43, 83-104.

오준일. (1999). 빈칸 채우기 유형과 읽기 전략에 관한 사례 연구. *영어교육*, 54(2), 85-108.

윤삼하. (1980). 영문학교육의 과제. *영어교육*, 19, 53-70.

이경남. (1996). 문장문법에서 담화문법으로의 확대 필요성. *영어교육*, 51(2), 149-68.

이계순. (1986). *영어교육*. 서울: 개문사.

이병민. (1996). 영어학습과 연구를 위한 인터넷의 활용. *영어교육*, 51(4), 237-54.

______. (2003). 우리나라 및 비영어권대학 영어관련학과 학부교과과정 비교연구. *영어교육*, 58(2), 89-118.

이완기. (1997). 초등학교 영어교육의 실시와 국어교육강화의 필요성. *교육개발*, 106, 36-42.

이종배. (1978). 구한말의 영어교육과 교수법. *영어교육*, 15, 1-30.

이홍수. (1999). *영어평가 및 멀티미디어교육론*. 서울: 한국문화사.

임병빈. (1989). *영어독해력 교수학습의 이론과 실제*. 서울: 한신문화사.

______. (1993). 읽기속도 숙달 연습과 의미파악 훈련을 통한 효율적인 영어독해력 교수학습방 안. *영어교육*, 46, 67-104.

전병만. (1985). *영어능력평가에 있어서 규칙빈칸메우기절차의 연구*. 전북대학교 박사학위논문.

정길정 · 민찬규 · 연준흠. (2000). *영어독해교육*. 서울: 경진출판사.

정태범. (1985). 教科教育學의 概念的 模型. *교원교육*, 1(1), 3-16.

조일제. (2001). *영어로 진행하는 영어수업의 교실영어와 수업모형*. 서울: 우용출판사.

최수용. (1996). 효과적인 영어교육을 위한 컴퓨터와 보조학습 프로그램의 현장적용연구. *영어교육*, 51(4), 177-202.

최용재. (1978). 교양영어교육의 당면문제. *영어교육*, 15, 31-42.

최은경. (1978). 대학 언어실습실의 다양화 방안. *영어교육*, 15, 63-70.

한국교육개발원. (1997). *제7차 교육과정개발연구*. 한국교육개발원 교육과정개정연구위원회.

한국교육과정평가원. (1999). *수행평가의 이론과 실제 (고교 영어과)*. 서울: 교육진흥연구회.

______. (2009a). *영어로 진행하는 영어수업(TEE) 평가 도구 개발*. 한국교육과정평가원.

_____. (2009b). *TEE 진단 평가 도구 개발*. 한국교육과정평가원.

Acton, W. (1979). *Second language learning and perception of difference in attitude.* Unpublished doctoral dissertation, The University of Michigan.

Allen, E. D. & Valette, R. M. (1977). *Classroom techniques: Foreign languages and English as a second language*(2nd. Ed.). New York: Harcourt Brace Jovanovich.

Allen, P. (1975). The sacred hoop: A contemporary Indian perspective on American literature. In A. Chapman (Ed.), *Literature of the American Indians: Views and interpretations.* New York: Meridian.

Allwright, R. L. (1975). Problems in the study of the language teacher's treatment of learner error. In M. K. Burt & H. C. Dulay (Eds.), *New directions in second language learning, teaching and bilingual education.* Washington, DC: TESOL.

_____. (1976). Language learning through communication practice. *ELT Documents,* 3, 2-14.

Anderson, A. & Lynch, T. (1988). *Listening.* Oxford: Oxford University Press.

Anderson, J. (1971). Selecting a suitable 'reader': Procedures for teachers to assess language difficulty. *RELC Journal,* 2(2), 35-42.

_____. (1983). *The architecture of cognition.* Cambridge, MA: Harvard University Press.

Andersen, R. W. (1983). A language acquisition interpretation of pidginization and creolization. In R. W. Andersen (Ed.), *Pidginization and creolization as language acquisition.* Rowley, Mass: Newbury House.

Anthony, E. M. (1963). Approach, method, and technique. *English Language Teaching,* 17, 63-7.

Arthur, B., Weiner, R., Culver, M. & Lee, Y. (1980). The register of imperial discourse to foreigners: verbal adjustment to foreign accent. In Larsen-Freeman (Ed.), *Discourse analysis in second language research.* Rowley, Mass.: Newbury House.

Asher, J. (1969). The total physical response approach to second language learning. *Modern Language Journal,* 53, 3-17.

_____. (1972). Children's first language as a model of second language learning. *Modern Language Journal,* 56, 133-9.

_____. (1977). *Learning another language through actions: The Complete Teacher's Guidebook.* Los Gatos, CA: Sky Oaks.

Asher, J. & Garcia, R. (1969). The optimal age to learn a foreign language. *The Modern*

Language Journal, 53, 334-41.

Austin, J. L. (1962). *How to do things with words*. Cambridge, Mass.: Harvard university Press.

Ausubel, D. A. (1963). Cognitive structure and the facilitation of meaningful verbal learning. *Journal of Teacher Education*, 4, 217-21.

_____. (1964). Adults vs. children in second language learning: Psychological considerations. *Modern Language Journal*, 48, 420-24.

_____. (1968). *Educational psychology: A cognitive view*. New York: Holt, Rinehart & Winston.

Bachman, L. (1990). *Fundamental considerations in language testing*. New York: Oxford University Press.

_____. (1991). What does language testing have to offer? *TESOL Quarterly*, 25, 671-704.

Bachman, L. & Palmer, A. (1996). *Language testing in practice*. Oxford: Oxford University Press.

Bailey, K. M. (1983). Competitiveness and anxiety in adult second language learning: looking at and through the diary studies. In H. Seliger & M. Long (Eds.), *Classroom oriented research in second language acquisition*. Rowley, Mass: Newbury House.

Bailey, N., Madden, C. & Krashen, S. (1974). Is there 'natural sequence' in adult second language learning? *Language Learning*, 24, 235-43.

Barlett, F. C. (1932). *Remembering*. Cambridge: Cambridge University Press.

Barnett, M. (1986). Syntactic and lexical/semantic skill in foreign language reading: Importance and interaction. *Modern Language Journal*, 70, 343-349.

Batstone, R. (1994). *Grammar*. Oxford: Oxford University Press.

Beebe, L. (1983). Risk-taking and the language learner. In H. Seliger & M. Long (Eds.), *Classroom oriented research in second language acquisition*. Rowley, Mass.: Newbury House.

Berman, R. A. (1979). Rule of grammar or rule of thumb? *International Review of Applied Linguistics*, 17(4), 279-302.

Bialystok, E. (1978). A theoretical model of second language learning. *Language Learning*, 28, 69-83.

_____. (1982). On the relationship between knowing and using forms, *Applied*

Linguistics, 3, 181-206.

______. (1983). Inferencing: Testing the "hypothesis testing" hypothesis. In Seliger, H. W. & Long, M. H (Eds.), *Classroom oriented research in second language acquisition*. Rowley, MA: Newbury House.

______. (1990). *Communication strategies: A psycholinguistic analysis of second language use*. Oxford: Blackwell.

Bigge, M. L. (1964). *Learning theories for teachers*. New York: Harper & Row.

Bowen, J. D. (1972). Contextualizing pronunciation practice in the ESOL classroom, *TESOL Quarterly*, 6(1), 82-93.

Bowen, J. D., Madsen, H. & Hilferty, A. (1985). *TESOL: Techniques and procedures*. Cambridge, MA: Newbury House.

Brooks, N. (1960). *Language and language learning: Theory and practice*. New York: Harcourt, Brace.

______. (1975). The analysis of language and familiar cultures. In R. C. Lafayette (Ed.), *The cultural revolution*. Lincolnwood: National Textbook Company.

Broom, L. (1971). Why not pivot grammar? *Journal of Speech and Hearing Disorder*, 36, 40-50.

Broughton, G., Brumfit, C., Flavell, R., Hill, P. & Pincas, A. (1980). *Teaching English as a foreign language*. London: Routledge & Kegan Paul.

Brown, G. (1986). Investigating listening comprehension in context. *Applied Linguistics*(3), 284-302.

Brown, G. & Yule, G. (1983a). *Teaching the spoken language*. Cambridge: Cambridge University Press.

______. (1983b). *Discourse analysis*. Cambridge: Cambridge University Press.

Brown, H. D. (1980). The optimal distance model of second language acquisition. *TESOL Quarterly*, 14, 157-164.

______. (1989). *A practical guide to language learning*. New York: McGraw-Hill.

______. (2000). *Principles of language learning and teaching*(4th Ed.). White Plains, NY: Addison Wesley Longman.

______. (2001). *Teaching by principles: An interactive approach to language pedagogy* (2nd ed). White Plains, NY: Addison Wesley Longman.

Brown, J. B. (1995). *The elements of language curriculum: A systemic approach to program development*. Boston, Mass.: Heinle & Heinle.

Brown, J. D. (1980a). Relative merits of four methods for scoring cloze tests. *Modern Language Journal*, 64, 3, 311-317.

______. (1980b). The optimal distance model of second language acquisition. *TESOL Quarterly*, 14, 157-164.

______. (1988). *Understanding research in second language learning*. Cambridge: Cambridge University Press.

______. (1989). Language program evaluation: a synthesis of existing possibilities. In R. K. Johnson (Ed.), *The second language curriculum* (pp. 222-41). Cambridge: Cambridge University Press.

Brumfit, C. J. (1978). 'Communicative' language teaching: an assessment. In P. Strevens (ed.), *In honour of A. S.* Hornby (pp. 33-44). Oxford: Oxford University Press.

______. (1981). Teaching the 'general' student. In K. Johnson & K. Morrow (Eds.), *Communication in the classroom* (pp. 46-51). Essex: Longman.

______. (1984). *Communicative methodology in language teaching: The roles of fluency and accuracy*. Cambridge: Cambridge University Press.

Burridge, K. & Mulder, J. (1998). *English in Australia and New Zealand*. Melbourne: Oxford University Press.

Burt, M. K. (1975). Error analysis in the adult EFL classroom. *TESOL Quarterly*, 9, 53-63.

Burt, M. K & Dulay, H. (1980). On acquisition order. In S. Felix (Ed.), *Second language development: Trends and issues*. Tubingen: Narr.

Bygate, M. (1988). Units of oral expression and language learning in small group interaction. *Applied Linguistic*, 9(1), 59-82.

Byrne, D. (1976). *Teaching oral English*. London: Longman.

______. (1988). The measurement of communicative competence. *Annual Review of Applied Linguistics*, 8, 67-84.

______. (1992). *Techniques for classroom interaction*. London: Longman.

Canale, M. (1983). From communicative competence to communicative language pedagogy. In J. C. Richards and R. Schmidt (Eds.), *Language and communication*. London: Longman.

Canale, M. and Swain, M. (1980). Theoretical bases of communicative approaches to second language teaching and testing. *Applied linguistics*, 1(1), 1-47.

Carmichael, L., Hogan, H. P. & Walter, A. A. (1932). An experimental study of the effect of language on visually perceived form. *Journal of Experimental Psychology*, 15,

73-86.

Carr, W. & Kemmis, S. (1986). *Becoming critical.* London and Philadelphia: The Falmer Press.

Carr, W. & Wixson, K. (1986). Guidelines for evaluating vocabulary instruction. *Journal of Reading*, 29, 588-595.

Carrell, P. L. (1984a). The effects of rhetorical organization on ESL readers. *TESOL Quarterly*, 18(3), 441-469.

______. (1984b). Schema theory and ESL reading: Classroom implications and application. *The Modern Language Journal*, 68, 332-343.

Carrell, P. L., Devine, J. & Eskey, D. E. (Eds.). (1988). *Interactive approaches to second language reading.* Cambridge: Cambridge University Press.

Carroll, J. B. (1966). Research in foreign language: The last five years. In R. Mead, Jr. (Ed.), *Language teaching broader contexts.* New York: MLA Materials Center.

______. (1972). Fundamental considerations in testing for English language proficiency of foreign students. In H. Allen & R. Campbell (Eds.), *Teaching English as a second language.* New York: McGraw-Hill.

Celce-Murcia, M. (1985). Making informed decisions about the role of grammar in language teaching. *TESOL Newsletter*, 19(1), 4-5.

______. (1991). Language teaching approaches: An overview. In M. Celce- Murcia (Ed.), *Teaching English as a second or foreign language* (2nd Ed. pp. 3-11). New York: Newbury House.

Chapelle, C. and Douglas, D. (1997). Foundations and directions or a new decade of language testing. In C. Chapelle & D. Douglas (Eds.), *A new decade of language testing research*(pp. 1-22). Washington, DC: TESOL.

Chapelle, C. and Roberts, C. (1986). Ambiguity tolerance and field independence as predictors of proficiency in English as a second language. *Language Learning*, 36, 27-45.

Chaudron, C. (1988). *Second language classrooms: Research on teaching and learning.* Cambridge: Cambridge University Press.

Chomsky, N. (1965). *Aspects of the theory of syntax.* Cambridge: MIT Press.

Chamot, A. U. & O'Malley, J. M. (1987). The cognitive academic language learning approach: A bridge to the mainstream. *TESOL Quarterly*, 21(2), 227-49.

Clark, E. V. (1983). Meanings and concepts. In J. H. Flavell & E. M. Markman (Eds.),

Handbook of child psychology. Vol. Ⅲ: Cognitive development. New York: John Wiley.

Close, R. A. (1982). *English as a foreign language*. London: George Allen and Unwin.

Coelho, E. (1992). Cooperative learning: Foundation for a communicative curriculum. In C. Kessler(Ed.), *Cooperative language learning: A teacher's resource book*. New York: Prentice Hall.

Condon, E. C. (1973). *Introduction to cross-cultural communication*. New Jersey: Rutgers University.

Cook, G. (1985). Bridging the gap between computers and language teaching. In C. Brumfit, M. Phillips & P. Skehan (Eds.), *Computers in English language teaching*. Oxford: Pergamon.

Corder, S. P. (1967). The significance of learners' errors. *International Review of Applied Linguistics*, 5. 161-70.

______. (1971). Idiosyncratic dialects and error analysis. *International Review of Applied Linguistics*, 9, 147-159.

______. (1973). *Introducing applied linguistics*. Harmondsworth: Penguin.

______. (1981). *Error analysis and interlanguage*. Oxford: Oxford University Press.

Crookes, G. and Gass, S. M. (1993). *Tasks and language learning: Integrating theory and practice*. Clevedon: Multilingual Matters.

Cross, D. (1991). *A practical handbook of language teaching*. London: Cassell.

Cummins, J. (1980). The cross-lingual dimension of language proficiency: implications for bilingual education and the optimal age issue. *TESOL Quarterly*, 14, 175-87.

Curran, C. A. (1972). *Counseling-learning: A whole person model for education*. New York: Grune & Stratton.

______. (1976). *Counseling-learning in second languages*. Apple River, IL: Apple River Press.

Curtain, H. & Pesola. (1994). *Languages and children: Making the match*. New York: Longman.

Dakin, J. (1973). *The language laboratory and language learning*. Harlow: Longman.

Deci, E. L. (1975). *Intrinsic motivation*. New York: Plenum Press.

De Villiers, J. G. & de Villiers, P. A. (1978). *Language acquisition*. Cambridge, Mass.: Harvard University Press.

Devine, T. G. (1981). *Teaching study skills*. Mass.: Allyn and Bacon.

______. (1986). *Teaching reading comprehension: From theory to practice.* Boston: Allyn and Bacon.

Diaz, R. M. (1985). The intellectual power of bilingualism. *Quarterly Newsletter of the Laboratory of Comparative Human Cognition*, 7(1), 16-22.

Diller, K. C. (1971). *Generative grammar, structural linguistics and language teaching.* Rowley, Mass.: Newbury House.

______. (1978). *The language teaching controversy.* Rowley, Mass.: Newbury House.

Dirven, R. & Taylor, J. (1984). Listening comprehension(Part II). *Language Teaching*, 17.

Dobson, J. (1970). Try one of my games. *English Teaching Forum*, May/June.

Doff, A. (1988). *Teach English.* Cambridge: Cambridge University Press.

Dornyei, Z. (1995). On the teachability of communication strategies. *TESOL Quarterly*, 29, 55-84.

Dublin, F., Eskey, D. E. & Grabe, W. (1986). Teaching second language reading for academic purposes. *International Review of Applied Linguistics*, 7, 11-36.

Dulay, H. & Burt, M. (1974). Natural sequences in child second language acquisition. *Language Learning*, 24, 37-53.

______. (1975). Creative construction in second language learning and teaching. In M. Burt & H. Dulay(Eds.), *On TESOL '75: New direction in second language learning, teaching and bilingual education* (pp. 21-32). Washington, D.C.: Teachers of English to Speakers of Other Language.

______. (1977). Remarks on creativity in language acquisition. In M. Burt., H. Dulay & M. Finnochiaro (Eds.), *Viewpoints on English as a second language* (pp. 95-126). New York: Regents.

Dulay, H., Burt, M. & Krashen, S. D. (1982). *Language two.* New York: Oxford University Press.

Edge, J. (1993). *Essentials of English language teaching.* London: Longman.

Ellis, R. (1985). *Understanding second language acquisition.* Oxford: Oxford University Press.

______. (1994). *The study of second language acquisition.* Oxford: Oxford University Press.

______. (1997). *Second language acquisition.* Oxford: Oxford University.

Eskey, D. (1988). Holding in the bottom: An interactive approach to the language problems of second language readers. In P. L. Carrell, J. Devine & D. E. Eskey (Eds.), *Interactive approaches to second language reading* (pp.93-100). Cambridge: Cambridge University Press.

Ewing, D. W. (1977). Discovering your problem solving style. *Psychology Today*, 11(12), 69-73.

Faerch, C. & Kasper, G. (1983). Plans and strategies in foreign language communication. In C. Faerch and G. Kasper (Eds.), *Strategies in interlanguage communication* (pp. 20-60). London: Longman.

Felix, S. W. (1981). The effect of formal instruction on second language acquisition. *Language Leaning*, 31, 87-112.

Field, M. L. (1979). A psycholinguistic model of the Chinese ESL reader. In P. Larson, E. L. Judd and D. S. Messershmitt. (Eds.), *On TESOL '84*. (pp. 171-182). Washington, DC: TESOL.

Finocchiaro, M. (1979). The functional-notional syllabus: problems, practices, problems. *English Teaching Forum*, 17.

Finocchiaro, M. & Brumfit, C. (1983). *The functional-notional approach: From theory to practice*. New York: Oxford university Press.

Fisiak, J. (2004). *An outline history of English*. Ed. with notes by 박영배. 서울: 한국 문화사.

Flower, L. and Hayes, J. R. (1981). A cognitive process theory of writing. *College English*, 44, 765-77.

Fries, C. C. (1945). *Teaching and learning English as a foreign language*. Ann Arbor: University of Michigan Press.

Galloway, V. (1980). Perceptions of the communicative effects of American students of Spanish. *Modern Language Journal*, 64, 428-33.

Gardner, R. C. (1993). *Multiple intelligences*. New York: Basic Books.

Gardner, R. C. and Lambert, W. E. (1972). *Attitude and motivation in second language learning*. Rowley, Mass.: Newbury House.

Gass, S. M. (1989). Grammar instruction, selective attention and learning process. In R. Phillipson, E. Kellerman, L. Selinker, M. Sharwood Smith & M. Swain (Eds.), *Foreign/second language pedagogy research* (pp. 134-41). Clevedon: Multilingual Matters.

______. (1997). *Input, interaction, and the second language learner*. Mahwah, NJ: Lawrence Erlbaum Associates.

Gathercole, V. (1988). Some myths you may have heard about first language acquisition. *TESOL Quarterly*, 22(3), 407-35.

Gattegno, C. (1972). *Teaching foreign languages in schools: The silent way*. New York: Educational Solutions.

Goleman, D. (1995). *Emotional intelligence*. New York: Bantam Books.

Goodman, K. S. (1970). Reading: A psycholinguistic guessing game. In Singer, H & Ruddell, R. B. (Eds.), Theoretical models and processes of reading. Newark, DE: International Reading Association.

_____. (1986). *What's whole in whole language? A parent/teacher guide to children's learning*. New Hampshire: Clearinghouse.

Graham, C. R. (1978). *Jazz chants*. New York: Oxford University Press.

_____. (1984). *Beyond integrative motivation: The development and influence of assimilative motivation*. Paper presented at the TESOL Convention, Houston, TX, March 1984.

Graves, K. & Rein, D. (1988). *East-West book* 1. Oxford: Oxford University Press.

Greenberg, J. H. (Ed.) (1963). *Universals of language*. Cambridge, MA: MIT Press.

_____. (1974). *Language typology: A historical and analytic overview*. The Hague: Moulton.

Guiora, A. Z., Action, W. R., Erard, R. & Strickland, F. W. ((1980). The effects of benzodiazepine on permeability of ego boundaries. *Language Learning*, 30, 351-363.

Guarino, R. and Perkins, K. (1986). Awareness of form class as a factor in ESL reading comprehension. *Language Learning*, 36, 77-82.

Halliday, M. (1973). *Explorations in the functions of language*. London: Edward Arnold.

_____. (1975). *Learning how to mean: Explorations in the development of language*. London: Edward Arnold.

_____. (1994). *An introduction to functional grammar*, (2nd Ed.). London: Edward Arnold.

Halliday, M. A. K. & Hasan, R. (1976). *Cohesion in English*. London: Longman.

Hammerly, H. (1982). *Synthesis in second language teaching*. Blaine, Washington: Second Language Publications.

_____. (1991). *Fluency and accuracy: Toward balance in language teaching and learning*. Clevedon: Multilingual Matters.

Hampson, P. J. & Morris, P. E. (1996). *Understanding cognition*. Oxford: Blackwell.

Hanvey, R. G. (1987). Cross-cultural awareness. In L. F. Luce & E. C. Smith (Eds.),

Towards internationalism: Reading in cross-cultural communication (2nd. Ed.). New York: Newbury House.

Harlow, L. L. (1990). Do they mean what they say? Sociopragmatic competence and second language learners. *Modern Language Journal*, 74, 328-51.

Harmer, J. (1991). *The practice of English language teaching*. London: Longman.

_____. (2007). *English language teaching*. Essex, England: Pearson Education.

Harris, D. P. (1969). *Testing English as a second language*. New York: McGraw- Hill.

Hatch, E. M. (1980). TESOL and second language acquisition. *On TESOL* 80'. Washington, D. C.: TESOL.

_____. (1983). *Psycholinguistics: A second language perspective*. Rowley, Mass.: Newbury House.

_____. (1992). *Discourse and language education*. Cambridge: Cambridge University Press.

Hatch, E. & Farhady, H. (1982). *Research design and statistics for applied linguistics*. Rowley, Mass.: Newbury House.

Hatch, E., Shapira, R. & Gough, J. 1978. Foreigner talk discourse. *ITR Review of Applied Linguistics*.

Hawkin, E. (1984). *Awareness of language*. Cambridge: CPU.

Higgs, T. V. & Clifford, R. E. (1982). The push toward communication. In T. V. Higgs (Ed.), *Curriculum, competence and the foreign language teacher*. Skokie, Ill.: National Textbook Company.

Hilgard, E. (1963). Motivation in learning theory. In S. Koch(Ed.), *Psychology: A study of science*, V. 5. New York: McGraw-Hill.

Hinofotis, F. B. (1987). Cloze testing: An overview. In M. H. Long & J. C. Richards (Eds.), *Methodology in TESOL*(pp. 412-417). New York: Newbury House.

Hofstede, G. (1986). Cultural differences in teaching and learning. *International Journal of Intercultural Relations*, 10, 301-20.

Honeyfield, J. (1977a). Word frequency and the importance of context in vocabulary learning. *RELC Journal*, 8(2), 35-42.

_____. (1977b). Simplification. *TESOL Quarterly*, 11, 431-440.

Howatt, A. P. R. (1984). *A history of English language teaching*. Oxford: Oxford University Press.

Hudson, T. (1982). The effects of induced schemata on the 'short circuit' in L2 reading: Non-decoding factors in L2 reading performance. *Language Learning*, 32(1), 1-36.

Hughes, A. (1989). *Testing for language teachers*. Cambridge: Cambridge University Press.

Hymes, D. (1970). On communicative competence. In J. J. Gumperz & D. Hymes (Eds.), *Directions in sociolinguistics.* New York: Holt, Rinehart and Winston.

Irvine, P., Atai, P. & Oller, J. W. (1974). Cloze, dictation, and the test of English as a foreign language. *Language Learning,* 24, 245-252.

Irwin, J. W. (1991). *Teaching reading comprehension processes.* Englewood Cliffs, NJ: Prentice-Hall.

Jakobovits, L. (1971). *Foreign language learning: A psycholinguistic analysis of the issues.* Rowley, MA: Newbury House.

James, C. (1980). *Contrastive analysis.* London: Longman.

______. (1990). Learner language. *Language Teacher,* 23, 205-213.

Johnson, D. M. (1992). *Approach to research in second language learning.* New York: Longman.

Johnson, J. & Newport, E. (1989). Critical period effects in second language learning: The influence of maturational state on the acquisition of English as a second language. *Cognitive Psychology,* 21, 60-99.

Johnson, K. (1982). *Communicative syllabus design and methodology.* Oxford: Pergamon.

Johnson, K & Johnson, H. (1998). *Encyclopedic dictionary of applied linguistics.* Malden, Massachusetts: Blackwell.

Johnson, K. & Marrow, K. (1981). *Communication in the classroom.* Harlow: Longman.

Johnson, R. K. (1980). The 'deep-end' strategy in communicative language teaching. In K. Johnson (Ed.), *Communicative syllabus design and methodology* (pp. 192-200). Oxford: Pergamon Institute of English.

______. (1982). *Communicative syllabus design and methodology.* Oxford: Pergamon Institute of English.

______. (1989). *The second language curriculum.* Cambridge University Press.

______. (1996). *Language teaching and skill learning.* Oxford: Blackwell.

Johnston, M. (1985). *Syntactic and morphological progressions in learner English.* Canberra: Department of Immigration and Ethnic Affairs.

Jones, L. (1983). *Eight simulation.*(Controller's Book) Cambridge: Cambridge University Press.

Joos, M. (1967). *The five clocks.* New York: Harcourt Brace and World.

Judd, E. L. (1978). Vocabulary teaching and TESOL: a need for reevaluation of existing assumptions. *TESOL Quarterly,* 12(1), 71-6.

Kachru, B. (1988). Teaching world Englishes. *ERIC/CLL News Bulletin,* 12(1).

_____. (1992). The second diaspora of English. In T. W. Machan & C. T. Scott (Eds.), *English in its social contexts: Essays in historical sociolinguistics* (pp. 230-52). New York: Oxford University Press.

Kaplan, R. (1967). Contrastive rhetoric and the teaching of composition. *TESOL Quarterly*, 1, 10-16.

Kellerman, E. (1991). Compensatory strategies in second language research: critique, a revision, and some (non-)implications for the classroom. In R. Phillipson, E. Kellerman, L. Selinker, M. Sharwood Smith and M. Swain (Eds.), *Foreign/second language pedagogy research*. Clevedon: Multilingual Matters.

Kelly, L. G. (1969). 25 *Centuries of language teaching*. Rowley, MA: Newbury House.

Kenworthy, J. (1987). *Teaching English pronunciation*. London: Longman.

Klein-Braley, C. & Raaz, U. (1984). A survey on research on the C-test. *Language Testing*, 1(2), 136-146.

Kramsch, C. J. (1987). Interactive discourse in small and large groups. In W, Rivers (Ed.), *Interactive language teaching*. Cambridge: Cambridge University Press.

Krashen, S. (1973). Lateralization, language learning, and the critical period: Some new evidence. *Language Learning*, 23, 63-74.

_____. (1977). The monitor model of adult second language performance. In M. Burt, H. Dulay & M. Finocchiaro (Eds.), *Viewpoints on English as a second language*. New York: Regents.

_____. (1981). *Second language acquisition and second language learning*. Oxford: Pergamon.

_____. (1982). *Principles and practice in second language acquisition*. Oxford: Pergamon.

_____. (1985). *The input hypothesis: Issues and implications*. London: Longman.

Krashen, S, Seliger, H & Hartnett, D. (1974). Two studies in adult second language learning. *Kritikon Literarum*, 3, 220-228.

Krashen, S. and Terrell, T. D. (1983). *The natural approach: Language acquisition in the classroom*. Oxford: Pergamon Press.

Kroll, B. (Ed.). (1990). *Second language writing*. Cambridge: Cambridge University Press.

Kucera, H. & Francis, W. 1967. *Computational analysis of present American English*. Providence: Brown University Press.

Lado, R. (1957). *Linguistics across cultures: Applied linguistics for teachers*. Ann Arbor: University of Michigan Press.

_____. (1982). Materials design: issues for the 1980's. In J. Alatis et al. (Eds.), *The second language classroom.* Oxford: Oxford University Press.

Lambert, W. E. (1972). *Language, psychology, and culture*: Stanford, CA: Stanford University Press.

Larsen-Freeman, D. (1991). Teaching grammar. In M. Celce-Murcia (Ed.), Teaching English as a second or foreign language. Boston, Mass.: Heinle & Heinle Publishers.

Lazanov, G. (1978). *Suggestology and outlines of suggestopegy.* New York: Gordon and Breach.

Leech, G. (1983). *Principles of pragmatics.* London: Longman.

Lenneberg, E. (1967). *The biological foundation of language.* New York: John Wiley.

Leonard, L. B. (1976). *Meaning of child language: Issues in the study of early semantic development.* New York: Grune & Stratton.

Lett, J. A. & O'Mara, F. E. (1990). Predictors of success in an intensive foreign language learning context: Correlates of language learning at the Defence Language Institute Foreign Language Center. In Parry, T. S. & C. W. Stansfield (Eds.), *Language aptitude reconstructed.* New York: Prentice- Hall Regents.

Lewis, M. (1993). *The lexical approach.* Hove: Language Teaching Publications.

Lightbown, P. M. & Spada, N. (1999). *How languages are learned.* Oxford: Oxford University Press.

Littlewood, W. (1981). *Communicative language teaching: An introduction.* Cambridge: Cambridge University Press.

______. (1986). Literature in the school foreign language course. In C. Brumfit & R. Carter (Eds.), *Literature and language teaching.* Oxford: Oxford University Press.

______. (1992). *Teaching oral communication: A methodological framework.* Oxford: Blackwell.

Long, M. H. (1983). Inside the black box. In H. W. Seliger & M. H. Long (Eds.), *Classroom oriented research in second language acquisition.* Rowley, Mass.: Newbury House.

______. (1991). Focus on form: A design feature in language teaching methodology. In K. de Bot, D. Coste, R. Ginsberg, & C. Kramsch(Eds.), *Foreign language research in cross-cultural perspective*(pp. 39-52). Amsterdam: Jon Benjamins.

______. (1993). Second language acquisition as a function of age: research findings and methodological issues. In K. Hyltenstam and A. Viberg (Eds.), *Progress and regression in language.* Cambridge: Cambridge University Press.

Long, M. H. & P. Robinson. (1998). Focus on form: Theory, research, and practice. In C. Doughty & J. Williams (Eds.), *Focus on form in classroom second language acquisition* (pp. 15-41). New York: Cambridge University Press.

Lozanov, G. (1979). *Suggestology and outlines of suggestopedy.* New York: Gordon and Breach Science.

Lukmani, Y. (1972). Motivation to learn and language proficiency. *Language Learning, 22,* 261-74.

Mackey, W. F. (1965). *Language teaching analysis.* London: Longmans.

Maley, A. and Duff, A. (1982). *Drama techniques in language learning.* Cambridge: Cambridge University Press.

May, F. B. & Eliot, S. B. ((1978). *To help children read.* Columbus, Ohio: A Bell & Howel.

McDonough, J. & McDonough, S. (1997). *Research methods for English language teachers.* London: Arnold.

McDonough, J. & Shaw, C. (1993). *Materials and methods in ELT.* Oxford: Blackwell.

McKay, S. (1982). Literature in the ESL classroom. *TESOL Quarterly,* 16(4), 529-36.

McLaughlin, B. (1987). *Theories of second language learning.* London: Edward Arnold.

_____. (1990). "Conscious" versus "unconscious" learning. *TESOL Quarterly,* 24, 617-634.

McLaughlin, B., Rossman, T. & McLeod, B. (1983). Second language learning: An information-processing perspective. *Language Learning,* 33, 135-158.

Mehan, H. (1974). Accomplishing classroom lessons. In A.V. Cicourel et al.(Ed.), *Language use and school performance.* New York: Academic Press.

_____. (1977). *Ethnography in bilingual education: Current perspectives.* Arlington, VA: Center for linguistics.

Merill, P., Hammons, K., Tolman, M., Christensen, L., Vincent, B & Reynolds, P. (1992). *Computers in education.* (2nd. Ed.) Needham Heights, M. A: Allyn & Bacon.

Miller, M. H., Dye, A. G., & Landd, D. F. (1976). *Reading faster and understanding more.* Cambridge, Matt. : Windrop.

Mitchell, R. (1988). *Communicative language teaching in practice.* London: Centre for Information on Language Teaching and Research.

Morley, J. (1984). *Listening and language learning.* Englewood Cliffs, NJ: Prentice Hall.

_____. (1991a). Listening comprehension in second/foreign language instruction. In M. Celce-Murcia(Ed.), *Teaching English as a second or foreign language* (2nd. ed., pp. 81-105). MA: Heinle.

______. (1991b). The pronunciation component in teaching English to speakers of other languages. *TESOL Quarterly*, 25(3), 114-153.

Morrow, K. (1981). Principles of communicative methodology. In K. Johnson & K. Morrow (Eds.), *Communication in the classroom*(pp. 59-66). London: Longman.

Moulton, W. G. (1961). Linguistics and language teaching in the United States: 1940-1960. In C. Mohrmann, A. Sommerfelt, and J. Whatough (Eds.), *Trends in European and American linguistics*, 1930-1960, pp. 82-109. Utrecht: Spectrum.

Naiman, N. (1992). A communicative approach to pronunciation teaching. In P. Avery and S. Ehrlich (Eds.), *Teaching American English pronunciation*. Oxford: Oxford University Press.

Naiman, N., Frohlich, M., Stern, H. & Todesco, A. (1978). *The good language learner*. Toronto: Ontario Institute for Studies in Education.

Nayar, P. B. (1997). ESL/EFL dichotomy today: language politics or pragmatics? *TESOL Quarterly*, 31(1), 9-37.

Nemser, W. (1971). Approximative systems of foreign language learners. *International Review of Applied Linguistics*, 9, 115-123.

Norris, W. E. (1970). Teaching second language reading at the advanced level: Goals, techniques and procedures. *TESOL Quarterly*, 4(1), 17-36.

Nunan, D. (1988). The learner-centered curriculum. Cambridge: Cambridge University Press.

______. (1989). *Designing tasks for the communicative classroom*. Cambridge University Press.

______. (1991a). Communicative tasks and the language curriculum. *TESOL Quarterly*, 25, 279-95.

______. (1991b). *Language teaching methodology*. Hemel Hempstead: Prentice Hall.

Nuttall, C. (1996). *Teaching reading skills in a foreign language*. London: Heinemann.

Ochs, E. & Schieffelin, B. (1984). Acquisition and socialization: three developmental stories and their implications. In R. Showeder & R. Levine (Eds.), *Culture theory*. Cambridge University Press.

Oller, J. W. (1979). *Language tests at school: A pragmatic approach*. London: Longman.

Oller, J. W., Hudson, A., & Liu, P. F. (1977). Attitudes and attained proficiency in ESL: A sociolinguistic study of native speakers of Chinese in the United States. *Language Learning*, 27, 1-27.

O'Malley, J. M. & Chamot, A. U. (1990). *Leaning strategies in second language acquisition.* Cambridge: Cambridge University Press.

Oxford, R. L. (1990). *Language learning strategies: What every teacher should know.* New York: Newbury House/Harper & Row.

Palmer, H. E. (1921). *The oral method of teaching languages.* Cambridge: W. Heffer & Sons.

______. (1921/1964). *The principles of language-study.* London: Oxford University Press.

Palmer, H. E. & Palmer, D. (1959). *English through actions.* London: Longman.

Parry, K. J. (1987). Reading in a second culture. In J. Devine, P. L. Carrell and D. E. Eskey (Eds.), *Research in reading in English as a second language.* Washington, D. C.: TESOL.

Patkowski, M. (1980). The sensitive period for the acquisition of syntax in a second language. *Language Learning,* 30(2), 449-472.

Paulston, C. B. (1974). Linguistic and communicative competence. *TESOL Quarterly,* 8, 347-362.

Paulston, C. B. & Bruder, M. N. (1975). *From substitution to substance: A handbook of structural pattern drills.* Rowley, Mass.: Newbury House.

______. (1976). *Teaching English as a second language: Techniques and procedures.* Cambridge, MA: Winthrop.

Pel, M. (1954). *All about language.* New York: Lippincott.

Pennington, M. & Richards, J. (1986). Pronunciation revisited. *TESOL Quarterly,* 20(2), 207-225.

Peters, A. M. (1981). Language learning strategies: Does the whole equal the sum of the parts? In K. C. Diller(Eds.). *Individual differences and universals in language learning aptitude.* Rowley, MA: Newbury House.

Piaget, J. (1972). *The principles of genetic epistemology.* New York: Basic Books.

Pica, T. (1994). Research on negotiation: What does it reveal about second language acquisition? Conditions, processes, and outcomes. *Language Learning,* 44, 493-527.

Pienemann, M. (1984). Psychological constraints on the teachability of language. *Studies in Second Language Acquisition,* 6(2), 186-214.

Pike, L. W. (1973). *An evaluation of present and alternative item formats for use in the test of English as a foreign language.* Unpublished manuscript. Princeton, NJ: Educational Testing Service.

Pittman, G. (1963). *Teaching structural English.* Brisbane: Jacaranda.

Porter, P. (1986). How learners talk to each other: input and interaction in task-centered discussion. In R. Day (Ed.), *Talking to learn: Conversation in second language acquisition.* Rowley, Mass.: Newbury House.

Postovsky, V. (1971). Effects of delay in oral practice at the beginning of second language learning. *Modern Language Journal*, 58, 5-6.

Potter, S. (1951). *Our language.* Harmondsworth: Penguin Books.

Povey, J. (1972). Literature in TESL programs: The language and the culture. In H. Allen & R. Campbell (Eds.), *Teaching English as a second language.* New York: McGraw-Hill.

Power, H. W. (1981). Literature for language students: The questions of value and valuable questions. *English Teaching Forum*, 19(1), 8-10.

Prabhu, N. S. (1987). *Second language pedagogy: A perspective.* Oxford: Oxford University Press.

Prator, C. H. (1967). *Hierarchy of difficulty.* Unpublished classroom lecture. University of California, Los Angeles.

Prator, C. H. & Celce-Murcia, M. (1979). An outline of language teaching approaches. In Celce-Murcia, M. and Mclntosh, L. (Eds.), *Teaching English as a second or foreign Language.* Rowley, MA: Newbury House.

Preece, J. (1993). Hypermedia, multimedia and human factors. In C. Latchem, J. Williamson & L. Henderson-Lancett(Eds.). *Interactive multimedia.* London: Kogan Page.

Pyles, T & Algeo, J. (1993). *The origins and development of the English language.* New York: Harcourt Brace.

Raimes, A. (1983a). Anguish as a second language? Remedies for composition teachers. In A. Freedman, I. Pringle, and J. Yalden (Eds.), *Learning to write: First language/ second language*(pp. 258-272). London: Longman.

_____. (1983b). *Techniques in teaching writing.* Oxford: Oxford University Press.

Richard-Amato, P. A. (1996). *Making it happen: Interaction in the second language classroom*(2nd. ed.). White Plains, NY: Longman.

Richards, J. (1983). Listening comprehension: Approach, design, procedure. *TESOL Quarterly*, 17, 219-40.

_____. (1984). The secret life of methods. *TESOL Quarterly*, 18, 7-23.

_____. (1990). *The language teaching matrix.* Cambridge: Cambridge University Press.

Richards. J., Platt. J. & Weber. H. (1985). *Longman dictionary of applied linguistics.* Essex: Longman.

Richards. J. & Rodgers. T. S. (1982). Method: approach, design, and procedure. *TESOL Quarterly*, 16(2), 153-68.

______. (1986). *Approaches and methods in language teaching.* Cambridge: Cambridge University Press.

Richterich. R. (1972). *A Model for the definition of language needs of adults learning a modern language.* Council of Europe.

Rivers. W. M. (1972). Talking off the tops of their heads. *TESOL Quarterly*, 6(1), 71-81.

______. (1975). *A practical guide to the teaching of French.* New York: Oxford: Oxford University Press.

______. (1981). *Teaching foreign language skills.* (2nd. ed.) Chicago: University of Chicago Press.

______. (Ed.). (1987). *Interactive language teaching.* Cambridge: Cambridge University Press.

Rivers. W. M. & Temperley. R. S. (1978). *A Practical guide to the teaching of English.* New York: Oxford University Press.

Rixon. S. (1986). *Developing listening skills* (Essential language teaching series). USA: Macmillan.

Roach. P. (1982). On the distinction between 'stress-timed' and 'syllable- timed' language. In D. Crystal(Ed.), *Linguistic controversies.* London: Edward Arnold.

Robinet. B. W. (1972). The domains of TESOL. *TESOL Quarterly*, 6(3), 197-207.

______. (1978). *Teaching English to speakers of other language: Substance and technique.* Minneapolis: University of Minnesota Press.

Robinson. P. (1991). *ESP today: A practitioner's guide.* New York: Prentice Hall.

Rubin. J. (1975). What 'the Good Language Learner' can teach us. *TESOL Quarterly*, 9(1), 41-51.

Rumelhart. D. E. (1977). Toward an interactive model of reading. In S. Dornic (Ed.), *Attention and Performance* (V. 6), 573-603. New York: Academic Press.

Rutherford. W. and Sharwood-Smith. M. (1985). Conscious raising and universal grammar. *Applied Linguistics*, 6(3), 274-82.

Savignon. S. J. (1983). *Communicative competence: Theory and classroom practice.* Reading. Mass.: Addison-Wesley.

Saville-Troike. M. (1976). *Foundations for teaching English as a second language theory and method for multicultural education.* Englewood Cliffs, NJ: Prentice-Hall.

Saussure, F. (1916). *Cours de linguistique generale* (Course in General linguistics). Translated in English by W. Baskin. New York: McGraw-Hill, 1959.

Schmidt, R. (1990). The role of consciousness in second language learning. *Applied Linguistics*, 11(2), 129-58.

Schmitt, N. (2000). *Vocabulary in language teaching*. Cambridge University Press.

Schumann. J. H. (1976a). Second language acquisition: The pidginization hypothesis. *Language Learning*, 26, 209-35.

______. (1976b). Social distance as a factor in second language acquisition. *Language Learning*, 26, 135-43.

______. (1978). *The pidginization process: A model for second language acquisition*. Rowley, MA: Newbury House.

______. (1990). Extending the scope of the acculturation/pidginization model to include cognition. *TESOL Quarterly*, 24(4), 667-84.

Scollon, R. T, (1974). *One child's language from one to two.: The origins of construction*. Unpublished doctoral dissertation. University of Hawaii.

Scollon, R. T. & Scollon, S. W. (1995). *Intercultural communication*. Cambridge: Blackwell.

Scott, C. T. (1965). Literature and the ESL program. In Allen, H. B. (Ed.), *Teaching English as a second language*. New York: McGraw-Hill.

Scovel, T. (1999). "The younger the better" myth and bilingual education. In Gonzalez, Roseann, and Melis, Ildiko (Eds.), *Language ideologies: Critical perspectives on the English only movement*. Urbana, IL: National Council of Teachers of English.

Scrivener, J. (1994). *Learning teaching*. Jordon Hill, Oxford: Heinemann.

Selinker, L. (1972). Interlanguage. *International Review of Applied Linguistics* 10, 209-30.

Sharwood Smith, M. (1991) Speaking to many minds: on the relevance of different types of language information for the L2 learner. *Second Language Research*, 7/2, 118-32.

Sheldon, L. (1988). Evaluating ELT textbooks and materials. *ELT Journal*, 42(4), 237-46.

Shin, K. H. (1991). *Schema theory and EFL reading: with pedagogical implications for EFL students in Korea*. Unpublished Doctoral Dissertation. Seoul, Korea: Hankuk University for Foreign Studies.

Shiozawa, T. & Simmons, T. L. (1997). Developing "affective competence". Paper presented at the 1997 Annual TESOL Convention, Orlando, Florida.

Shuy, R. W. (1977). *Linguistic theory: What can it say about reading?* International Reading association.

Silva, T. (1993). Toward an understanding of the distinct nature of L2 writing: the ESL research and its implications. *TESOL Quarterly*, 27, 657-77.

Sinclair, J. M. & Renouf, A. (1988). A lexical syllabus for language learning. In R. Carter & M. McCarthy (Eds.), *Vocabulary and language teaching.* London: Longman.

Skehan, P. (1991). Individual differences in second language learning. *Studies in Second Language Acquisition*, 13, 275-298.

_____. (1998). *A cognitive approach to language learning.* Oxford: Oxford University Press.

Slobin, D. I. (1971). *Psycholinguistics.* Glenview, IL: Scott, Foresman.

Smith, P. D. (1981). *Second language teaching. A communicative strategy.* Boston, Mass.: Heinle & Heinle.

Sperling, D. (1997). *The internet guide: For English language teachers.* Upper Saddle River, New Jersey: Prentice Hall Regents.

Spivey, N. N. (1997). *The constructivist metaphor: Reading, writing, and the making of meaning.* San Diego: Academic Press.

Spolsky, B. (1969). Attitudinal aspects of second language learning. *Language Learning*, 19, 271-283.

_____. (Ed.) (1978). *Approaches to language testing.* Arlington, VA: Center for Applied Linguistics.

_____. (1989). Communicative competence, language proficiency, and beyond. *Applied linguistics*, 10, 138-156.

Stern, H. H. (1970). *Perspectives on second language teaching.* Toronto: Ontario Institute for Studies in Education.

_____. (1983). *Fundamental concepts of language teaching.* Oxford: Oxford University Press.

_____. (1992). Issues and options in language teaching. In P. Allen and B. Harley (Eds.). Oxford: Oxford University Press.

Stevick, E. (1972). Evaluating and adapting language materials. In H. Allen & R. Campbell (Eds.), *Teaching English as a second language.* New York: McGraw-Hill.

_____. (1982). *Teaching and learning languages.* New York: Cambridge University Press.

Stubbs, J. B. & Tucker, G. R. (1974). The cloze test as a measure of English proficiency. *Modern Language Journal*, 58, 239-241.

Sturtridge, G. (1981). Role-play and simulations. In K. Johnson & K. Morrow (Eds.), *Communication in the classroom* (pp.126-30). Harlow: Longman.

Summer, D. (1988). The role of dictionaries in language learning. In R. Carter, M. Carter and M. McCarthy (Eds.), *Vocabulary and language teaching.* London: Longman.

Swain, M. (1984). Large-scale communicative language testing. In S. J. Savignon and M. S. Berns (Eds.), *Initiatives in communicative language teaching: A book of readings.* Reading, MA: Addison- Wesley.

_____. (1985). Communicative competence: some roles for comprehensible input and comprehensible output in its development. In S. Gass & C. Madden (Eds.), *Input in second language acquisition.* Rowley, Mass.: Newbury House.

Swain, M. & Smith, B. (1987). *Learner English.* Cambridge: Cambridge University Press.

Sweet, H. (1899). *The practical study of languages: A guide for teachers and learners.* London: Den.

Tannen, D. (1996). *Gender and discourse.* New York: Oxford University Press.

Tarone, E. (1981). Some thoughts on the notion of communication strategy. *TESOL Quarterly*, 15, 285-95.

_____. (1983). On the variability of interlanguage systems. *Applied Linguistics*, 4, 143-163.

_____. (1988). *Variation in interlanguage.* London: Edward Arnold.

Taylor, H. M. (1981). Listening to listen to English. *TESOL Quarterly*, 15(1), 41-50.

Taylor, W. (1953). Cloze procedure : A new tool for measuring readability, *Journalism Quarterly*, 30, 415-433.

Terrell, T. D. (1982). The natural approach to language teaching: an update. *Modern Language Journal*, 66, 121-32.

_____. (1991). The role of grammar instruction in a communicative approach. *Modern Language Journal*, 75(1), 52-63.

Thomas, J. (1983). Cross-cultural pragmatic failure. *Applied Linguistics*, 4, 91-112.

Thomas, J. & Short, M. (1996). *Using corpora for language research.* London: Longman.

Thornbury, S. (1993). Having a good jaw: voice-setting phonology. *ELT Journal*, 47(2), 126-31.

Underwood, H. H. (1926). *Modern education in Korea.* New York: International Press.

Ur, P. (1984). *Teaching listening comprehension.* Cambridge: Cambridge University Press.

_____. (1996). *A course in language teaching.* Cambridge: Cambridge University Press.

Valette, R. M. & Disick R. S. (1972). *Modern language performance objectives and individualization.* New York: Harcourt Brac Jovanovich.

Van Ek, J. A. (1975). *The threshold level.* Strasbourg: Council of Europe.

Van Ek, J. A. & Alexander, L. G. (1975). *Threshold level English.* Oxford: Pergamon.

Van Els, T., Bongaerts, T., Extra, G., van Os, C., & Dieten, A. J. (1984). *Applied linguistics and the learning and teaching of foreign languages.* London: Edward Arnold.

Vygotsky, L. (1978). *Mind in society: The development of higher psychological processes.* Cambridge: Harvard University Press.

Wagner, M. & Tilney, G. (1983). The Effect of 'superlearning techniques' on the vocabulary acquisition and alpha brainwave production of language learners. *TESOL Quarterly*, 17(1), 5-17.

Wajnryb, R. (1986). *Grammar workout: The dictogloss approach.* Sydney: Melting Pot.

Wallace, M. J. (1991). *Training foreign language teachers.* Cambridge: Cambridge University Press.

Walsh, T. M. & Diller, K. C. (1981). Neurolinguistic considerations on the optimum age for second language learning. In Diller, K. C. (Ed.), *Individual differences and universals in language learning aptitude.* Rowley, MA: Newbury House.

Warschauer, M. & Hearley, D. (1998). Computers and language learning: An overview. *Language Teaching*, 31, 57-71.

Watson, J. B. (1913). Psychology as the behaviorist views it. *Psychological Review*, 20, 158-177.

Weinreich, U. (1953). *Language in contact.* The Hague: Mouton.

Weir, C. (1988). *Communicative language testing.* New York: Prentice Hall.

Wenden, A. (1987). *Learner strategies in language learning.* Englewood Cliffs, New York: Prentice Hall.

Weissberg, R. C. (1984). Given and new: Paragraph development models for scientific English. *TESOL Quarterly*, 18, 485-500.

Wesche, M. B. (1983). Communicative testing in a second language. *The Modern language Journal*, 67(1), 41-55.

White, R. V. (1980). *Teaching written English.* London: Allen & Unwin.

______. (1988). *The ELT curriculum.* Oxford: Blackwell.

White, W., et al. (1991). *Management in English language teaching.* Cambridge University Press.

Whitman, R. (1970). Contrastive analysis: Problems and procedures. *Language Learning*, 20, 191-97.

Widdowson, H. G. (1978). *Teaching language as communication.* Oxford: Oxford University Press.

_____. (1979). *Explorations in applied linguistics.* Oxford: Oxford University Press.

Wilkins, D. A. (1972). *Linguistics in language teaching.* London: Arnold.

_____. (1976). *Notional syllabuses.* London: Oxford University Press.

_____. (1979). Notional syllabuses and the concept of a minimum adequate grammar. In C. J. Brumfit & K. Johnson (Eds.), *The Communicative approach to language teaching.* Oxford: Oxford University Press.

Williams, M and Burden, R. L. (1997). *Psychology for language teachers: A social constructivist approach.* Cambridge: Cambridge University Press.

Willis, J. (1990). *The lexical syllabus.* London: Collins COBUILD.

Winitz, H. (1981). *The comprehension approach to foreign language teaching.* Rowley, Mass.: Newbury House.

Winitz, H., Reads, J. & Garcia. (1977). A test of reading following comprehension training. *International Review of Applied Linguistics,* 15.

Wrenn, C. L. (1949). The English language. London: Methuen.

Yalden, J. (1983). *The communicative syllabus: Evolution, design and implementation.* Oxford: Pergamon Institute of English.

_____. (1987). *Principles of course design for language teaching.* Cambridge: Cambridge University Press.

Yorkey, R. (1970). *Study skills for students of English as a second language.* New York: McGraw-Hill.

Yule, G. And Tarone, E. (1990). Eliciting the performance of strategic competence. In R. C. Scarcella, E. S. Andersen, & S. D. Krashen (Eds.), *Developing communicative competence in a second language.* New York: Newbury House.

Zamel, V. (1987). Recent research on writing pedagogy. *TESOL Quarterly,* 21(4), 697-715.

찾 아 보 기

국 문

ㄱ

ㅈ

영 문

A

B

C

D

E

F

T

V

W

영어과 교과교육학 - 2판 -

2007년 2월 25일 1판 1쇄 발행
2011년 1월 25일 2판 1쇄 발행

저 자 ◎ **신 길 호**

발 행 자 ◎ **조 승 식**

발 행 처 ◎ (주) 도서출판 **북스힐**
서울시 강북구 수유 2동 258-20

등 록 ◎ 제 22-457 호

TEL (02) 994-0071(代)

FAX (02) 994-0073

E-MAIL bookswin@unitel.co.kr
www.bookshill.com

값 20,000원

잘못된 책은 교환해 드립니다.

ISBN 978-89-5526-728-0